U0636210

陕西师范大学中国语言文学"世界一流学科建设"成果
榆林市科技局项目"陕北方言、历史文化符号研究"成果
西安文理学院2018年度重点课程项目"沟通与演讲"成果

陕西方言重点调查研究
邢向东　主编

定边方言调查研究

高　峰◎著

中华书局

图书在版编目（CIP）数据

定边方言调查研究/高峰著. —北京：中华书局，2020.8
（陕西方言重点调查研究/邢向东主编）
ISBN 978-7-101-14638-7

Ⅰ.定…　Ⅱ.高…　Ⅲ.西北方言–调查研究–定边县
Ⅳ.H172.2

中国版本图书馆 CIP 数据核字（2020）第 119246 号

书　　名	定边方言调查研究
著　　者	高　峰
丛 书 名	陕西方言重点调查研究
丛书主编	邢向东
责任编辑	张　可
出版发行	中华书局
	（北京市丰台区太平桥西里 38 号　100073）
	http://www.zhbc.com.cn
	E-mail：zhbc@zhbc.com.cn
印　　刷	北京市白帆印务有限公司
版　　次	2020 年 8 月北京第 1 版
	2020 年 8 月北京第 1 次印刷
规　　格	开本/850×1168 毫米　1/32
	印张 12½　插页 3　字数 310 千字
印　　数	1–1200 册
国际书号	ISBN 978-7-101-14638-7
定　　价	48.00 元

定边县在陕西省的位置［审图号：陕 S(2020)007 号］

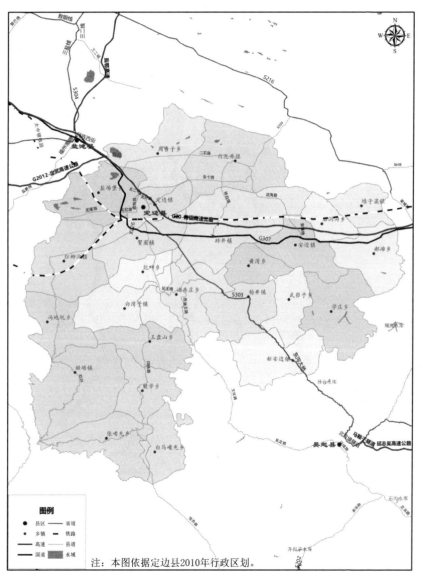

定边县地图 [审图号：陕 S(2020)007 号]

注：本图依据定边县 2010 年行政区划。

图例
- 县区 —— 省道
- 乡镇 —— 铁路
- —— 高速 —— 县道
- —— 国道 ▨ 水域

《陕西方言重点调查研究》
序

  最近用了近一个月的时间,先详后略地读了《陕西方言重点调查研究》丛书的第一部《平利方言调查研究》(初稿)。书稿很长,洋洋数十万言,从地理历史人口到移民和方言形成,从语音到词汇语法再到语料记音,从平面描写到共时、历时比较,详细地描绘了平利方言的全貌,丰富而鲜活的语料揭示出这个处于江淮、西南、中原三个官话地区之交的方言错综复杂的情况。平利这个混合型方言的许多特点,诸如亲属称谓、词缀、语气词的兼收并蓄,动词体貌的多种表现形式,特色明显的补语及其多种格式,等等,都使我开了眼界,受益良多。下面只说其中语音的一项。

  平利方言见晓组声母逢合口细音与知庄章合口字(包括少量开口字)合并,读为舌尖后音tʂ tʂʰ ʂ,韵母或介音是ʮ。平利方言的 ʮ 类韵母共有8个,如下表:

	例字	读音	例字	读音	例字	读音	例字	读音
知庄章	主章	ꞈtʂʮ	要生	ꞈʂʮa	说书	ꞈʂʮe	搜崇	tʂʮaiꞈ
见晓	举见		(见晓组无字)		靴晓		(见晓组无字)	
知庄章	追知	ꞈtʂʮei	喘昌	ꞈtʂʰʮan	唇船	tʂʰʮuenꞈ	庄庄	ꞈtʂʮan
见晓	(见晓组无字)		犬溪	ꞈtʂʰʮan	裙群	tʂʰʮuenꞈ	(见晓组无字)	

中古知庄章声母的一些合口字与见晓组合口三、四等字（今北京读撮口呼）同音，在汉语中除江淮官话黄孝片以外，还分布在其他的方言区，如湘语（长沙）、赣语（南昌）等方言。但是这种音类的合并从音值看则有不同的走向：长沙等大多是知庄章向见晓组靠拢读为舌面音（或舌根音），而平利方言则是见晓组向知庄章靠拢读为卷舌音。这种不同也存在于江淮官话黄孝片的内部，看下表的比较：

	居	诸	虚	书	靴	说	权	船	群	唇
英山	₂tʂʅ		₂ʂʅ		₂ʂɥɛ		₂tʂʰɥan		₂tʂʰɥən	
红安	₂kʅ		₂ʂʅ		₂ʂɤe	₂ʂɤæ	₂kʰɥan		₂kʰɥən	
武汉	₂tɕy		₂ɕy		₂ɕye	₂suɤ	₂tɕʰyen		₂tɕʰyn	₂ɕyn
通山	₂tɕy		₂ɕy		₂ɕin	₂ɕye	₂ɕyẽ		₂tɕyʮa	₂ɕyen

可以看出，平利跟英山一致，是见晓组向知庄章靠拢读卷舌音的一种，这在汉语方言中是不多见的，尤其是平利方言在音类的合并方面另外还有独特的地方，即部分精组合口三等字文读也归舌尖后声母拼 ʮ 类韵母（白读为舌面前拼齐齿呼）。例如：

取娶清 ₂tʂʰʅ文 ₂tɕʰi白　　俗邪,风俗 ₂ʂʮ文 ₂ɕi白

绝从 ₂tʂʮ　　　　　　　旋邪,凯旋 ₂ʂʮan

旬巡循邪 ₂ʂʮən文 ₂ɕin白　　迅心 ʂʮən²文 ɕin²白

这样，平利方言舌尖后拼 ʮ 类韵母的字来源有三：知庄章合口，见系合口三、四等，精组合口三等文读，就有例以下几组字的同音或同声韵母：

驻知＝句见＝聚从 tʂʮ　　　　出昌＝曲溪＝蛆清,文 tʂʰʮ

术述船＝旭晓＝序叙邪,文 ʂʮ　　楦晓＝涮生＝镟邪,文 ʂʮan²

准章＝均见＝俊骏精 tʂʮən　　顺船＝训晓＝询荀邪,文 ʂʮən

以上现象涉及平利方言尖团分混的复杂情况：第一，就开口细音来说，平利方言不分尖团；部分精组合口字文读与见系合口

同音,表现了跟开口字一样的不分尖团的特色。第二,精组合口细音的白读为齐齿呼,跟精见组开口细音相同而跟见组合口不同。这种关系见下表:

古音系	精开细	见开细	精合细	见合细	精开细	见开细	精合细	见合细
例字	妻	欺	蛆	去	夕	吸	俗	虚
精合文	${}_{c}t\varphi^{h}i$		$t\varsigma^{h}\gamma$		${}_{c}\varsigma i$		${}_{c}\varsigma\gamma$	
精合白	${}_{c}t\varphi^{h}i$		$t\varphi^{h}i^{\circ}$		${}_{c}\varsigma i$		${}_{c}\varsigma\gamma$	

　　每一种汉语方言都因其自身的各种因素而具有特殊的研究价值。陕西省方言调查研究的重要性在于:陕西的长安(今西安)曾是我国历史上长期的政治中心,以长安为代表的关中方言是早期汉民族共同语的基础方言,研究现代共同语官话方言的形成历史,不能将陕西方言弃之不顾。同时,陕西境内所分布的方言种类繁多,特色显著,特别是像平利这样离中心城市较远的经济未开发的地区,蕴藏着大量的方言资源,急需记录整理予以保存。

　　《平利方言调查研究》又一次使我感慨汉语方言的丰富奇妙,使我对陕西省方言研究的意义和迫切性有了进一步真切的认识。当然,陕西的同行比我的认识深切得多,近一二十年来,经过不懈的努力,陕西方言的研究已经有了很大的发展,成果喜人,令人称羡。综合性的描写和研究成果如:刘育林《陕西省志·方言志》(陕北部分,1990)、宋文程和张维佳主编《陕西方言与普通话》(1993)、邢向东《陕北晋语语法比较研究》(2006)、张崇主编《陕西方言词汇集》(2007);单点的调查报告如:张成材《商县方言志》(1990)、孙立新《户县方言研究》(2001)和《西安方言研究》(2007)、邢向东《神木方言研究》(2002)、母效智《扶风方言》(2005),等等。这为陕西方言的进一步开发创造了有利的条件。

向东不失时机地确定将《陕西方言重点调查研究》作为下一步的研究课题,计划对陕西境内的10个点进行重点调查研究。研究方言的人都知道:方言研究的基础是调查,没有调查就谈不上研究;就调查来说,首先是一个个具体的点,没有点的调查,也就谈不上片的比较。《陕西方言重点调查研究》正是要从基础的点的实地调查做起,在强调充分调查描写方言事实、全面收集语料的基础上,在不同地域、不同时段的比较中,加强解释和理论的探讨,旨在突破通常"方言志丛书"和"方言研究丛书"的格局,以达到调查和研究相得益彰的效果。针对以往综合性的方言单点调查研究偏重语音而语法相对薄弱的情况,本丛书有意加强语法研究,力求挖掘虚词、时体系统等深层次的内容。

先期的准备工作是很充分的。首先在点的选择上照顾到分布于陕西境内陕北、关中、陕南三区,注意到人员的配备,能够保证计划的完成,也注意从中培养锻炼方言的研究人员。在内容上以《神木方言研究》为蓝本,制定了十分详细的统一的写作大纲,并经过课题组成员集体讨论,达成共识,让每一位参加研究的人员对于调查研究内容心中有数,能够有本可循、有法可依,但也可以按照方言的具体内容而有所变通。这就保证了将来的成果既能进行统一的比较研究,又能妥善保存某些方言点的特殊资料。这些,都将对陕西方言研究的发展产生重大的促进作用。

除了代表陕南地区的《平利方言调查研究》之外,我还看过分别代表陕北、关中两个地区的《吴堡方言调查研究》"文白异读和语音层次"一节(定稿)和《合阳方言调查研究》(初稿)的大部分章节,总的印象是调查的材料全面丰富,分析到位,有理论深度。这使我对向东胜利完成《陕西方言重点调查研究》满怀信心,相信这套丛书一定会在我们面前展现出陕西方言五彩缤纷的语言世界。

肩负这套丛书主编的重任,我深知其中的诸多甘苦,所要付出的心血可以想见。看到向东迈开了他"大展鸿图"的坚实的步伐,我很高兴。向东,祝你成功!

钱曾怡

2008年7月22日写于山东大学

2008年8月20日改定

《陕西方言重点调查研究》
前　言

　　陕西省按照自然地理分为陕北、关中、陕南三大区域。就方言来说,陕北有古老的晋语,关中有曾经作为共同语重要基础的关中话,陕南有多种方言并存,堪称方言调查研究的富矿。

　　陕北方言是一支非常古老的方言,其中有19个县市区方言保留入声韵和入声调,属于晋语。陕北方言词汇中有许多古语的遗存和特征性词语,如:冻(阴平,冰)、梢(树枝)、平斤(锛子)、衿(系)、炕(把东西放在炉盖、锅底等地方,用慢火炙干)、稙[tʂəʔ˩](庄稼种得早,又指人的生月早)、穉[tsɿ˨](庄稼种得晚,又指人的生月晚)、宬[˨ʂəŋ](住)、钞(用筷子、羹匙取食)、炪(熄灭)、脑(阳平,头)、猴(小)、烧(去声,霞)、照(看)、教(让,允许)等[①]。语法上比较突出的特点如:存在表过去时、将来时、现在时的完整的时制系统;有极其丰富的表达虚拟语气的助词。

　　陕北晋语分别属于晋语五台片、大包片、吕梁片和志延片。语音上既有一致性,也存在很大的差异。入声的有无是

---

　　① 见刘勋宁《现代汉语研究》101—108页,北京语言文化大学出版社1998年;邢向东《陕北晋语语法比较研究》13—14页,商务印书馆2006年。

将晋语与周边方言分开的鉴别标准,其中府谷、神木、吴堡等保留最完整,绥德、榆林、佳县、清涧等次之,延安(宝塔区)、延川、甘泉三县区最少,只在口语中保留部分入声字。陕北晋语中,沿黄河一带的方言存在复杂的文白异读,吴堡、清涧话最难懂。绥德话最有权威,对其他陕北话有较强的辐射作用,可以说是"陕北的普通话"。处于晋语和中原官话过渡地带的延安、甘泉等方言,有许多过渡方言的特点,值得进行"地毯式"的细致考察。

关中方言属于中原官话,在汉语史上具有重要的地位。周代,"雅言的基础应该是王畿成周一带的方言"①。现在多数人认为雅言的标准音是河洛语音,但关中地区作为西周的京畿所在,其方言当属雅言基础方言的一部分。汉代,今关中地区的方言与晋南话合称"秦晋方言",是非常强势的方言。周祖谟先生认为"汉代的普通语恐怕是以秦晋语为主的"②。唐代的长安话尽管可能不是当时共同语的标准音,但也应是共同语基础方言的重要组成部分③。从唐宋西北方言和现代西北方言、山西方言研究的成果来看,那时的关中方言,大概属于范围广大的"西北方言"。历史上,经过魏晋南北朝和五代十国,北方少数民族及其他地区人口大规模迁移入境,长安及关中地区的居民变动很

---

① 袁家骅等《汉语方言概要》(第二版)17页,文字改革出版社1983年。

② 见周祖谟《方言校笺》10—11页,中华书局1993年。对这一点还存在不同观点。有学者如李新魁、郑张尚芳、何九盈认为,汉代通语的标准音应当是河洛音。

③ 李新魁、郑张尚芳、何九盈等先生认为,唐代标准音为河洛一带方言,笔者赞同此说。见李新魁《论近代汉语共同语的标准音》,《语文研究》1980年第1期,又载《李新魁自选集》150—167页,大象出版社1993年;郑张尚芳《中国古代的"普通话"》,《光明日报》2006年12月26日;何九盈《汉语三论》160页,语文出版社2007年。

大，现在的关中方言和汉唐时代相比，已经发生了翻天覆地的变化①。时至今日，关中方言还处于活跃的演变状态。因此，关中方言史的研究是官话史研究中不可或缺的重要组成部分。

关中方言词汇中有不少特征性的词语，如：颡[⸝sa]（头）、□[ꜛnou]（停留、呆在某地）、嫽（好，陕北话也说）、善[ꜛtʂʰā]（好、合适、舒服）、毕（完）、碎（小）、惜（形容女子和小孩儿貌美、可爱）、争（厉害）、扎（表程度高的副词）等。语法上的显著特点是：少用程度状语，代之以程度补语，如"嫽得很、嫽得太（太）、嫽扎了、美得很、美得太（太）、整扎了"。

关中方言内部的一致性较强，差异主要表现在语音方面。比如，中古全浊声母仄声字的今读、知系声母合口字的今读、端精见组声母今齐齿呼字的读音、古泥来母字的分混、古山臻摄精组合口一等字及合口三等字的今读、古深臻摄与曾梗通摄舒声韵的读音等。就方言区划来看，西安、户县、咸阳、渭南、铜川等关中中心地带方言（以及洛川、黄陵、商州、汉滨、洋县、城固等共43个县市区）属于中原官话关中片；宝鸡（金台区）、凤翔、岐山等西府话（以及勉县、略阳、富县、定边等共19个县市）属于秦陇片；东府地区沿黄河的宜川、韩城、合阳、大荔话，与对岸的晋南方言非常接近，属于汾河片②。

陕南地区错综分布着多种方言，格局最为复杂。其中，汉中市境内中原官话和西南官话深度接触，安康市境内西南官话和江淮官话黄孝片深度接触，并有赣语怀岳片方言岛、湘方言岛

----

① 有人说用关中话读唐诗，比用普通话更押韵、顺口，以为现代西安话就是古代的长安话。这种说法反映了一种错误的观念，因而不足为据。其中有三重误解：第一，首都的话就是普通话的标准音；第二，唐长安话就是唐代的普通话；第三，唐代长安话到现代西安话变化不大。

② 关于陕西方言的具体区划，请参看邢向东《陕西省的汉语方言》，载《方言》2007年第4期。

存在,商洛市境内中原官话和江淮官话黄孝片深度接触,并有不少赣语怀岳片方言,还有来自广东的客家话。陕南的"本地话"应当包括中原官话和一部分西南官话,是原住民和明代"荆襄流民"运动中安置下来的移民所操的方言。另一部分方言如江淮官话、赣语、湘语(包括部分西南官话)等是清代乾隆朝及以后由湖广、江南、四川等省的移民带来的,已有二百多年的历史①。由于南方移民生活环境的封闭性,有些方言还顽强地保留着"源方言"的基本特点,但也不可避免地同陕南原有的方言产生互动,彼此影响、交融。陕南方言格局的形成,与自然地理、历史行政、移民运动都有关系,是研究方言接触、融合的绝佳标本,也是社会语言学理论、方法的用武之地。

总之,陕西的方言资源极其丰厚,形态各异,是一座值得大规模开采的宝藏。对汉语方言学、社会语言学、理论语言学等,具有独特而重要的研究价值。

然而,陕西方言长期以来没有得到应有的关注。比之国内其他方言,调查研究处于相对落后的状态。近年来,随着西部大开发和中国语言学的快速发展,陕西方言研究逐渐走出沉寂,活跃起来。陕西方言中深埋着的无价宝藏,渐渐露出庐山真面,引起了国内外学术界的极大兴趣。

我们认为,有两个方面的缺陷制约着陕西方言研究整体向纵深发展:一是方言点上的系统成果不多,深入挖掘不够;二是缺少一个既能人人独当一面、又能集体攻关的团队。2004年,我的论文荣幸地获得了全国优秀博士论文奖,并入

---

① 南来方言中,江淮官话黄孝片、赣语、湘语等可以按照商洛市不少县志的称呼,统称为"下湖话"。我们认为,"下湖人"是陕南人对清代湖广、江南等省移民的笼统称呼(包括自称和他称)。由于南部迁来的江淮官话、赣语等方言将一部分中原官话的[u]韵字读成[o]韵,所以当地人(包括移民自己)把"下湖话"讹称为"下河话",正如把"客户"讹称为"客伙"一样。对这一问题,笔者将另文考察。

选教育部"新世纪优秀人才支持计划",这真是一个提升陕西方言调查研究整体水平的绝好机遇!于是,我们在申报课题时毫不犹豫地确定了《陕西方言重点调查研究》的计划,课题组成员包括近年来颇为活跃的陕西方言学者和一部分博士生、硕士生。根据方言特点、分布和现有的研究力量,选定了10个方言点,由主编制订统一的调查表格、写作大纲、研究步骤,经课题组集体讨论,作为研究的共同提纲。考虑到陕北、关中、陕南方言存在很大的差异,课题组成员又各有特点,同时,各个方言点已有的研究基础也不同,因此,在具体地点的研究中,又给各位子项目负责人相当大的自由。作为主编,我们给自己也定了规矩:所有成果都必须亲自审稿,参与修改,对每一部书稿的质量负责。这样,采取既统一又灵活的研究机制,以最大限度地调查、描写方言事实,最大限度地挖掘方言事实的理论价值,最大限度地发挥各位研究者的特长。最终目标是制作高质量的精品,从整体上提高陕西方言研究水平。

《陕西方言重点调查研究》课题立项后,受到了各个方面的支持和关注。钱曾怡先生应允作为项目的学术顾问,对项目的研究大纲及其实施提出了一些切实的建议,强调要突出方言事实的调查,加强研究成果的整体性、系统性;还亲自审稿,对书稿提出具体的修改意见,并为《陕西方言重点调查研究》丛书作序。本课题在得到教育部新世纪优秀人才支持计划和全国优秀博士论文获奖者专项基金资助的同时,又被纳入陕西师大国家"211工程"重点建设项目"长安文化与中国文学"研究计划,得到学校和文学院领导的高度重视。各位子项目负责人所在单位也在调查、出版方面给予了积极的支持。中华书局语言文字编辑室主任秦淑华女士热情支持这套书的出版,并在如何提高成果质量方面给以具体的指导。对以上各位先生、单位的支持和帮助,我们表示最诚挚的谢意。

　　现在,《陕西方言重点调查研究》丛书就要陆续面世了,我们期待着来自学界的批评、指导。

邢向东

2008年5月20日于陕西师大

目　录

第一章　导　论 ··1

　一　定边县概况 ··1

　二　调查点方言 ··3

　三　定边话的形成 ··7

　四　定边县城通行语的转用和方言接触 ··········9

　五　发音合作人 ··19

第二章　内部区划及代表点音系 ··············21

　一　内部区划 ··21

　二　代表点音系 ··24

　三　方言小片之间的语音差异 ······················37

第三章　定边方言音系与中古音的比较 ······41

　一　今音与古音比较表 ································41

　二　例外字表 ··55

第四章　定边话同音字汇 ··························61

第五章　共时音变 ····································83

　一　连读变调 ··83

　二　儿化韵及儿化词 ····································88

　三　其他音变 ··93

第六章　定边话的词语特点及内外比较 ······95

　一　词语特点 ··95

二　民俗文化词 ………………………………97
三　定边话词汇与普通话的比较 ……………115
四　定边方言词汇内部比较 …………………121

第七章　分类词表 ………………………………138
一　天文 ………………………………………139
二　地理 ………………………………………141
三　时令、时间 ………………………………143
四　农业(包括农林牧渔) ……………………148
五　植物 ………………………………………150
六　动物 ………………………………………155
七　房舍 ………………………………………159
八　器具、用品 ………………………………162
九　称谓 ………………………………………167
十　亲属 ………………………………………172
十一　身体 ……………………………………175
十二　疾病、医疗 ……………………………180
十三　衣服、穿戴 ……………………………184
十四　饮食 ……………………………………188
十五　红白大事 ………………………………194
十六　日常生活 ………………………………200
十七　讼事 ……………………………………203
十八　交际 ……………………………………205
十九　商业、交通 ……………………………207
二十　文化教育 ………………………………211
二十一　文体活动 ……………………………213
二十二　动作 …………………………………216
二十三　普通名词 ……………………………227
二十四　位置 …………………………………228

二十五　代词等 ……………………………231
二十六　形容词 ……………………………233
二十七　副词、介词等 ……………………240
二十八　量词 ………………………………243
二十九　数字等 ……………………………246
三十　四字格 ………………………………249
第八章　词　法 ……………………………262
一　重叠的形式与功能 ……………………262
二　子尾词的构成 …………………………268
三　子尾词与儿化词、重叠词的比较 ……269
四　其他词缀 ………………………………271
第九章　代　词 ……………………………276
一　人称代词 ………………………………276
二　指示代词 ………………………………276
三　疑问代词 ………………………………276
四　特殊代词例解 …………………………283
第十章　体貌系统和时制范畴 ……………289
一　句子的体 ………………………………290
二　动词的貌 ………………………………296
三　时制范畴 ………………………………297
第十一章　语气与语气词 …………………302
一　陈述语气 ………………………………302
二　疑问语气 ………………………………303
三　祈使语气 ………………………………311
四　感叹语气 ………………………………315
五　句中语气词 ……………………………316
第十二章　语法例句 ………………………322
《汉语方言语法调查例句》(248个) ………322

第十三章　话语材料·······················356
　　一　谚语·····························356
　　二　儿歌九首·······················359
　　三　短文···························362
　　四　定边说书和皮影道情戏···········369

参考文献······························373

后　记······························376

第一章 导 论

一 定边县概况

1.1 地理位置

定边县属陕西省榆林市，位于陕甘宁蒙四省区交界处，陕西省西北部，榆林地区西端，在北纬36°49′—36°52′、东经107°15′—108°22′之间。东连靖边县，南邻甘肃省庆阳地区华池、环县及本省延安市吴起县，西接宁夏省盐池县，北接内蒙古自治区鄂托克前旗。古有"东接榆延，西通甘凉，南邻环庆，北枕沙漠，土广边长，三秦要塞"之说。全县东西宽98公里，南北长118公里，总面积6920平方公里，仅次于神木和榆林，位居全省第三。

定边县位于陕北黄土高原与内蒙古鄂尔多斯荒漠草原的过渡地带，为典型的温带半干旱大陆性季风气候，严重缺水，年平均降雨量325毫米。全县海拔1303—1907米，海拔1907米的梁山为陕北最高峰。地势北低南高，北部平原草滩区，盐湖盐田油田连接成片，南部山地丘陵沟壑区，白于山脉绵亘百余里，古长城贯通东西南北，古城堡关寨林立。主要河流有八里河、红柳河、新安边河、石涝河、安川河、十字河，河长较短，多在20公里至50公里之间。

1.2　历史沿革

定边境内,远古就有人类活动。秦以前,为少数民族部落游牧地区。秦时纳入版图,属北地郡马岭县(治所在今甘肃环县南130公里处)。秦末复为匈奴所据。楚汉相争,秦将章邯为雍王,县境名义上为雍国领地。西汉汉高帝二年(前205)灭雍,承秦制,定边仍属北地郡。汉武帝元封五年(前106),属朔方刺史部北地郡昫衍县(治所在今宁夏盐池县)。东汉光武帝建武六年(30),昫衍县并入灵州,定边改属凉州刺史部北地郡。西晋末年,先后属前赵、后赵、前秦、后秦。公元407年,赫连勃勃建大夏国,定边为其腹地。

北魏,县境置西安州大兴郡(治所在今县内),后改大兴郡为五原郡。西魏废帝三年(554),改西安州为盐州,定边属盐州五原郡。隋朝改称盐川郡五原县。唐初复改盐川为盐州,时盐州为梁师都所据,故州、县均寄治灵州。贞观元年(627),废盐州,五原县入灵州。天宝元年(742)更名五原郡。乾元元年(758)再改盐州,辖五原、白池二县。贞元九年(793),定边置保塞军,隶属朔方节度使。元和十五年(820),宥州治所迁至定边境内,定边分属盐州、庆州、宥州。

北宋初,分全国为15路,定边属陕西路盐州。宋咸平五年(1002),党项族首领李继迁攻陷灵州,占盐州全境。公元1038年,拓跋氏建西夏,建都兴庆府(今宁夏银川),仍设盐州,时定边全境纳入西夏版图。元符二年(1099),宋收复南部山区,范仲淹在头道川(今吴起县铁边城,与今定边相邻)筑一城,取名"定边",为"底定边疆"之意,后改为定边军。白于山南麓属北宋定边县,隶环庆路庆阳府,北麓及滩区属西夏盐州境。

金朝,定边军大部分划归庆阳府,盐州境仍属西夏。元朝盐州废置,东滩属延安路,余属庆阳府,均隶陕西行省。明朝为阻止蒙古族入侵,在今定边城一带修筑长城,设军营,驻兵防守。

正统二年(1437)修筑今城,成化六年(1470)置定边营,定边先后属榆林卫、延绥镇。清雍正九年(1731)置定边县,隶属榆林府;乾隆二年(1737)改属延安府,武职兵马仍属榆林镇。

公元1912年至1936年,属陕西省榆林道。1936年中国工农红军攻克县城,境内一度三县并存:共产党定边县、安边县,国民党定边县。1937年,定边隶陕甘宁省。此后战事增多,政权更替频繁。1949年安边县并入定边县,隶陕北行署。1950年,陕北行署撤销,改属陕西省榆林分区。

定边县共辖1个街道办事处(定边街道)、4个乡(石洞沟乡、油房庄乡、冯地坑乡、学庄乡)、14个镇(贺圈镇、红柳沟镇、砖井镇、白泥井镇、安边镇、堆子梁镇、白湾子镇、姬塬镇、杨井镇、新安边镇、张崾先镇、樊学镇、盐场堡镇、郝滩镇)。有12个社区、185个行政村,总人口35.57万人。现有17个少数民族,常住人口3958人,其中回族人口最多,计3772人,还有蒙古族、满族、土家族、藏族等,人数较少。少数民族群众主要分布在定边镇、贺圈镇、白泥井镇、冯地坑乡等乡镇。少数民族流动人口6000多人,大多来自甘肃、宁夏、西藏、青海、新疆等省区[①]。

二 调查点方言

2.1 定边方言的归属

定边县的代表方言是定边老话(下文简称"定边话")。在《中国语言地图集》第1版(1987)及第2版(2012:63)中,定边话均属中原官话秦陇片。定边话是榆林市12个县区中唯一属于中原官话的方言。

---

① 以上资料摘自2019年定边县人民政府网。

2.2　定边方言特点

2.2.1　语音特点

(1)古全浊声母今逢塞音、塞擦音时，平声字读送气清音；仄声字大多读不送气清音，少数读送气清音，字数与陕北晋语大包片、五台片大致相当。如"耙~子佩部簿捕败倍避饽面~(p^h)沓舵(t^h)褯尿~~~健康~($tɕ^h$)撞($tʂ^h$)造绽花~开了($tʂ^h$)"等。

(2)知庄章的分合属于"昌徐型"，有 ts tʂ 两组，音值与陕北晋语相近。庄组开口、知组二等和章组止开三与精组字合流，读 ts 组声母。这也是中原官话关中片和秦陇片的共同特点。如(声母相同)：字_{止开三从} = 支_{止开三章} = 站_{咸开二知} = 债_{蟹开二庄} ts。知组三等、庄组合口与章组字(止开三除外)合流，读 tʂ 组声母。如(声母相同)：厨_{遇合三澄} = 揣_{止合三初} = 唇_{臻合三船} = 成_{梗开三禅} $tʂ^h$。

(3)见系开口二等字，部分读舌根音 k 组声母。如：下 xaˀ | 芥 kɛˀ | 街 ₌kɛ | 鞋 ₌xɛ | 解_{~开: 明白} xɛˀ | 咸_{菜~了} ₌xɯɛ | 限 xɛnˀ | 项巷 xɑŋˀ | 杏 xɤŋˀ。

(4)古疑影母今开口呼字，普遍读 n 母，只有"阿"读零声母。疑母今合口呼字，普遍读零声母，果摄的"蛾鹅俄饿讹"例外，读 nuo；"我"读 ŋ 母。疑影母今齐齿呼字，普遍读零声母，部分字"倪宜谊拟咬牛凝硬逆"读 n 母。

(5)古微疑影以母合口字合流，读 v 母。与 u 相拼时，个别字存在自由变读，有时读零声母。如：舞五 ˀvu | 窝 ₌vuo | 瓦 ˀvɑ | 微 ₌vei | 晚 ˀvɛn。

(6)泥来母分立。个别泥来母字声母混读，如：内 lueiˀ | 农 ₌luɤŋ | 弄 luɤŋˀ | 里 ˀni。

(7)通合三喻母字读零声母，如：荣容溶蓉绒熔茸榕镕庸 yɤŋ。

(8)通合三精组入声字读 tɕ 组声母。如：肃宿粟俗 ₍ɕy ｜续 ɕy² ｜足 ₍tɕy。

(9)遇合一泥来母字与流摄一等字合流，读 əu 韵。如：鲁 ˇləu ｜怒 nəu² ｜漏 ləu²。

(10)蟹合一、止合三泥来母字读 uei 韵。如：雷 ₍luei ｜儡累垒 ˇluei ｜内类泪 luei²。

(11)个别泥母字读如明母，例如"倪尼泥烂~"都读 ₍mi，这几个字读 m 母，是西北兰银官话、中原官话的特点。

(12)深臻曾梗通合流，读 -ŋ 韵。如：心 = 星 ɕiʉŋ ｜根 = 庚 kʉŋ ｜村 = 葱 tsʰuʉŋ ｜熏 = 胸 ɕyʉŋ。这是秦陇片和陕北晋语的共同特点，与关中片"深臻有别于曾梗通"不同。

(13)古入声韵字的单字音已完全舒化，但在口语中，仍然保留了一组入声韵 əʔ iəʔ uəʔ，且只出现在少数口语高频词里，如"给你 kəʔ⁴ niˡ²、实在 ʂəʔ⁴ tsɛ⁰"等。古入声韵舒化后的读音与关中方言大致相同，只有个别字略有差异。

(14)咸山开一见系、山合一、山合三章、宕开一、宕开三知系、江开二知系入声舒化字与果摄一等字合流读 uo 韵。如：可 ˇkʰuo ｜喝 ₍xuo ｜各 ₍kuo。德陌麦三韵和庄组职韵入声字舒化后读 ei uei 韵，符合秦陇片及关中方言的特点。城区"黑赫吓恐~"读 ɯ 韵，"国惑"读 uo 韵，其余读 ei uei 韵。如：色 ₍sei ｜窄 ₍tsei ｜责 ₍tsei。西南山区除"黑赫吓恐~"外，全读 ei uei 韵。通合三精组入声字舒化后，读 y 韵。如：肃俗续足。

(15)有 4 个单字调，调类调型与榆林其他方言不同，与秦陇片、关中方言一致。

(16)古入声字舒化后，全浊入声字归阳平，清入、次浊入归阴平。调查所得古清入 290 字，归阴平 206 字，占 71%；古全浊入 142 字，归阳平 100 字，占 70%；次浊入 135 字，归阴平 98 字，占 73%。这一规律也是中原官话共有的区别于其他官话的特性。

以上(2)(3)(7)—(10)是陕北晋语、秦陇片、关中片的共同特点；(11)—(12),(14)—(16)与秦陇片或关中片一致,与晋语不同；(1)(5)(6)与陕北晋语相同。

2.2.2　词汇特点

(1)定边话词汇中既有关中话的特征词,如：碎小、老历阴历、喜蛛蛛蜘蛛、癞呱子癞蛤蟆、柳儿匠小偷、堂叔、歇晌睡午觉、嚷仗吵架,也有陕北晋语的特征词,如：解开了懂得了、草鸡感到头疼、烦恼,等等。与榆林其他县区相比,陕北晋语特征词数量少。

(2)保留和沿用了部分古汉语词,如：滗拦住渣滓倒出液体、痧使中毒、觑偷看、趿用力踩或踏、迸裂开、坌吹进眼中的尘土、揎抓、捩扭伤、扭痛、夤张开、袒鞋底和鞋帮的连线断开、菢孵小鸡、潲雨斜着下、绌草草地缝、㩐住、射猛然跳起、箟(使平面)斜、嫽美好。

(3)构词法方面,有分音词、圪头词、卜头词、忽头词,但数量有限,与榆林其他县区相比,数量较少。有儿化名词、重叠名词,还有子尾名词。子尾名词数量最大,构成格式也非常丰富。如：房子、插子、憨子、本子、大伯子、鞋楦子、汤汤子、斜斜子、背锅子、一阵子、一摊子。其中,AA子式是中原官话秦陇片、关中片的构词特点。

2.2.3　语法特点

(1)程度副词"很"可用作补语。例如：美得很!

(2)指示代词两分,远指再分层次。近指"这",远指"那"和"兀"："兀搭儿"所指的距离比"那搭儿"近。

(3)差比句的介词除了用"赶、比"外,还用"凭"。如：我凭他跑得快。

综上,从方言特点看,定边话是带有晋语色彩的中原官话。

三 定边话的形成

定边属榆林市，但定边话和榆林其他县市的方言差异较大，分属不同的方言片：定边话属中原官话秦陇片，榆林其他方言属陕北晋语。从地图看，定边位于秦陇片的最北边，远离陕西境内同属秦陇片的其他18个方言点，二者之间从北向南隔着以下14个县市：甘肃的华县、环池、庆阳，宁夏的固原，甘肃的合水、正宁、镇原、平凉、径川、华亭、崇信、华亭、陇县、灵台。以上县市形成的秦陇片方言区紧挨关中方言区。

定边话的形成与行政归属、关中方言向西北的扩散有关。前者促使定边话与固原、庆阳等方言趋同，同属秦陇片；后者深刻影响了包括定边话在内的秦陇片方言的形成。

3.1 定边在历史上的行政归属

周振鹤、游汝杰(2006：52)指出："汉语方言区划和历史政区的关系特别密切。"定边明清之前政区划分的历史直接影响了定边话的形成，决定了定边话的性质和地位。

定边在秦汉时属北地郡，北魏属西安州五原郡，西魏改称西安州为盐州，隋朝改称盐川郡五原县，唐时复改盐州五原郡。唐分属盐州、庆州、宥州所辖。北宋初，定边属陕西路盐州，后改隶环庆路庆阳府。金朝，定边军大部划归庆阳府。元朝东滩属延安路、余属庆阳府。

北地郡辖境相当于今宁夏回族自治区贺兰山、青铜峡、苦水河以东及甘肃省环江、马莲河流域，战国治义渠县(今甘肃宁县西北)，西汉移治马岭县(今甘肃庆阳县西北马岭)，东汉移治富平县(今宁夏吴忠市西南)。西安州、盐州、盐川是不同朝代的不同的称呼，其辖境相当于今陕西省定边县、宁夏回族自治区盐池县一带。灵州辖境约当今贺兰山东麓，宁夏中卫、中宁等县市以北、盐池县以西地。庆阳府辖地约当今甘肃庆阳、庆城、华池、合水等市县地,治安化县(今甘肃庆城县)(《中国古今地名大词典》编纂委员会2005:409、845、1237、1610、2392)。

可见,明清之前的一千多年,定边在行政上一直与宁夏的固原、盐池以及甘肃的华池、庆阳等地同属。"长期的隶属关系促使方言的一致性"(周振鹤、游汝杰2006:52),定边历史上的行政归属正是导致定边话与宁夏话、甘肃话同属官话的根本原因。

自秦至元政区划分的历史对定边话的形成产生了深刻的影响。虽然定边隶属榆林已历明清两代,但因为在县境内定边话使用人口多、分布范围广、同时又是县城通行语,所以始终没有被榆林方言替代。不过,行政归属的改变已经显现出了对方言的影响:在定边县城,20世纪70年代末出现了新的通行语,即具有陕北晋语特点的"定边新县城话",已经替代了老的通行语——定边话(高峰2011a)。

3.2　关中方言向西北的扩散

"秦中自古帝王州",历史上有十多个王朝在长安建都。关中方言作为权威方言,以长安为中心向四周辐射扩散。包括定边话在内的秦陇片方言的形成,与关中方言向西北的扩散有直接关系。而交通上的便利与关中移民向西北迁徙,使得关中方言在西北长驱直入,不仅到达了宁夏固原地区、甘肃平凉和庆阳两地区,还远播到了河州,即今甘肃临夏(张建军2008)。

早在秦朝,公元前209年就筑成了咸阳经云阳(今陕西淳化西北)至九原(今内蒙古包头市西北)的直道。到西汉,路政建设发展迅速,形成以长安城为中心的交通网,有潼关、武关、萧关、陇关、陈仓、褒斜、傥骆、子午、直道、蒲津等10条主要干道,其中潼关、萧关、陇关3条干道都通往西北(葛剑雄等1997:72)。

交通线路的打通方便了关中和边地的联系，同时为关中方言向西北扩散创造了客观条件。

此外，历史上关中百姓或军士多次移居宁夏、甘肃、陕北北部等地，关中方言随移民到达西北地区，影响进而替换了该地的方言。前秦时，为了分藩固本、巩固政治，苻坚将聚居在关中三原等地的15万户氐族人口分别迁往今甘肃、山西、河南、河北等军事要镇(薛平拴2001：335)。唐朝建中元年(780)，宰相杨炎征发关中人民到漠南地区(包括今内蒙中部阴山以南地区和陕西省北部边境)开阳陵渠。元朝，公元1284年至1296年的十余年间，朝廷先后派了五批军人到陕甘两行省交界处的六盘山屯田，其中就有一路军来自凤翔(吴松弟1997：209、661)。明洪武二十四年(1391)，明太祖下令调遣"陕西西安左卫及华阴诸卫官八千余人往甘肃屯田"(薛平拴2001：362)。以上这些带有半军事性质的移民，将关中方言带往西北地区腹地，并使关中方言在西北的影响不断扩大。

四　定边县城通行语的转用和方言接触

县城通行语和县域通行语是两个不同的概念：县城通行语是指在县城内通行的地方标准语，县域通行语是指在全县境内通行的地方标准语。定边没有统一的县域通行语。近些年，定边县城发生了通行语的转用，由原来的定边话转为了新县城话。

4.1　定边县城的主要方言类型

定边人把县城人口分为老户和外来户，前者指明清以及更早期的原住民和移民，后者指民国后期以及1949年后的移民。我们分别称其为老县城人和新县城人。老县城人在定边县城已经定居四代或四代以上。新县城人在定边县城定居最多三代，包括来自宁夏的回民(说的是带宁夏吴忠口音的汉语);来自榆林地区的绥德、米脂、子洲、榆林、神府等地以及山西、河南、河北、关中太白、大荔等地的移民;也包括从定边各乡镇移居县城的人们。县城移民杂居,方言繁杂。

4.1.1　主要方言类型

县城内的方言主要有五种:定边话、安边话、白泥井话、榆林话、东路话。因为来自关中、山西、河南、河北以及其他外省的移民数量较少,往往多则几十户,少则几户,所以不把他们的方言计入主要的方言类型。

(1)定边话,属中原官话秦陇片。定边话是定边县的老户话,是老的通行语。定边县城的原住民、早期的山西移民以及从中南片方言区移居县城的定边当地人,说的都是定边话。

(2)安边话,代表东片方言,属陕北晋语。东片方言区的人移居县城后仍然说东片方言。

(3)白泥井话,代表北片方言,属陕北晋语。北片方言区的人移居县城后仍然说北片方言。

(4)榆林话,即榆林城区及其附近乡镇的方言,属陕北晋语。定边的榆林籍移民有些是干部和下放的知识青年,有些是跑边(汉民跑到蒙地做生意)留居定边的边客,还有一些是到定边打工留居当地的打工者。

(5)东路话。定边当地人所说的"东路"指榆林地区横山及其以东的各县,"东路人"一般指横山、子洲、绥德、米脂等地移民,"东路话"泛指这些县的方言。东路话都属于陕北晋语,但内部并不一致:子洲(北部)、绥德、米脂三县地域相连,方言相近,以绥德话为代表;横山话接近榆林话。

4.1.2　县城四种主要晋语的主要语音差异

上述五种方言,无论是语音、词汇、语法都有差异,特别是语音。定边话是中原官话，其余四种是晋语，定边话和其余方言的差异自然最大。安边话、白泥井话、榆林话、东路话虽然都是晋语，仍然有很多语音差异。下面比较以上四种晋语方言。

需要说明的是：第一，东路话择绥德话为例作比较；第二，下文的比较采用的是来源地的方言材料(因为县城里的各移民方言受到周围其他方言的影响，或多或少都发生了变化)；第三，安边话、白泥井话、材料是笔者实地调查所得，榆林话、绥德话材料来自笔者主持的中国语言资源保护工程《陕西汉语方言调查》。

(1)单字调的数量和具体调值不同。白泥井话3个调类；其他三个方言都是4个调类，安边话、榆林话是阳平和上声合流，绥德话是阴平和上声合流。见表1–1。

表1–1

安边	白泥井	榆林	绥德
阴平44	平上213	阴平33	阴平上213
阳平上213		阳平上213	阳平33
去声52	去声52	去声52	去声52
入声ʔ5	入声ʔ4	入声ʔ3	入声ʔ3

(2)保留的入声韵和入声字的数量不等。安边和绥德只有一组入声韵，白泥井有两组入声韵，榆林有三组入声韵。见表1–2。榆林话、白泥井话中古入声保留较完整；安边话和绥德话的深臻、曾摄三等、梗摄三四等保留入声；绥德比较特殊，单字音舒化，入声韵保留在口语中。四种方言保留的入声字的数量从多到少依次为：榆林话＞白泥井话＞绥德话＞安边话。

表1-2

方言 入声韵	安边	绥德	白泥井	榆林
低元 音组			aʔ iaʔ uaʔ yaʔ 瞎色夹接北铁 国桌雪月	aʔ iaʔ uaʔ 瞎色夹切刮桌 戳
中元 音组				ʌʔ iʌʔ uʌʔ yʌʔ 恶热铁北百脱 说雪月
高元 音组	əʔ iəʔ uəʔ yəʔ 不石踢哭秃俗	əʔ iəʔ uəʔ yəʔ 不石踢哭秃俗	əʔ iəʔ uəʔ yəʔ 不石踢哭鹿俗	əʔ iəʔ uəʔ yəʔ 不石踢哭秃俗

（3）咸山摄开口二等见系舒声字和三四等（知系除外）舒声字、入声字的分合，各方言有差异。

安边话舒入未合流，线≠泄｜千≠切｜玄≠穴。白泥井话、榆林话、绥德话舒入合流，咸山摄开口二等见系舒声字、开口三四等字与果开三、假开三（章组除外）、部分蟹开二见系字合流。如（不计声调）：姜＝欠＝茄＝筐｜泄＝线＝写＝蟹。

（4）入声字舒化后，安边话72.6%归阳平，比较独特。绥德话入声字舒化后向调型相同、调值相近的调类归并，一律归向阳平33调（邢向东、孟万春2006）。榆林话、白泥井话入声字舒化少，舒化规律不明显。

4.2　新通行语——新县城话

在定边县城流行一种新派方言，当地人戏称为"定边普通话"。这一名称容易造成误解，因为这种地方标准语并不是普通话的变体。它在定边县城产生，正在县城流行，因此我们称其为"定边新县城话"，简称"新县城话"。在县城居住的"60后"及更年轻的人，都会自觉地使用新县城话。据此推算，新县城话大概是在20世纪70年代初期开始定型并成为县城通行语的。

4.2.1 新县城话音系

(1)声母24个,包括零声母在内。比定边话少一个ŋ母:

p pʰ m f v t tʰ n l ts tsʰ s z

tʂ tʂʰ ʂ ʐ tɕ tɕʰ ɕ k kʰ x ∅

(2)韵母40个:

ɿ ʅ ɚ ɑ ɤ ɔ ɛ ᴇ ei əu ã ɔ̃ iaʔ ʌʔ əʔ

i iɑ iɔ iɛ iəu iã ẽ iaʔ iʌʔ iəʔ

u uɑ uᴇ uʋ uᴇ uei iau uã uɔ̃ uaʔ uʌʔ uəʔ

y yɛ yɔ̃ yʌʔ

(3)单字调5个:阴平33,阳平24,上声213,去声52,入声ʔ4。

4.2.2 新县城话的基础方言

定边处于几种不同方言的包围之中:东边的靖边话属晋语五台片,南边的华池话、环县话属中原官话秦陇片,吴起话属晋语志延片,西边的盐池话属兰银官话银吴片。定边县城内部也是方言繁杂。新县城话正是在方言接触中产生并流行的。"汉语方言和方言之间的接触后产生的语言融合是以一种方言为主同时带有另一方言的部分特征,是两个方言之间的有机融合"(周磊2007:15)。新县城话恰恰体现了"方言之间的有机融合"。因为新县城话是一个合成体,所以需要从语音、词汇、语法三个方面入手进行仔细分析。"处于接触关系中的语言,语言成分包含固有成分(或原生成分)和影响成分(或外来成分)两类。外来成分与固有成分是不同质的"(戴庆厦、罗自群2006)。区分固有成分和影响成分并不是一件容易的事,不过新县城话的形成时间较短,所以还可以区分。

系统调查新县城话的语音并整理、分析之后,可以确定新县城话的语音基础是榆林话。最直接影响新县城话形成的自然是周边的方言和县城内的移民方言。根据新县城话有三组入声韵这一特征，可以排除属于官话的甘肃话、银川话、盐池话；有两组入声韵的白泥井话；一组入声韵的绥德话、安边话、吴起话。和新县城话一样有三组入声韵的只有靖边话和榆林话。不过，靖边人以前到定边多是打工，地位较低，人们一般不太可能借用地位较低的人的语音。而榆林是榆林地区行政、文化中心所在地，榆林话具有一定的权威性，加之人们的语言心理往往是向地区行政中心的语言系统趋近，所以我们认为新县城话的语音源于榆林话。

其次，我们根据邢向东师编制的《秦晋两省黄河沿岸方言的现状与历史研究·词汇调查提纲》调查了新县城话的词汇。新县城话的词汇与定边话基本相近，只是摈弃了一些非常土的词，例如"菩萨太阳、波罗盖子膝盖"等。特别是新县城话的亲属称谓和定边话基本一致，如"妈呀 ma^{24} ia^0、爸呀 pa^{24} ia^0"（父母的面称），只有"姑姑 ku^{44} ku^0"代替了定边话的"娘娘 $nian^{21}$ $nian^0$"。说明新县城话的词汇基础是定边话词汇。

最后比较了语法。定边话和榆林话语法差异不大，主要的差异有两点：一是程度副词"很"能否作补语；二是差比句介词能否用"凭"。比如，定边话说"天热得很""你凭我走得快"；榆林话说"天可热嘞""你赶我走得快"。新县城话和榆林话基本一样。

4.3　新县城话的语音层次

新县城话、定边话、榆林话，三者存在一些相同的语音特征，比如：古精组洪音字、知组开口二等字、庄组开口字、章组止开三字合流，读ts组声母；古疑影母读n母或零声母；遇合一泥来母字与流摄一等字合流，读 əu 韵；深臻曾梗通合流等。而我们着重比较三者的语音差异，据此离析出新县城话语音的三个层次：底层、主体层、变异层。

4.3.1　底层成分

本书所说的底层，具体是指定边话在新县城话里存留的特征以及定边话影响下形成的某些特征。定边话对新县城话的语音影响较小，底层成分残留很少，主要的有下面三点：

(1)曾开一和梗开二的帮组入声字，新县城话舒化后读ei韵，和定边话一样，和榆林话不同，榆林话读齐齿呼 iʌʔ 或 ie 韵。如："北百柏"，新县城话和定边话读 ₌pei，榆林话读 piʌʔ₌；"白"，新县城话和定边话读 ₌pei，榆林话读 ₌pie；"墨"，新县城话读 ₌mei，定边话读 ₌mei，榆林话读 miʌʔ₌。

(2)个别字读音特别，同定边话。如：迟 ₌tsʰ╷ | 这 ts╷ʾ | 泥 ₌mi。"这"已经产生文读音 tʂei ʾ。

(3)儿化韵与周围晋语不同，-ɔ 的儿化韵是 -ər，如：桃 ₌tʰər | 猫 ₌mər |(喜)鹊 tɕʰiərʾ。定边话也是如此。受普通话的影响，有些年轻人的 -ɔ 的儿化韵已经变为了 -ɔr。

4.3.2　主体层成分

主体层是新县城话和榆林话的语音重叠的部分，是构成新县城话语音的主要部分。

(1)咸山摄开口二等见系字和三四等(知系除外)舒声字、入声舒化字，与果开三、假开三(章组除外)、部分蟹开二见系字合流，读齐齿呼。如：线=泄，姐=检，写=显。山摄合口三四等(非组除外)舒声字、入声舒化字，与果合三合流，读撮口呼。如：月=愿，悬=穴=靴。

(2)入声舒化字较少，入声韵保留较完整，有三组：aʔ iaʔ uaʔ yaʔ、ʌ iʌʔ uʌʔ yʌʔ、ɔʔ iɔʔ uɔʔ yɔʔ。入声韵的具体分布与榆林话相同(高峰2010)。读 aʔ 组韵的入声字分布在咸山开口一二等(见系除外)和咸合三。读ʌʔ组韵的入声字分布在咸山开口一二等见系、咸山开口三四等、山摄合口(非组除外)、深臻知庄组、宕摄("郝鹤xəʔ"除外)。读əʔ组韵的分布在深臻(知庄组除外)、曾开三、曾摄合口、梗摄开口三四等("掘倔yʌʔ"除外)以及通摄("斛xuʌʔ屋vʌʔ"除外)。江开二、曾开一、梗开二的入声字读音不整齐,有的读aʔ组韵,有的读ʌʔ组韵,有的读əʔ组韵。

4.3.3　变异层成分

新县城话的有些语音特征和榆林话、定边话都不同,表现出向普通话趋近的特点,由此产生的变异成分我们称之为"变异层成分"。

(1)-ɜ组韵母。普通话的əŋ韵,榆林话发ɤ̃,新县城话发ɜ。榆林话的ɤ̃,舌位高,音色特殊,与普通话差异明显。新县城话的ɜ听感上与普通话əŋ韵相近。

(2)古全浊今塞音、塞擦音声母仄声字今读送气音声母的字。普通话仅有"迫突特艇挺瀑叛沓"8字,定边话29字,榆林话26字("直"字两读:tʂʰəʔ₂~把人气得/tʂəʔ₂~接)。新县城话此类字明显减少,除了和普通话相同的8字,还有"襦尿~~簿避沓叛埠灰尘~土馎面~族"读送气声母,"直"同样两读,"造"变为两读:tsʰɔ²~蛋/tsɔ²~反。

(3)果摄一等见系字和咸开一见系、宕开一、宕开三知系入声舒化字,如"河歌各可喝"。榆林话都读uə韵,新县城话多读ɤ韵,同普通话。

(4)遇合三庄组字,如"初助础"。榆林话读uə韵,新县城话读u韵,同普通话。

(5)入声舒化。新县城话的入声舒化字增多。榆林话读入声的"押鸭乏法察拔哲蛰折舌烈滑猾决诀弼乞馎面~术白~术技~述掘泊鄂鹤霍藿得德息匿国百柏伯拍脉惜昔席夕戚笛敌狄寂觅仆督酷沃毒蝠熟淑烛嘱束曲俗赎属蜀浴欲",新县城话都读舒声。

(6)调类分合。新县城话和普通话一样：阳平、上声是两个调类,榆林话单字调里阳平和上声合流。

定边方言深受普通话影响。早在陕甘宁边区时期,就有来自四川、云贵及长江以南诸省的干部、军人在境内任职驻守,新中国成立后,又有一些外省籍知识分子和干部支援定边的经济文化建设。这些人与当地人交流时多使用普通话,因而对定边方言产生了一定的影响。近年来由于普通话的大力推广,学生的普通话水平普遍提高,因而青少年的新县城话更接近普通话。榆林其他县市方言受普通话影响的程度不及定边,而且时间较晚,多发生在上个世纪的"推广普通话"之后。

4.4 定边县城通行语转用的原因

定边话曾经是县城通行语,也曾经是县域的权威方言。说"曾经"是因为新县城话已经取代了定边话成为新的县城通行语,并动摇了定边话在县域内的权威方言地位。

定边县城发生通行语转用的原因,有以下三点：

(1)各方移民集中涌入,造成交际障碍,交际的客观需要凸显了对县城通行语的需求。

据县志载,"清朝、民国时期,县城居民稀少。正街只有一条,民房寥寥无几,店铺也稀疏无多",城区人口只有5400多人。1980年城区人口增加到15000人,是中华人民共和国成立初期的2.5倍(《定边县志》编纂委员会2003:978,293—295)。以1949年城区人口数5400为基数,按照自然增长率计算,到1980年城区人口约应为11000人。也就是说,从1949年到1980年定边县城大约有4000外来人口。到了20世纪90年代,定边发现并开采石油,吸引了大量的外来人口。2000年,县城常住户达到15002户，城镇人口54239人，加上流动人口总计近十万人（《定边县志》编纂委员会2003：293—295）。在定边县城这个言语社区内部，随之出现了众多来源不一的移民方言。不同方言的讲话人频繁接触，必然会引起各种方言的接触。正是这种复杂的方言状况形成了交际的障碍，催化了对区域性共同交际用语的需求，从而加速了县城通行方言的形成。虽然过去有定边话作县城通行语，但是定边话与各移民方言差异较大，导致移民学习和转用该通行语存在一定的困难。上述方言接触状况是新的通行语产生的前提。

(2)移民方言与新通行语同为晋语是决定方言转用的内在因素。定边县城的移民中，来自榆林其他县的占大多数，移民主要方言和新县城话同属晋语，方言共有成分多，方言相似度也高。而移民主要方言和定边话分属不同的方言区，语音、词汇差异较大。相形之下，移民转用新县城话自然比转用定边话容易。

(3)行政区划的变动造成的语言心理的归属感，是选用榆林话作为新县城话基础的社会原因。人们的语言心理和语言态度在一定程度上影响着语言变化的方向，决定了通行语的选择、流行和发展趋势。

因为行政上的不同属，在明朝之前定边与榆林往来较少。《定边县志》记载的明清之前的主要道路，没有一条是定边至榆林的，可以证明两地往来不多。从明朝开始，定边改属陕西榆林，定边和榆林的往来和联系逐渐变得频繁，有5条商路驿道连接两地。1945到1949年，国民党定边县政府还曾寄治榆林（《定边县志》编纂委员会2003：257—259，42）。

正是行政区划政治中心的变换以及和榆林逐渐频繁的往来，引起了定边老县城人的归属感的改变，语言心理也随之改变：现在普遍认为榆林话亲切。加上县城移民又大多来自榆林地区，对榆林的共同认同感决定了舍弃定边话、选用新县城话。

新县城话因此流行开来。人们的语言心理直接影响到其语言态度：早期移民移居定边县城，会下意识学习定边话，第二代会转说定边话。现在，定边的孩子在学校和家里都说新县城话，长辈对此持认可、任其发展的态度。

定边话是中原官话，新县城话属晋语。在晋语和中原官话接壤地区，一般是前者退让，后者进逼。但定边县的情况却恰恰相反：晋语取代中原官话，成为县城通行语。这是在方言接触的前提下，由移民来源、行政归属、语言心理等共同作用的结果。

五　发音合作人

5.1　定边话发音人

定边话发音人有四位：齐衍，男性，1942年出生，贺圈乡梁圈村村民（距县城约4公里），高小文化，当过大队会计。吕文政，男性，1956年出生，定边街道办事处东园子村村民，高中文化，当过民办教师兼校长、大队会计，一直在城关生活。李万军，男性，1953年出生，定边街道办事处东园子村村民，高小文化，当过皮匠、生产队队长等。马占仓，男性，1949年出生，张崾先人，中专文化，干部，说西南山话。西南山话属定边话，但与城区话不完全相同，详见内部区划一节。

齐衍与吕文政、李万军说的方言基本一致，细微不同是由于年龄差异和个体差异。本书主要记录的是齐衍的话，第六章、第八章的部分语料由吕文政和李万军提供。

5.2　白泥井话发音人

白泥井话主要发音人是郭怀成，男性，1946年出生，白泥井镇同心干村人，高小文化。另有两位发音人：张学礼，男性，1942年出生，白泥井镇人，中专文化。谢俊琴，女性，1950年出生,周台子乡人。

5.3　安边话发音人

安边话发音人较多,都是长期在家务农的农民。主要发音人是韩子孝,男性,1951年出生,安边镇北园子村村民,小学文化。其他发音人有:韩庆平,男性,1965年出生,安边镇北园子村村民,小学文化。陈兰英,韩子孝的妻子,1951年出生,安边镇石头沟乡玄圈村人,小学文化。李振,男性,1965年出生,新安边高湾村民,初中文化。慕彩玲,女性,1963年出生,郝滩乡解家峁子村人,小学文化。马志秀,女性,1957年出生,堆子梁乡营盘梁村人,小学文化。

5.4　新县城话发音人

新县城话发音人有两位:牛建钢,男性,1970年出生,高中文化,堆子梁乡人,原定边县硫化碱厂职工。赵星君,男性,1980年出生,高中文化,盐场堡人,自由职业。二人都是在定边城里出生并长大。

第二章 内部区划及代表点音系

一 内部区划

据《定边县志·方言》(2003:979)，定边方言分为四片：定边话、安边话、南山话和外狩话。南山话指西南山话；外狩话指长城以北乡镇的方言，如白泥井、堆子梁等乡镇的方言[①]。这种分法反映了当地人对定边方言的直观认识。我们的分法与此稍有不同：我们把定边方言分为三个小片(将西南山话归入定边话片)，并把"外狩话"改以代表点名称命名，称为"白泥井话"。

1.1 定边话和西南山话

从当地人的语感而言，定边话和西南山话存在一定的差异。经过系统调查和比较，我们发现，西南山话和定边话同大于异，从音系看应该归为一片。西南山话和定边话的相同点如下：(1)声母、韵母、单字调系统基本相同，没有入声。(2)疑影母开口字(n母，ŋ母只有"我"字)、微以母合口呼字(v母)、通合

---

① 定边人习惯上把长城外称为 vɛ⁴⁴ ʂəu⁰，意思是外头、外面，加之联想到长城以北的少数民族有狩猎习俗，所以记为"外狩"。笔者认为，"外狩"是"外首"的误写。在陕北很多方言里，"外首"是一个常用词，是"外面"的意思，与"里首"相对。定边方言里的"外首"专指长城以外的蒙地，"里首"专指长城以内的地方。

三喻母字(Ø母)、通合三精组字(tɕ组声母)的声母相同。(3)果摄字(uo韵)、蟹摄泥来母字(uei韵)、遇摄精组及知组字(u韵)、通合三精组字(y韵)、曾梗入声舒化后(ei uei韵)的韵母都相同。(4)咸山开口三等字舒入未合流,尖≠接。(5)一些字的读音相同,如:映放~队iɑŋ⁷、池迟 ₌tsʅ。(6)圪头词、卜头词、分音词基本相同。

西南山话和定边话的差异主要是:(1)音色的细微差别;(2)入声归阴平的比例山区略高于城区;(3)典型语气词读音不同。完成体助词,西南山区用"了liaᵒ/liəᵒ",城区话用"哩liᵒ、了liəᵒ"或"咧lieᵒ"。造成两处方言差异的主要原因是各自的演变速度不同。定边话分布在城区和靠近城区的滩区,西南山区话则分布在较为偏远、交通不便的山区,因此,西南山话虽然音系和定边话的基本一致,但语音变化相对滞后,保留了一些老的读音。例如,"跪"西南山区读kʰuei⁴⁴,城区读kuei⁴⁴;曾梗入声舒化后,山区无一例外全读ei uei韵,城区大部分读ei uei韵,但"国kuo²¹、惑xuo⁴⁴"例外。

1.2　内部区划

定边方言内部差异首先表现在语音方面。本文选取下列几个语音特点作为内部分区的标准:(1)有无入声;(2)是否两组入声韵;(3)阴平、阳平、上声是否三调合流(见表2-1)。

表2-1

语音标准 方言小片	单字音有入声	两组入声韵	阴平、阳平、上声合流
中南片(定边)	−	−	−
北片(白泥井)	+	+	+
东片(安边)	+	−	−

根据第(1)条,首先把定边方言分为中原官话秦陇片和陕北晋语片。再根据对(2)(3)条的反应,把陕北晋语片分为北片和东片。这样,定边方言可分为三个小片:中南片、北片和东片。见下图。

定边方言分区图 [审图号:陕S(2020)007号]

(1)西部、中部、西南部(简称中南片):包括盐场堡、定边、红柳沟、贺圈、纪畔、油房庄、冯地坑、白湾子、姬塬、王盘山、樊学、张嶓先、白马嶓先、砖井的大部分村庄(火盛滩——后坑——侯场村——高家圈——墩子坑——赵梁——孙坑村——沙沟——

大墩梁一线以西以南村庄,不包括上述沿线村庄),以及白泥井二道梁子村,周台子由西园子迁来的周台子村、公布井村、东梁村、贾圈村、大水村、小份子村等。这片方言内部差异较小,以城关镇话为代表,本书称定边老话或定边话。本书只在必要时才注出各点的读音,一般情况下只标注定边话音。

(2)北片:包括白泥井、周台子以及砖井的部分村庄(火盛滩——后坑——侯场村——高家圈——墩子坑——双海子村——杨树湾——薛家套一线以北村庄,包括上述沿线村庄)。这片有一些大的移民村,比如:白泥井先进村、周台子依涝湾村主要是神木移民,白泥井荣阳村主要是镇川移民。这片以白泥井镇话为代表,本书称白泥井话。

(3)东片:包括安边、石洞沟、堆子梁、郝滩、学庄、武峁子、黄湾、杨井、新安边以及砖井的部分村庄(薛家套——杨树湾——双海子村——墩子坑——赵梁——孙坑村——沙沟——大墩梁一线以东村庄,包括赵梁、孙坑村、沙沟、大墩梁四个村庄)。这片以安边话为代表,本书称安边话。

二　代表点音系

2.1　定边方言老派音系(贺圈镇梁圈村音系)及单字音表

2.1.1　声母

定边话有声母25个,包括零声母在内。

p 布帮步别	pʰ 怕盘倍部	m 门忙美面	f 飞冯斧饭	v 挖微弯
t 到稻段敌	tʰ 台躺同特	n 女脑熬硬		l 老内农绿
ts 增争祖贼	tsʰ 草吵茶造		s 丝师诗生	z □
tʂ 周知住值	tʂʰ 超穿楚撞		ʂ 声书蛇勺	ʐ 认扔闰酿
tɕ 精集经足	tɕʰ 秋丘去切		ɕ 修囚休肃	

k桂跪关街　　kʰ开葵肯炕　　ŋ我　　　　　　x贿回鞋黑
ø而椅五远荣

说明：

(1)pʰ tʰ kʰ气流强。

(2)tɕ tɕʰ ɕ与齐齿呼韵母相拼时，受韵母高化影响，摩擦色彩较重。

(3)z作声母的字极少，如：尖□□ zʅ⁵²zʅ⁵²形容非常尖的样子。

(4)ŋ作声母，仅"我"一字[①]。

2.1.2　韵母

定边话有韵母36个，包括口语中出现的入声韵，不包括儿化韵[②]。

ʅ资支师时
ʅ知迟治誓
ər耳而儿扔　　　i鼻泥立益　　　u书母数出　　　y女取菊去
ɑ麻瓦下他　　　iɑ家架虾牙　　　uɑ瓜耍话抓
ɤə蛇舌热少　　　ie茄野介叶　　　uo哥婆过脱　　　yo靴月脚角
ɛ开排街歪　　　　　　　　　　　uɛ怪拐快帅
ɔ保抱赵贸　　　iɔ敲苗鸟叫
ɯ胳郝黑给[③]
ei杯废北百　　　　　　　　　　uei灰桂雷贵
əu豆狗愁路　　　iəu流酒有丢
ɛn南馅战半　　　ien连检天件　　　uɛn短官关川　　　yɛn圆权元卷
ɑŋ帮长放胖　　　iɑŋ亮抢强降　　　uɑŋ广狂床窗
ɤŋ根羹真证　　　iɤŋ贫平寻兴　　　uɤŋ孙横洞种　　　yɤŋ云群穷胸
(əʔ不石黑去)　　(iəʔ一的～当)　　(uəʔ出突族)

---

　　①　ŋ母字，2008年调查发音人齐衍只有"我"一字。2019年调查，吕文政字数增加，有"我藕额"等，当是陕北晋语影响的结果。

　　②　吕比齐多出两个韵母ɤ、ye。ɤ韵字来自齐衍ɤə ei韵字；ye是yɤ的新文读。

　　③　吕读ɯ韵的只余"黑"一字。

说明:

(1) ʮʮ的摩擦色彩较重。

(2) i的摩擦色彩浓,已高化,但没到舌尖元音的高度。

(3) u与 ts tsʰ s 相拼时实际音值是 ʮ;和 tʂ tʂʰ ʂ ʐ 相拼时实际音值是 ʮ,但唇型略展。与其他声母相拼时,实际音值是 ɷ。

(4) ʅə 舌尖色彩较浓,ʅ是韵头,ə是主要元音。ʅə 只与 tʂ tʂʰ ʂ ʐ 相拼。

(5) iɑ ie iɑŋ 的介音 i 高化,发音较紧,带有摩擦,主要元音也因此受到影响而舌位偏高。

(6) uo yo 的 o 比标准的唇型略展。

(7) ɯ 只和舌根声母 k kʰ x 相拼。

(8) ɛn 组韵母的主要元音有鼻化色彩。

(9) ɤŋ 组韵母的鼻音韵尾 ŋ 较松,发音部位靠前,实际音值接近 ɲ;同时,主要元音伴有鼻化色彩。

(10) 入声韵尾较轻。单字音里没有入声韵,入声韵只存在于口语词中[①]。

2.1.3　单字调

定边话单字调4个。读单字时入声完全舒化,入声调只存在于口语中。

阴平21　　诗高方专喝拉袜黑

阳平24　　穷才寒娘房习夺食

上声52　　比九有远兆蟹吐薯

去声44　　地替最唱送大进后

(入声ʔ4　　不可实给一出突石)

---

① 吕单字音调查中少数字单字音读入声韵及入声调ʔ4,如"去黑族",是陕北晋语影响的结果。

2.1.4　单字音表

表2-2　单字音表

	ʅ ɿ	ər	i	u	y
	阴阳上去 平平	阴阳上去 平平	阴阳上去 平平	阴阳上去 平平	阴阳上去 平平
p pʰ m f v			逼鼻比闭 批皮避屁 秘眉米觅	卜不补步 扑菩普部 木模母墓 复浮府父 屋吴五误	
t tʰ n l			低敌底地 梯题体替 腻疑你 力梨礼丽	都读赌度 突图土兔 录　鹿	女 律驴吕虑
ts tsʰ s z	支　纸字 **跐**迟此刺 丝时死是 ①			租足组 粗　醋 苏　素	
tʂ tʂʰ ʂ ʐ	知直治 吃池耻赤 湿食世 日			猪竹煮住 初锄楚处 书熟鼠树 褥如乳**擩**	
tɕ tɕʰ ɕ			鸡急几记 期齐起气 稀席喜细		居橘举句 区渠娶趣 虚徐许叙
k kʰ x ŋ				姑　古故 哭　苦裤 呼胡虎护	
∅		**扔**儿耳二	衣移以艺		裕鱼雨玉

跐 tsʰʅ²¹: 脚下用力滑动　　　擩 ʐu⁴⁴: 插、塞

扔 ər²¹: ～了　　　　　　　①ʅ²¹: 尖～～形容东西特别尖的样子

卜 pu²¹: 词缀，～拉拨

表2-2　续一

	a	ia	ua	ɤ	ie
	阴阳上去 平平	阴阳上去 平平	阴阳上去 平平	阴阳上去 平平	阴阳上去 平平
p pʰ m f v	巴爸屄坝 帕爬　怕 抹麻马骂 发罚 袜娃瓦**瓦**	①			憋别瘪**进** **飚**　撇 灭
t tʰ n l	搭答打大 塌**蹋**塔榻 捺拿娜 辣　**拉**	研			跌碟 贴 业③ 列　④
ts tsʰ s z	渣杂咋诈 差茶叉岔 沙啥洒**嗇**				
tʂ tʂʰ ʂ ʐ	**这** 傻		抓　爪② 刷　耍 **挼　蒌**	遮蛰 车　扯 赊蛇舍社 热　惹	
tɕ tɕʰ ɕ		家夹贾架 掐　卡恰 虾霞夏下			接劫姐界 怯茄且**裤** 血邪写谢
k kʰ x ŋ	生尬 咖　卡 瞎**蛤**吓		瓜刮寡挂 夸　垮跨 花滑　话		
∅		鸭牙哑亚			页爷野夜

瓦 va^{44}：动词，堆；一～形容很多
蹋 tʰɑ^{24}：入～糟蹋
拉 lɑ^{44}：～磨闲聊
嗇 sɑ^{44}：虫吃
这 tʂɑ^{52}：～，拿上
蛤 xɑ^{52}：～蟆蚧鼠
挼 ʐuɑ^{21}：揉搓，纠缠
蒌 ʐuɑ^{52}：地～地耳

刮 kuɑ^{24}：跑
进 pie^{44}：～裂子
飚 pʰie^{21}：被冷风吹致感冒
裤 tɕʰie^{44}：尿～子尿布
①piɑ^{21}：粘贴
②tʂʰuɑ^{52}：扯下
③nie^{24}：第三人称代词
④lie^{52}：敞开

表2-2　续二

	uo	yo	E	uE	ɔ
	阴阳上去平平	阴阳上去平平	阴阳上去平平	阴阳上去平平	阴阳上去平平
p	玻薄跛簸		摆拜		包雹饱抱
pʰ	波婆①破		排**派**败		刨抛跑炮
m	末馍**抹**磨		埋买卖		②猫卯冒
f	佛				
v	窝　卧		歪　**崴**外		
t	多夺躲垛		呆　逮带		刀　捣到
tʰ	脱驮妥唾		胎抬　太		掏桃讨套
n	恶挪　懦	虐	哀崖奶爱		挠熬袄傲
l	洛罗裸摞	劣	来　赖		捞老涝
ts	作凿左坐		灾　载在		糟　早灶
tsʰ	搓矬　错		猜材踩菜		操曹草造
s	梭　锁		筛　晒		骚　嫂臊
z					
tʂ	桌镯				招　找照
tʂʰ	戳			揣	超潮
ʂ	说勺所硕			摔　甩帅	烧韶少邵
ʐ	弱				饶扰绕
tɕ		脚绝　倔			
tɕʰ		缺瘸　却			
ɕ		薛学			
k	歌国裹过		该　改盖	乖　拐怪	高　搞告
kʰ	嗑　可课		开　凯	**会**　**块**快	考靠
x	喝和火祸		鞋海害	怀　坏	蒿壕好号
ŋ	我				
∅		约			

抹 muo⁵²：～墙
派 pʰE⁵²：～出所
崴 vE⁵²：脚扭了
会 kʰuE²¹：～计

块 kʰuE⁵²：石头～子
①pʰuo⁵²：～上命豁出去
②mɔ²¹：看望

表2-2　续三

	iɔ	ɯ	ei	uei	əu
	阴阳上去 平平	阴阳上去 平平	阴阳上去 平平	阴阳上去 平平	阴阳上去 平平
p pʰ m f v	标　表 飘飘　票 　苗秒妙		杯白百辈 拍赔　配 麦媒美妹 飞肥匪费 威围伟喂		
t tʰ n l	刁　吊 **挑**条**挑**跳 　鸟尿 **撩燎**撂		德**得** 特 　　那 勒	堆　对 推　腿退 　　雷垒泪	兜都抖豆 偷头　透 奴努沤 篓楼鲁漏
ts tsʰ s z			窄贼这 册 色	嘴最 催　脆 虽遂髓岁	邹　走皱 **搊**愁瞅凑 搜　**擞**嗽
tʂ tʂʰ ʂ ʐ				追　缀 吹捶 谁水睡 　蕊锐	周肘　咒 抽稠丑臭 收　手受 　揉　肉
tɕ tɕʰ ɕ	交**教**搅叫 敲桥巧翘 肖①小笑				
k kʰ x ŋ		胳　个 黑	格 客	规　鬼贵 亏葵　愧 灰回悔会	沟　狗够 抠**扣**口寇 猴吼后
∅	腰摇舀要				

挑 $tʰiɔ^{21}$：～苹果　　　　搊 $tsʰəu^{21}$：动词，用手扶或推

挑 $tʰiɔ^{52}$：～事　　　　　擞 $səu^{52}$：抖

燎 $liɔ^{52}$：～住毛　　　　　扣 $kʰəu^{24}$：动词，～住盖住

教 $tɕiɔ^{24}$：介词，被　　　　①$ɕiɔ^{24}$：～起稍微抬起

得 tei^{24}：巴不～

表2-2　续四

	iəu	ɛn	iɛn	uɛn	yɛn
	阴阳上去 平平	阴阳上去 平平	阴阳上去 平平	阴阳上去 平平	阴阳上去 平平
p pʰ m f v		班　板半 攀盘　盼 　瞒满慢 翻凡反饭 弯完晚万	边　贬变 偏便谝骗 　棉免面		
t tʰ n l	丢 　牛扭谬 榴流柳六	单　掸蛋 滩谈毯探 安南唵岸 　蓝懒烂	颠　点垫 天田舔 年捻念 连脸炼	端　短断 貒团 　暖 圐卵乱	联　糥
ts tsʰ s z		簪　攒站 参残产鏹 三　伞散		钻　攥 搩全　窜 酸　算	
tʂ tʂʰ ʂ ʐ		毡　展占 缠　颤 膻　闪善 燃然染黏		砖　转传 穿船喘串 拴　涮 　软	
tɕ tɕʰ ɕ	究　九旧 秋求 修因朽秀		尖　碱见 千前浅欠 先嫌险线		捐　卷卷 圈权犬劝 宣玄选楦
k kʰ x ŋ		竿　赶干 龛　砍看 憨寒喊汉		关　管罐 宽　款 欢环缓换	
ø	优油有又		烟盐眼艳		冤圆远院

唵 nɛn⁵²：用手捧着吃粉粒状食品
鏹 tsʰɛn⁴⁴：动量词，遍
黏 zɛn⁴⁴：～人小孩缠人
貒 tʰuɛn²¹：～子貒
圐 luɛn²⁴ 一～绳子—团绳子
全 tsʰuɛn²⁴：人～咧

转 tʂuɛn⁵²：房子～给旁人咧
传 tʂuɛn⁴⁴：自～
糥 lyɛn⁴⁴：(米汤、粥)黏；形容小孩子爱哭；形容人不精干、不精明
圈 tɕʰyɛn²¹：花～

表2-2　续五

	aŋ	iaŋ	uaŋ	ɤŋ	iɤŋ
	阴阳上去 平平	阴阳上去 平平	阴阳上去 平平	阴阳上去 平平	阴阳上去 平平
p pʰ m f v	帮绑棒 **胖**旁 胖 ①忙莽 方房访放 汪王网忘			奔 本笨 喷盆捧碰 **焖**门猛梦 风缝粉风 温文稳问	兵 饼并 拼平品聘 闽民抿命
t tʰ n l	当 党挡 汤糖躺烫 肮**馕攘纕** 狼浪	娘仰 凉两亮		登 等凳 吞疼②③ 恩能**恁** 楞冷愣	丁 顶定 听停挺**听** 　拧 硬 林领另
ts tsʰ s z	脏 葬 仓藏**蹭** 桑 嗓丧			增 **缯** 撑层硂衬 僧 省渗	
tʂ tʂʰ ʂ ʐ	张 涨账 昌尝场唱 伤 赏上 瓤嚷让		装 壮 窗床闯创 霜 爽	真 整震 **称**沉逞秤 深神婶剩 **扔**人忍认	
tɕ tɕʰ ɕ		江**刚**奖酱 枪强抢呛 相详想象			金 紧静 亲琴请庆 新形醒性
k kʰ x ŋ	钢杠港**杠** 糠 **扛**炕 **夯**杭 巷		光 广逛 筐狂 况 荒黄谎晃	跟 庚更 坑 肯 衡狠恨	
ø		央羊养样			因银影应

胖 pʰaŋ²¹：～臭很臭
馕 naŋ²⁴：一口吃东西感到满足
纕 naŋ⁴⁴：多
蹭 tsʰaŋ⁴⁴：沾，～上点儿灰，～上吃
　免费蹭吃
杠 kaŋ²⁴：～杯干杯
杠 kaŋ⁴⁴：抬～
扛 kʰaŋ⁵²：～硬硬气
夯 xaŋ²¹：～胀(肚子)胀
仰 niaŋ⁵²：躺

刚 tɕiaŋ²⁴：～才
焖 mɤŋ²¹：又音，～饭
恁 mɤŋ⁴⁴：宁愿，～买贵的
缯 tsɤŋ⁴⁴：捆、系
称 tʂʰɤŋ²¹：～兄道弟
听 tʰiɤŋ⁴⁴：～牌麻将用语
①maŋ²¹：～～地形容小孩子胖胖的可
　爱的样子
②tʰɤŋ⁵²：傻，～子
③tʰɤŋ⁴⁴：～～等一等

表2-2　续六

	uɤŋ			yɤŋ		
	阴阳上去 平平			阴阳上去 平平		
p pʰ m f v						
t tʰ n l	东　懂动 通同桶痛 　脓　嫩 农垄弄				轮**拢**论	
ts tsʰ s z	尊　总纵 葱存　寸 孙**俗**损送					
tʂ tʂʰ ʂ ʐ	中　肿重 春唇充**冲** 　　顺 绒冗润					
tɕ tɕʰ ɕ				军　俊 群**焪** 凶雄　训		
k kʰ x ŋ	工　滚共 昆　捆困 婚红**哄**混					
Ø				拥云永用		

俗suɤŋ²⁴：软弱无能　　　　　　　拢lyɤŋ⁵²：整理，事～顺
冲tʂʰuɤŋ⁴⁴：说话直接令人不快　　焪tɕʰyɤŋ⁵²：闷热
哄xuɤŋ⁵²：骗，～人

2.2　安边话音系

2.2.1　声母

安边话有声母24个，包括零声母在内。

p布帮步别　pʰ怕盘盆部　m母面忙沫　f飞冯放法　　v瓦微围我

t 到当道敌　　　tʰ 汤同特避　　　n 饿硬岸熬　　　　　　　　l 李农内勒

ts 增争自贼　　　tsʰ 草巢茶造　　　s 丝诗师生　　　　　　　　z □

tʂ 证知住侄　　　tʂʰ 超昌撞着　　　ʂ 声书蛇勺　　　　　　　　ʐ 认扔闰酿

tɕ 精集经及　　　tɕʰ 秋墙丘掘　　　ɕ 修囚休学

k 盖革街歌　　　kʰ 开葵柜跪　　　　　　　　x 悔惠黑咸

ø 而椅远

说明：

(1) tɕ tɕʰ ɕ 和齐齿呼韵母相拼时，舌面隆起，带有舌叶音色彩。

(2) k kʰ x 的实际音值是小舌音 q qʰ χ，发 χ 时小舌颤动明显。

(3) v 在 u 韵前摩擦很重，u 也随之带有强烈的摩擦，嘴唇有发麻感。

(4) □ zɻ²¹，咿咿～～形容说话啰里啰嗦不利索。

2.2.2　韵母

安边话有韵母 40 个，不包括儿化韵。

ɿ 资支师时

ʅ 知世逝池

ɚ 耳而儿　　　　　i 第地艺系　　　　u 故母梳布　　　　y 雨鱼虚女

a 爬拿下他　　　　iɑ 架牙佳家　　　　uɑ 瓜耍画抓

ɤ 河各侧割　　　　iɤ 接铁劫洁　　　　uɤ 波初阻　　　　　yɤ 却月药学

ɿə 折车扯蛇惹

ɛ 胆三竿含　　　　iɛ 天检间减　　　　uɛ 短酸关官　　　　yɛ 恋愿远犬

ɔ 饱烧赵贸　　　　iɔ 交敲标条

e 盖摆芥蔡　　　　ie 野姐介歇　　　　ue 怪拐快帅　　　　ye 靴瘸

ɯ 跟根

ei 飞北妹倍　　　　　　　　　　　　　uei 桂贵雷内

əu 路斗丑鹿　　　　iəu 流酒牛修

ɒ̃ỹ 党桑康上　　　　iɒ̃ỹ 腔香讲向　　　uɒ̃ỹ 光良床矿

ɤỹ 根庚问横　　　　iɤỹ 紧林新星　　　uɤỹ 魂横东红　　　yɤỹ 云群穷胸

əʔ 去木黑石　　　　iəʔ 踢一乞立　　　uəʔ 绿落秃哭　　　yəʔ 裕俗续足

说明：

(1) u和tʂ tʂʰ ʂ ʐ相拼时，实际音值是ʯ。

(2) y的实际音值是ʏ。

(3) ɿ只和tʂ tʂʰ ʂ ʐ相拼，舌尖色彩明显。

(4) uɤ的ɤ实际音值接近ə。

(5) ɔ ɔi的ɔ有微小的动程。

(6) ɯ只和k相拼，常用字仅"根跟"两字。

(7) iɛ与ie、yɛ与ye有别，检≠姐，原≠月，但个别字出现混读，如：电tie⁵²。

(8) əu iəu，韵腹舌位比标准ə略高，韵尾舌位较前，实际音值接近ʉ。

2.2.3　单字调

安边话单字调有4个。

阴平44	诗高方专拉天婚胸
阳平上213	穷娘比女接缺划麦
去声52	地替最唱送大进后
入声ʔ5	石食一得笛夺喝铁

说明：阳平上213的21只是下降的一个弯头，与普通话上声调的下降部分不同。阳平和上声合流，曹=草，埋=买，吴=五，迷=米，甜=舔，白=百。但连调区分。

2.3　白泥井话音系

2.3.1　声母

白泥井话有声母25个，包括零声母在内。

p布帮步波	pʰ怕胖盘败	m母面忙门	f飞冯放法	v瓦微围弯
t到当道敌	tʰ舵汤同特	n难饿业硬		l路泪兰内
ts增争自贼	tsʰ草巢茶造		s丝诗士生	z吟

tʂ 证知住伫　　tʂʰ 超昌撞着　　　　　　　ʂ 声书蛇勺　　ʐ 认扔闰酿

tɕ 精集经及　　tɕʰ 秋墙丘掘　　　　　　　ɕ 修囚休俗

k 盖革街关　　kʰ 开葵柜跪　　ŋ 岸案袄恶　　x 惠回闲黑

ø 阿而圆容

2.3.2　韵母

白泥井话韵母有 38 个，不包括儿化韵。

ɿ 资支师时

ʅ 知世逝始

ər 耳而儿扔	i 第地艺尾	u 故母阻堡	y 雨鱼虚与
ɑ 爬拿下他	iɑ 架牙佳家	uɑ 瓜耍画抓	
ɤ 车蛇舌热	ie 姐钳乾列	uo 河波数梳	ye 靴权犬学
ᴇ 盖摆芥蔡		uᴇ 怪拐快帅	
ɔ 饱保赵贸	iɔ 交敲标条		
ei 飞北妹倍		uei 桂贵雷内	
əu 路斗丑鹿	iəu 流绿酒牛		
ɛ̃ 胆三竿含		uɛ̃ 短酸关官	
ɑŋ 党桑康上	iɑŋ 腔香讲向	uɑŋ 光良床矿	
ɯŋ 根羹问瓮	iɯŋ 紧心新星	uɯŋ 魂横东红	yɯŋ 云群穷胸
aʔ 瞎袜色隔	iaʔ 夹接北铁	uaʔ 国桌豁刮	yaʔ 月却掠雪
əʔ 去木黑石	iəʔ 踢一乞立	uəʔ 出落秃哭	yəʔ 裕俗续足

说明：

(1) y 的实际音值是 ʏ。

(2) ɑ　iɑ　uɑ 的主要元音比标准的 ɑ 靠前，实际音值介于 ɑ 和 ᴀ 之间。

(3) uo 的 o 唇型略展。

(4) ɔ　iɔ 的主要元音比标准的 ɔ 略高，且有微小的动程。

(5) ɛ̃　iɛ̃　uɛ̃　yɛ̃ 的主要元音鼻化色彩较轻。

(6) ɑŋ　iɑŋ　uɑŋ 的主要元音鼻化，鼻尾靠前。

(7) uŋ iuŋ uuŋ yuŋ 主要元音鼻化，鼻尾靠前。在阳平、上声音节里，主要元音比标准的 u 舌位略低。

2.3.3　单字调

白泥井话单字调有3个。

平上213　诗高方穷才寒比米

去声52　地替最唱送大进后

入声ʔ4　夺喝石食笛得灭胳

说明：

(1) 阴平、阳平、上声合流，偶尔有阴平字读21，与定边话相同。

(2) 榆林话和安边话的阳平上都是213，21是略微下降的弯头。从音长看，白泥井话平上的21较前两者时值稍长。

三　方言小片之间的语音差异

3.1　声母的差异

(1) 定边方言的古全浊平声字读送气音声母，仄声字声母部分送气、部分不送气。古全浊仄声字今读送气声母的，内部差异见表2-3。

表2-3

	同读送气声母	定边	安边	白泥井
并	耙部簿败佩迫避叛饽面~辟仆瀑倍	勃捕埠垹灰尘~土	泊	
定	舵突特沓			囤
从	造裤尿~子		噍族	截族
澄	绽花~开了	撞坠赖~~	坠皮~~	撞着坠皮~~

续表

	同读送气声母	定边	安边	白泥井
崇		栈~羊	镯	镯
群	健康~	掘	跪	跪
总计	21	21+8	21+6	21+8

(2)古疑影母今开口呼字、部分今齐齿呼字及果摄"蛾鹅俄饿讹",读鼻音声母。定边话鼻音声母有 n 母和 ŋ 母，ŋ 母只有一个"我"字；安边话只有 n 母，没有 ŋ 母；白泥井话有 n 母也有 ŋ 母，古疑影母今齐齿呼字读 n 母，今开口呼字和果摄的"蛾鹅俄饿讹"多读 ŋ 母。例如：

	蛾	爱	袄	熬	硬	我
定边	ˌnuo	nɛ˗	˙nɔ	ˌnɔ	niɤŋ˙	˙ŋou
安边	ˌnuɤ	ne˗	˙nɔ	ˌnɔ	niɤɣ̃˙	ˌvuɤ
白泥井	ˌŋou	ŋɛ˗	˙nɔ	ˌnɔ	niuŋ˙	ˌvuo

3.2 韵母的差异

(1)中古果摄一等字，定边都读 uo 韵，安边多读 uɤ 韵、部分字读 ɤ 韵，白泥井话原来都读 uo 韵，现在也出现了 ɤ 韵的读法。例如：

	河	讹	贺	可	饿	科
定边	ˌxuo	ˌnuo	xuo˙	˙kʰuo	nuo˙	ˌkʰuo
安边	ˌxɤ	ˌnɤ	xuɤ˙	˙kʰuɤ	nuɤ˙	ˌkʰuɤ
白泥井	ˌxuo	ˌnou	xuo˙	˙kʰuo	ŋuo˙	ˌkʰuo/ˌkʰɤ

(2)中古鱼韵庄组字，定边多读 u 韵，安边多读 uɤ 韵，白泥井多读 uo 韵。例如：

	初	数	梳	阻	锄
定边	ˌtʂʰu	ʂuˀ	ˌʂu	ˌtsu	ˌtʂʰu
安边	ˌtʂʰuɤ	ʂuɤˀ	ˌʂu	ˌtsuɤ	ˌtʂʰuɤ
白泥井	ˌtʂʰuo	ʂuoˀ	ˌʂuo	ˌtsu	ˌtʂʰuo

（3）咸山摄开口见系二等和三四等(知系除外)，定边和安边舒入未合流，与中原官话相同，如：线≠泄，千≠切，玄≠穴；白泥井舒入合流，与陕北晋语相同，如：线=泄，千=切，玄=穴。

（4）入声韵母保留不同。定边话的入声韵在读书音里已经完全舒化，口语中保留少数入声韵。安边话、白泥井话保留入声韵，只有部分舒化。安边话有一组入声韵，白泥井话有两组入声韵且保留的入声字数量比安边话多。

（5）曾开一、梗开二、深臻庄组以及庄组职韵的入声字，定边话多读ei uei韵。安边的读音不太规律，大部分读ɤ韵，如"涩得德则塞克刻特窄格魄客泽择责革隔册策麦脉侧测色啬"；其余有的读ei uei韵，如"贼墨柏伯白帛摘或"；有的读uɤ韵，如"陌国惑额北拍"。白泥井话几乎全部保留入声，只有"墨"读ei韵。

3.3　声调的差异

（1）单字调的调型和调值，定边话与关中方言相近，安边话与榆林话相近。白泥井各县移民混居，声调合并严重，阴平、阳平、上声三个单字调合流，调值213，与绥德米脂的阴平上、榆林横山的阳平上相同，是这些县区移民方言接触的结果。

（2）舒化情况、规律各不相同。定边话古入声字归调遵循了中原官话的演变模式：清入、次浊入归阴平，全浊入声字多归阳平。安边话入声舒化字，清入76%归阳平；全浊入88%归阳平；次浊入52%归阳平，32%归去声。安边话72.6%的入声舒化字都归到阳平，这一点与盐池话相似，是安边话的一大特色。白泥井话入声舒化字较少。在用《方言调查字表》调查的入声字中，清入归平声12字、归去声9字；全浊归平声29字、归去声3字；次浊归平声13字、归去声21字。入声舒化后的声调和陕北晋语基本一致。

第三章　定边方言音系
与中古音的比较

　　本章从中古音出发，观察从古音到今音的演变。中古音指以《切韵》为代表的中古音系，本书主要指《广韵》音系。今音指定边话老派音系。现代定边话与《广韵》代表的中古语音系统之间存在着一定的对应关系。声母、韵摄的分类按照《方言调查字表》(商务印书馆2009)。

一　今音与古音比较表

　　定边话与中古音声母、韵母、声调的比较，详见下列各表。表3—1从古音出发看今音声母的分合；表3—2从今音到古音，看今声母的来源。表3—3从古音出发看今音韵母的分合；表3—4从今音到古音，看今韵母的来源。

表3-1　古今声母比较表之一

组	今	清（塞·母/今）	清 次清（母/今）	全浊 平（母/今）	全浊 仄（今）	清 擦（母/今）	全浊 平（母/今）	全浊 仄（今）	次浊（母/今）
帮组		帮 p	滂 pʰ	並 pʰ	並 p				明 m
非组		非 f	敷 f	奉 f	奉 f				微 v
端组		端 t	透 tʰ	定 tʰ	定 t				泥 n l／来 l
精组	今洪	精 ts	清 tsʰ	从 tsʰ	从 ts	心 s	邪 s	邪 s	
精组	今细	精 tɕ	清 tɕʰ	从 tɕʰ	从 tɕ	心 ɕ	邪 ɕ	邪 ɕ	
知组	今开二	知 ts	彻 tsʰ	澄 tsʰ	澄 ts				
知组	其他	知 tʂ	彻 tʂʰ	澄 tʂʰ	澄 tʂ				
庄组	今开	庄 ts	初 tsʰ	崇 tsʰ	崇 ts	生 s			
庄组	今合	庄 tʂ	初 tʂʰ	崇 tʂʰ	崇 tʂ	生 ʂ			
章组	止今开	章 ts	昌 tsʰ	船 tsʰ s	船 ts	书 s	禅 s	禅 s	
章组	其他	章 tʂ	昌 tʂʰ	船 tʂʰ ʂ	船 tʂ	书 ʂ	禅 ʂ	禅 ʂ	
日母	止今开								日 ∅／ʐʅ
日母	其他								日 ʐ／n ∅
见晓组	今洪	见 k	溪 kʰ	群 kʰ	群 k	晓 x	匣 x	匣 x	疑 v n ŋ／云 v／以 v zʅ
见晓组	今细	见 tɕ	溪 tɕʰ	群 tɕʰ	群 tɕ	晓 ɕ	匣 ɕ	匣 ɕ	疑 n ∅／云 ∅／以 ∅
影组	今洪	影 v n							
影组	今细	影 ∅							

表3-2　古今声母比较表之二

	帮滂并明	非敷奉微	端透定	泥来	精清从心邪	知彻澄	庄初崇生	章昌船书禅	日	见溪群疑	晓匣影云以
p	波										
pʰ	坡 婆										
m	马										
f		夫浮扶									
v		武								外	乌卫维
t			多 杜								
tʰ			土 徒								
n				挪 农						疑	爱
l				罗							
ts					左 坐	罩	渣 炸	支			
tsʰ					糙曹	择 撑茶	叉愁	齿			
s					词 私似		沙	示施时			
z											
tʂ						知 治	庄 状	专			
tʂʰ						超绸	初锄	穿船 晨			
ʂ							梳	蛇伤殊			
ʐ									惹		锐

续表

	帮滂并明	非敷奉微	端透定	泥来	精清从心邪	知彻初澄	庄初崇生	章昌船书禅	日	见溪群疑	晓匣影云以
tɕ					姐					奇	
tɕʰ					且齐					区渠	
ɕ					写斜						虚霞　熊
k										哥	
kʰ										愧亏葵	
ŋ										我	花河
x											
∅									儿	牙	衣雨榆

表3-3　古今韵母比较表之一

		一等			二等			三等								四等
		帮系	端系	见系	帮系	知庄组	泥组	帮系	端组	泥组	精组	庄组	知章组	日母	见系	见系
果	开		uo多 ɑ大	uo歌												ie茄
	合	uo波	uo朵	uo过												yo靴

续表

三、四等

摄（开合）	见系	日母	知章组	庄组	精组	泥组	端组	帮系
假 开	ie爷	ʅ惹	ʅ蛇		ie姐			
遇 合	y举	u如	u猪	u初	y咀	y女		
蟹 开	i鸡		ʅ制		i挤	i礼	i低	i闭
蟹 合	uei桂　ei卫	uei芮	uei缀		uei脆			ei废
止 开	i奇	ər儿	ʅ知　ʅ支	ʅ师	ʅ资	i尼		i比
止 合	uei规　ei为	uei蕊	uei锥	uɛ衰	uei嘴	uei泪		ei飞

一、二等

摄（开合）	见系（二）	知庄组	泥组	帮系（二）	见系（一）	端系	帮系（一）
假 开	ia家　ua瓜　a瓦	a茶　ua耍	a拿	a巴			
遇 合					u姑	u肚　ou路	u补
蟹 开	a罢　ɛ芥　ie械　ia佳	ɛ豺	ɛ奶	ɛ排	ɛ该	ɛ胎	ei贝
蟹 合	uɛ乖　ua挂　ɛ歪　a蛙				uei灰　uɛ块　ei傀	uei堆	ei杯
止 开							
止 合							

续表

摄	呼	一等 帮系	一等 端系	一等 见系	二等 帮系	二等 泥组	二等 知庄组	二等 见系	三等 帮系	三等 端组	三等 泥组	三等 精组	三等 庄组	三等 知章组	三等 日母	三/四等 见系
效舒	开	ɔ保	ɔ刀	ɔ高	ɔ包	ɔ闹	ɔ抄	iɔ教	iɔ标	iɔ刁	iɔ尿	iɔ焦		ɔ超	ɔ绕	iɔ骄
流	开	u某 / ɔu茂	əu斗	əu狗					u否	iou丢	iou纽	iou秋	əu愁	əu稠	əu柔	iou九
咸舒	开			ən感	ən扮		en站	en馅 / ien减	ien贬	ien掂	ien拈	ien尖		en沾	en染	ien剑
咸舒	合								en泛							
深舒	开								iəŋ禀		iəŋ林	iəŋ侵	iəŋ森	iəŋ针	iəŋ任	iəŋ今
山舒	开		en单	en干	en扮	ɔ闹	en盏	en艰 / ien减	ien鞭	ien颠	ien暖	ien箭		en展	en燃	ien建 / yen卷 ien铅
山舒	合		uen端	uen官 / en碗			uen拴	en湾	en反		yen恋	yen选		uen转	uen软	
臻舒	开	əŋ本	əŋ吞	əŋ根				iəŋ宾	əŋ分		iəŋ邻	iəŋ亲	iəŋ榛	iəŋ珍	iəŋ人	iəŋ巾
臻舒	合		uəŋ顿	uəŋ滚 / uəŋ温							uəŋ伦	uəŋ遵 / yəŋ俊		uəŋ春	uəŋ润	yəŋ均

续表

摄/开合	一等·帮系	一等·端系	一等·见系	二等·帮系	二等·泥组	二等·知庄组	二等·见系	三等·帮系	三等·端组	三等·泥组	三等·精组	三等·庄组	三等·知章组	三等·日母	三/四等·见系
宕舒 开	帮 ɑŋ	当 ɑŋ	纲 ɑŋ							娘 iɑŋ	将 iɑŋ	装 uɑŋ	张 ɑŋ	让 ɑŋ	姜 iɑŋ
宕舒 合			光 uɑŋ / 王 ɑŋ		攘 ɑŋ			方 ɑŋ							匡 uɑŋ / 王 ɑŋ
江舒 开				棒 ɑŋ		窗 uɑŋ	港 ɑŋ / 江 iɑŋ								
曾舒 开	朋 əŋ	灯 əŋ	恒 xəŋ					冰 iəŋ		陵 iəŋ			征 əŋ	仍 əŋ	兴 iəŋ
曾舒 合			弘 uəŋ												
梗舒 开				猛 məŋ	冷 ləŋ	生 ʂəŋ	坑 kʰəŋ / 茎 iəŋ	兵 iəŋ	丁 iəŋ	领 iəŋ	精 iəŋ		呈 əŋ		京 iəŋ
梗舒 合							宏 uəŋ / 横 yo								兄 yəŋ / 倾 iəŋ

续表

摄	一等 帮系	一等 端系	一等 见系	二等 帮系	二等 泥组	二等 知庄组	二等 见系	三四等 帮系	三四等 端组	三四等 泥组	三四等 精组	三四等 庄组	三四等 知章组	三四等 日母	三四等 见系
通舒 合	ʊŋ蓬	uŋ东	uŋ工 ʊŋ翁					ʊŋ风		uŋ龙	uŋ从	uŋ崇	uŋ忠	uŋ绒	uŋ供 yʊŋ胸
咸入 开		ɑ搭	uo鸽			ɑ扎	ia夹	ɑ法	ie跌	ie聂	ie接		ʅ褶		ie劫
咸入 合															
深入 开										i立	i缉	ei涩	ʅ执	u入	i级
山入 开		ɑ达	uo割	ɑ八		ɑ札	ɑ瞎 ia辖	ie别	ie铁	ie列	ie节		ʅ哲	ʐɤ热	ie结
山入 合	uo拨	uo掇	uo括			ua刷	uɑ刮 ɑ挖	ɑ伐		yo劣	yo绝		uo拙		yo决
臻入 开								i笔		i栗	i七	ei瑟	ʅ侄	ʅ日	i吉
臻入 合	uo没	u突	u骨					uo物		y律	y戌	uE率	u出		y屈

续表

韵摄	一等 帮系	一等 端系	一等 见系	二等 帮系	二等 泥组	二等 知庄组	二等 见系	三等 帮系	三等 端组	三等 泥组	三等 精组	三等 庄组	三等 知章组	四等 日母	四等 见系
宕入 开	uo博	uo诺	uo各 ɯ胳							yo略	yo鹊		uo酌	uo弱	yo脚
宕入 合			uo郭					u缚							yo镢
江入 开				uo驳		uo捉	yo觉 uo握								
曾入 开	ei北	ei德	ei刻 ɯ黑					i逼	i的	i力	i即	ei侧	ʅ织		i极
曾入 合			uo国												y域
梗入 开				ei柏		ei拆	ei格 ɯ赫	i碧		i历	i积		ʅ赤		i载
梗入 合							uo虢 u获								i疫
通入 合	u扑	u毒	u哭					u福		u陆	y肃	uo缩	u竹	u辱	y菊

表3-4　古今韵母比较表之二

韵母	果		假		遇		蟹		止		效	流	咸	
	开一三	合一三	开二三	合二	合一	合三	开一二三四	合一二三四	开三	合三	开一二三四	开一三	开一二三四	合三
ꭥ									紫					
ʅ									知					
er									儿					
i							制厉洗	睚	比	季				
u					姑猪							某否		
y						女								
a	大		拿	瓦			罢	蛙					拉插	法
ia	茄		家				佳						夹	
ua				瓜				画						
ɤ	多												喝	
ie			蛇姐				介						摄接贴	
uo		波												
yo		靴												
ɛ							胎排	歪						
ue								块怀		揣				

续表

韵母	果 开一三	果 合一三	假 开二三	假 合二	遇 合一	遇 合三	蟹 开一二三四	蟹 合一二三四	止 开三	止 合三	效 开一二三四	流 开一三	咸 开一二三四	咸 合三
ɔ											保包超	贸		
iɔ											交苗叫	彪		
u					路									
ei							贝	杯灰	碑	飞				
uei								废脆桂		泪				
ue														
uei												狗愁九		
ən													胆站占	凡
iən													减尖甜	
uən														
yɛn														
ɑŋ														
iɑŋ														
uɑŋ														
yɣ														
iyɣ														
uyɣ														
yyɣ														

续表

韵母	深开三	臻开一三	臻合一三	山开一二三四	山合一二三四	宕开一三	宕合一三	江开二	曾开一三	曾合一三	梗开二三四	梗合二三四	通合一三
ɿ													
ʅ	湿								直		尺吃		
ɚ													
i	立	笔							力		席踢	疫获	
u	入		突出					朴					哭叔
y			橘							域			菊
a				辣八擦	挖								
ia													
ua					刮		缚					划	
ə		任	没物										
ie				舌灭铁	劣血 说雪缺								
uo				割	括	错	郭	桌		国		虢横	缩
yo						药	镬	学					
E													
uE			率										

续表

韵母	深 开三	山 开 一二三四	山 合 一二三四	臻 开 一三	臻 合 一三	宕 开 一三	宕 合 一三	江 开二	曾 开 一三	曾 合 一三	梗 开 二三四	梗 合 二三四	通 合 一三
ɔ	涩							雹					
iɔ													
m̩													
ei				虱					黑		赫		
uei									北色		百		
əu						胳							绿
uəi													
ən		单扮展											
iɛn		艰鞭边											
uan			搬湾反 端拴专										
yɛn			铅县 选玄										
aŋ						帮张	方	胖					
iaŋ						娘		讲					
uaŋ						庄	光狂	窗				矿	

续表

	深	山		臻		宕		江	曾		梗		通
	开	开	合	开	合	开	合	开	开	合	开	合	合
	三	一二三四	一二三四	一三	一三	一三	一三	二	一三	一三	二三四	二三四	一三
əŋ	沉林			吞人	本分				灯征		猛整		蒙风
iŋ				近					冰		硬兵瓶	倾萤	
uəŋ					滚春					弘		宏	东隆
yŋ					俊							兄迥	胸

表3-5　古今声调比较表

		阴平 21	阳平 24	上声 52	去声 44
平声	清	波刀抽家			
	次浊		毛离饶疑		
	全浊		平唐厨穷		
上声	清			摆体吵好	
	次浊			买脑染咬	
	全浊				抱淡柱近
去声	清				变对灶见
	次浊				帽利绕岸
	全浊				饭地阵轿
入声	清	八塔涩割			
	次浊	灭辣入月			
	全浊		白达舌局		

二　例外字表

例外字指按照上面的古今音对应关系表，不合对应规律的字音。古全浊声母仄声字今塞音、塞擦音读送气的，并未形成对应规律，也属于例外读音。

有些字在中古有两个以上音韵地位，在定边话中只有一读。如果该读音同中古音的其中之一相对应，本书就不算例外字。

2.1　声母例外字

括号内注明按规律今音当读的声母。

帮：波ˏpʰuo　算ˏpʰie　谱ᶜpʰu　鄙ᶜpʰi　秘泌miˀ　痹ˏpʰi 庇pʰiˀ
　　堡ᶜpʰu　迫pʰuoˀ(p)

滂：玻ˏpuo　怖puˀ　扳ˏpɛn　泊ˏpei(pʰ)

并：部簿pʰuˀ　捕ᶜpʰu　败pʰEˀ　倍佩pʰeiˀ　避ˏpʰi　鳔pʰiɔˀ　叛
　　pʰɛnˀ　勃垺饽ˏpʰuo　辟pʰiˀ　仆ˏpʰu　瀑pʰuˀ(p)

明：戊vuˀ　谬niəuˀ(m)

非：脯杏~ˀpʰu(f)

敷：捧ᶜpʰɤŋ(f)

微：尾ᶜi̠(v)

端：堤ˏtʰi　鸟ᶜniɔ(t)

透：贷tEˀ　腆ᶜtien(tʰ)

定：饨tuɤŋˀ(tʰ) | 舵ˏtʰuo　沓ˏtʰɑ　突ˏtʰu　特ˏtʰei　艇挺
　　ᶜtʰiɤŋ(t)

泥：内lueiˀ　粘ˏʐɛn　赁liɤŋˀ　酿ˏʐaŋ　农ˏluɤŋ(n)

精：躁tsʰɔˀ(ts)| 剿ˏtsʰɔ　歼tɕʰien　雀tɕʰiɔ(tɕ)

从：裭尿~子tɕʰieˀ(tɕ)| 造tsʰɔˀ(ts)| 蹲ˏtuɤŋ(tsʰ)

心：栖ˏɕi　玺ᶜɕi　伺tsʰʅˀ　粹tsʰueiˀ　怂tsuɤŋˀ(s)| 鞘tɕʰiɔˀ(ɕ)

知：爹ˏtie(tʂ)

彻：畜ˏɕy(tʂʰ)

澄：赚tʂuɛnˀ(ts)| 池迟ˏtʂʰʅ　澄tʂɤŋˀ(tʂʰ)| 痔tsʅˀ　坠tʂʰuE̠
　　撞tʂʰuɑŋˀ　瞪tɤŋˀ(tʂ)

庄：楂tsʰɑ　侧ˏtsʰei(ts)| 阻ᶜtsu(tʂ)

初：簒tsʰuɛnˀ(tʂʰ)| 栅tsɑˀ(tsʰ)

崇：士仕柿俟事sʅˀ(ts)

生：产ᶜtsʰɛn(s)

章：帚 ˍtʂʰu(tʂ)

昌：枢 ˍʂu　触 tʂuˀ(tʂʰ)

船：盾 tuɤŋˀ(tʂ)

书：翅 tsʰʅˀ(s)

禅：瑞 ʐueiˀ　植殖 ˍtʂʅ　蜀 ˍtʂu(ʂ)

见：会~计 kʰuɛˀ　刽 xuɛˀ　愧 kʰueiˀ　酵 ɕiɔˀ　睑 ˀlien　括 kʰuoˀ
　　昆 ˍkʰuɤŋ　扛 ˍkʰaŋ　矿 kʰuaŋˀ　巩 ˀkʰuɤŋ　懈 xɛˀ/ɕieˀ(k)

溪：墟 ˍɕy　溪 ˍɕi　龈 ˍiɤŋ(tɕʰ)| 恢 xuei　吃 tʂʰʅ(kʰ)

群：掘 ˍtɕʰyo(tɕ)| 鲸 ˍtɕiɤŋ(tɕʰ)

疑：讹 ˍnuo(v)| 呆 ˍtɛ　倪 ˍmi　阮 ˀʐuɛn(n/Ø)

晓：歪 ˍvɛ　况 kʰuaŋˀ(x)

匣：械 tɕieˀ　畦 ˍtɕʰi　肴淆 ˍiɔ　舰 tɕienˀ　茎 ˍtɕiɤŋ　萤荧 ˍiɤŋ(ɕ)|
　　完丸 ˍvɛn　皖 ˀven　汞 ˀkuɤŋ(x)

影：秒 xueiˀ(v)| 压 niaˀ(Ø)

云：彙 xueiˀ(v)| 熊雄 ˍɕyɤŋ(Ø)

以：铅 ˍtɕien　捐 ˍtɕyen(Ø)

2.2　韵母例外字

括号内注明该字的古韵(举平声以赅上去)和今音的一般读音。

果摄：那 neiˀ(uo)

假摄：爹 ˍta(ie)| 傻 ˀʂa(ua)

遇摄：摹 ˍməu　作 ˍtsuo　措错 tsʰuoˀ(u)| 庐 ˍləu　稆 ˀliəu　所 ˀʂuo
　　去你~哪里 tɕʰiˀ　屡 lueiˀ(y)

蟹摄：鳃腮 ˍsei　洒 ˀsa(ɛ)| 婿 ˀɕy　簪 tɕyoˀ(i)| 畦 ˍtɕʰi(uei)

止摄：玺徙 ˀɕi　筛 ˍsɛ　厕 tsʰeiˀ(ɿ)| 池迟 ˍtʂʰʅ　痔 tsʅˀ(ʅ)| 履 ˀly
　　(i)| 坠 tʂʰuɛˀ　季 tɕiˀ(uei)| 遗 ˍi　尾 ˀi(ei)

效摄：堡 ˀpʰu　抓 ˍtʂua　爪~子 tʂuaˀ(ɔ)| 搞 ˀkɔ　剿 ˍtsʰɔˀ(iɔ)

流摄：矛 ˍmiɔ /ˍmɔ(u)| 廖 liɔˀ　宿星~ɕy　鼬 ˀɕi　彪 ˍpiɔ(iəu)|

漱 su˭(əu)

咸舒：赚 tʂuɛn˭(ɛ̃)｜粘 ₌ʐɿ(iɛn)

山舒：疝 ˌʂuɛn˭(ɛn)｜联 ˌlyɛn 癣 ˊɕyɛn 轩掀 ˌɕyɛn(iɛn)｜拼 ˌpʰiɤŋ 弯 ˌlyɛn 攒 ˌtsɛn 还～有 ₌xɛn(uɛn)｜缘沿 ₌iɛn 铅 ˌtɕʰiɛn 阮 ˊʐuɛn 宛 ˊvɛn 县 ɕiɛn˭(yɛn)

臻舒：褪 tʰuei˭ 逊 ɕyɤŋ˭(uɤŋ)｜迅 ɕiɤŋ˭ 匀 ₌iɤŋ 尹 ˊiɤŋ 荤 ˌxuɤŋ(yɤŋ)｜啃 ˊkʰuɤŋ(ɤŋ)

宕舒：酿 ₌ʐaŋ(iaŋ)｜饷 ˊɕiaŋ(aŋ)

梗摄：盲 ₌maŋ 打 ˊta 蚌 paŋ˭(ɤŋ)｜盟 ₌mɤŋ 映放～队 iaŋ˭(iɤŋ)｜矿 kʰuaŋ˭(uɤŋ)

通舒：烔 ₌tʰɤŋ(uɤŋ)｜嗅 ɕiəu˭(yɤŋ)

咸入：眨 ₌tsɛn(a)｜挟 ₌tɕia(ie)

深入：入 ˌʐu(ʅ)｜给 kɯ˭(i)

山入：渴 kʰaŋ˭ 捋 ₌ly(uo)｜血 ɕie(yo)

臻入：不 ˌpu 饽 ˌpʰu(uo)｜率蟀 ʂuɛ˭(u)｜倔 tɕyo˭ 掘 ₌tɕyo(y)

宕入：泊 ₌pei 幕 mu˭ 胳 ₌kɯ 霍藿 ˌxu(uo)｜跃 iɔ˭(yo)

江入：饺 ˊtɕiɔ(yo)

曾入：黑 ₌xɯ(ei)｜国 ₌kuo(uei)

梗入：陌 ₌muo 额 ₌nuo 赫 ₌xɯ 栅 tsa˭ 核～对 ₌xɛ(ei)｜剧 tɕy˭ 液腋 ie˭ 籴～米 ₌tie 吃 ₌tʂʰʅ(i)｜射 ʂʅ˭ 掷 tʂɤŋ˭(ʅ)｜划 xuɑ˭(uo)

通入：曝 pɔ˭ 六 liəu˭ 粥 ₌tsəu｜肉 ʐəu˭(u)｜促 ₌tsʰu(y)

2.3 声调例外字

古清平

读阳平：哥 kuo 楂 tsʰa 都～是 təu 跗俘 fu 堤 tʰi 魁 kʰuei 滔 tʰɔ 燃 nɔ 抛 pʰɔ 喧 ɕyɛn 渊 yɛn 荀勋 ɕyɤŋ 滂 pʰaŋ 肪 faŋ

读上声：蓖 pi　萎 vei　刊 kʰɛn　鲜 ɕiɛn　妨 faŋ　充 tʂʰuɤŋ

读去声：俱 tɕy　臊~子 sɔ　瑰 kuei　嵌 tɕʰiɛn　禁 tɕiŋ　看~守 kʰɛn

　　　　篇 pʰiɛn　拼~命 pɛn/pʰiɤŋ　眶 kʰuaŋ　憎 tsɤŋ　筝 tsɤŋ

古浊平

读阴平：搭 tsʰɑ　耶 ie　乎 xu　淤 y　殊 ʂu　呆 tɛ　裴 pʰei　疵

　　　　tsʰʅ　匙 sʅ　危 vei　微 vei　犹悠 iəu　燃 zɛn　铅 tɕʰiɛn

　　　　捐 tɕyen　闽 miɤŋ　蹲 tuɤŋ　仍扔 zɤŋ　茎鲸 tɕiɤŋ

读上声：跑~路 pʰɔ　场戏~tʂʰaŋ　惩 tʂʰɤŋ　筒 tʰuɤŋ

读去声：巫诬 vu　娱愉 y　榴 liəu　炎 iɛn　饨 tuɤŋ　澄 tɤŋ　乘

　　　　~车 tʂʰɤŋ

古清上、次浊上

读阴平：鄙 pi　朵 tuo　颗 kʰuo　齿 tsʰʅ　悄 tɕʰiɔ　帚 tʂʰu　诊

　　　　tʂɤŋ　吻刎 vɤŋ　慷 kʰaŋ　颈 tɕiɤŋ　顷 tɕʰiɤŋ　拱

　　　　kuɤŋ　拥 yɤŋ

读阳平：抚 fu　傀 kʰuei　岂 tɕʰi　唯 vei　剿 tsʰɔ　剖 pʰɔ　呕

　　　　nəu　惨 tsʰɛn　允 yɤŋ　壤 zaŋ

读去声：贿 xuei　纪年~tɕi　蚤 tsɔ　叩 kʰəu　懊 nɔ　漂~白粉

　　　　pʰiɔ　瞭 liɔ　诱 iəu　揞 nɛn　朗 laŋ　矿 kʰuaŋ

古全浊上

读阴平：咎 tɕiəu

读阳平：舵 tʰuo

读上声：釜腐辅 fu　兆 tʂɔ　蟹 ɕie　缓 xuɛn　晚 vɐn　艇挺

　　　　tʰiɤŋ　汞 kuɤŋ

古去声

读阴平：稼 tɕia　蔗 tʂɤ　锢 ku　疏 ʂu　思 sʅ　会~计 kʰuɛ　厕 tsʰei

　　　　猬 vei　稍 sɔ　召 tʂɔ　勾~当 kəu　宿星~ɕiəu　究 tɕiəu

　　　　勘 kʰɛn　荫 iɤŋ　绢 tɕyen　郡 tɕyɤŋ　创 tʂʰuaŋ　映 iaŋ

　　　　经 tɕiɤŋ　综 tsuɤŋ　轰 xuɤŋ

读阳平：薄~荷puo　爸pɑ　帕phɑ　暇ɕiɑ　卫vei　臂pi　谊ni
痹phi　鼻pi　嗣tsʰɿ　饲sɿ　遂隧suei　纬vei　耗xɔ
疗liɔ　玩ven　恋lyen　眩ɕyen　凝niɤŋ　行品~ɕiɤŋ
读上声：那nei　佐tsuo　厦sɑ　捕pu　吐thu　署薯ʂu　屡luei
派~出所phE　载tsE　慨khE　块khuE　避庇phi　至tsɿ
饵ər　伪vei　翡fei　偶nəu　缆len　枕tʂɤŋ　涑tɕien
谤pɑŋ　酿zɑŋ　辆liɑŋ　倡tʂhɑŋ　饷ɕiɑŋ　访fɑŋ　柄
piɤŋ　泳yɤŋ　统thuɤŋ　讽fɤŋ

第四章　定边话同音字汇

说明：

1. 本字汇以中国社会科学院语言研究所《方言调查字表》为基础，适当补充定边话常用而《字表》未列的字，删去方言不用的生僻字。

2. 本字汇先按韵母分部，同韵的字按声母顺序排列，声、韵相同的按声调顺序排列。具体次序见第二章第一节。

3. 字下加"—"表示白读音；字下加"＝"表示文读音。文白异读有词汇限制的加例词，没有词汇条件自由使用的不加例词。

4. 一字多音者，按照文中出现的顺序依次标1、2、3等。区别意义的异读只加注例词，不标数码。

5. 方框"□"代表有音无字，加小字注释或举例。

6. 例子中用浪线"~"代替本字。

ꭅ

ts　[21] 支枝树~肢吱资姿咨脂指1之芝隻1一~手坐泥
~圪搐：浑身是泥的样子　[52]
紫纸姊旨指2~靠至子止
趾址籽 只1~来了一个人

[44] 只2~有自字志痣痔
这1~里□称(分量)

tsʰ　[21] 跐脚下用力滑动疵呲髭
~胡齿指六~~：长六个手指头
的人枝树~~儿鸥~怪子□动
词，一个指头用劲在另一物表面移

动□～了子:不稳重的年轻女子
□没察:不会看人眼色 [24]
雌瓷迟₁慈磁辞词祠嗣谭
～同痴～傪:喻指反应迟钝的人
□～作:(东西)结实 [52]此
取～回来 [44]刺赐翅次伺
蹭沾,衣裳～得脏的□～□lɔ⁵²:
大雁

s　[21]斯嘶撕施匙家～:炊餐
具私师狮尸司～机丝思诗
□～气:饭馊了 [24]时～气:
时运饲 [52]死屎使史驶始
嘶～声:大声喊叫 [44]司
官～是氏四肆示视嗜似祀
巳寺士仕柿事侍试时年～:
去年

z　[21]□尖～～:形容东西特别尖
的样子

ʅ

tʂ　[21]知汁织职隻₂一～眼:
独眼 [24]执侄直值殖～民
植～树 [44]制智稚置治秩
质

tʂʰ　[21]痴～心妄想尺吃□忽～:
洒 [24]池驰弛迟₂持 [52]
耻 [44]赤

ʂ　[21]湿失识释殖骨～:骨头
植木～□"上"的弱读,街～

[24]十什拾实食蚀石适
[44]世势誓逝室式饰

ʐ　[21]日～子入①性交;②前缀,
～嘛:骂

ər

ø　[21]扔 [24]而儿 [52]尔
耳饵 [44]二贰

i

p　[21]逼煏烘烤鄙□～斗:耳光
[24]鼻笔₁钢～弼碧璧壁₁
～画臂屄女阴 [52]笔₂一
～好字蓖彼比秕滗～住药渣
子□莫～:难道 [44]被蔽敝
币弊毙篦～梳婢备鞴～鞍子
闭毕必

pʰ　[21]批披匹劈脾鄙 [24]皮
疲琵枇痞黑～痹□～了一
阵儿:小睡了一会儿 [52]避庇
[44]屁僻辟

m　[21]密蜜秘泌眯 [24]倪
迷～彩服縻弥缝一块布以加
长眉楣媚尼泥烂～绵～羊
[52]米女～猫儿:母猫 [44]
觅迷～打:甜言蜜语哄别人高兴
谜

t　[21]低爹₁弱读,老～:岳父,兄
弟的岳父或姐妹的公公嫡～～蛋
蛋:啰里啰嗦 [24]嫡笛敌狄

[52]底抵弟1兄~ [44]帝弟2~兄第递地 [0]的助词地助词得助词

tʰ [21]梯涕屉踢嚏喷~ [24]堤题提蹄啼 [52]体 [44]替剃剔

n [21]逆匿腻油腻呢疑问语气词 [24]尼泥蒜~呢~子倪宜谊疑 [52]你拟 [0]里1这~

l [21]立笠力哩完成体助词 [24]离~婚、~家近篱1~笆粒犁黎梨厘狸剺用刀划开 [52]礼李里2~头理鲤 [44]例一~:总共历1~史厉励丽隶利痢吏栗毛~子荔璃琉~

tɕ [21]鸡姬稽饥肌几茶~基叽机讥积击激脊塈~子:土坯家1人~ [24]缉集辑急级及疾吉极籍绩寂 [52]虮~子挤己幾~个 [44]祭际荠济剂计继寄技妓冀纪记忌既季即鲫迹

tɕʰ [21]妻欺期戚七漆杞枸~前1跟~箕簸~ [24]齐脐芪畦奇骑岐祁其棋旗麒 [52]企起1~火:发火岂乞 [44]去1出~契地~器弃气汽

ɕ [21]西溪牺栖恓~惶:可怜嬉熙希稀吸悉息熄媳惜昔夕锡析揳①钉;②打,~你两打兮 [24]席习袭 [52]洗玺喜 [44]细联~戏

ø [21]伊医衣依揖一壹 [24]移姨饴遗 [52]蚁倚椅已以乙影挡住视线或光线 [44]艺义议意异抑毅忆亿益亦易译疫役逸营务~:①抚养;②抱养;③侍弄(花草、庄稼等)夜1(语音弱化)黑~饭:晚饭

u

p [21]卜1词缀,~拉 [24]不 [52]补捕 [44]布买~怖步

pʰ [21]铺~炕捕扑铻面~醭~气味:霉味烳~灶火:给带炕洞的旧式灶去烟煤孛~篮 [24]蒲菩仆~人 [52]谱普浦堡盐场~脯果~圃苗~朴 [44]布振~部铺店~簿埠瀑卜2词缀,稀汤~衍

m [21]木目穆苜~蓿 [24]模~样谋 [52]某亩牡母拇 [44]暮慕墓幕牧

f [21]夫肤敷孵麸芙复 [24]跗~高:脚面高俘符扶浮佛仿~福幅蝠服舒~伏復辐

[52]府腑俯甫斧抚辅否腐~竹 [44]付附傅赴父讣富副妇~女负腹服——药

v [21]乌污侮物~证屋兀□~突戈水：温吞水 [24]吴蜈梧无 [52]五伍午武舞鹉捂 [44]误悟务雾戊巫诬

t [21]都~城督涂糊~：昏迷 [24]独读牍犊毒 [52]堵赌肚羊~子 [44]妒杜肚~子度渡镀□骨~：骨头，疑即"骨头"的音变

tʰ [21]突凸秃鈯钝，笔尖子~ [24]徒屠途涂~改图 [52]土吐 [44]兔

l [21]绿录 [44]鹿禄陆辘一~轱~线芦葫~碌

ts [21]租族做 [24]卒足知~埪填堵窟窿 [52]祖组诅阻肠梗~

tsʰ [21]粗 [44]醋猝促

s [21]苏酥 [44]素诉塑嗉鸟~子漱速宿~舍

tʂ [21]猪诸~葛亮朱蛛株硃珠嘱帚1箸 [24]术苍~竹逐烛触蜀西~ [52]煮拄主 [44]著助诸~事顺利柱驻注住蛀铸筑祝

tʂʰ [21]初帚2扫~出础搐杵灰~~绌草草地缝 [24]除锄厨 [52]楚褚姓储处~得好杵~子：捣粮食的杵□~秘˝：丢人现眼 [44]处~长□挑唆，煽动，~事

ʂ [21]梳疏蔬书舒枢输殊叔 [24]熟塾赎 [52]黍鼠暑署薯数动词秫蜀~绣属 [44]庶恕数名词竖树术述淑束戍

ʐ [21]入~伏褥 [24]如儒 [52]乳辱擩1①递；②怂恿，~事：挑起事端 [44]擩2~草：铡草时把草递到铡刀中间

k [21]姑孤箍骨轱~辘子锢谷咕~~等˝：斑鸠□剪˝~儿：老鼠幼崽 [52]古估股鼓罟强迫 [44]故固雇顾

kʰ [21]枯哭窟~窿圐圙~圙：被围的大片空地或草场 [52]苦 [44]库裤酷

x [21]呼乎疑~：怀疑浒忽藿~香获□沙~：狼儿：沙梁上的蜥蜴，四脚蛇 [24]胡湖糊~涂狐壶葫囫囵~囵核桃~和~牌棚杏~ [52]虎唬咋~火1猛~儿 [44]户沪护互黏⑴粥、米汤煮

得)黏糊~脑子

y

n　[52]<u>女</u>~子：女儿

l　[21]律率捋事~顺：理顺事情 [24]驴 [52]吕旅履 [44]虑滤

tɕ　[21]车~马炮居拘驹矩鞠掬菊 [24]橘足~劲：①来劲；②(东西)好局 [52]举 [44]俱具惧据锯巨拒距聚句剧

tɕʰ　[21]蛆趋区躯黢~黑麴 [24]渠瞿觑①仔细看；②偷看 [52]<u>取</u>~钱娶曲 [44]去₂~湿趣

ɕ　[21]墟虚嘘须需婿恤宿星~肃蓿首~粟姓 [24]徐俗续把绳~起来 [52]许 [44]序叙绪絮旭续继~畜~牧业蓄戌

ø　[21]淤迂裕欲 [24]鱼渔余愚虞于盂榆逾狱 [52]语与雨宇禹羽浴 [44]御誉预豫娱遇寓喻愉芋洋~域<u>慰</u>~问郁育玉

a

p　[21]巴疤八捌叭喇~ [24]爸拔 [52]把~关厾~屎 [44]霸瀡坝罢把后脑~子：后脑勺魃旱~：天旱时出现的大

pʰ　[21]琶趴₁~地上 [24]爬钯~子帕趴₂马~：身体向前摔倒扒屎~郎：蜣螂 [44]怕

m　[21]嫫抹~布 [24]妈麻 [52]马码蚂□鸡~儿肉：鸡脯肉 [44]骂 [0]么什~

f　[21]法发 [24]乏伐筏罚

v　[21]蛙洼挖搲抓娲鸹黑老~：乌鸦袜 [24]娃 [52]瓦名词 [44]瓦动词瓪~地：坡地

t　[21]搭~架子耷~拉瘩一~子肉：一块儿肉 [24]答达大父亲 [52]打~捶：打架 [44]大~小

tʰ　[21]他沓遢邋~塌溻踏嚃署~：把东西归拢整齐或藏好 [24]踢人~：糟踢 [52]塔獭 [44]榻 [0]嗒拉~：闲聊

n　[21]纳出~捺衲~鞋底 [24]哪拿 [44]娜

l　[21]拉驴~车啦~~队腊蜡辣邋 [44]拉~话

ts　[21]咂渣蹅踩睫眼~毛蚱蚂~~：蝗虫 [24]杂闸炸油~札扎~眼：惹人讨厌轧~石子铡砸 [52]咋拃①动词，拇指和食指张开来测量距离；②量词，拇指和食指张开的距离，一~矺

~骨殖□~子：一种易燃的无烟煤 [44]诈榨栅炸~弹夯张开，~胳膊挓仰面躺着四肢张开

tsʰ [21]搽差~不多插擦瘥(嗓子)嘶哑，~喉咙 [24]茶查茬察 [52]叉磋~子：把菜擦成丝儿的工具衩1倒~~：衣兜儿 [44]杈岔~路口差错衩2~裤：短裤

s [21]砂~糖沙~土纱撒~手萨杀刹煞凶神恶~ [24]啥 [52]厦高楼大~洒撒~一地 [44]沙挑拣唉虫吃 [0]唦反诘语气词

tʂ [52]这2~，给你

ʂ [52]傻~子

k [52]玍~杂子：地痞 [44]尬尴~

kʰ [21]咖 [52]卡~车

x [21]哈~气瞎 [52]蛤1~蟆：蚧鼠 [44]吓~一跳下~头

ia

p [21]□粘贴

n [44]压~住砑碾，~糕面

tɕ [21]家2我~加痂嘉稼傢~具佳 [24]夹颊挟胛 [52]假真~贾姓甲 [44]假放~架驾嫁价

tɕʰ [21]掐搯 [52]卡~子 [44]恰

ɕ [21]虾 [24]霞瑕匣~~：盒子狭峡辖 [52]夏厦~门 [44]下~水

ø [21]鸦丫鸭押 [24]牙芽衙涯 [52]雅哑 [44]压~力亚

ua

tʂ [21]髽~髻儿：小女孩头上扎的短而直的马尾抓 [52]爪鸡~子

tʂʰ [52]刷剥离、去掉(东西的皮)欻~马：飞快地

ʂ [21]刷 [52]耍

ʐ [21]挼揉搓□叠音后缀，肉~~：形容小孩胖胖的可爱的样子 [52]蔓地~（～）：地耳

k [21]瓜①名词；②形容词，傻呱刮1~风蜗~~牛儿：蜗牛□~头：篦头发 [24]刮2跑 [52]剐寡 [44]挂~面卦褂

kʰ [21]夸 [52]垮胯 [44]跨挎挂~掌：给牲口打掌

x [21]花1~心心□填~：偷偷地给东西 [24]华中~铧滑猾划~船 [44]化华~山桦画话划计~花2~生

iə

tʂ [21]遮者蔗折~元宝撅~擩:收拾 [24]摺褶蛰蜇哲浙

tʂʰ [21]车彻撤 [52]扯~呼:打呼噜

ʂ [21]奢赊佘设蝉秋~少$_1$多~射~砍:跃跃欲试准备干某事 折①断,弄~了;②(分量)减少,一车菜~了十来斤 [24]蛇舌 [52]舍~得 [44]社射~箭麝舍宿~摄 [0]上$_2$春~

ʐ [21]热 [52]惹

ie

p [21]鳖憋愊肚~:肚胀 [24]别~人 [52]瘪 [44]别~扭进~裂子

pʰ [21]颩 被冷风吹得感冒 [52]撇潎~油苤~莲:苤蓝

m [21]灭

t [21]爹$_2$跌滴 [24]迭叠碟蝶谍籴成批买咥猛吃挓打

tʰ [21]贴帖铁

n [21]聂镊业捏孽 [24]茶 因为生病等没精神,糊里糊涂□第三人称代词,"那家"的合音

l [21]猎列烈裂捩扭伤篱$_2$笓~趔抻腰~胯 [52]□敞开,衣裳~开不像话

tɕ [21]皆阶秸接揭羯~子:骟过的公羊吃~颏子:结巴枷椵~耕~地 [24]捷劫节杰结洁截 [52]姐解~放 [44]借藉芥~末介界疥届戒械

tɕʰ [21]切怯 [24]茄 [52]且笡斜着立,~转起$_2$~来 [44]妾裼尿~子:尿布

ɕ [21]些薛歇~阴凉儿:乘凉蝎楔血 [24]邪斜谐协穴 [52]写蟹 [44]泻卸谢懈~气解姓炝熄灭泄屑

Ø [21]耶叶页噎 [24]爷 [52]也野 [44]夜$_2$~天:昨天液

uo

p [21]菠玻拨钹剥 [24]博薄泊$_1$驳脖 [52]跛簸~米钵洦水~~:小水坑筐针线~~:盛针线的筐儿 [44]簸~箕薄~荷卜萝~

pʰ [21]波坡悖~烦:心情烦乱垺灰尘~土:到处或浑身是尘土的样子泼勃朴~素 [24]婆 [52]□豁出去,~上命 [44]破迫

m [21]末沫莫摸陌默 [24]魔磨动词蘑~菇摹摩馍模~范膜没~有殁死 [52]抹~药

[44]磨名词礳~地: 耙地

f [24]佛~像

v [21]窝莴涡揍用力使弯曲物野~: 野生动物勿握沃□~严: 妥帖 [44]卧

t [21]多掇敠~量: 估量铎乿用棍子或指头点击朵毲~送: ①东西随便送人; ②怂恿 [24]夺铎 [52]躲 [44]驮~子惰垛剁

tʰ [21]拖脱托 [24]驼驮~东西舵陀坨饳碗~儿 [52]妥椭 [44]唾

n [21]诺恶~水: 洗锅水 [24]挪蛾鹅俄娥讹 [44]饿懦糯恶善~

l [21]啰落菩萨~了: 太阳落山了烙~铁洛络骆姓乐洒~: 洒脱 [24]罗锣萝箩逻骡螺 [52]裸 [44]摞饹饸~

ts [21]撮一~毛作~假: 假客气嘬胃酸时难受的感觉 [24]凿昨 [52]左佐 [44]坐座做

tsʰ [21]撮用手或簸箕等取粉、粒、块状物搓挫剉剁碎, ~馅子 [24]矬~子: 矮子 [44]错措锉

s [21]蓑梭唆嗦缩~小 [52]

锁琐索□~~: 额前的垂发

tʂ [21]桌拙着~急 [24]捉卓浊镯1~子□~得: 容得下

tʂʰ [21]戳

ʂ [21]说 [24]勺1~~: 小勺子 [52]所 [44]朔硕

ʐ [21]若弱

k [21]锅合石斗升~蛤2~蚧鸽信~割葛郭聒噪声刺激听觉歌 [24]哥角长~各~儿人: 自己人国虢 [52]果裹馃~子: 一种油炸食品 [44]个1~人过

kʰ [21]科柯修剪,~树棵颗1儿~米稞瞌磕~头颏吃~子: 结巴括扩阔剋~打壳帽~~ [52]可1~以颗2~~药: 药粒 [44]课嗑~瓜子骒~马可2恰好相合,~~儿

x [21]呵蒸汽加热食物,~馍馍霍喝豁劐用刀~开 [24]河何荷活和~面禾饸~饹合~叶儿盒 [52]火2~车伙 [44]贺货祸鹤和调~饭,我~你荒地~哩惑或~者 [0]□家~: 家里

ŋ [52]我

yo

n [21]虐疟

l [21]劣掠略

tɕ [21]脚撅~脸：用线绞脸上的绒毛撅扯 嚼髻鬘~儿 角豆~ [24]绝决诀厥噘掘橛镢爵觉~着 [44]倔脾气~

tɕʰ [21]缺确屈 [24]瘸 [44]却

ɕ [21]雪靴削~剥~ [24]穴学横₁~搁转：横着放；~事：意外又不幸的事情

ø [21]悦阅月越曰粤约~摸：大约 药钥岳乐音~

E

p [52]摆 [44]拜

pʰ [24]牌排 [52]派~出所 [44]派正~败

m [24]埋 [52]买 [44]卖迈

v [21]歪①不正；②人厉害 [52]崴 [44]外~人

t [21]呆 [52]歹逮₁~老鼠 [44]戴待怠贷代袋带大~逮₂~捕

tʰ [21]胎 [24]台苔抬薹蒜~ [44]态太泰汰淘~

n [21]哀挨 [24]崖捱~打 [52]奶乃矮~子：很矮的人 [44]艾姓爱耐奈那₁①指示代词；②第三人称单数

l [24]来 [44]赖癞~呱子：癞蛤蟆

ts [21]灾栽斋 [52]宰载 [44]再在债寨

tsʰ [21]猜钗 差出~ □扁~~：形容脸扁圆的样子 [24]才材财裁豺柴 [52]彩采睬踩 [44]菜蔡

s [21]筛嘬表祈使、虚拟的语气词 [44]赛晒塞~上榆林

k [21]该街敢₁表揣测的语气副词 [52]改解~开 [44]概盖芥~辣子：黄芥 介尬~：尬钙

kʰ [21]开揩 [52]凯慨楷

x [24]孩 鞋 核~心 [52]海 [44]亥害解不~：不知道、不明白 懈松几赖~：形容尺寸大不合适 薤葱韭~蒜：用以佐味的辛味蔬菜的总称

uE

tʂʰ [52]揣坠浮浮~~，形容皮肤长很多疙瘩

ʂ [21]衰摔 [52]甩 [44]帅率草~蟀

k [21]乖 [52]拐 [44]怪

kʰ [21]会~计 [52]块石头~子 抠动词，抓 [44]块三~钱快筷

x [24]怀槐淮 [44]坏

ɔ

p	[21]包₁胞刨三~两咽苃₁量词，一~树 [24]雹 [52]保堡碉~宝饱挖 [44]抱报暴曝菢~鸡娃儿鲍豹爆刨推~：木匠工具包₂土~子

p [21]包₁胞刨三~两咽苃₁量词，一~树 [24]雹 [52]保堡碉~宝饱挖 [44]抱报暴曝菢~鸡娃儿鲍豹爆刨推~：木匠工具包₂土~子

pʰ [21]脬尿~刨挖，~山药苃₂ [24]剖袍抛跑逃跑 [52]跑~过去犕~牛：公牛 [44]泡炮

m [21]眊看望老人或病人 [24]毛茅猫锚矛~盾蘑~菇 [52]牡卯□把人或东西漏掉了，有"忘记"之意 [44]冒帽貌茂贸

t [21]刀叨 [52]祷岛倒打~导捣~乱 [44]道稻到倒~水盗悼

tʰ [21]掏淘啕~气：怄气吵闹 □用拳头打 [24]滔桃逃陶涛 [52]讨 [44]萄葡~套稻~黍□宽：宽绰

n [21]铙 [24]脑头，不尊重的说法挠熬累燠~白菜 [52]脑~子堖恼袄掏扛 [44]傲鳌黄~儿：摊玉米面软饼的饼铛奥懊燠~锅水：锅里持续沸腾蒸发后剩下的水拗撬闹痨(使)药物中毒

l [24]劳捞痨肺~牢唠得~~：形容说话利索醪~糟□圪~：搅 [52]老□tsʰ⁴⁴~：大雁 [44]涝垇~~：角落烙~饼酪~蛋子：奶酪落~窝鸡□油卜~儿肥猪肉炸油后剩下的肉渣

ts [21]遭糟搔~痒 [52]早枣澡爪牙~硬：形容武力管教孩子厉害 [44]灶蚤垇~皂罩笊~篱焯~豆芽造~辇

tsʰ [21]操抄钞 [24]曹槽褿衣物脏，耐~：耐脏巢剿~匪 [52]草騲~驴：母驴炒吵 [44]躁燥糙粗~造整~肏性交

s [21]骚梢捎稍哨瞄~了一眼 [52]扫~地嫂 [44]臊~打：言语讽刺臊冒~：高潲①雨斜着下，雨朝东~嘞；②洒水，给地上~点儿水扫~帚

tʂ [21]召昭招 [52]沼找兆 [44]赵照诏肇

tʂʰ [21]超 [24]朝明~潮

ʂ [21]烧~火 [24]韶 [52]少₂太~了 [44]少~白头邵绍烧早~：早霞

ʐ [24]饶 [52]扰绕垇~ [44]绕~线

k [21]高篙羔糕 [52]稿膏药

~搞~娃娃：照顾孩子 [44]告

kʰ　[21]敲(对器物)~~打打 [52]
　　考烤拷 [44]靠犒铐□馋

x　[21]蒿□嘹，风把羊肉~干
　　了 [24]耗消~豪壕毫嚎哭
　　[52]好~坏 [44]浩好~吃
　　号昊孝戴~

io

p　[21]膘标彪镖 [52]表婊

pʰ　[21]飘 [24]瓢嫖 [44]票漂~
　　亮，~白粉鳔

m　[24]苗描矛~子：矛 [52]藐
　　秒 [44]庙妙

t　[21]刁叼抢貂雕碉 [44]钓
　　吊掉~价：身份降低调~动

tʰ　[21]挑挑选 [24]条调~解笤
　　~帚 [52]挑~担：连襟 [44]
　　跳粜卖(农副产品)窎隔山~远：
　　相隔很远

n　[52]咬鸟 [44]尿

l　[24]疗聊辽撩寥缭忽~~：
　　(衣料)轻薄或(刮风、走路等)轻快
　　的样子嫽~活：多指女子灵活但
　　不稳重敹缝，~边边 [52]燎1
　　~猪毛了~事 [44]撂瞭远望
　　镣料炤廖

tɕ　[21]交郊胶教~学焦1烧
　　~蕉椒骄娇浇 [24]教①介

词，被，~狗咬了；②使令动词，
让，~我来 [52]绞狡饺搅矫
缴铰剪茭~瓜：葫芦 [44]教
~育校~对较醮1~子窖觉睡
~醮牛倒~：牛反刍轿叫

tɕʰ　[21]敲~门蹻抬腿迈过锹悄
　　雀1~~：小鸟劁~猪：阉猪
　　跷 [24]樵瞧乔侨桥荞翘银
　　~丸 [52]巧 [44]俏鞘峭捅
　　东西时插入短棒旋转绞绞紧窍撬
　　翘~二郎腿雀2~儿鹊子：专吃
　　小鸟的小鹰鹊

ɕ　[21]消宵霄硝销嚣萧箫
　　[24]□~起：稍稍抬起 [52]
　　小晓 [44]醮2~母片儿孝~顺
　　校学~效笑

ø　[21]妖邀腰要~求幺~二三
　　吆 [24]肴淆摇谣窑姚尧
　　[52]舀 [44]鞘袜~~：袜筒
　　要想~鹞~子耀鼬黄~：黄鼠
　　狼跃

ɯ

k　[21]胳 [44]个2一~给~你

x　[21]郝姓黑赫嚇核~桃

ei

p　[21]杯背~东西碑卑悲伯
　　大~子：丈夫的哥哥泊2水~梁
　　山壁2照~ [24]白 [52]北

百柏 [44]贝辈背<u>倍</u>焙被~子,~打

pʰ [21]丕坏胚裴拍魄 [24]培陪赔 [44]倍配佩~服

m [21]墨麦脉 [24]梅玫枚媒煤莓霉 [52]每美 [44]妹昧魅

f [21]非啡飞妃 [24]肥 [52]匪翡 [44]废肺痱费

v [21]微威猥 [24]为作~维惟唯违围纬卫危 [52]桅煨伪萎委<u>尾</u>伟苇 [44]为~啥位未味魏畏<u>慰</u>安~胃谓渭<u>外</u>~家:外婆舅舅家

t [21]德得1~奖 [24]得2巴不~

tʰ [21]特

n [44]那2

l [21]肋勒~脖子

ts [21]则窄<u>侧</u>~棱睡:侧睡 [24]贼泽择宅摘责 [52]这3~阵儿

tsʰ [21]<u>侧</u>~面测厕策册嘬~~:碾碎的豆子、玉米等

s [21]涩虱龙~:下雨后空中飞的一种昆虫塞~到包里色<u>啬</u>鳃腮

k [21]格隔

kʰ [21]刻克客

uei

t [21]堆 [44]对队兑

tʰ [21]推 [52]腿 [44]退蜕褪煺~猪毛

l [24]雷擂~鼓 [52]儡累积~垒屡~教不改 [44]擂打~累连~类泪内

ts [52]嘴 [44]罪最醉晬生日,~大:人生月大

tsʰ [21]催崔炊 [44]脆翠粹

s [21]虽绥荽芫~碎(面食品)松散,黏性差 [24]隋随遂隧穗1~~落落:衣衫褴褛的样子 [52]髓 [44]穗2麦~子岁祟碎①不完整的;②小

tʂ [21]锥 [44]缀赘<u>坠</u>~~:吊坠拽~展

tʂʰ [21]吹 [24]垂槌~头:拳头锤捶

ʂ [24]谁勺2马~ [52]水 [44]税睡

ʐ [52]蕊 [44]锐瑞芮

k [21]圭闺规龟归 [52]诡轨鬼癸 [44]瑰玫~鳜桂柜贵跪

kʰ [21]盔亏窥 [24]魁傀奎逵葵 [44]<u>溃</u>~疡愧襀~子:

绳结

x [21]灰恢挥辉徽 [24]回茴蛔或~者 [52]悔毁 [44]贿晦汇溃~脓会刽桧秦~绘秽惠慧讳卉螅蛤~:蚴鼠

əu

t [21]兜篼楼~:喂马草料的器具 [24]都~是 [52]斗$_1$灰~子:工匠装湿灰泥的器具抖陡 [44]斗~气:故意与人作对豆逗痘窦窵~开

tʰ [21]偷 [24]头投 [44]透

n [24]奴欧殴呕 [52]努藕偶熰①烧焦;②烧制,~糖酱 [44]怒恼沤衣裳~臭了

l [21]篓灯~蝼地~~:蝼蛄 [24]卢炉颅眉~盖:额头鲈庐楼 [52]鲁卤搂 [44]路赂露漏陋咙喉~□圪~:打冷嗝儿

ts [21]邹 [52]走 [44]奏揍皱绉肘胳~子:胳膊肘

tsʰ [21]搊①推;②~~:装东西的布袋儿 [24]愁 [52]瞅 [44]凑

s [21]叟搜飕□吝啬 [52]擞抖,~单子□(苍蝇)沾 [44]嗽咳~瘦

tʂ [21]周舟州洲轴粥 [52]肘猪~子抶举,~旗旗 [44]昼宙咒

tʂʰ [21]抽 [24]绸稠筹仇有~酬 [52]丑 [44]臭

ʂ [21]收 [52]手首守 [44]兽受寿授售嗾~狗

ʐ [24]柔揉 [44]肉

k [21]勾钩沟$_1$水~篝 [52]狗苟枸~杞□~气:骄傲,轻浮 [44]够构购采~沟$_2$溜~子:巴结

kʰ [21]抠 [24]扣动词,盖 [52]口 [44]叩扣~子寇姓

x [24]侯喉猴瘊 [52]吼 [44]候后厚

iəu

t [21]丢

n [24]牛 [52]纽扭呦~嘴:噘嘴 [44]谬~论

l [21]溜~舔:巴结遛~达 [24]流轮~你了:该你了刘留硫琉□圪~:不直 [52]绺~生:野生柳绿 [44]流二~子榴六绺溜一~子:一排

tɕ [21]揪纠究咎 [52]酒九久韭灸 [44]就臼舅救旧鬏~儿:小辫子蹴圪~:蹲

tɕʰ [21]秋丘蚯邱 [24]求球仇姓㤢~势：完蛋尿男阴㤢二~货

ɕ [21]修羞休削~面：刀削面 [24]囚~犯□因重复做一件事情感到烦躁 [52]朽 [44]秀绣锈袖□□tɕʰiɛn²¹~：(对物)爱惜

ø [21]忧优悠幽 [24]尤邮由蚰毛~蜒油游犹 [52]有友酉莠谷~子 [44]又右佑诱柚釉幼

ɛn

p [21]班斑颁扳般搬 [52]板版扁压~ [44]扮瓣办半绊拼~命伴拌畔

pʰ [21]攀潘 [24]盘 [44]盼襻判叛

m [24]蛮瞒蔓~菁鞔~鞋：给鞋面蒙白布 [52]满 [44]慢漫曼

f [21]藩翻番~瓜：南瓜 [24]凡帆烦樊繁 [52]反返 [44]范犯泛贩饭疲圪~~：恶心的感觉

v [21]豌剜弯湾挽~山药子儿 [24]完丸①~子；②团，~成圪蛋玩顽 [52]皖碗晚挽腕狠瞪 [44]腕万蔓瓜~□~掉了：漏掉了□~路儿：绕路(疑即"弯"的变调)

t [21]耽旦担~水丹1志~单~裤 [52]胆掸 [44]担~子淡但丹2山~~石一~粮食弹~弓蛋诞虚~：虚岁□用粗箩罗□动词，横搁，中间悬空□①~毛笔；②粗略地磨，~刀子□经过、从，~脑蹭过去

tʰ [21]贪坍塌，~下来滩摊 [24]潭谭谈痰檀坛弹~琴 [52]毯坦瘫 [44]探炭叹舔①伸出(舌头)；②吐出(嘴里的饭)

n [21]安~顿：叮嘱庵鞍鹌~鹑 [24]南楠男难~活：难受严严实 [52]唵用手捧着吃粉粒状食品 [44]难有~暗岸按案揞遮住罯~罯：把东西归拢整齐或藏好

l [24]蓝篮兰拦栏 [52]览缆揽~工：打工懒爁轻炒，~肉 [44]滥烂

ts [21]簪□严~：严实 [52]眨斩盏攒~钱崭新~~ [44]暂錾~子站蘸赞绽红火烂~：形容很热闹的样子组用大针脚

缝□～～：靠墙砖垒的用于储存粮食的方形囤子

tsʰ　[21]参～加掺换餐□裤带～子：皮带扣儿 [24]蚕惭谗馋残惨 [52]铲1～泥产躔(牲口背上)光的，不带鞍子等：～脊梁马 [44]栈～羊：圈养羊绽展开、松开灿甗卜～：底儿浅的器皿虇动量词，遍袓鞋底和鞋帮的连线断开

s　[21]三山衫珊删 [52]散～酒伞 [44]散解～

tʂ　[21]沾粘瞻毡 [52]展搌～布：厨房的抹布 [44]占战

tʂʰ　[24]缠 [44]颤

ʂ　[21]膻扇动词搧 [52]陕闪 [44]善扇名词骟～马单姓苫动词，盖

ʐ　[21]燃 [24]然黏粘住訷反复说，反复纠缠 [52]染 [44]黏～人：小孩缠人

k　[21]甘柑泔橄尴干～湿肝竿 [52]感敢2不～杆秆擀赶 [44]干～事：科员

kʰ　[21]堪龛勘 [52]砍坎刊 [44]看槛门～ [0]砍动词后缀：扑～

x　[21]颌～水：口水憨 [24]含函鹹盐重闲不忙寒韩还～是 [52]喊罕 [44]撼憾陷～进去馅汉汗旱焊翰限门～：门槛

ien

p　[21]鞭编边蝙夜～蝙缠1卷，～袖子鳖半～子：肢体残废的人 [52]贬揙卷起(裤腿、袖子)扁～食：饺子匾 [44]辨辩辫变汴便方～遍

pʰ　[21]偏缠2～缝子：把两条边对合缝起来 [24]便～宜 [52]扁～豆谝～闲传：聊天片1一～肉撇～开 [44]骗篇片2一～好心

m　[24]绵～毡棉眠 [52]免勉缅～甸 [44]面

t　[21]掂颠战～敪 [52]点典腆挺，～个大肚 [44]店踮惦电殿奠垫

tʰ　[21]添天 [24]甜①甜；②味道淡田填 [52]舔

n　[24]拈年研硌 [52]眼碾撵捻□油脂格～ [44]念

l　[24]廉镰帘连怜莲 [52]脸敛殓 [44]练炼链 [0]裢褡～

tɕ　[21]监尖歼兼艰间中～奸

煎肩坚 [52]减碱检俭捡
简柬拣剪茧□～姑ᵗ儿:老
鼠幼崽 [44]鉴舰渐剑箭溅
践贱件建键**健**～康荐见间
～菜:拔掉一些菜苗

tɕʰ [21]鸧啄签抽～铅迁谦千
牵**健**康～:(长辈)身体健康□
～□ɕiəu⁴⁴:(对物)爱惜 [24]
潜钳钱乾前$_2$～头 [52]浅
[44]嵌妾欠芡淀粉歉道～

ɕ [21]枕锨仙先事～箱$_1$风～
[24]咸～阳嫌贤**闲**不拾:不
习惯闲着,总在忙 [52]险鲜
～花显 [44]**陷**～害现**限**～号
线羡宪献先～后:姍娌县

ø [21]淹阉腌塌地名用字烟胭
咽～炎蔫 [24]岩盐阎檐严
严格,要求～颜延言**研**～究衍
缘～分沿～路芫～荽 [52]掩
魇睡～演 [44]验炎厌艳焰
厴～子:痣酽浓,茶泡～些雁
谚蜒毛蚰～砚燕宴咽～气:
死沿碗～□勤:勤快

uɛn

t [21]端 [52]短 [44]断段
锻缎□赶,～走
tʰ [21]貒～儿:猪獾 [24]团
n [52]暖

l [24]圞①团(动词);②团(量词);
③不停地咀嚼 [52]卵 [44]乱
ts [21]钻～空子纂～～:圆发髻
[44]钻～子攥
tsʰ [21]趱忙,这几天可～了余
～丸子掸～掇 [24]**全**人～了
攒圪:凑到一起 [44]窜篡
蹿
s [21]酸 [44]算蒜
tʂ [21]专砖 [52]转～手 [44]
赚转～圆圈篆传自～
tʂʰ [21]川穿椽 [24]传～达船
[52]喘䕫给谷类去皮 [44]串
ʂ [21]闩拴栓 [44]疝～气涮
ʐ [52]软阮姓
k [21]官棺观～看冠鸡～子关
[52]管馆 [44]贯灌罐观道
～冠～军惯①习～;②溺爱小孩
儿,把娃给～得不像样子
kʰ [21]宽 [52]款
x [21]欢火$_3$灶～ [24]桓还
～东西环 [52]缓 [44]唤
焕换奂幻患宦

yɛn

l [24]联恋娈銮金～殿鸾□骨
～:卷、蜷 [44]糯①(米汤、粥)
黏;②形容小孩子爱哭;③不精
干、不精明圐圙～:被围的大片

空地或草场

tɕ　[21]捐绢鹃娟人名 [52]卷~起 [44]卷考试~子圈羊~倦券眷

tɕʰ　[21]圈花~ [24]全浑~:(数量、部件)完整泉拳权颧 [52]犬 [44]劝碏~石窟:修建窑洞

ɕ　[21]掀~桌子宣谖~谎:撒谎鲜新~ [24]轩弦玄悬喧 [52]癣选~这个 [44]旋镟选挑剩(与上声的"选"当为变调构词)楦鞋~子羡牛鼻~子

Ø　[21]冤鸳~鸯 [24]圆员元原源袁辕园援渊 [52]远 [44]院愿怨

aŋ

p　[21]帮邦梆山西~子□精~:精明(疑即"精巴"的音变) [52]榜谤诽~膀~~:翅膀绑 [44]傍~大款棒

pʰ　[21]胖~臭乓 [24]滂旁螃胖浮肿,眉~眼肿庞 [44]胖

m　[21]□~~地:形容小孩儿胖得可爱 [24]忙芒1~种茫盲氓1流~ [52]莽蟒

f　[21]方芳 [24]肪房防 [52]仿纺访坊妨 [44]放

v　[21]往1~外走汪姓 [24]亡芒2麦~王 [52]网枉往2来~ [44]忘妄望旺

t　[21]当~官;不~:可怜裆 [52]党 [44]挡当~成荡宕□~笔,~刀子

tʰ　[21]汤 [24]堂棠唐糖塘 [52]躺淌 [44]烫趟踢掉

n　[21]肮~脏昂 [24]囊木~:(行动)慢馕~口:吃东西感到满足 [52]攮儾松~包:软弱无能的人 [44]曩圪~:啰啰嗦嗦说下一大堆欀多齉~鼻子□:黏~~:形容很粘的感觉

l　[24]郎廊狼螂□壳~:"腔"的分音词 [44]朗浪□卜~:棒□巷~:山地深壕

ts　[21]脏不干净赃 [44]葬藏西~脏心~

tsʰ　[21]仓苍 [24]藏~老门儿:捉迷藏 [44]蹭沾,~上点儿灰

s　[21]桑丧~事□唠叨 [52]嗓操推 [44]丧~摊子:编造或散布别人的糗事致其声誉受损

tʂ　[21]张章樟彰表~会 [52]长①生长;②粘住,~上了涨掌 [44]帐账胀丈仗杖障

tʂʰ　[21]昌 [24]长~短肠场1打~常尝 [52]厂场2戏~:

唱戏的场地倡氅大~:长皮袄畅 [44]唱怅气~:因不如意而感到不痛快

ʂ [21]商伤墒裳 [52]赏晌~午偿赔~ [44]尚上1绱~鞋

ʐ [24]瓤壤 [52]攘嚷酿~皮~酒穰~柴 [44]让

k [21]冈岗刚~来纲钢缸 [24]杠1~杯:干杯 [52]港□虫子在土里乱钻导致土质疏松,虫把地一唰 [44]杠2抬~枫~木:青枫栎的木料逛1跑,疯跑野~,~烟:冒烟

kʰ [21]康糠慷 [52]扛~硬:硬气 [44]渴抗炕

x [21]夯吃~胀了:吃撑了 [24]行银~航杭 [44]项姓~,~圈巷

iɑŋ

n [24]娘~老子:父母亲 [52]仰躺

l [24]良凉量~衣裳粮梁粱燎2~焦泡 [52]两辆 [44]亮晾谅量重~

tɕ [21]将~来浆豆~疆僵缰姜江豇~豆焦2燎~泡 [24]刚~才 [52]蒋奖桨讲 [44]酱将大~浆~衣裳匠犟强辩

犟强姓~糨~子:面浆糊降~低虹天上的虹□哭极声绝,娃娃哭得~住了

tɕʰ [21]枪呛吃饭~了羌腔 [24]墙强~调 [52]抢 [44]呛烟~框门~

ɕ [21]相~信箱2~子湘襄镶香乡 [24]详祥降投~ [52]想享响饷 [44]相~面象像橡向项~链

ø [21]央秧殃鸯映放~队 [24]羊洋杨阳疡溃~ [52]仰~尘:天花板养 [44]样漾甩,~手

uɑŋ

tʂ [21]庄装~车桩妆 [44]壮状撞装~棉袄

tʂʰ [21]疮创窗 [24]床 [52]闯 [44]撞

ʂ [21]霜双 [52]爽缩手~在袖筒筒里面

k [21]光 [52]广 [44]逛2~街桄一~线

kʰ [21]匡筐 [24]狂 [44]旷眶框像一儿况矿

x [21]荒~山慌惶恍~:可怜[24]黄簧潢磺琉~皇蝗凰隍城~ [52]谎 [44]晃

ɤŋ

p　[21]奔~驰车崩绷裤裆~开咧 [52]本 [44]笨奔~头坌眼~:进入眼里的灰尘泵蹦~豆子镚钢~子:硬币

pʰ　[21]喷~壶烹~饪学校 [24]盆朋彭膨棚篷蓬 [52]捧 [44]碰喷~嚏

m　[21]焖1~饭 [24]门萌蒙盟 [52]猛懵蠓~子:蚊子 [44]闷孟梦焖2浸泡,~点米濛~飕飕雨:毛毛雨

f　[21]分芬纷吩风枫疯丰封峰蜂锋 [24]焚坟冯逢缝~衣服 [52]粉讽 [44]粪奋愤忿份风封一~信奉缝~子:缝隙

v　[21]温瘟吻刎 [24]文纹蚊闻 [52]稳 [44]问瓮

t　[21]登灯蹬 [52]等戥~子:秤星 [44]邓澄水~一下瞪凳 [0]斗2熨~

tʰ　[21]吞煏在铁锅里不加水或加少许水加热食物,~馍馍 [24]誊~一遍腾~开藤疼 [52]□傻 [44]□~~儿:等一会儿

n　[21]恩 [24]能 [44]恁宁愿,~买贵的不买坏的

l　[24]棱楞 [52]冷 [44]愣

ts　[21]曾~孙增争睁~开□疼得~~的□(人)厉害 [44]憎缯捆成束赠锃等挣□(人)懒惰震1~耳子:耳光

tsʰ　[21]撑①撑;②固执地争辩 [24]岑曾~经层 [52]铲2刮~碜□出~:做出一般人做不出的事情 [44]衬掌垫

s　[21]森参人~僧生牲甥椮粮食碎粒儿,荞面~子 [52]省惨~牛:母牛 [44]渗瘆~人

tʂ　[21]针斟珍诊真征蒸贞侦正~月 [52]疹整枕 [44]镇郑阵~雨振震2赈~灾证症正~在政

tʂʰ　[21]称~兄道弟抻~腰:伸腰 [24]沉陈尘辰晨臣嗔~恼澄~清橙承丞呈程成城诚 [52]逞~能乘~车,~法惩 [44]趁称~不着:划不来秤阵这~子:这一段时间

ʂ　[21]深身申伸升声 [24]神绳窼住 [52]沈审婶 [44]甚肾慎剩胜圣盛年轻气~

ʐ　[21]仍~旧扔韧日白~ [24]任姓人仁 [52]忍 [44]壬任~务纫缝~机刃认

k [21]跟根更五～庚羹耕退～还林 [52]埂梗耿 [44]更～加

kʰ [21]坑 [52]垦恳肯

x [24]痕恒衡横一～ [52]很狠 [44]恨杏～儿

iɤŋ

p [21]彬宾槟冰兵 [52]丙秉柄饼 [44]殡鬓病并

pʰ [21]拼～车 [24]贫频凭1～本事平坪评萍瓶屏 [52]品凭2文～ [44]聘乒～乒球

m [21]闽 [24]民鸣明名铭冥暝 [52]悯敏抿氓2流～皿 [44]命

t [21]丁钉～子盯叮 [52]顶鼎 [44]钉动词订～婚定

tʰ [21]听厅停1～～儿窊着：好好待着别动 [24]亭停2～车廷庭蜓 [52]艇挺 [44]听～牌：麻将术语

n [24]您凝宁安～拧 [44]硬宁～愿

l [24]林淋临鳞磷陵凌菱灵邻零铃伶翎 [52]檩领岭 [44]赁吝令另龄历2皇～

tɕ [21]今金禁～不住襟衿～鞋带津巾斤筋更五～京荆鲸精晶睛茎经颈 [52]锦尽～你吃紧仅谨馑年～景警井 [44]浸禁～闭妗进晋尽～力近劲甑～碟子：蒸制食品的工具敬竞竟境镜静靖净菁蔓～径捷～路

tɕʰ [21]侵钦亲～亲：亲戚清青蜻轻顷倾 [24]琴禽擒噙～嘴里秦勤芹情晴□尽管，～吃～拿(疑即"情"字) [52]寝请 [44]吣清肉汤、油等凝固亲～家庆

ɕ [21]心辛新薪欣兴～时：流行星腥猩馨 [24]寻行～为形型刑邢 [52]擤～鼻子省反～醒 [44]凶～门子信衅讯迅兴高～幸悻恼～～性姓

Ø [21]音阴荫因姻殷蚓蝇苍～鹰莺婴缨鹦樱英萦～心：挂念□圪～：恶心 [24]淫银寅匀～称迎盈赢萤萱～长荧 [52]饮～酒引隐瘾缏～被子尹颖影～子 [44]窨孕饮～马印应～该映反～胤

uɤŋ

t [21]敦墩蹾跺：～脚片子蹲东冬浑～水：涉水□①脏乱，家～得；②～乱子：闯祸；③骨～：

搅 [52]盹董懂□阴麻圪~
[44]顿饨馄~囤面~钝炖盾冻栋动洞

tʰ [21]通 [24]屯豚臀同铜桐童瞳□~嗓子:声音沙哑 [52]筒桶捅统筲~瓦 [44]痛~快

n [24]脓浓 [44]嫩

l [24]仑沦农隆龙笼聋 [52]陇~西垄 [44]囵囵~弄□车轱~子:车轮

ts [21]尊遵棕鬃宗①祖~;②量词,项,一~事综踪 [52]总 [44]粽~子纵怂~恿(受"纵容"影响,发生音变)

tsʰ [21]村皴聪匆葱囱 [24]存丛从重1~来 [44]寸

s [21]孙松嵩 [24]㞞①软弱无能的,~包;②晋词后缀,坏~屄精液 [52]损笋榫□晋词,非常饿 [44]送宋诵颂讼

tʂ [21]中当~忠终钟盅 [52]准种~类肿镯2手~ [44]中~奖仲众重轻~种~树

tʂʰ [21]椿春冲~锋枪 [24]唇纯醇虫崇重2~复 [52]蠢充宠 [44]冲形容说话直接令人不快,说话~

ʂ [44]顺舜瞬

ʐ [24]戎绒茸仍~然 [52]冗 [44]润闰

k [21]公蚣工功弓躬宫拱恭攻供~娃娃念书 [52]滚汞 [44]棍贡供~销社儿共

kʰ [21]昆坤空~中 [52]啃捆孔巩恐 [44]困控空抽~儿:抽时间

x [21]昏婚轰烘 [24]魂馄浑荤弘横2一~宏红洪鸿虹 [52]哄~人 [44]混横~山:县名哄起~

yɤŋ

l [24]伦轮~子 [52]拢整理 [44]论议~

tɕ [21]均菌君郡军 [44]俊骏

tɕʰ [24]群裙穷琼 [52]焌①慢火焖;②闷热

ɕ [21]熏薰兄胸凶 [24]勋荀旬询循巡熊雄 [44]逊差,那人~得很殉训驯□~甜:特别甜

Ø [21]雍拥庸 [24]允云荣融容蓉熔榕 [52]勇涌永咏泳 [44]熨韵运晕用佣

(əʔ)　　　　　　　　　　沙梁

p　[4]不卜牛~老儿：牛犊　　　kʰ　[4]咳~嗽壳羊~郎⁼：宰杀后

tʰ　[4]跶~拉　　　　　　　　　　　　去处内脏后的整羊克表音前缀，

n　[4]那~个　　　　　　　　　　　　~吵

ts　[4]怎~么子辫~　　　　　　x　[4]蛤~蟆黑~的

s　[4]是就~　　　　　　　　　(iəʔ)

tʂ　[4]这~朵花着干啥~呢　　Ø　[4]一~个

ʂ　[4] 石~头失冒~实~在十　　　(uəʔ)

　　　~斤　　　　　　　　　　　tʰ　[4]突~出

k　[4]个一~给~你圪沙~梁：　tʂʰ　[4]出~门

第五章 共时音变

本章描写定边话的连读变调、儿化及其他音变。列表和举例时用1、2、3、4分别表示阴平、阳平、上声、去声。

一 连读变调

1.1 两字组连读变调

定边话的非叠字两字组连读变调见表5-1，表左标明前字的调类和代码，表端标明后字的调类和调值。黑体表示发生变调。加括号表示此种连调形式在方言里存在但数量较少。

表5-1 定边话非叠字两字组变调规律表

前字 \ 后字		阴平21	阳平24	上声52	去声44
1阴平 21	古阴/阳声韵	21+21	21+24	21+52 **(24+52)**	21+44
	古入声韵			21+52 **24+52**	
2阳平24		24+21	24+24	24+52	**21+44** (24+44)

前字 ＼ 后字	阴平21	阳平24	上声52	去声44
3 上声52	52＋21	52＋24	**24＋52**	52＋44
4 去声44	44＋21	44＋24	44＋52	44＋44

　　定边话的两字组连读变调规律比较简单：前字和后字各四个调类，共16种组合，3组发生变调。只有前字变调，后字不变调。

　　前字去声不变调，3组变调具体如下：(1)阴平＋上声，有两种连调方式，与来源有关：当阴平字来自非入声，大多不变调读21调，个别例外读24调，如：沙土、山水；当阴平字来自入声，有时变24调，有时读21调，没有明显规律。(2)阳平在去声前通常变读21调，也有少数不变调，仍为24调。(3)上声在上声前变为24调。

　　下面举例，调类代码黑体表示有变调。

前字阴平

1+1	21+21	西安 ɕi nɛn	非洲 fei tʂəu
1+2	21+24	新年 ɕiɤŋ nien	尖镢 tɕien tɕyo
1+3	21+52	加减 tɕia tɕien	抓紧 tʂua tɕiɤŋ
	24+52	脚底 tɕyo ti	喝水 xuo ʂuei
1+4	21+44	霜降 ʂuaŋ tɕiaŋ	虚诞生在年末 ɕy tɛn

前字阳平

2+1	24+21	梅花 mei xua	磨刀 muo tɔ
2+2	24+24	厨房 tʂʰu faŋ	抬头 tʰɛ tʰəu
2+3	24+52	朋友 pʰɤʔ iəu	骑马 tɕʰi ma
2+4	**21+44**	行动 ɕiɤŋ tuɤŋ	捞饭干饭 lɔ fɛn

24+44	白露 pei ləu		锄地 tʂʰu ti

前字上声

3+1	52+21	扯呼打呼 tʂʰə xu	打开 ta kʰE
3+2	52+24	老诚老实 lɔ tʂʰɤŋ	乇杂(人)喜欢刁难 ka tsa
3+3	**24+52**	胆小 tɛn ɕiɔ	养狗 iaŋ kəu
3+4	52+44	顶罪 tiŋ tsuei	苦叫(生活)苦 kʰu tɕiɔ

前字去声

4+1	44+21	后腰 xəu iɔ	相端边仔细观察边考虑 ɕiaŋ tuɛn
4+2	44+24	幸福 ɕiɤŋ fu	拜年 pE nien
4+3	44+52	信纸 ɕiɤŋ tsʅ	卖米 mE mi
4+4	44+44	过晬过生日 kuo tsuei	教训 tɕiɔ ɕɤŋ

1.2　词调

"词调"(lexical tone)是一个特定概念,指"西北方言中双音节以上的词语中那些不能从单字调的连读音变推导出来的调子"(邢向东、马梦玲 2019)。

定边话有以下几种词调:

1.2.1　前字+21调

后字一律读统一的弱化调子21调,与前字或后字的单字调无关。记为"0"。

木植 mu^{21} $ʂʅ^0$　　　　茶几 $tsʰa^{24}$ $tɕi^0$

扁食 $pien^{52}$ $ʂʅ^0$　　　太阳 $tʰE^{44}$ $iaŋ^0$

1.2.2　前字+44调

后字不论单字调和前字调类,一律读44调。这类词数量有限。既有带后缀"子、头"的名词,也有普通名词。一般前字多是阴平和阳平,其他声调较少;后字有阴平、阳平、上声。不管前字调值如何,后字都读44调,同去声。前字也依照去声前规则变调:阳平作前字变21调,上声、入声作前字不变调,暂时未发现去声作前字的词例。于是形成21+44、52+44、4+44三种词调，其中21+44的例词最多。

　　值得注意的是，"厨子"读21+21，阳平变读降调，说明"厨子"极有可能经历了21+44的阶段，"子"读44早于读21。"胡子"读21＋21，与"厨子"同。"鼻子"读21＋44，"子"还未轻声化。下面举例。

前字阴平

1+1　猪血 tʂu²¹ ɕie⁴⁴　　　　　　官司 kuɛn²¹ sʅ⁴⁴

　　　风筝 fɤŋ²¹ tsɤŋ⁴⁴　　　　　烟锅子 iɛn²¹ kuo⁴⁴ tsʅ⁰

　　　松花蛋 suɤŋ²¹ xua⁴⁴ tɛn⁰　一轱辘儿~机线 i²¹ ku²¹ lur⁴⁴

　　　一桄儿~绣花线 i²¹ kuãr⁴⁴　一搭里 i²¹ ta²¹ ni⁴⁴

1+2　沙粱 sɑ²¹ liɑŋ⁴⁴

前字阳平

2+1　饸饹 xuo²¹ luo⁴⁴　　　　　　囚车 ɕiəu²¹ tʂʰʅə⁴⁴

　　　萝卜 luo²¹ puo⁴⁴　　　　　　拾掇收拾 ʂʅ²¹ tuo⁴⁴

　　　人家 zɤŋ²¹ tɕiɑ⁴⁴

2+2　年时 niɛn²¹ sʅ⁴⁴　　　　　　年龄 niɛn²¹ liɤŋ⁴⁴

　　　喉咙 xəu²¹ ləu⁴⁴　　　　　　毛笔 mɔ²¹ pi⁴⁴

　　　葡萄 pʰu²¹ tʰɔ⁴⁴　　　　　　葫芦 xu²¹ lu⁴⁴

　　　石榴儿 ʂʅ²¹ liər⁴⁴　　　　　山前头 sɛn²¹ tɕʰiɛn²¹ tʰəu⁴⁴

　　　糊涂官 xu²¹ tu⁴⁴ kuɛn²¹

2+3　胡子 xu²¹ tsʅ⁴⁴　　　　　　狐子狐狸 xu²¹ tsʅ⁴⁴

　　　麻子油料作物 mɑ²¹ tsʅ⁴⁴　　活软(筋骨)灵活 xuo²¹ zuɛn⁴⁴

　　　一匣子~首饰 i²¹ ɕiɑ²¹ tsʅ⁴⁴

前字上声

3+2　奶窝儿上衣兜儿 nɛ⁵² iər⁴⁴

前字入声

　　　圪坨儿麻食 kəʔ⁴ tʰuɐr⁴⁴　　　山圪崂深山里头 sɛn²¹ kəʔ⁴ lɔ⁴⁴

1.2.3　重叠式名词的词调

双音节重叠名词，后字通常变读为21调，同第(1)类，个别读21+44，同第(2)类。如：

花花 xuɑ²¹ xuɑ²¹　　　　瓶瓶 pʰiɤŋ²⁴ pʰiɤŋ²¹

碗碗 vɛn⁵² vɛn²¹　　　　棍棍 kuɤŋ⁴⁴ kuɤŋ²¹

刮刮 kuɑ²¹ kuɑ⁴⁴　　　　年年 nien²¹ nien⁴⁴

1.2.4　形容词重叠的词调

单音节形容词重叠，重叠部分必须儿化。其中单字调为阳平时不变调；单字调为阴平、上声，前字一律变21调，后字一律变24调，同阳平；本字调为去声，前字不变调，后字变52调，同上声。整体上看，后字主要选择了中升调，去声由于前字较高，所以选择了高降调。这种词调同关中话的同类重叠式完全相同。如：

21+24	高高儿	端端儿	清清儿	光光儿
	直直儿	花花儿	亭亭儿_{静静地不动的样子}	
24+24	红红儿	圆圆儿	沉沉儿	麻麻儿
21+24	软软儿	暖暖儿	紧紧儿	土土儿_{土气}
44+52	快快儿	硬硬儿	俊俊儿	胖胖儿

1.2.5　A+BB(儿)式形容词、象声词的词调

A+BB(儿)式的形容词和象声词，重叠部分可以儿化，也可以不儿化。一般有两种模式：A+21+21式和A+21+24式，没有明显的分布规律。A+21+21式是重叠部分前字、后字均读(变)21调；A+21+24式是重叠部分前字读(变)21调，后字一律读(变)24调。

A+21+21式，如：

红当当儿 xuɤŋ tɑŋ tɑ̃r　　黄丛丛儿 xuaŋ tsʰuɤŋ tsʰuɑ̃r

蓝莹莹儿 lɛn iɤŋ iɤ̃r　　白生生 pei sɤŋ sɤŋ

黑溜溜 xəʔ liəu liəu　　　　白花花 pei xuɑ xuɑ

A+21+24式，如：

圪炸炸 kəʔ tsɑ tsɑ　　　　圪叭叭 kəʔ pɑ pɑ

圪涌涌 kəʔ yɤŋ yɤŋ　　　　圪堆堆儿 kəʔ tuei tuɐ̃r

圪弯弯儿 kəʔ vɐn vɐr　　　　圪都嘟儿 kəʔ tu tur

一点点儿 i tiɛn tiɐr

二　儿化韵及儿化词

定边话没有儿尾，只有儿化韵。36个基本韵母中，除 ər、ʅ、ieʔ、uəu 外，其余均可儿化。定边话共有19个儿化韵。

2.1　儿化音变特点

定边话儿化音变有三个特点：主要元音央化、合并、叠置。

2.1.1　央化

韵母 ɛ、uɛ、u（新读）、uo（新读）的儿化韵是保留原韵母、加卷舌动作。例如：鞋带儿 xɛ²¹ tɛr⁴⁴、方块儿 faŋ²¹ kʰuɛr⁴⁴、酒壶儿 tɕiəu⁵² xur²⁴、各儿自己 kuor²⁴。其余韵母儿化时，主要元音大多发生央化，有12个儿化韵的主要元音为 ɐ 或 ə。详见表5-2。

表5-2　定边话儿化韵与基本韵母对应表

儿化韵	对应基本韵母	例　　词
ɐr	ɑ	那搭儿
	ɐn	一半儿
iɐr	iɑ	豆芽儿
	iɛn	面片儿　扣眼儿　一点儿　座垫儿

续表

儿化韵	对应基本韵母	例　　词
uɐr	uɑ	绣花儿
	uɛn	当官儿
yɐr	yɛn	头发旋儿　手绢儿　跳圈儿儿童游戏
ɚ	ɿ	枪子儿　萝卜丝儿　有事儿　字儿铜钱有字的一面
	ʅ	侄儿　这儿
	u	媳妇儿
	ɔ	绵羊羔儿　豆腐脑儿　灯泡儿　凉帽儿　枣儿　神神老儿神仙　草稿儿　猫儿
	ei	香味儿
	ɘu	后儿　子母扣儿
iɚ	i	酿皮儿
	iɔ	雀儿　表儿　孟窑儿砖井乡—村名　王窑儿红柳沟—村名　王孝儿人名
	ie	一页儿　好些儿
	iɘu	打滑溜儿穿普通鞋玩滑冰　宗广绣儿人名　石榴儿　一绺儿
uɚ	uei	墨水儿　那会儿过去
yɚ	y	金鱼儿　驴驹儿　大女儿
	yɔ	丑角儿　糖角儿　三角儿　樊学儿
ur	u	暖壶儿

儿化韵	对应基本韵母	例　　词
uor	uo	合伙儿　各儿　油馃儿　烟锅儿　灯窝儿
ɛr	ɛ	帽盖儿短辫子头　宝盖儿
uɛr	uɛ	块儿状
ãr	aŋ	个仗儿个子,身材　地掌儿地方
	ɤŋ	一本儿　这阵儿
iãr	iaŋ	识相儿
uãr	uaŋ	泪汪汪儿　韭黄儿
ɔ̃r	aŋ	王芳儿女子名　货郎儿　沙虎狼儿
	ɤŋ	藏门儿后捉迷藏　钢镚儿　脸盆儿　蜂儿　满分儿　凉粉儿　暮生儿遗腹子
iɔ̃r	iaŋ	娘儿两个
	iɤŋ	今儿　皮筋儿　眼镜儿
uɔ̃r	uo	沙罗儿
	uɤŋ	馄饨儿　圪钆儿　碗钆儿　有空儿
yɔ̃r	yɤŋ	三轮儿车　推磨轮儿蝗虫

2.1.2　合并

36个基本韵母,只有19个儿化韵母,合并严重。

(1)a组韵母与ɛn组韵母共用er组儿化韵。例如:

　　这搭儿tsɿ^{44} tɛr^0　　　吹嘟哇儿吹唢呐(儿语)tʂʰuei^{21} tu^{52} vɛr^0

　　豆芽儿təu^{44} iɛr^{24}　　　马褂儿ma^{52} kuɛr^{44}

　　豆腐干儿təu^{44} fu^{21} kɛr^{21}　扣眼儿kəu^{44} niɛr^0

饭馆儿 fɛn⁴⁴ kuɐr⁵²　　眼圈儿 niɛn⁵² tɕʰyɐr⁰

(2)13 个韵母 ɿ、ʅ、i、u(旧读)、y、ɔ iɔ、ei uei、yo、ie、ə ue、əu iəu，共用 ər 组儿化韵。例如：

瓜子儿 kuɑ²¹ tsər⁵²　　　这儿 tʂər⁴⁴

小米儿 ɕiɔ²⁴ miər⁵²　　　媳妇儿 ɕi²¹ fər⁰

金鱼儿 tɕiɤŋ²¹ yər²⁴　　枣儿 tsər⁵²

表儿 piər⁵²　　　　　　味儿 vər⁴⁴

墨水儿 mei²⁴ ʂuər⁵²　　三角儿 sɛn²¹ tɕyər²⁴

柳树叶儿 liəu⁵² ʂu⁴⁴ iər⁰　顺路儿 ʂuɤŋ⁴⁴ lər⁴⁴

一绺儿 i²¹ liər⁴⁴

(3)aŋ 组、ɤŋ 组两组韵母的儿化韵有合并现象，共用 ãr、ə̃r 两组儿化韵。例如：

刘芳儿女子名liəu²⁴ fə̃r²¹　　娘儿两个 niə̃r²⁴ liaŋ⁵² kuo⁰

蛋黄儿 ten⁴⁴ xuãr²⁴　　　红当当儿 xuɤŋ²⁴ taŋ²¹ tãr⁰

一阵儿 iəʔ²⁴ tʂãr⁰　　　　凉粉儿 liaŋ²⁴ fə̃r⁵²　今儿 tɕiə̃r²¹

2.1.3　叠置

定边话有些韵母的儿化韵有两个，新旧两个层次形成叠置。(1)u 的儿化韵，旧读是 ər，新读是 ur，如：媳妇儿 ɕi²¹ fər⁰、暖壶儿 nuen⁵² xur²⁴。(2)ɔ 组的儿化韵，旧读 -ər，新读是 -ɔr，如：面条儿 miɛn⁴⁴ tʰiər²⁴/miɛn⁴⁴ tʰiɔr²⁴。(3)aŋ 组、ɤŋ 组两组韵母都是 ãr、ə̃r 两组儿化韵，形成叠置，不易区别新旧层次。

这种儿化韵的叠置，可以看作一种文白异读，大都出现在不同的词汇中，也有少数体现为新老差异。一般来说，新读的儿化韵都接近普通话。因此，这些叠置是文白异读和新老差异的交织。

2.2　定边话的儿化词

定边话的儿化词不是特别丰富。每个儿化韵所涵盖的儿化词数量差异很大：其中 ər、iər、ɔ̌r 的儿化词数量最多，其他的儿化词数量较少。普通话中的儿化名词，定边话分别用重叠、子尾、儿化三种形式表达。如：普通话的"棍儿"，定边说"棍棍"或"棍子"；普通话的"花儿"，定边话也说"花儿"。儿化词变调规律与非儿化的两字组、三字组或重叠式词组的变调规律一致。

从所处位置看，带儿化的词或语素，大多数位于词末的位置，也有的位于前面或中间。后者如：藏门儿后、娘儿两个。

定边话的儿化词，从音节形式和结构形式上可分为7类，不同类之间有交叉：

(1)单音节儿化词。如：花儿、画儿、猫儿、味儿、帽儿、籽儿、各儿、空儿。有些在口语中还有对应的重叠词或子尾词，如：花儿——花花、空儿——空空、帽儿——帽子。

(2)双音节儿化词。这类词有的可以不儿化，如果不儿化就失去了小称义，如：鞋带儿、豆芽儿、方块儿；有的读音固定，必须儿化，如：麻钱儿、麻雀儿、喜鹊儿。

(3)三音节儿化词。一般不能用非儿化词代替。如：豆腐干儿、新媳妇儿、羊圈门儿_{耳垂上方的豁口}。

(4)多音节儿化词，数量很少。如：蛤蟆圪斗儿。这类词一般是凝固结构，必须儿化。

(5)重叠式名词叠加儿化。如：尖尖儿、本本儿、珠珠儿、盖盖儿；神神老儿_{神仙}、树枝枝儿、蜗蜗牛儿_{蜗牛}。

(6)形容词重叠、带叠音后缀或"圪BB"式形容词。大多数可以儿化也可以不儿化，意义基本相同。如：美美儿、大大儿；蓝莹莹儿、泪汪汪儿、红当当儿；圪弯弯儿。

(7)人名、地名儿化。人名、地名带儿化是定边话(以及绥德以南的陕北话)的一大特色，凸显了儿化词具有一定的表小、表爱的小称义。如：王芳儿、宗广绣儿、王孝儿；孟窑儿_{砖井乡一村名}、王窑儿_{红柳沟一村名}。

三　其他音变

3.1　弱化和脱落

定边话语音中的弱化和脱落主要由轻声导致。

"上ʂaŋ⁴⁴"构成方位短语或作补语时,读ʂʐə⁰。例如:街上 kɛ²¹ ʂʐə⁰、炕上 kaŋ⁴⁴ ʂʐə⁰;穿上 tʂʰuɛn²¹ ʂʐə⁰、盖上 kɛ⁴⁴ ʂʐə⁰。

"家tɕia²¹"在个别词中读弱化音tɕie⁰、tɕi⁰,这种读法常见于中原官话。在"别家别人pie²¹ tɕie⁰"一词中,"家"的韵母弱化为ie;在"人家zɤŋ²¹ tɕi⁴⁴、大家ta⁴⁴ tɕi⁴⁴"两个词中,韵母脱落变为i。

"起tɕʰi⁵²"作趋向补语,或构成"起来"一词作谓语动词或趋向补语时,韵母弱化为ie。例如:看起kʰɛn⁴⁴ tɕʰie⁵²、看不起kʰɛn⁴⁴ pəʔ²⁴ tɕʰie⁵²、抓起来咧tʂua²¹ tɕʰie⁵² lɛ⁰ lie⁰。

"下xɑ⁴⁴"构成方位短语或作补语、"了"作完成体助词、"们"作后缀、"么"在词尾或句末时,通常读轻声。这四字的韵母弱化为ə:下xə⁰、了lə⁰、们mə⁰、么mə⁰。例如:底下ti⁵² xə⁰、睡下⁴⁴ xə⁰、坐下tsuo⁴⁴ xə⁰;吃了再走tʂʰʐ²¹ lə⁰ tsɛ⁴⁴ tsəu⁵²;我们vuo⁵² mə⁰;那么nəʔ²⁴ mə⁰。ə只在轻声音节中出现,是韵母弱化后的读音,所以未列入韵母表。

另外还有,母亲的面称是"妈呀ma²⁴ i⁰",i是ia的弱化。

3.2　合音

定边话合音现象不多。有普遍见于晋语的:【自家tsʐ⁴⁴ tɕia⁰】>咱tsa²⁴,【怎么tsəʔ²⁴ ma⁰】>咋tsa²⁴;还有在城区老话中通行的:【人家zɤŋ²¹ tɕi⁴⁴】>茶⁼nie²⁴。

3.3　顺同化音变

定边话中,顺同化音变比较常见,数量明显比周边晋语多。

"里"有两个读音：li^{52}、ni^{0}，声母不同。前者是本来读音，如"里头 li^{52} t^{h}əu^{0}"。后者出现在"城里人 tʂɤŋ^{24} ni^{0} zɤŋ^{0}、乡里人 ɕiaŋ^{21} ni^{0} zɤŋ^{0}、这里 tsʅ^{44} ni^{0}、那里 nei^{44} ni^{0}、夏里 ɕia^{44} ni^{0}、冬里 tuɤŋ^{21} ni^{0}"等词中，都处在词语的后字位置上，且都是轻声音节。"里"的声母，是受到前一音节"城、乡"的末尾音素 ŋ 的影响，发生了顺同化音变，变为 n 母，同时也是语音弱化的结果。"这里、那里、夏里、秋里"的"里"读 n 母，则可能是在轻声音节中类推的结果。

有意思的是，安边话、白泥井话的"城里人、乡里人"的"里"同样也发生了音变，不过是韵母音变，读 lə^{0}。这是伴随轻声发生的语音弱化，元音 i 弱化为中元音 ə。

再如"跳弹①跳；②闹事 t^{h}io^{44} t^{h}uɛn^{0}"，"弹"受前字韵母同化，读合口呼。"熨斗 yɤŋ^{44} tɤŋ^{0}"的"斗"，"骨头 ku^{44} tu^{44}"的"头"，都是受前字语音牵引，韵母变得与前字相同，也都是顺同化音变。

还有个别是逆同化音变。"例如"忽送气喉结 xu^{21} suɤŋ^{44} tɕ^{h}i^{44}"，"忽"当为"喉"受后字同化，变合口呼。

3.4　舒声促化

"个 kuo^{44}、子 tsʅ^{52}"在轻声音节中发生促化，读 kəʔ^{0}、tsəʔ^{0}。例如：一个 i^{21} kəʔ^{0}、二十个 ər^{44} ʂʅ^{0} kəʔ^{0}、臊子 sɔ^{44} tsəʔ^{0}。舒声促化在晋语中比较常见。

第六章　定边话的词语特点及内外比较

　　本章拟从词汇比较的角度,通过定边话与陕北晋语、中原官话的比较,归纳其方言词汇的特点,同时从古语词语、民俗文化词语等角度考察,以期对定边话的词汇、民俗文化有一个概貌性的认识。

一　词语特点

1.1　与中原官话、晋语的共有词语

　　定边话有大量与陕北晋语、中原官话共同的词语。这部分词大多是北方方言或西北方言共有的。例如:

黄风　烧霞　冰　冷子　露水　虹　　天河　下霜
山地　崖　河　泉水　石头　沙子　汽油　石灰
打春　过年　立夏　正月　正月十五　腊月　岁数
连枷　缰绳　犁　囤子　碾子　耙子　筐子　扫帚
粮食　庄稼　谷子　稻黍_{高粱}　豌豆　辣子　芫荽
儿马_{公马}　驴骡　草驴　叫驴　牙狗_{公狗}　母狗　蜗蜗牛
大_{父亲}　公公　婆婆　娘　姨夫　姐夫　侄女
言喘_{说话}　着急　死心　指望　着气_{生气}　嫌　磨牙
热闹/红火　美气　恓惶_{可怜}　能行　消闲　小气

1.2　中原官话常用词语

定边话也有部分中原官话的常用词语，例如：

星星　着雨淋雨　月亮　雷击咧　胡墼土疙瘩

老历阴历　啥时候　初几子月初

荽瓜葫芦　抱头白卷心菜　喜蛛蛛蜘蛛　癞呱子癞蛤蟆　扑灯蛾儿飞蛾

妈呀母亲的呼称　婶娘　碎大最小的叔父　堂叔兄弟　柳儿匠小偷　谝子客喜欢吹牛的人

碎小　木囊(行动)慢

歇晌睡午觉　嚷仗/骂仗吵架　打锤打架　晓得知道　发潮/恶心

1.3　陕北晋语常用词语

定边话还有大量陕北晋语的常用词语，不过与榆林其他县区相比数量相对略少，特别是分音词、圪头词、卜头词、忽头词等。例如：

云彩　冷子冰雹　霜杀咧霜打了　闪闪电

春上　夏上　而个儿现在　清早起/清早上　白日白天　后晌下午　黑地晚上

红薯　牛卜ˉ老ˉ牤　黑老鸹乌鸦　蠓子蚊子

娘的母亲的被领属形式　婆姨汉夫妻俩　先后妯娌　挑担连襟　两姨姨表亲　老女子老姑娘

脑头　槌头拳头　谎价虚报的高价格　嗓牙白齿

出跳出众　利洒(动作)利索等　馕口(吃东西)过瘾　扛硬形容能力强等

草鸡感到头疼　解话懂事　日鬼胡做　嘶声喊　缘法缘分　乖哄哄骗或好言劝说　丧摊子说坏话破坏别人的信誉

1.4　词语叠置

有些词条有不同的说法，分别对应中原官话和陕北晋语的说法，形成叠置。例如(中原官话/陕北晋语)：

夏里/夏上　　　　　秋上/秋里　　　　　　　冬上/冬里

山药/洋芋　　　　　推磨轮儿/蚂蚱蚱蝗虫

墓子/墓圪堆　　　　堂叔弟兄/户家弟兄

眉颅盖/奔颅前额　　囟门口儿/脑门囟儿囟门儿

鬘鬈/圪鬘鬘　　　　□tsɤŋ⁴⁴耳子/比斗耳光

涝稀/跑肚拉肚子　　气喘/气短

懂了/解下了　　　　拉磨/拉沓聊天

1.5 古语词

定边话继承了部分古汉语词，大多是动词和形容词，普遍通行于陕北晋语和中原官话。这些古语词在《说文解字》《方言》《广韵》或《集韵》中已有记载。刘育林、张子刚(1988)，张崇(1993：18—38)，卢芸生(1988a，1988b)，邢向东(2002：234—253)，黑维强(2016：178—214)分别作过考释。例如：滗拦住渣滓倒出液体pi⁵²｜痨使中毒nɔ⁴⁴｜褙布制品脏污tshɔ²⁴｜觑偷看tɕhy²⁴｜跐用力踩、踏tshʅ²¹｜迸裂开pie⁴⁴｜坌吹进眼中的尘土pɤŋ⁴⁴｜弥缝一块布来加长mi²⁴｜鞔给鞋面蒙裹上布mɛn²⁴｜掿抓vɑ²¹｜捩扭伤lie²¹｜奓张开tsɑ⁴⁴｜绽鞋底和鞋帮的连线断开tsɛn⁴⁴｜菢孵小鸡pɔ⁴⁴｜潲雨斜着下sɔ⁴⁴｜绌草草地缝tʂhu²¹｜窋住ʂɤŋ²⁴｜射猛然跳起ʂɿ²¹｜筤(使平面)斜tɕhie⁴⁴｜嫽美好liɔ²⁴｜挽手拔，～草vɤn⁵²｜谝聊天phiɛn⁵²｜奓张开，手～起tsɑ⁴⁴｜焙烘烤pi²¹｜胤植物在植株周围越长越多iɤŋ⁴⁴｜煺用热水除去动物的毛或猪羊等的肚渣thuei⁴⁴｜蹻抬腿迈过tɕhiɔ²¹｜灺熄灭ɕie⁴⁴｜聒声音嘈杂使人厌烦kuo²¹｜馎面～：擀面时撒的干面phu²¹。

二　民俗文化词

2.1 饮食文化词

定边的饮食习惯与陕北其他地方相近。不过定边与内蒙古毗邻,定边人带有内蒙古人的豪放气质,喜欢大碗吃肉,除了夏天,其他三季饭桌上蔬菜都比较少。发音人韩子孝曾自我调侃说:定边人都是"肉狼"。

2.1.1　面食类

定边以面食为主,面粉种类主要是白面、荞面(荞麦面)。定边盛产荞面,陕北人吃的荞面大都来自定边。另外还有燕麦面、豌豆面、杂面(豌豆面和白面混合)、玉米面、糕面(软糜子磨成的面)。面食花样也多。白面系列,有面条、面片、拌汤(疙瘩汤)、圪饦儿,其中羊肉面最有名,还有烙饼、馍馍(馒头)、花馍馍(花馍)等。荞面系列,有饸饹、剁荞面、荞面搅团、圪饦儿、趷耳子(猫耳朵)、碗饦儿、荞面壳壳、荞面卷卷。杂面系列,一般是羊肉臊子长杂面。玉米面系列,有摊黄儿、窝窝、发糕。糕面系列,有油糕、枣糕等。下面列举重要的主食、副食。

米黄儿 mi^{52} xuãr^{24} 黄米(硬糜子去皮后的米)面摊的薄饼。

糕 kɔ^{21} 用软糜子面蒸熟制成。取糕的谐音,寓意"步步高"。糕是过年必不可少的食品,有油糕(油炸糕片儿)、枣儿糕(糕面中间夹红枣蒸的糕)、糕角角等。糕馅儿,有黑糖(红糖)馅儿、枣泥馅儿、菜馅儿(酸菜、土豆、莲花菜、蓖麻籽等)。糕的样子少,不带馅儿的是方片儿状,带馅儿的糕角角都是饺子状,个儿比饺子略大。没炸的糕叫"甜糕 tʰien^{24} kɔ^{0}"。

甑糕 tɕiəŋ^{44} kɔ^{21} 五月端午包粽子、做甑糕。软黄米和江米(糯米)浸泡后,加上囵囵枣儿,蒸熟,再洒点白绵糖(绵白糖)。

麻福糕 mɑ^{24} fu^{24} kɔ^{21} 蓖麻籽加酸菜做馅儿的糕角儿。

麻福角角 mɑ^{24} fu^{24} tɕyo^{21} tɕyo^{0} 蓖麻籽馅儿的蒸饺,通常是荞面饺子皮。

挂面 kuɑ^{44} miɛn^{0}。

酸汤面 suɛn^{21} tʰɑŋ^{21} miɛn^{44} 油烧至七成热,放入辣子、高菊

花(又叫"择蒙儿tsei^{24} mɤr^0"，一种调料)炸出香味，再顺着锅的内壁溜些许醋，然后加水，做成酸汤。一般常吃酸汤剁荞面、酸汤饸饹。

臊子面 sɔ^{44} tsəʔ^0 mien^{44} 本地人通常吃肉臊子，很少吃蔬菜类的素臊子。做肉臊子喜欢把羊肉、猪肉两种掺在一起。定边人说的"素臊子"通常指的是酸汤。

削面 ɕiəu^{21} mien^{44} 也叫"刀削面"，有白面、荞面两种。

饸饹 xuo^{21} luo^{44} 用专用的饸饹床，把和好的面团轧成滚圆的长面条。定边习惯吃荞面饸饹，很少吃白面的。红白喜事，荞面饸饹是主饭，要连续吃几顿。过生日的前一天吃的长寿面也是饸饹。

拌汤 pen^{44} tʰɑŋ^{21} 白面疙瘩汤，配菜多为沙芥、白萝卜丝，调点儿醋，撒点儿韭菜。

蒸饺儿 tʂɤŋ^{21} tɕiər^{52} 蒸的饺子。本地人喜欢羊肉掺猪肉做馅儿，少加点儿萝卜、虾米，用花椒、大茴香、生姜、葱、盐等调味。

扁食 pien^{52} ʂ̩^{0} 饺子。和陕北其他地方一样，是胖胖的元宝样。馅儿通常用猪肉、羊肉、白萝卜、黄萝卜制成。在很多重要的日子都要吃扁食，像如除夕、正月初一(包钢锄儿)、正月初七、八月十五、结婚当天新郎在岳父家。

蒸饼 tʂɤŋ^{21} piɤŋ^{52} 将白面发酵好，搭碱(加入适量碱面)，擀成饼状，蒸熟，出锅切成方块儿。

花馍馍 xuɑ^{21} muo^{24} muo^0 在清明和过年时蒸制，造型多样，形如鸟儿、狗、羊等动物。

花卷 xuɑ^{21} tɕyɛn^{52} 花卷馍。

包子 pɔ^{21} tsəʔ^0 最喜欢羊肉掺猪肉做馅儿。

火烧 xuo^{52} ʂɔ^{21} 也叫"烧饼 ʂɔ^{21} piɤŋ^0"，有韭菜大肉馅、羊肉萝卜馅、韭菜鸡蛋粉条豆腐馅等。

油饼子 iəu^{24} piɤŋ^{52} tsʅ^0 油炸的白面发酵的环状圆饼。

油餜儿 iəu²⁴ kuor⁰ 油炸麻花。

锅盔 kuo²¹ kʰuei⁰ 传统风味面食小吃，白面发酵，搭碱(加入适量碱面)，擀成圆饼，铁锅里不放油、烙熟。陕西关中八大怪中就有锅盔，"饼大直径二尺外，又圆又厚像锅盖"。定边锅盔比关中的小，直径约一拃(拇指和食指张开的距离)，厚约两指。

摊馍馍 tʰɛn²¹ muo²⁴ muo⁰ 稠的荞面糊摊成的薄饼。定边的"馍馍"包括了蒸馍和饼。这和关中话相同，关中有名的肉夹馍其实就是饼夹肉。陕北其他方言的"馍馍"只指蒸馍。

鸡肉摊馍馍 tɕi²¹ zəu⁴⁴ tʰɛn²¹ muo²⁴ muo⁰ 定边非常有名的特色小吃，鸡肉块儿带汤泡荞面薄饼。

搅团 tɕiɔ⁵² tʰuɛn²⁴ 用荞面搅成的软面团。锅里水沸腾后，一边撒荞面面粉一边用擀面杖朝一个方向使劲搅动，变稠后加水慢火焖熟。然后用锅铲铲出后放在盘子里。吃的人用筷子夹一块儿一块儿蘸汁吃。调味料汁有各种肉汤，还有素汤：洋柿子汤(西红柿汤)、地萸(地耳)土豆汤等。

燕麦靠⁼笼⁼儿 iɛn⁴⁴ mei²¹ kʰɔ⁴⁴ luər⁰ 把开水烫好的燕麦面团分成小块儿，每块儿用手搓成中空的圆柱状，蒸熟，调料汁蘸着吃。比圪坨儿大，上面清晰地印有手的花纹。晋语一般把燕麦叫"莜麦"，燕麦面叫"莜面"，定边话不同。另，kɔ⁴⁴ luər⁰ 当为陕北话"栲栳儿"的音变。

荞面卷卷 tɕʰiɔ²¹ miɛn⁴⁴ tɕyɛn⁵² tɕyɛn⁰ 荞面小卷儿。荞面团擀成整张厚面片，抹上油洒上葱花，卷成卷儿，再切成小卷儿。蒸熟后，泡在羊肉汤里食用。

圪饦儿 kəʔ²⁴ tʰuər⁴⁴ 猫耳朵。关中叫"麻食"。羊肉圪饦儿也是当地有名的小吃。

剁荞面 tuo⁴⁴ tɕʰiɔ²¹ miɛn⁴⁴ 用专用大刀切的荞面长面条，加各种臊子后食用。

杂面 tsɑ²¹ miɛn⁴⁴ ①豌豆面和小麦面混合在一起的面粉。

②杂面做成的面条或面片。杂面面条的做法是：杂面面粉加入少许沙蒿籽儿和成面团，放置半小时后擀至如纸薄，然后切成又薄又细又长的面条。多吃羊肉臊子杂面。

窝窝 vuo^{21} vuo^{0} 窝窝头。以前是黄米面的，现在是玉米面的。

米馍馍 mi^{52} muo^{24} muo^{0} 也叫"黄米馍馍"，枣泥豆沙馅的黄米面馒头。就是《舌尖上的中国》中的"黄馍馍"。

摊黄儿 t^{h}ɛn^{21} xuãr^{0} 清明节的节日食物，将稠面糊倒在铁质的鏊上烤熟的面饼，有黄米面、玉米面的两种。摊黄儿是圆的，中间薄边沿厚，色泽金黄，味道酸甜。

油馍馍 iəu^{24} muo^{24} muo^{0} 油炸的环状饼。将软黄米面和荞面掺好发酵，加入适量碱面、适量白糖做成圆环状，油炸。有的晋语方言叫"油圐圙儿"（绥德 iəu^{24} k^{h}uəʔ^{3} lyɐr^{24} ），正是用"环"的分音词命名。

2.1.2　米饭、粥类

黄米饭 xuɑŋ^{24} mi^{0} fɛn^{44} 硬糜子米做的米饭。

小米饭 ɕiɔ^{24} mi^{0} fɛn^{44} 小米米饭。当地不产小米，现在小米价格高，几乎不吃小米饭了。

两米子饭 liɑŋ^{24} mi^{52} tsɿ^{0} fɛn^{44} 大米掺黄米做的米饭。

八宝饭 pɑ^{21} pɔ^{52} fɛn^{44} 由糯米、枣儿、南瓜、白芝麻、核桃仁、枸杞、干玫瑰花、白糖、猪板油等制成，香甜软糯。

豆豆饭 təu^{44} təu^{0} fɛn^{44} 各种豆子煮的稀饭。

黄米黏饭 xuɑŋ^{24} mi^{0} ʐɛn^{21} fɛn^{44} 黄米稠粥。

燕麦甑饭 iɛn^{44} mei^{21} tɕiɤŋ^{44} fɛn^{44} 燕麦仁、白面面片、肉丁儿熬的粥。因为好吃，俗话有"燕麦甑饭胀死愣汉"。

绿豆小米米汤 lu^{21} təu^{44} ɕiɔ^{24} mi^{0} mi^{52} t^{h}ɑŋ^{0} 绿豆小米粥。

豇豆米汤 tɕiɑŋ^{21} təu^{44} mi^{52} t^{h}ɑŋ^{0} 豇豆小米粥。

豆面米汤 təu^{44} miɛn^{0} mi^{52} t^{h}ɑŋ^{0} 黑豆粗面和小米或黄米熬

成的稀粥。

豆浆米汤 təu⁴⁴ tɕiaŋ⁰ mi⁵² tʰaŋ⁰ 豆浆和米熬成的稀粥。

麻福汤 mɑ²⁴ fu²⁴ tʰaŋ²¹ 麻子稀饭，是用蓖麻籽、小米、酸白菜熬的粥。

和儿和儿饭 xuər⁴⁴ xuər⁰ fen⁴⁴ 也叫"和菜饭、炝饭"。小米粥里烩面条，加洋芋块儿和蔬菜，最后加入葱、高菊花等爆香的炝锅油来调味，所以又叫"炝饭"。

瓜米汤 kuɑ²¹ mi⁵² tʰaŋ⁰ 南瓜和软黄米熬的稠饭，也叫"南瓜米汤"。

腊八饭 lɑ²¹ pɑ²¹ fen⁴⁴ 腊月初八凌晨吃的粥。用面片包着豆腐和豆子做成鸟头样，把面团做成像麦穗或谷穗的造型，然后和豆腐、豆子、黄米一起炖煮，先煮再焖。腊八饭寄寓了人们美好的愿望，"鸟头"象征鸟，粮食状的面团象征献给鸟的祭品，人们希望现实中的粮食不再被鸟们啄食。

2.1.3　粉面类

定边新鲜蔬菜少，山药 sɛn²¹ ie⁰（土豆）是一年中主要的副食。

卜拉子 pu⁴⁴ lɑ²¹ tsʐ⁰ 特色小吃。山药去皮镲成小薄片，沾上面粉，蒸熟而成。春季有"槐花卜拉子"，夏季有"豆角卜拉子"。

山药丸子 sɛn²¹ yo⁰ vɛn²⁴ tsʐ⁰ 也叫"山药疙瘩"。做法和卜拉子相近，不同的是：卜拉子是土豆小薄片沾面粉，山药丸子是土豆丝儿沾面粉。陕北多数县区不细分，这两者通常都称为"洋芋擦擦、洋芋丸子、蔓蔓丸子"等。

粉 fʐŋ⁵² 粉条的统称。本地主要是洋芋粉，种类多，有粉丝儿、粉条儿、扁粉、宽粉、细粉等。

粉皮儿 fʐŋ⁵² pʰiər²⁴ 片状的洋芋粉。

荞粉 tɕʰio²⁴ fʐŋ⁰ 荞面糁子粉（高筋荞面粉）做的凝冻状食

品，凉调或烩汤。

凉粉 liaŋ²⁴ fɤŋ⁰ 原来指荞粉，现在也指绿豆凉粉、洋芋凉粉。

碗饦儿 vɛn⁵² tʰuɘr²⁴ 将加工熟的荞麦面糊盛入碗中，冷却后即成，切成块儿调佐料或麻辣肝而食。

鸡蛋泡子 tɕi²¹ tɛn⁴⁴ pʰɔ⁴⁴ tsəʔ⁰ 鸡蛋和白面，油炸成泡泡状。

2.1.4　肉食类

定边传统的筵席菜肴以肉食为主，原料以羊肉、猪肉、鸡肉、牛肉为主。

八大碗儿 pa²¹ ta⁴⁴ ver⁰ 分为硬八碗儿、软八碗儿。

硬八碗儿 niɤŋ⁴⁴ pa²¹ ver⁰ 七荤一素：红烧肉、炖羊肉、猪排骨、牛排骨、丸子、酥鸡、清蒸鸡、八宝饭。

软八碗儿 zuɛn⁵² pa²¹ ver⁰ 四荤四素，通常是：红烧肉、炖羊肉、牛排骨、清蒸鸡、凉拌绿豆芽、凉拌山药丝(凉拌土豆丝)、小葱拌豆腐、粉条白菜。

丸子 vɛn²¹ tsʅ⁴⁴ 肉丸子。由猪肉或羊肉的肉末加山药淀粉团成丸，油炸后保存，食用时再蒸或煮。

炖羊肉 tuɤŋ⁴⁴ iaŋ²¹ zəu⁴⁴ 羊肉是陕北人酷爱的美食。做法是，将羊肉切成最少一两多的大块儿，连骨带肉，冷水下肉炖煮，先撇去血沫或换水，加入花椒、地椒、桂皮、辣椒、葱、姜片、盐等，文火炖烂，熟后加芫荽，肉嫩汤鲜。定边的羊吃地椒，所以羊肉不腥，远近闻名。

酥鸡 su²¹ tɕi⁰ 腌制的鸡肉块儿挂上面糊，入锅油炸后再装在碗里上笼蒸熟。

肉勾鸡 zəu⁴⁴ kəu²¹ tɕi²¹ 猪肉炖鸡肉。

猪肉撬扁粉 tʂu²¹ zəu⁴⁴ tɕʰiɔ⁴⁴ pɛn²⁴ fɤŋ⁵² 猪肉片炒约一指宽的粉条。陕北传统名菜。

烩菜 xuei⁴⁴ tsʰɛ⁴⁴ 把肉和菜一锅炖，是山西、陕北、内蒙古西部最常吃的家常菜。定边烩菜材料通常是猪肉、酸白菜、豆腐、粉条儿，也有的加豆角。

羊杂碎 iaŋ²⁴ tsɑ²¹ suei⁴⁴ 羊的头蹄和内脏做成的汤菜。羊的头蹄和内脏，生的叫"羊下水"，熟的叫"羊杂碎"。

猪灌肠 tʂu²¹ kuɛn⁴⁴ tʂʰɑŋ⁰ 荞面和猪血搅匀调味儿，灌入洗干净的猪肠内，上笼蒸熟，食用时切成片，或蘸汁儿吃或炒着吃。

2.1.5　其他

粽子 tsuɤŋ⁴⁴ tsʅ⁰ 软黄米(黍米)红枣馅儿或糯米红枣馅儿。

炉馍馍 ləu²⁴ muo²⁴ muo⁰ 定边最有名的糕点。芝麻糖馅儿或枣泥馅儿。

饦馍馍 tʰuo²¹ muo²⁴ muo⁰ 用发酵好的面做成，馅儿和炉馍馍一样，比炉馍馍略大。

熟米 ʂu²⁴ mi⁵² 也叫"炒米"。把糜子蒸到半熟后晾干，用沙子炒熟，再用罗儿把沙子漏掉，然后在碾子上去皮。周边地区和民族中，蒙古人最喜欢吃炒米，所谓"炒米奶茶手把肉"。

酸菜 suɛn²¹ tsʰE⁴⁴ 生腌的白菜、莲花菜、萝卜、蔓菁等，味道酸。

咸菜 xɛn²¹ tsʰE⁴⁴ 生腌的白菜、莲花菜、萝卜、蔓菁等，盐多，味道咸。

酸白菜 suɛn²¹ pei²¹ tsʰE⁴⁴ 腌制的熟白菜。

砖茶 tʂuɛn²¹ tsʰɑ²⁴ 外形像砖的茶叶。

奶茶 nE⁵² tsʰɑ²⁴ 本地人从蒙古人那里学来"喝奶茶"的生活习惯。砖茶煮沸，兑入羊奶或牛奶。奶茶里放酥油、酪蛋子(奶酪)、熟米、糖。

浑酒 xuɤŋ²⁴ tɕiəu⁵² 用酒谷米(软小米)酿制的稠酒，也叫"糇糇酒、黄酒"。喝的时候，加入适量的水煮沸。

酥油 su²¹ iəu⁰ 似黄油的乳制品，是从牛奶里提炼出的脂肪。营养高，补虚。本地人喜欢放在奶茶里喝。

酪蛋子lɔ⁴⁴ tɛn⁴⁴ tsɿ⁰ 奶酪。将分离出酥油的酸奶,挤出酸水,晾干结成块状儿而成。

洋柿子酱iaŋ²¹ sɿ⁴⁴ tsɿ⁰ tɕiaŋ⁴⁴ 将洗净的西红柿,开水烫过去皮,切块儿煮沸加调料,灌在瓶子里,再上锅蒸十到二十分钟。每年八月中旬家家都做。做好的洋柿子酱放一两年都不坏。

2.2　建筑文化词

窑iɔ²⁴ 窑洞。定边北部是平原草滩区,南部是山地丘陵沟壑区。西南山区有窑洞,平原草滩区几乎都是平房或楼房,少见窑洞。窑洞是陕北古老的民居形式。

平房pʰiɤŋ²⁴ faŋ²⁴ 只有一层的房子。

楼板房ləu²⁴ pɛn⁵² faŋ²⁴ 混凝土结构的平房。

起脊房tɕʰi⁵² tɕi²⁴ faŋ²⁴ 当地以前最主要的房屋样式。房顶铺瓦,房脊中间高两边低,房顶横切面呈三角形。

道士帽儿房tɔ⁴⁴ sɿ⁰ mər⁴⁴ faŋ²⁴ 房脊中间突起、坡形房顶前长后短的房子。因为像道士帽而得名。

一坡水房i²⁴ pʰuo²¹ suei⁵² faŋ²⁴ 房顶后高前低的房子。

假楼板房tɕia⁵² ləu²⁴ pɛn⁵² faŋ²⁴ 土木结构的楼板房样子的房子。

2.3　习俗文化词

定边的民俗与陕北其他地方大同小异。

暖房nuen⁵² faŋ²⁴ 乔迁新居时,邀请亲朋好友来新居欢庆的风俗。陕北其他县多叫"暖窑"。定边只有西南山区窑洞多,其他地方窑洞少平房多,所以叫"暖房"。

送汤suɤŋ⁴⁴ tʰaŋ²¹ 每当亲戚朋友或邻居生下小孩时,人们就会给产妇送些绵羊肉、黑乌鸡、礼钱等,希望坐月子的产妇有充足的乳汁。"送汤"这一民俗,陕北普遍都有。

做满月tsu²¹ mɛn⁵² yo⁴⁴ 办满月酒。

过百晬儿 kuo⁴⁴ pei²¹ tsuər⁴⁴ 庆祝孩子出生一百天,宴请亲朋好友。现在也叫"过百天"。满月、六十天、一百天,一般只办一个。

过头晬儿 kuo⁴⁴ tʰəu²¹ tsuər⁴⁴ 过周岁生日,举行孩子抓周仪式,宴请亲朋好友。

保锁 pɔ²⁴ suo⁰ 民间保佑孩子健康成长的一种习俗。如果孩子身体弱、小病多,就找名望高的人或民间异人(民间具有算命、驱邪等特殊能力的人)做孩子的干大干妈,以保佑孩子平安长大。仪式是:用红布做项圈,小锁子作坠儿,孩子戴在脖子上,钥匙由保锁人(干大干妈)带走保管。

完生儿 vɛn²⁴ sər⁰ 本地民间认为,到12周岁孩子的魂才全了。1周岁到12周岁的生日都会给孩子戴锁儿,表示锁住魂魄顺利成长。12周岁生日最隆重,12周岁以后的生日则相对随意些。

开锁 kʰE²¹ suo⁵² 被保锁的孩子过12周岁生日时要举行开锁仪式,请保锁人开锁,并说些吉利话,例如:不开天不开地,单开×××的锁,不害病长命百岁。

过关 kuo⁴⁴ kuɛn²¹ 被保锁的孩子到12周岁,前往延长堡的老爷庙(距离县城约7公里)举行过关仪式。

气死毛儿 tɕʰi⁴⁴ sʅ⁵² mər²⁴ 小男孩后脑勺靠近脖子处留的一撮头发,通常辫成细辫。"气死毛儿"从一出生一直留到12周岁时才剪掉。民间认为,小孩子脾气大爱哭,哭的时候容易憋气,只要把这个细辫拽一下气就顺了。陕北普遍如此。

叫魂 tɕiɔ⁴⁴ xuɤŋ²⁴ 一种迷信行为。人有了病,认为是魂丢了。两位亲人在夜深人静的时候叫病人的魂回家,一个人叫一个人答应:a. ×××回来了没? b. 回来了。

灸疤儿 tɕiəu⁵² per⁰ 以前医疗条件差,孩子出生后容易出四六风(第四天第六天惊风),点燃艾、麝香在嘴角两边的地仓穴上按压进行治疗，留下的疤就是灸疤儿。

打醋炭 tɑ^{52} tsʰu^{44} tʰɛn^{0} 也说"打醋坛 tɑ^{52} tsʰu^{44} tʰɛn^{24}"。取一块儿口子 tsɑ^{52} tsəʔ^{4}(一种易燃的无烟煤)烧红，将醋倒在上面，醋的蒸汽霎时弥漫开来。民间认为有杀菌辟邪的作用。除夕夜要打醋炭以驱邪。平日里家里有人生病，也会打醋炭。

熬夜 nɔ^{21} ie^{44} 守岁。除夕晚上十二点以后睡觉，迎接新年。

人清儿 zʐŋ^{24} tɕʰiə̃r^{0} 即"正月初七"。本地人认为春节和正月初一是给神过年，初六小年是给人过年，初七是人的初一，要挂灯笼、吃好的。

游九曲 iəu^{24} tɕiəu^{52} tɕʰy^{0} 一种传统的民俗活动，"九曲"是九曲灯阵。定边的"九曲"通常设在东园子、弘法寺附近。在正月十四、十五、十六晚上，本地人都要"游九曲游百病"祈求平安健康。游百病，就是出门游玩，把病扔在外面。

燎干 liɔ^{52} kɛn^{0} 正月二十三，人们在自家院子里或大门前搭个小柴堆。天黑后点燃，人们依次从火堆上跨过，不在家的人就由家人抱着他的衣服或枕头跨过火堆。寓意是"跳火燎百病"，百病全无。定边"燎干"这一名称和时间，都与相邻的延安市吴起、志丹两县相同。榆林各地多在正月十六，不叫"燎干"，叫"打火"。

秧歌 iaŋ^{21} kuo^{0} 正月传统的民俗文化活动。一过正月初十，秧歌队开始"沿门子"。"沿门子"最初是依次去每家门前表演，现在只是到各大单位表演。扭完场子，伞头领唱秧歌，歌词现编现唱。每年正月十五，全县会举行秧歌比赛，人山人海，热闹非凡。

二月二 ər^{44} yo^{0} ər^{44} 二月二龙抬头，男女老少理发、吃油搅团，取吉祥好运的兆头。

庙会 miɔ^{44} xuei^{44} 安边、县城北园子的四月八庙会规模较大(四月八是祖师爷的诞辰)。延长堡五月十三的老爷庙庙会规模最大。

八月十五 pa^{21} yo^0 $s\eta^{24}$ vu^{52} 中秋节。杀羊杀鸡、做炉馍馍。

十月一 $s\eta^{21}$ yo^0 i^{21} "十月一，送寒衣"，给老先人(祖先)上坟烧纸送衣裳。

送灶马爷 $su\gamma\eta^{44}$ tso^{44} ma^0 ie^{24} 腊月二十三送灶神，供品一般是剥了壳儿的煮鸡蛋、一盅茶、少许肉和酒。鸡蛋和香的数量相同，只能是单数一、三、五或七。正月二十三请灶神，灶神归位。现在这些仪式已经简化或取消。

2.4　婚丧文化词
2.4.1　婚姻习俗

定边的婚礼仪式基本保留了六礼"纳彩、问名、纳吉、纳征、请期、亲迎"的过程。和陕北各地的习俗大同小异。

定边仍然是由媒人(也叫介绍人)说媒 suo^{21} mei^{24}。没有对象者的家长会拜托亲友做媒，即使男女双方认识或已经自由恋爱，也仍然会请个媒人。媒人多是男女一方或双方的亲友，具有威望、乐于助人。经双方家长初步同意后，把两人的生辰八字、相属(属相)给媒人，媒人找阴阳合八字 xuo^{24} pa^{21} $ts\eta^{44}$、合相属 xuo^{21} $\varepsilon ia\eta^{44}$ su^0、合五行 xuo^{24} vu^{52} $\varepsilon i\gamma\eta^{24}$，推算是否相合，如果相合则男女开始交往，如果不合则放弃议婚。讲究很多，通常要五行相生、旺月，忌五行相克、犯月、铁扫帚命、纸簸箕命。五行相生：金逢水、水生木、木生火、火生土、土生金；五行相克：金克木、木克土、土克水、水克火、火克金。犯月 fen^{44} yo^{21}：正蛇二鼠三牛头，四猴五兔六狗头，七猪八马九羊头，十月虎满山游，十一月金鸡架上愁，腊月老龙不抬头。旺月 $va\eta^{44}$ yo^{21}：正鸡二兔三羊青，四蛇五马六青龙，七猴八兔九鼠精，十月老牛也有功，十一月猪儿灰堆卧，腊月狗儿把柴门。铁扫帚命 $t^h ie^{21}$ so^{44} $ts^h u^0$ $mi\gamma\eta^{44}$：属猴龙的，男正月女腊月；属鸡和牛的，男女六月；属虎的，男四月女七月；属猪和兔的，男二月女八月。**纸簸箕命** tsɿ⁵² puo⁴⁴ tɕʰi⁰ miɤŋ⁴⁴：兔马龙十一月，狗猪羊二月，牛鸡八月，蛇鼠五月中旬。

双方感情稳定，打算结婚，男方**提亲** tʰi²⁴ tɕʰiɤŋ²¹，先定婚 tiɤŋ⁴⁴ xuɤŋ²¹。挑选吉日，男方家长及准新郎携带财礼以及给准新娘的衣物、首饰，由媒人陪同到女方家，女方家设宴招待。定婚当天有两个重要事项，一是**过礼** kuo⁴⁴ li⁵²，给财礼，即"纳彩"；二是确定结婚的具体日子。男方提前根据新人双方及其父母的相属挑选一个或几个结婚吉日，定婚这天议定。以前，和陕北其他县区一样，女方回赠男方的礼物里必须要有一双**稳跟鞋** vɤŋ⁵² kɤŋ²¹ xɛ²⁴、两根长命带 tʂʰaŋ²¹ miɤŋ⁴⁴ tɛ⁴⁴(红裤带)。现在改送一身衣服。准新娘准新郎还要各自给对方父母买身衣服。

结婚前，男方布置洞房 tuɤŋ⁴⁴ faŋ²⁴(新房)，讲究新家具、新摆设、新铺盖等，贴喜字挂彩带。结婚前一天，婆婆亲自压四角 niɑ⁴⁴ sɿ⁴⁴ tɕyo²¹，在洞房炕上或婚床上的褥子的四个角分别压铜钱、核桃、红枣、花生等，取早生多生、生儿生女花着生(变着花样儿生)的吉祥寓意。

结婚当天迎亲、设宴待客，叫"**过事** kuo⁴⁴ sɿ⁴⁴"。男方准备公驴或公马拉轿车(花轿)**娶亲** tsʰɿ⁵² tɕʰiɤŋ²¹，迎娶新娘。现在一般都是高档小车。**娶亲的** tsʰɿ⁵² tɕʰiɤŋ²¹ ti⁰(去女方家迎亲的人们)，有大伯子、老公公(新郎父亲)等。民间讲究"寡妇光棍不娶不送""姨不娶，姑不送"，再婚者、孕妇、毛头女子(没结婚的女孩子)不娶不送不进洞房，小姑儿不娶不送，但可以进洞房。娶亲队伍的总人数必须是单数(不包括吹鼓手、轿夫)，返回时加上新娘正好双数，意思是新人成双成对。

结婚当天一早，娶亲队伍出发，带两瓶酒(红头绳绑在瓶口，红绳和瓶身之间塞点儿钱，根据家底儿多少不等)、两条带奶头的猪肚膛肉、一件子或两件子羊肉、压箱钱 niɑ⁴⁴ ɕiaŋ²¹ tɕʰien²⁴、离母钱 li²⁴ mu⁵² tɕʰien²⁴、姊妹钱 tsʅ⁵² mei⁴⁴ tɕʰien²⁴。娶亲队伍吹手开路,后面跟着娶亲的人。轿子(现在是汽车)不能空,里面要坐个小男孩,寓意早生贵子,叫"压轿 nia⁴⁴ tɕio⁴⁴"。

新娘家在几天前就开始忙着准备待客的饭菜。结婚前一天,嫂子或姐姐、婶婶为新媳妇撅脸 tɕyo²¹ lien⁵²(开脸),用两根线蘸上水,绞除新娘脸上的绒毛。结婚当天一早,新媳妇梳妆打扮好,坐在炕上或床上等新郎。

娶亲队伍到了新娘家。现在流行"压门",不给红包不开门。进门后,新女婿把离母钱给丈母娘,姊妹钱给新娘的兄弟姐妹,压箱钱放在嫁妆里。新娘父母会根据压箱钱的数量再添加一些。女方招待吃饭喝酒,一般最少有十个菜,清炖羊肉、鸡肉、牛排骨等等,主食吃饸饹或者扁食。有的小舅子、小姨子故意整新女婿,在饺子里包辣椒、小煤块儿。

吃完饭,新郎把新娘背到或抱到婚车上。新娘父母把新郎带来的两瓶酒腾空,在里面装上少许米面(意思是不缺吃喝)、艾草(取谐音,意思是恩恩爱爱)等。如果回去的路上正好与另一支娶亲队伍迎面碰到,两位新娘就交换裤带。现在都是汽车迎娶,没这个讲究了。

午时举行婚礼,娶亲队伍到达新郎家的时间必须在中午十二点以前。到了新郎家,两位新人下车踩着红地毯进门。然后拜天地 pɛ⁴⁴ tʰien²¹ ti⁴⁴:一拜天地牌位;二拜祖父母、再拜父母;三新婚夫妻对拜。拜完天地,总管拿着写好女方嫁妆的单子,念给来宾听,例如:××车一辆、金镯子一对、一栋楼××平方米。定边产盐产油,比较富裕,嫁妆普遍比较豪气。

接着夫妻入洞房。新郎脱鞋上炕踏四角 tʰɑ²¹ sʅ⁴⁴ tɕyo²¹,象征性地踩踏压的核桃等。新郎下炕,媒人或上年纪的婶子把铺盖翻过来再重新铺好,叫"翻人身 fen²¹ zɤŋ²⁴ ʂɤŋ²¹"(意思是结婚了)。然后,由新郎的婶娘给新娘梳头 ʂu²¹ tʰəu²⁴,以前梳头者会将新娘的头发梳成纂纂(圆髻)，现在只象征性地梳几下。这是"结发"仪式的部分保留。梳完头，吃儿女馍馍 ər²⁴ ny⁵² muo²⁴ muo⁰。公婆提前准备四个儿女馍馍，都是二斤面做的大蒸馍，上面点着红绿颜色的花点儿，里头包枣儿、核桃，寓意儿女满堂。儿女馍馍放到炕上，新人象征性地吃一点，取早生儿女的寓意。儿女馍馍旁人不能吃，新郎新娘慢慢吃完。小姑儿可以进洞房，给送亲的女人们端水洗脸，送亲人会给端水钱。

洞房的仪式结束后，新娘、新郎一起出去给客人敬酒。下午，新人到坟上拜祖 pɛ⁴⁴ tsu⁵²，告知祖宗。

新婚当晚，耍房 ʂua⁵² faŋ²⁴(闹洞房)。除父辈的直系亲属不能参与外，祖父辈、同辈、晚辈都可以参与，比如姐夫、嫂子、小姑儿等，专给新人出难题、和新人开玩笑。人们认为闹房吉利。

结婚第二天九点以后，吃饸饹或儿女扁食 ər²⁴ ny⁵² piɛn⁵² ʂʅ⁰。饭后，举行传代礼 tʂʰuɛn²¹ tɛ⁴⁴ li⁵²，也叫认大小 zɣŋ⁴⁴ ta⁴⁴ ɕio⁵²。新媳妇拜见丈夫的长辈们，磕头改口 kɛ²⁴ kʰəu⁵²(随丈夫称呼长辈)，长辈就给改口费。然后新婚夫妇回门 xuei²⁴ mɣŋ²⁴，一起回娘家，一般当天返回，路远的第二天返回。

第二年正月，新女婿给女方亲戚拜年，家家请吃饭，叫"请新女婿 tɕʰiɣŋ⁵² ɕiɣŋ²¹ ny⁵² ɕy⁰"，实际上就是认门、认亲。亲戚们给新女婿见面钱，叫"起发 tɕʰi⁵² fa²¹"。

2.4.2　丧葬习俗

定边丧葬风俗和陕北各地相近，相比之下，时间短、仪式简单。定边通常三天出殡，和榆林一样。虽然现在有了火葬厂，但仍习惯土葬，能接受火葬的人较少。自杀、车祸、服毒等非正常死亡叫"冷事 lɣŋ⁵² ʂʅ⁴⁴"，也叫"十二伤亡 ʂʅ²¹ ər⁴⁴ ʂaŋ²¹ vaŋ⁰"，一般办事都很简单。

老年人去世后往往隆重办事。年过花甲的亡者，都叫"顺

心老人 ʂurŋ⁴⁴ ɕirŋ²¹ lo⁵² zɣŋ²⁴"。老年人都是早早准备好棺帮(棺材)老衣、选好墓地挖好墓窑。埋葬、举行仪式、待客叫"过白事 kuo⁴⁴ pei²¹ sʅ⁴⁴"。

老人一去世,第一时间通知娘家人(娘舅家的人)。接着,长子儿(长子)取一只母鸡,扭断鸡头,鸡叫"倒头鸡 to⁵² tʰəu²⁴ tɕi²¹",象征人的生命走到了尽头。倒头鸡褪毛后第二天献供在灵前。鸡一死,女人们马上开始做两个打狗鞭 ta²⁴ kəu⁵² piɛn²¹、七个打狗饼 ta²⁴ kəu⁵² pirŋ⁰,用开水烫面,把面团揉搓成长条状和圆饼状。儿女们用白酒为亡者擦洗全身,换老衣 lo⁵² i²¹(寿衣),用红绳吊着把口含钱 kʰəu⁵² xen²⁴ tɕʰien²⁴(用银子做的小物件)放到亡者口中,然后将口、眼闭合。在门外挂岁数纸 suei⁴⁴ ʂu⁰ tsʅ⁵²,一岁一张纸,纸树上的纸张数等于年龄数,拦腰横着粘的红纸圈,叫"红腰带",代表几辈同堂,例如四道红腰带代表四世同堂。同时,派人找阴阳 irŋ²¹ iaŋ⁰(阴阳先生)打殃单 iaŋ²¹ ten⁰(写有亡者生辰八字、死亡时辰的一张纸,认为是亡者在阴间的通行证),并挑选好下葬的日子。带回的殃单盖在亡者肚子上。

亡者老衣换好后挪离炕或床,在地上铺干草(谷子杆)停放。与此同时,亲朋好友帮忙在外面搭灵棚,捉一只公鸡,拴在灵棚前,叫"守灵鸡 ʂəu⁵² lirŋ²⁴ tɕi²¹"。

娘家人接到通知,在第一天或第二天一早赶来,孝子迎娘家 irŋ²⁴ iaŋ²⁴ tɕia²¹,去大路口跪拜迎接。去世后第二天一早出孝,孝子孝孙们着孝服。太阳没出来前入殓 zu²¹ lien⁵²(装殓)。入殓时,娘家人一定在场。大女儿打开棺材盖,打扫里面。阴阳布置棺材,在棺材底部铺上一层鬼票儿 kuei⁵² pʰiər⁴⁴(冥币)、七根香,放粮饭罐子 liaŋ²¹ fen⁴⁴ kuen⁴⁴ tsʅ⁰ 等。接着铺褥子,讲究铺金盖银。亡者入棺,摆正,用卫生纸充棺固定好(以前常用纸包锯末子)。所有孝子依次给亡者净脸 tɕirŋ⁴⁴ lien⁵²,用酒精擦脸。然后盖严棺材。接着将棺材移至灵棚。

　　阴阳现场制作引魂杆儿 iɤŋ⁵² xuɤŋ²⁴ kɐr²¹(引魂幡)、写挽联等。一两个孝子留在灵棚前守灵 ʂəu⁵² liɤŋ²⁴，续灯续香，给来吊唁的人磕头回礼。其他孝子到坟地去请灵 tɕʰiɤŋ⁵² liɤŋ²⁴，把去世的祖先的灵魂请回家。回到家，娘家人下话 ɕia⁴⁴ xua⁴⁴，对孝子们的行为进行评价，如果认为孝子们孝顺、葬礼合格，就夸奖一番；如果娘舅家对孝子们的作为不满，认为对亡者有亏欠，就抖落出来，进而为难孝子，弹拨(挑剔)找不是。抖落亏待亡者的事实，就是"抖亏欠 təu⁵² kʰuei²¹ tɕʰien⁴⁴"。不论话有多难听，孝子们都得跪着恭恭敬敬地听，有时甚至多次磕头、连连哀告。不孝子孙很害怕下话。该词已延伸到普通的言语交际中，在日常工作或生活中诉说自己的功劳和委屈，也叫"抖亏欠"。接着举行领羊 liɤŋ⁵² iaŋ²⁴ 仪式。外甥、女婿、亲亲们(亲戚们)各拉一只羊，把水浇在羊身上，羊浑身一抖，表示亡人没有遗憾；如果羊不抖毛，意味着亡人仍有未了之事，孝子就一直浇水，同时猜测着说出亡者心愿，直至羊抖毛。羊的下场一般是被杀吃掉。也可以不杀羊，祭毛血 tɕi⁴⁴ mɔ²⁴ ɕie⁰，就是把羊耳朵咬烂滴血，把蘸血的烧纸(祭奠要烧的纸)烧掉。

　　早上邀请的总管、采买、保管、厨子(厨师)、帮厨、看客(帮忙招待客人)各就各位，名单贴在院子墙上，来客按照名单找人。采买上街买办白事的物品：烟酒、肉食、蔬菜、米面等。院子大的，在自家院子里待客，请厨子来家。院子小的，多去酒店。

　　晚饭前上饭 ʂaŋ⁴⁴ fɐn⁴⁴，把各样菜品献祭在祭桌上。晚饭后，亡者如果是有身份的人，往往会举行家祭，念祭文。然后游食 iəu²⁴ ʂ̩²⁴。由孝子或请职业端祭饭者头顶木盘子端祭饭，每上一道菜，孝子们三拜九叩，祭多久跪多久。祭桌上放祭食罐 tɕi⁴⁴ ʂ̩⁰ kuɐn⁴⁴，把各样祭饭放进去少许，出殡时随葬入墓。

　　夜深了，有钱的人家或离坟地近的，会撒路灯 sɑ⁵² ləu⁴⁴

tɤŋ²¹，点燃蘸了柴油的碎玉米芯子，从家门一直撒到坟地，意思是给去世的人引路。一般坟地离家较远，所以定边大都不撒路灯。

第三天出殡 tʂʰu²¹ piɤŋ⁴⁴，也叫埋人 mɛ²⁴ zɤŋ²⁴。大清早，土工到来。长子儿(长子)摔破叫˝盆子 tɕio⁴⁴ pʰɤŋ²¹ tsʅ⁰(来人烧纸的盆子)。阴阳送灵 suɤŋ⁴⁴ liɤŋ²⁴，念咒语、拿鞭子打簸箕、赶殃。阴阳喊："起灵！"土工就抬起灵柩出发。男孝子在前面拉丧(拉棺材)。女人一般不到坟上去。只有新插阴 ɕiɤŋ²¹ tsʰɑ²¹ iɤŋ²¹(家族在定边第一次开新坟地)，男女都要上坟踩阴。到了坟院(坟地)，先敬土神。棺材一路不能落地，到坟地直接下葬 ɕia⁴⁴ tsɑŋ⁴⁴，吊入渗坑入墓。孝子跟着阴阳进墓。阴阳点亮墓窑里面的一个油碗，摆好四个角落的白木角、桃木角。然后稳像 vɤŋ⁵² ɕiaŋ⁴⁴，就是打开棺材盖，把亡者摆正，并与墓窑口、墓器桌对正。一切就绪，孝子退出，请娘家人检查，娘家人通常在上面看看检查一下。最后阴阳一边退出一边抹平脚印。阴阳出来后开始封墓窑口，快掩埋好时留个小口子以备呛葬 tɕʰiaŋ⁴⁴ tsɑŋ⁴⁴，即把勺头(勺子)放在着火的花圈上加热至发红，勺内倒入少量清油(素油)，再把烧红的油倒进墓窑里头，油的味道充满墓窑，相当于暖窑。

接着阴阳摇铃招魂 tʂɔ²¹ xuɤŋ²⁴，其他人都背对坟院静候。招魂结束，亲戚朋友和孝子堆坟头。堆土有讲究，累了不能把铁锹直接递到另一个人的手里，要扔到地上，其他人拿起来再用。坟头堆好后，引魂杆插在坟头上。接着撒五谷粮食、洒酒，谢山厚土。然后娘家人、孝子，还有总管领着帮忙的亲戚朋友和土工，依次烧纸。烧完纸，亲孝子们(亡者的子孙)把孝帽烧掉，其他孝子除孝。最后给老坟里其他祖先烧纸。

安葬完毕，返回家中，阴阳还要撒五谷粮食、洒酒以谢土。

下葬三天后复山 fu²¹ sɛn⁰。女客出殡那天不上山，复山这天上山。孝子们不穿孝服，只在胳膊上戴黑纱。下葬后第七天做头七 tsu²¹ tʰəu²⁴ tɕʰi⁰。头七在街门(院子大门)上烧纸；二七到六七，烧纸的地方每次都比前次向坟地方向靠近一点。一共"七七 tɕʰi²¹ tɕʰi⁰"。七七那天，到坟地上烧纸祭拜。头周年(去世一周年)、二周年、三周年，亲近的亲戚会来烧纸。如果冲七(头七、二七……七七这七天，恰逢阴历初七、十七、二十七，就叫"冲七")，阴阳就粘一些伞子(巴掌大的彩色小伞)，在路上或坟地烧掉。

头周年过年的时候贴白对子，第二年贴黄对子，第三年恢复红对子。

三　定边话词汇与普通话的比较

定边话和普通话的词汇差异较大。我们分别从音节差异、构词差异、意义差异等方面讨论。

3.1 音节差异

同一词条，定边话和普通话各自所说的词语音节数量，有的相同，有的不同。总的来看，方言单纯词和多语素词多于普通话，双语素词则相对少于普通话。

3.1.1 方言词语音节数量少于普通话

方言是单音词，普通话是双音词，或方言是双音词，普通话是多音词等等。例如(定边方言——普通话，本节同)：

奶——乳房　　　　街——街道　　　　会——庙会
奸——狡猾　　　　糯——糊涂　　　　笼——蒸笼
顽——调皮　　　　嫌——嫌弃　　　　蜡——蜡烛
外家——外婆家　　城壕——护城河　　暖壶——热水瓶
臭蛋——樟脑丸　　阴阳——风水先生　葵花——向日葵

3.1.2　方言词语音节数量多于普通话

方言是双音词,普通话是单音词,或方言是多音词,普通话是双音词或三音词等等。名词数量最多。例如:

海子——湖　　　柳儿匠——贼　　　玉石——玉

夯胀——胀　　　灶火——灶　　　　打帮——劝

撕气——馊　　　试打——试　　　　忽扇——扇

扫帚星——彗星　　　　　花坨都——花蕾

蜗蜗牛儿——蜗牛　　　兀^ʼ突子水——温水

药水水——药水儿　　　肚目脐儿——肚脐儿

半天子——半天　　　　脊梁骨——脊柱

喜蛛蛛——蜘蛛　　　　夜蝙蝠儿——蝙蝠

婆姨汉——夫妻　　　　娘老子——父母

羊羔儿疯——癫痫　　　水棒虫儿——蜻蜓

鸡眼丁——鸡眼　　　　脚梁面——脚背

青辣子——青椒　　　　腿猪娃子——腿肚儿

波罗盖子——膝盖　　　橡皮擦擦——橡皮

盖体面子——被面　　　蛤蟆圪蚪儿——蝌蚪

掏树锛子——啄木鸟　　童引媳妇儿——童养媳

挖耳朵勺勺——耳挖子　蛤蟆吃太阳——日食

3.2　构词差异

同一词条,定边话和普通话对应的词语,构成方式或构词语素不同。

3.2.1　单纯词与合成词的不同

方言是单纯词,普通话是合成词,如:菩萨——太阳、圪垳——角落;或方言是合成词,普通话是单纯词,如:喜蛛蛛——蜘蛛、夜蝙蝠儿——蝙蝠。

3.2.2　结构或词根的不同

方言和普通话都是合成词,但结构或词根不同。

(1)结构相同,有的有共同语素,有的没有。有共同语素的数量很多,大多是偏正结构的复合词,反映构词理据同中有异。例如:

老历——农历	凌亮——凌晨	犌牛——公牛
儿马——公马	草鸡——母鸡	牙猪——公猪
野物——野兽	风匣——风箱	胡嚼——胡说
缘法——缘分	玉麦——玉米	木植——木头
炒瓢——炒锅	栏柜——柜台	后怯——后怕

没有共同语素的数量较少。反映构词理据不同。例如:

嚷仗——吵架	揪留——照管	喂嘴——好吃
大蒜——洋葱	婶娘——伯母	后园——厕所

(2)结构不同,有的有共同语素,有的没有。没有共同语素的较多,大多构词理据不同。例如:

蛤蟆——鼢鼠	拴正——正派	愁肠——发愁
亲趋——热情	说话——言喘	黑青——淤血
下数——规矩	相干——关系	难活——生病
盖体——被子	茭瓜——葫芦	抱头白——卷心菜
年时——去年	入眼——讨厌	盘缠——路费

(3)词根相同,但方言词是重叠式。例如:

姑姑——尼姑	神神——神仙	膀膀——翅膀
兜兜——肚兜	旁旁——旁边	颗颗——粒儿
钱包包——钱包	酒盅盅——酒盅	路畔畔——路畔

方言中表示事物的重叠式名词,有的可以变换成子尾形式,如"酒盅盅"也常说"酒盅子"。

(4)方言与普通话对应词语的语素相同,但有易位现象。数量有限。也有学者称之为逆序词。逆序词是汉语里一种同素易位的构词现象,多是并列双音节合成词,合成词的两个音节所表示的意义大多相同或相似。我们认为,称普通话词语为正序词、方言词语为逆序词,不够科学,因为方言词语并非从普通话演变而来。就一种方言或语言内部来说,可以用正序词、逆序词的概念,说明语素顺序相反,但不需要明确孰正孰逆。

第一类,定边话、普通话对应词语的语素顺序恰好相反,意义相同。例如:熬煎——煎熬、味气——气味、相属——属相、保准——准保、天每儿——每天。

第二类,定边话有些词语既有逆序式又有正序式,意义完全相同,在方言里都可以自由使用,例如:认承=承认、音声=声音、怨抱=抱怨、后背=背后、弹驳=驳弹、齐整=整齐、兴时=时兴流行、收秋=秋收、轿子车＝轿车子骡子或马拉的带顶的木轮车、兄弟两=弟兄两哥哥和弟弟。

第三类,个别词语在方言里既有逆序式又有正序式,意义不完全相同。例如:

兄弟——弟兄:都是男性平辈之间的称谓,但"兄弟"指弟弟,"弟兄"是哥哥和弟弟的总称。

摸揣——揣摸:都有摸的意思。但"摸揣"是指用手抚摸,"揣摸"是用心猜测。

裤衩儿——衩裤儿。"裤衩儿"指裤子兜儿,"衩裤儿"指内裤。

根底——底根儿。"根底"是名词,指人或事情的根源、内情;"底根儿"是副词,是"压根儿"的意思。

3.2.3 词缀不同

定边话和普通话对应的词,词根相同,但方言词带词缀。

(1)有些词普通话没有前缀,定边话带"圪、卜、忽、克"等前缀。例如:

圪夹——夹　圪挤——挤　圪蹿——蹿　圪叉——叉
克吵——吵　克晃——晃　忽撒——撒　卜咂——咂

(2)方言“子”尾名词非常多,普通话对应的词常常不带“子”缀,有的有儿尾,有的没有儿尾。例如:

膀子——翅膀　树梢子——树梢　小伙子——小伙儿
笋子——竹笋　刀背子——刀背　羊羔子——羊羔儿
药膏子——药膏　猪肠子——猪肠　鸡蛋清子——蛋清
心口子——心口　茶缸子——茶缸　骆驼峰子——驼峰
秤杆子——秤杆　牙床子——牙床　后脑把子——后脑勺

也有一些方言“子”尾词和普通话对应的词语,词根不完全相同。例如:打摆子——疟疾、半拉子——部分、吃颏子——结巴、大颗子盐——粗盐。

(3)部分带“儿”缀的方言名词,普通话对应的大多是非儿尾词,且词语构成类型多样,有的是子缀词,有的是单纯词,有的是复合词,有的是重叠词。例如:

杏儿——杏　猫儿——猫　虾儿——虾
燕儿——燕子　镜儿——镜子　今儿——今天
害疮儿——生疮　小姑儿——小姑　老婆儿——老婆婆

3.2.4　词汇化程度不同

方言中某些词的词汇化程度低于普通话,表现为普通话的一些双音节合成词,在方言中需要用短语甚至句子来表达。例如:方言的“蛤蟆吃太阳日食、蛤蟆吃月亮月食、菩萨上来咧日出、菩萨落咧日落、霜杀咧霜冻、淌眼泪流泪、贷输赢打赌、喂牲口的饲养员、戳牛后半截的农民、又找了一个再婚”。

3.3　意义差异

(1)方言有些词与普通话词面相同,词义存在差异,又分为三种情况。

第一种，方言词的义项多于普通话。例如：

甜：兼指味道"甜"和"淡"。

鼻子：兼指"鼻子"和"鼻涕"。流鼻涕、擤鼻涕叫"流鼻子、擤鼻子"。

娘娘：兼指"姑姑"和"女神仙"。

烤箱：兼指"电烤箱"和"当地家户使用的一种生火的大铁炉子(火旁留有小格儿，可以烤热食物)"。

差：兼有"错"和"差~五角十元，即九元五角"的词义。

爱：除了普通话的"爱、喜欢、爱惜"的词义外，还有"羡慕"的意思。如：邻家新盖了二层楼，直把老王爱羡慕得。

地方：兼有"地点"和"房子"的词义。

问：兼有"问"和"向"的词义。如：我问向我妈要了十块钱。

抬：兼有"抬"和"藏"的词义。如：我把钱抬藏到柜子里了。

辣子：一般指"尖辣子"，和普通话相同。但"活辣子"一词既指新鲜的尖辣子又指新鲜的菜椒。

第二种，方言词的义项少于普通话。例如："镜子"只指大镜子，小镜子用"镜儿"表示。"兄弟"只指弟弟，哥哥和弟弟用"弟兄"表示。

第三种，方言与普通话词义完全不同，互不包含。例如："姑姑"，定边话指"尼姑"，普通话指"父亲的姐妹"。"大蒜"，定边话指"洋葱"，普通话指"蒜"。"后园"，定边话指"厕所"，普通话指"后面的园子"。"费事"，定边话意为"调皮"，普通话意为"事情复杂，不容易办"。

(2)词面不同。方言一个词有多个义项，分别与普通话的几个词对应。例如：

小子：①男孩儿；②儿子。

能行：①有本事；②可以答语。

窊：①住；②闲待；③装～不下。

把稳：①稳当；②十拿九稳这个事～着呢。

牢靠：①（东西）结实；②（人）可靠。

（3）几个方言词与普通话一个词的一个义项或几个义项对应。例如：定边话用3个词对应普通话的"赶"。①撵～上：赶上；②断＝～走：赶走；③遇～上请客了：赶上请客了。再如：定边"鸥怪子＋杏＝侯"等于普通话的"猫头鹰"；"盘子＋碟子"等于普通话的"盘子"。

（4）有些方言词是俗称，其词义和字面义完全不同，不能望文知义。例如：晒缝台台_{人中}、喂嘴窝窝_{后脑窝儿}、羊圈门儿_{耳垂上边的豁口}、媳妇儿头儿_{瞳仁儿}、酒盅盅_{酒窝}、扰亲亲_{跑龙套的}。

四　定边方言词汇内部比较

定边方言内部分为三个方言小片，各自的代表方言是：定边话、安边话、白泥井话。以《陕西重点方言研究词汇调查表》和《秦晋两省黄河沿岸方言的现状与历史研究·词汇调查提纲》（邢向东师制）为依据，我们分别调查了三点方言10大类共1334条基本词汇。定边话、安边话、白泥井话词汇存在差异的合计214条，占总调查词汇的16.0%。差异主要集中在天文、方位、植物、动物、称谓、亲属、身体、衣食住行、动作、副词上。见表6-1。

表6-1

序号	类型	词条数	有差异的词	比例
1	天文　地理　时令　方位	120	17	14.2%
2	农业　植物　动物	183	24	13.1%
3	房舍　器具　用品	107	14	13.1%

序号	类型	词条数	有差异的词	比例
4	称谓　亲属	121	20	16.5%
5	身体　疾病　医疗	124	31	25%
6	衣食住行　生死	240	41	17.1%
7	商业　交通　文化教育　文体活动	65	10	15.4%
8	动作	155	33	21.3%
9	性质　状态	106	9	8.5%
10	副词　介词　量词	113	15	13.3%

总的来看,定边内部三片方言代表点的词汇差异较小,融合程度较高。三点的词汇都呈现出多种说法并存的现象,同一词条往往既有相同说法又有不同的说法。其中,安边话和定边话之间,有差异的词合计137条,仅占总调查词汇的10.3%。就是在这10.3%的差异里,还有47条词,也是不同和相同的说法并存。白泥井话和安边话有差异的词合计177条,占总调查词汇的13.7%;和定边话有差异的词合计171条,占总调查词汇的13.3%。

为了更直观地比较各点的异同,请看三点方言相似词汇的比例,详见表6-2。表中"相似的词"包含两类:相同的词条和相似的词条。同一词条,如果两个方言点的说法完全相同,我们计入相同词汇;如果两个方言点既有完全相同的说法又有不同的说法,我们计入相似词汇;如果两个方言点的说法词根相同词缀不同,不计入相似词汇。

表6-2

	和定边话基本相同的词数及比例	和安边话基本相同的词数及比例
安边话	1200　90.0%	
白泥井话	1163　87.2%	1155　86.7%

从两个表的数据,结合词汇比较的具体词条,我们可以看出:(1)安边话和定边话词汇的相似比例高于白泥井话和定边话的相似比例,说明安边话受定边话的影响程度较深。这和历史吻合。安边历史悠久,明代英宗正统二年(1437),与定边同时筑城。而白泥井清代以前是蒙古牧区,清代以后才有汉民渐次迁徙定居。安边片和定边片的接触史自然要比白泥井片和定边片的接触史长,所以,安边词汇受到的影响较深。(2)安边话和白泥井话的词汇都是在向定边话靠拢,说明定边话曾经是县域内的权威方言,深刻地影响了其他方言。(3)在方言接触中,词汇的融合是双向的,安边话、白泥井话也反过来影响了定边话。于是,在定边话里出现了"解开知道、不解不知道、脑、圪蹴"等晋语词汇,但是数量很少。这说明晋语对定边话(老派)的影响力较弱。

下面分类对照三个代表点有差异的方言词汇,右上角标"="表示同音借用。

表6-3　定边话、安边话、白泥井话词汇对比表

(1)天文、地理、时令、方位

词条	定边	安边	白泥井
太阳	菩萨　太阳	菩萨　太阳	太阳
毛毛雨	濛飕飕雨	濛飕飕雨	濛森森雨

词条	定边	安边	白泥井
阴天	阴天　赖天	阴天　赖天 龟孙子天	阴天　赖天
日食	蛤蟆吃太阳	蛤蟆吃太阳	日食
月食	蛤蟆吃月亮	蛤蟆吃月亮	月食
温水	温温水 兀⁼突子水	温温水 兀⁼突子水	温温水
垃圾	脏囊	土	搕撻
巷	巷子	巷巷	黑⁼浪⁼
夏天	夏上　夏里	夏天	夏上
冬天	冬上　冬里	冬天	冬上
时候	时光儿	时光儿	时辰
上面	上头　上面儿 浮起	上头　上面儿 头起	上头 浮起　浮头
野外	野滩　滩里头	野滩	滩里头
旁边	半起儿　旁边儿 旁旁	旁面儿	半起　旁边
左边	左面儿　左边	左旁儿	左边儿
右边	右面儿　右边	右旁儿	右边儿

(2)农业、植物、动物

词条	定边	安边	白泥井
割麦	拔麦子(春麦) 收麦子(冬麦)	割麦子	拔麦子
铁锨	锨　铁锨	铁锨	锨　铁锨
扁担	扁担	担杖	担杖
庄稼	庄稼	庄稼	庄稼　庄户
小米	小米	小米　谷米	小米　谷米
玉米	玉麦	玉米	金韜黍
高粱	韜黍	韜黍	高粱
蓖麻	麻子	麻子	老麻子
蚕豆	蚕豆	蚕豆	大豆
蔬菜	菜水	菜水	菜
葫芦	荶瓜	西葫芦	西葫芦
卷心菜	抱头白	茴子白　莲花白	茴子白
莴笋	笋子	莴笋	莴笋
苤蓝	苤莲	芊莲	芊莲
羊羔	羊羔子	羊羔儿	羊羔儿
母鸡	母鸡	草鸡	草鸡
野兽	野物	野兽	野兽
燕子	燕儿	燕儿	燕子　胡燕儿

词条	定边	安边	白泥井
啄木鸟	掏树锛子	鸹树锛锛	啄木鸟
蜘蛛	喜蛛蛛	蛛蛛	蛛蛛
苍蝇	苍蝇	苍蝇 蝇子	蝇子
蝴蝶	蛾蛾	蝴蝶	蝴蝶
灯蛾	扑灯蛾儿	蛾儿	蝉儿
翅膀	膀膀 膀子	膀子	膀膀

(3)房舍、器具、用品

词条	定边	安边	白泥井
房顶(外部)	房顶	房顶	窑垴畔
台阶	台子	地骨洼洼	台台
厨房	灶房 伙房	伙房	灶房
厕所	后园 灰圈 后楼圈	灰圈	茅子 茅圈
被子	盖体	盖体	盖的
火柴(旧称)	洋火 火取子	洋火	洋火
铁炉	洋炉子	洋炉子	炉子
(洗)炊餐具	(洗)锅	(洗)锅	(洗)家匙

续表

词条	定边	安边	白泥井
大碗	大碗	大碗	老碗
酒壶	酒壶壶　酒壶子	酒壶(壶)	酒壶壶　酒嗦嗦
案板	案板	案板	案
箅子	甑碟子	甑碟	甑箅儿
斧子	斧头	斧头	斧子
缝纫机	缝纫机	缝纫机	机子

(4)称谓、亲属

词条	定边	安边	白泥井
小伙子	小伙子	小伙子	后生
城里人	城里 ni[0] 人	城里 lə[0] 人	城里 lə[0] 人
乡里人	乡里 ni[0] 人	乡里 lə[0] 人	乡里 lə[0] 人
半吊子	半吊子	半吊子　半脚手	半脚手
小偷	柳儿匠	贼娃子	剪柳儿
骗子	骗子手　骗子	骗子	骗子
小贩	货郎儿　货郎子	货郎儿	货郎子
学生	念书娃娃老　学生娃娃新	念书娃娃	念书娃娃老　学生娃娃新
油漆匠	画匠	画匠	油匠
理发师	待长″	待长″	剃头的　推头的

续表

词条	定边	安边	白泥井
接生婆	老娘婆	老娘婆	接生婆
尼姑	姑姑	姑姑	姑子
外祖母	外奶	外奶	外婆
妈面称	妈呀 $ma^{21} i^{0}$	妈	妈
岳母	丈母娘	丈母	丈母娘
大姑子	大姑儿姐姐	大娘娘	大姑儿姐姐
小姑子	小姑儿	碎娘儿	小姑儿
堂(兄弟姐妹)	堂叔	叔伯老　堂叔新	叔伯
小儿子	碎小子　碎儿子　小儿子	碎小子	猴小子
亲亲家	亲亲家	亲亲伙˜	亲亲家

(5)身体、疾病、医疗

词条	定边	安边	白泥井
身材	身子　身段儿　身材	身段儿	身子
头	头　脑不尊重的说法	头　脑不尊重的说法	脑
头顶	头顶子	脑门顶	脑瓜盖
后脑勺儿	后脑把子　后脑勺子	后脑把子	后脑把子

词条	定边	安边	白泥井
脖子	脖子	脖项	脖子
额头	奔颅　眉颅盖	眉脸圪都子	奔颅
短辫子头	帽盖儿	鬏鬏	短辫辫头
酒窝	喂嘴窝窝	酒窝儿	酒窝儿
下巴	下巴子	下巴子	下巴
腋窝	胳老"窝	胳老"扯"	胳老"扯"
右手	右手	右手	右手　正手
大拇指	大拇佬儿 大指头儿	大卜佬儿	大拇根儿 大拇棱儿
小拇指	小拇棍儿 小拇佬儿 小指头儿	小拇棍儿	小拇根儿
腿	腿	腿	腿把子
膝盖	波罗盖子	圪膝圪都	圪膝
脚背	脚梁面　脚梁背	脚梁背	脚梁面
肋骨	肋巴	肋巴	肋肢
肚脐	肚目脐儿	卜脐儿	肚卜脐儿
声音	声音　音声	声音	声音　音声
性格	性格　脾气	性格　脾气	脾性
耳光	震耳子　比斗 耳刮子	耳刮子	比斗　耳刮子

续表

词条	定边	安边	白泥井
中暑	中暑	中暑　热晕	热晕
头晕	头昏	头昏	头晕　脑昏
疤	疤	疤	圪疤
痂	痂	痂痂	圪痂
近视眼	近屈子(眼)	近视眼	近屈子(眼)
狐臭	臭狐子	臭狐子	臭棚子
傻子	楞子	楞子	楞汉
豁唇子	豁唇子 兔子嘴	豁唇子	豁唇子 豁唇唇
六指儿	六指指	六指儿	六指指儿
左撇子	左挂子	左杈子	左挂子

(6)衣食住行、生死

词条	定边	安边	白泥井
外衣	罩衣	罩衣	罩衫
肚兜儿	兜兜	筒筒	肚肚
上衣口袋	奶窑儿	衩衩	衩衩
围嘴儿	颔水牌牌	围圈儿	牌牌
伙食	伙食	茶饭	茶饭
零食	零碎吃的儿	(无)	零碎

续表

词条	定边	安边	白泥井
花卷	花卷	油塔子	花卷儿
馅儿	馅子 ɕien⁴⁴ tsə⁷⁰	馅馅 xɛ̃⁵² xɤ̃⁰ 瓢瓢	馅馅 xɛ̃⁵² xɛ̃⁰
酵子	酵面 发面	面酵子	酵面
粉皮	粉皮儿	粉皮 片粉	粉皮 片粉
木耳	木儿	木儿	木耳
黄花儿	黄花菜 黄花儿	黄花儿	黄花儿 金针
酱油	酱油 清酱	酱油	酱
稠酒	浑酒 糵糵酒	浑酒	浑酒
做媒	说媒 保媒	说媒 保媒	说媒
新房	洞房	帐房	新房
胎盘	衣胞子 衣胞儿	衣胞儿	衣胞儿
双胞胎	对对生 对对娃	对生儿	对对娃
大人生日	晬儿	晬儿	生儿
菩萨	观音菩萨	观音菩萨	菩萨
算命	算命	算命	算命 掐盘
男巫神	神官	神官	神官 巫神
巫婆	神婆婆 二神	神婆儿	神婆婆 巫婆儿
阴阳先生	阴阳 阴阳先生 道士	阴阳	阴阳
生火	救火	救火	烧火

续表

词条	定边	安边	白泥井
拣菜	拣菜	拨菜	拣菜
(吃)撑了	夯胀了	胀了	胀了
吃	吃 咥贬义	吃	吃 咥
乘凉	歇阴凉	歇凉凉	歇凉凉
晒太阳	晒阳阳 晒暖暖	晒阳阳	晒阳阳 晒暖暖
打盹儿	丢盹	丢盹儿	打盹儿
打呼	扯呼	扯呼	打鼾睡
小腿抽筋	转筋	抽筋儿	转腿肚儿
下地	走地里 下地	走地了	地里去
巴结	溜沟子 溜舔	溜沟子 巴结	溜沟子 溜舔
答应	应承	答应	应承
吵架	嚷仗 骂仗 吵仗	嚷仗	嚷仗 骂仗 吵仗
打架	打捶 动手	打架	打架 打捶 动手
说话能力	嘴码	口才	口才
上菜	上菜	端菜	上菜
干杯	杠杯 碰杯	干杯 碰杯	干杯 碰杯

(7)商业、交通、文化教育、文体活动

词条	定边	安边	白泥井
旅馆	旅馆 旅店 旅社	旅社	旅店

续表

词条	定边	安边	白泥井
饭馆	饭馆儿　饭店	食堂　饭店	饭馆儿　食堂
肉铺	肉铺	肉店儿	肉铺
硬币	钢蹦子	钢蹦子　响洋儿	钢蹦子
砚台	砚台	砚瓦	砚瓦
末名	把把名　底把把	欻把子	把把名
捉迷藏	藏门儿后 藏老门儿	逮米仓儿	藏老猫儿
打麻将	打麻将	打麻架	打麻将
翻跟头	翻跟头 打车轮子	翻跟头	栽帽跟儿头
踩高跷	踩高跷	踩拐子	�拐子

(8)动作

词条	定边	安边	白泥井
跑	逛刮	大刮	逛
蹲	蹲　圪蹴	蹲	圪蹴
晃	晃	圪晃儿	圪晃
摇	摇	摇	圪摇
摆	摆	摆	摆　卜来
躺	躺　仰	躺	躺　仰　圪仰

续表

词条	定边	安边	白泥井
摔	绊　栽　跌	绊	掼　跌
放(桌上)	放	搁	放　搁
挤眼	挤眼	圪挤眼窝	挤眼
踩	踩	踩	蹅
扔	扔　撂	撇	撂
缩	缩	缩	圪缩
搅	圪搅	圪老〓	圪搅
撒娇	抖气	耍脾气	能
推	操　掀　搡	掀　搡	掀　搡
提	提	提	的溜
扭动	扭　卜捩	扭	卜捩
聊天	拉磨　拉沓　谝闲传	拉沓	拉闲话　谝闲传〓
知道	晓得　知道	知道	知道　晓得
懂了	知道　懂了　解开了	知道　懂了	解开了　解下了
不懂	不知道　不懂　不解	不知道　不懂	解不开　解不下
挂念	萦心	牵心	想
发怒	起火　发火	起火　葬〓	起火　葬〓

词条	定边	安边	白泥井
反悔	厐蛋　翻把	下蛋　翻把儿	下蛋　翻把
造谣	编量　枉说	编量　虚说	虚说
造谣骂人	虚噘	虚噘	虚说
翻话	翻老婆舌　翻话 传老婆舌	传舌	翻舌头　传舌头
挑剔	驳弹　弹驳	驳弹	驳弹
后怕	后怯	后怕	后怕　后怯
热气烫	呵	烫	烫　呵
大话连篇 不干实事	干搠	干搠	干拾弹
没办法	没奈何　没办法 无其奈何	没办法	没办法　没法了

(9)性质、状态

词条	定边	安边	白泥井
机灵	机眼　钻机"	机灵	积溜
调皮	调皮　顽　顽皮 费事	顽　顽皮	顽　顽皮　费事
馋	喂嘴	喂嘴	好吃
大方	手脚大　大发	手脚大 大发　手大	手脚大　手松

续表

词条	定边	安边	白泥井
傻	楞　憨　傻瓜	楞	憨
僻静处	背处	背处	背处　背静处
小	碎	碎	猴
坡度小	缓	□muo²¹³	缓
苦	苦叫	苦叫	苦叫　苦

(10)副词、介词、量词

词条	定边	安边	白泥井
通常	大半 常　一般	大半 常　一般	常　一般
不要	甭儿	甭儿	不用
偏	端端	端端	偏
突然	猛不防　打猛子	猛猛	冷猛估⁼
另外	另是另外　另外	另是另外　另外	另外
差点儿	差悬儿　险乎儿	险乎儿	险乎儿
一头(猪、 牛等)	条	个	个　只
一条(河)	道	道	条
一辆(车)	辆	挂	辆
一丛(草)	扑哄	滩	扑哄

词条	定边	安边	白泥井
一块(石头)	块	块	圪瘩
一串(葡萄)	抓子	圪抓　抓子	嘟噜
一团(泥)	团	团	圪瘩
一缕(头发)	绺儿	圪撮儿	绺儿

第七章　分类词表

说明：

1. 本表所收录的定边方言词语，分为30类，前21类按意义划分，22—29类按词性划分，最后一类四字格是按结构分出来的。

2. 同义词语列在一起，尽量按照使用频率先高后低的顺序排列。第一条顶格写，其余缩格另行排列。

3. 所收词语一律注定边话老派音。声调只标实际调值，轻声标0。同音字、合音词、有音无字词、白读音的处理仍同前文。

4. 字体加粗的词条，是民俗文化词，详见第六章。

5. 斜杠"/"表示读音两可。例如，"24/0"表示可以读24调也可以读轻声。

一　天文

(1) 日、月、星

菩萨 p^hu^{24} sen^0
太阳 t^hE^{44} $ia\eta^0$
太阳地 t^hE^{44} $ia\eta^0$ ti^{44}
阳洼 $ia\eta^{21}$ va^{44}
阳处 $ia\eta^{24}$ $t\d{s}^hu^0$
阴凉地 $i\gamma\eta^{21}$ $lia\eta^{21}$ ti^{44}
向阳 $\varphi ia\eta^{44}$ $ia\eta^{24}$
阴洼 $i\gamma\eta^{21}$ va^0
背洼 pei^{44} va^0
蛤蟆吃太阳 $x\partial?^{24}$ ma^0 $t\d{s}^h\d{l}^{21}$ t^hE^{44} $ia\eta^0$ 日食
菩萨光 p^hu^{24} sen^0 $kua\eta^{21}$ 太阳光
菩萨上来咧 p^hu^{24} sen^0 $\d{s}a\eta^{44}$ lE^0 lie^0 日出
菩萨落咧 p^hu^{24} sen^0 luo^{21} lie^0 日落
月亮 yo^{21} $lia\eta^{44}$
月牙儿 yo^{21} $i\gamma r^{24}$
月光地 yo^{21} $kua\eta^{21}$ ti^{44}
蛤蟆吃月亮 $x\partial?^{24}$ ma^0 $t\d{s}^h\d{l}^{21}$ yo^{21} $lia\eta^{44}$ 月食
星星 $\varphi i\gamma\eta^{21}$ $\varphi i\gamma\eta^0$
北斗星 pei^{24} $t\partial u^{52}$ $\varphi i\gamma\eta^{21}$
亮星 $lia\eta^{44}$ $\varphi i\gamma\eta^{21}$
启明星 $t\varphi^hi^{52}$ $mi\gamma\eta^{24}$ $\varphi i\gamma\eta^{21}$
天河 $t^hi\varepsilon n^{21}$ xuo^{24}
扫帚星 $s\mathrm{ɔ}^{44}$ $t\d{s}^hu^{21}$ $\varphi i\gamma\eta^{21}$ 彗星
星星眨眼 $\varphi i\gamma\eta^{21}$ $\varphi i\gamma\eta^0$ $ts\varepsilon n^{24}$ $ni\varepsilon n^{52}$ 星星闪烁。俗云：星星眨眼，离雨不远

(2) 风、云、雷、雨

大风 ta^{44} $f\gamma\eta^0$
大黄风 ta^{44} $xua\eta^{24}$ $f\gamma\eta^0$
旋风 $\varphi y\varepsilon n^{44}$ $f\gamma\eta^0$
旱魃 $x\varepsilon n^{44}$ pa^{44} 天旱时出现的大旋风
顺风 $\d{s}u\gamma\eta^{44}$ $f\gamma\eta^0$
顶风 $ti\gamma\eta^{52}$ $f\gamma\eta^0$ 逆风
刮风 kua^{21} $f\gamma\eta^0$
起风 $t\varphi^hi^{52}$ $f\gamma\eta^0$
风住咧 $f\gamma\eta^{21}$ $t\d{s}u^{44}$ lie^0 风停了
云彩 $y\gamma\eta^{24}$ ts^hE^0
黑云 $x\mathrm{ɯ}^{21}$ $y\gamma\eta^{24}$
巧云 $t\varphi^hi\mathrm{o}^{52}$ $y\gamma\eta^{24}$ 夏天天快亮时，东方天空出现的忽大忽小变化的云彩
响雷 $\varphi ia\eta^{52}$ $luei^{24}$ 雷
炸雷 tsa^{44} $luei^{24}$ 霹雳
雷击咧 $luei^{24}$ $t\varphi i^{21}$ lie^0 雷劈了
打闪 ta^{24} $\d{s}en^{52}$
雨 y^{52}
大雨 ta^{44} y^{52}

小雨 ɕiɔ²⁴ y⁵²

薄雨 puo²⁴ y⁵²　指总雨量小，不能缓解旱情

濛飕飕雨 mɤŋ⁴⁴ səu²¹ səu⁰ y⁵²　毛毛雨

普雨 pʰu²⁴ y⁵²　覆盖面较广且雨量稳定的雨

雷雨 luei²⁴ y⁵²

连阴雨 liɛn²⁴ iɤŋ²¹ y⁵²

雨点点 y²⁴ tiɛn⁵² tiɛn⁰　雨滴

滴答开咧 tie²¹ ta²¹ kʰE²¹ lie⁰　开始下雨了

下雨 xɑ⁴⁴ y⁵²

雨住咧 y⁵² tʂu⁴⁴ lie⁰　雨停了

不下咧／了 pəʔ²⁴ xɑ⁴⁴ lie⁰/liɔ⁰

着雨 tʂuo²⁴ y⁵²　淋雨

虹 tɕiaŋ⁴⁴　彩虹，俗云：东虹葫芦西虹雨，南虹北虹卖儿女

天虹咧 tʰiɛn²¹ tɕiaŋ⁴⁴ lie⁰　出彩虹

烧 ʂɔ²¹　彩霞

早烧 tsɔ⁵² ʂɔ⁰　早霞

晚烧 vɛn⁵² ʂɔ⁰　晚霞

(3) 冰、雪、霜、露

冰 piɤŋ²¹

冰琉子 piɤŋ²¹ liəu⁴⁴ tsəʔ⁰　冰锥

冻冰 tuɤŋ⁴⁴ piɤŋ⁰

冷子 lɤŋ⁵² tsəʔ⁰　冰雹

雪 ɕyo²¹

下雪 xɑ⁴⁴ ɕyo²¹

猫儿头片子雪 mər²⁴ tʰəu²⁴ pʰiɛn⁴⁴ tsʅ⁰ ɕyo²¹　鹅毛大雪

米儿雪 miər⁵² ɕyo²¹　米粒状的雪

雨夹雪 y⁵² tɕia²⁴ ɕyo²¹

雪消咧 ɕyo²¹ ɕiɔ²¹ lie⁰

露水 ləu⁴⁴ ʂuei⁰　俗云：芝麻大的官，露水大的前程。

有露水 iəu⁵² ləu⁴⁴ ʂuei⁰

霜 ʂuaŋ²¹

下霜 xɑ⁴⁴ ʂuaŋ²¹

霜杀咧 ʂuaŋ²¹ sa²¹ lie⁰　霜冻

雾 vu⁴⁴

有雾 iəu⁵² vu⁴⁴

(4) 气候

天气 tʰiɛn²¹ tɕʰi⁴⁴

晴天 tɕʰiɤŋ²⁴ tʰiɛn⁰

好天 xɔ⁵² tʰiɛn⁰

阴天 iɤŋ²¹ tʰiɛn⁰

赖天 lE⁴⁴ tʰiɛn⁰

(天气)烧 ʂɔ²¹　闷热

(天气)□ tɕʰyɤŋ⁵²　闷热

(天气)冻 tuɤŋ⁴⁴

冷 lɤŋ⁵²

天旱 tʰiɛn²¹ xɛn⁴⁴

雨涝咧 y⁵² lɔ⁴⁴ lie⁰

二　地理

(1)地

山地 sɛn²¹ ti⁴⁴

滩地 tʰɛn²¹ ti⁴⁴ 平川的土地

平滩 pʰiɤŋ²⁴ tʰɛn⁰

旱地 xɛn⁴⁴ ti⁴⁴

水地 ʂuei⁵² ti⁴⁴ 当地河流少，大都
是井灌水地

园子 yɛn²¹ tsʅ⁴⁴ 城郊农村的有围墙
的小块水浇地

菜园子 tsʰE⁴⁴ yɛn²¹ tsʅ⁴⁴

菜地 tsʰE⁴⁴ ti⁴⁴

沙地 sɑ²¹ ti⁴⁴ 沙化程度高的耕地

沙沙地 sɑ²¹ sɑ⁰ ti⁴⁴

沙窝 sɑ²¹ vuo⁴⁴ 沙漠

沙梁 sɑ²¹ liaŋ⁴⁴

沙圪梁 sɑ²¹ kəʔ⁴ liaŋ⁴⁴

㽏地 vɑ⁴⁴ ti⁴⁴ 坡地

盐碱地 iɛn²⁴ tɕiɛn⁵² ti⁴⁴

荒地 xuaŋ²¹ ti⁴⁴

空地 kʰuɤŋ⁴⁴ ti⁴⁴

(2)山

山 sɛn²¹

山顶(顶)sɛn²¹ tiɤŋ⁵²(tiɤŋ⁰)

山顶子 sɛn²¹ tiɤŋ⁵² tsəʔ⁰

半山㽏 pɛn⁴⁴ sɛn²¹ vɑ⁴⁴ 半山腰

崖 nE²⁴ 山石或高地的陡立的侧面

山坡 sɛn²¹ pʰuo⁰

山根底 sɛn²¹ kɤŋ²¹ ti⁵² 山根

山沟 sɛn²¹ kəu⁰

山圪垯 sɛn²¹ kəʔ⁴ lɔ⁴⁴ 深山里头

(3)江、河、湖、海、水

河 xuo²⁴

水渠 ʂuei⁵² tɕʰy²⁴

水沟沟 ʂuei⁵² kəu²¹ kəu⁰

海子 xE⁵² tsəʔ⁰ 湖

蒙海子 mɤŋ²⁴ xE⁵² tsəʔ⁰ 安边的
一个小湖

水洰洰 ʂuei²⁴ puo⁵² puo⁰ 小水坑

坝桥 pɑ⁴⁴ tɕʰiɔ²⁴ 横跨在水坝上的桥

河滩 xuo²⁴ tʰɛn⁰

水 ʂuei⁵²

清水 tɕʰiɤŋ²¹ ʂuei⁰

浑水 xuɤŋ²⁴ ʂuei⁵²

雨水 y²⁴ ʂuei⁵²

山水 sɛn²¹ ʂuei⁵²

洪水 xuɤŋ²⁴ ʂuei⁵²

发山水 fɑ²¹ sɛn²¹ ʂuei⁵²

凉水 liaŋ²⁴ ʂuei⁵² 生水

冷水 lɤŋ²⁴ ʂuei⁵²

泉水 tɕʰyɛn²⁴ ʂuei⁵² 当地缺水，山
　　里的泉水不多，滩地只有红柳沟有
　　一处泉水

咸水 xɛn²⁴ ʂuei⁰ 又苦又涩的水

甜水 tʰiɛn²⁴ ʂuei⁰ 口感甜可食用的水

井水 tɕiɤŋ²⁴ ʂuei⁵²

河水 xuo²⁴ ʂuei⁰

滚水 kuɤŋ²⁴ ʂuei⁵² 煮沸的热水

开水 kʰE²¹ ʂuei⁰

温温水 vɤŋ²¹ vɤŋ⁰ ʂuei⁵²

兀˭突子水 vu⁴⁴ tʰu²¹ tsəʔ⁴ ʂuei⁰

(4) 石沙、土块、矿物

石头 ʂʅ²¹ tʰəu⁰

石头块子 ʂʅ²¹ tʰəu⁰ kʰuE⁴⁴ tsʅ⁰

大石头 ta⁴⁴ ʂʅ²¹ tʰəu⁰

小石头 ɕiɔ⁵² ʂʅ²¹ tʰəu⁰

碎石子 suei⁴⁴ ʂʅ²¹ tsʅ⁰

石板 ʂʅ²⁴ pɛn⁵²

驴卵子石头 ly²⁴ luɛn⁵² tsəʔ⁴ ʂʅ²¹
　　tʰəu⁰ 鹅卵石

沙子 sa²¹ tsʅ⁰

沙土 sa²⁴ tʰu⁵²

灰 xuei²¹

石灰 ʂʅ²¹ xuei⁰

水泥 ʂuei⁵² ni²⁴

　　洋灰 iaŋ²¹ xuei²¹

土坯子 tʰu⁵² pʰei²¹ tsʅ⁰

砖坯子 tʂuɛn²¹ pʰei²¹ tsʅ⁰

砖 tʂuɛn²¹

瓦 va⁵²

琉璃瓦 liəu²¹ li⁴⁴ va⁵²

水泥瓦 ʂuei⁵² ni²⁴ va⁵²

片瓦 pʰiɛn⁴⁴ va⁵²

箭儿瓦 tʰuər⁵² va⁰ 圆筒状的屋瓦

土圪堆 tʰu⁵² kəʔ⁴ tuei⁰ 土堆

胡擊 xu²⁴ tɕi⁰

　　土圪瘩 tʰu⁵² kəʔ⁴ ta⁴⁴

忽˭拉 xu²¹ la⁴⁴ 田地因为缺水结成
　　的土圪瘩

黄尘 xuaŋ²⁴ tʂʰɤŋ⁰ 大风刮起的尘土

尘土 tʂʰɤŋ²⁴ tʰu⁵² 汽车、马等驰过
　　后扬起来的灰尘

　　尘灰 tʂʰɤŋ²⁴ xuei⁰

灰尘 xuei²¹ tʂʰɤŋ⁰ 落在物体表面
　　的灰土

泥 mi²⁴

烂泥 lɛn⁴⁴ mi²⁴

土腥气 tʰu⁵² ɕiɤŋ²¹ tɕʰi⁴⁴

金 tɕiɤŋ²¹

银 iɤŋ²⁴

铜 tʰuɤŋ²⁴

黄铜 xuaŋ²⁴ tʰuɤŋ²⁴

红铜 xuɤŋ²⁴ tʰuɤŋ²⁴

铁 tʰie²¹

生铁 sɤŋ²¹ tʰie⁰

熟铁 ʂu²⁴ tʰie⁰

炭 tʰɛn⁴⁴　有烟煤

生炭 sɤŋ²¹ tʰɛn⁴⁴　未过火的煤

兰炭 lɛn²¹ tʰɛn⁴⁴　精煤烧制而成的
　无烟煤

炭末子 tʰɛn⁴⁴ muo²¹ tsəʔ⁰

□子 tsa⁵² tsəʔ²⁴　一种易燃的无烟煤

煤油 mei²⁴ iəu²⁴

汽油 tɕʰi⁴⁴ iəu²⁴

石油 ʂəʔ²⁴ iəu²⁴

柴油 tsʰE²⁴ iəu⁰

磁铁 tsʰʅ²⁴ tʰie⁰

　吸铁石 ɕi²¹ tʰie²¹ ʂʅ²⁴

玉石 y⁴⁴ ʂʅ⁰

水银 ʂuei⁵² iɤŋ²⁴

臭蛋 tʂəu⁴⁴ tɛn⁴⁴　樟脑丸

龙黄 luɤŋ²⁴ xuaŋ⁰　硫磺

（5）城乡处所

地方 ti⁴⁴ faŋ⁰

地掌儿 ti⁴⁴ tʂãr⁰　范围不太大或距
　离较近的地方

地势 ti⁴⁴ ʂʅ⁰　～高

城 tʂʰɤŋ²⁴

城墙 tʂʰɤŋ²⁴ tɕʰiaŋ²⁴

城壕 tʂʰɤŋ²⁴ xɔ²⁴　护城河

城里 tʂʰɤŋ²⁴ li⁵²

城外 tʂʰɤŋ²¹ vE⁴⁴

城门洞 tʂʰɤŋ²⁴ mɤŋ²¹ tuɤŋ⁴⁴

乡下 ɕiaŋ²¹ ɕia⁴⁴

　乡里 ɕiaŋ²¹ li⁰

　农村 luɤŋ²⁴ tsʰuɤŋ⁰

老家 lɔ⁵² tɕia⁰　故乡

赶集 kɛn⁵² tɕi²⁴

会 xuei⁴⁴　三天以上的农村交易会

赶会 kɛn⁵² xuei⁴⁴

街 kE²¹

巷子 xaŋ⁴⁴ tsʅ⁰　胡同

路 ləu⁴⁴

大路 ta⁴⁴ ləu⁴⁴

小路 ɕiɔ⁵² ləu⁴⁴

捷径路 tɕie²¹ tɕiɤŋ⁴⁴ ləu⁴⁴

石子路 ʂʅ²⁴ tsʅ⁰ ləu⁴⁴

边墙 piɛn²¹ tɕʰiaŋ²⁴　长城

墩儿 tuər²¹　烽火台

三　时令、时间

（1）季节

春上 tʂuɤŋ²¹ ʂʅə⁰　("上"韵母弱读)

夏上 ɕia⁴⁴ ʂʅə⁰

　夏里 ɕia⁴⁴ ni⁰　("里"声母特殊)

秋上 tɕʰiəu²¹ ʂʅə⁰

　秋里 tɕʰiəu²¹ ni⁰

秋后 tɕʰiəu²¹ xəu⁴⁴

冬上 tuɤŋ²¹ ʂʅə⁰

　冬里 tuɤŋ²¹ ni⁰

伏里天 fu²⁴ li⁰ tʰiɛn²¹

　数伏天 ʂu⁵² fu²⁴ tʰiɛn²¹

入伏 zu²¹ fu²⁴

　数伏 ʂu⁵² fu²⁴

初伏 tʂʰu²¹ fu²⁴

头伏 tʰəu²⁴ fu²⁴

中伏 tʂuɤŋ²¹ fu²⁴　俗云：冷不过

　三九，热不过中伏

二伏 ər⁴⁴ fu²⁴

末伏 muo²¹ fu²⁴

　三伏 sɛn²¹ fu²⁴

数九天 ʂu²⁴ tɕiəu⁵² tʰiɛn²¹

打春 ta⁵² tʂʰuɤŋ⁰　立春

雨水 y²⁴ ʂuei⁵²

惊蛰 tɕiɤŋ²¹ tʂʅə⁰

春分 tʂʰuɤŋ²¹ fɤŋ⁰

清明 tɕʰiɤŋ²¹ miɤŋ⁰

谷雨 ku²⁴ y⁵²

立夏 li²¹ ɕia⁴⁴

小满 ɕiɔ²⁴ mɛn⁵²

芒种 mɑŋ²¹ tʂuɤŋ⁴⁴

夏至 ɕia⁴⁴ tsʅ⁴⁴

小暑 ɕiɔ²⁴ ʂu⁰

大暑 ta⁴⁴ ʂu⁰

立秋 li²¹ tɕʰiəu⁰

处暑 tʂʰu²⁴ ʂu⁵²

白露 pei²¹ ləu⁴⁴

秋分 tɕʰiəu²¹ fɤŋ⁰

寒露 xɛn²¹ ləu⁴⁴

霜降 ʂuɑŋ²¹ tɕiɑŋ⁴⁴

立冬 li²¹ tuɤŋ⁰

小雪 ɕiɔ⁵² ɕyo⁰

大雪 ta⁴⁴ ɕyo⁰

冬至 tuɤŋ²¹ tsʅ⁴⁴

小寒 ɕiɔ⁵² xɛn²⁴

大寒 ta⁴⁴ xɛn²⁴

皇历 xuɑŋ²¹ liɤŋ⁰（"历"韵母特殊)

老历 lɔ⁵² li²¹　阴历

阳历 iɑŋ²¹ li⁴⁴　公历

(2) 节日

年三十儿 niɛn²⁴ sɛn²¹ ʂər⁰　除夕

大年初一 ta⁴⁴ niɛn²⁴ tʂʰu²¹ i²¹

　正月初一 tʂɤŋ²¹ yo⁰ tʂʰu²¹ i²¹

拜年 pɛ⁴⁴ niɛn²⁴

人清儿 zɤŋ²⁴ tɕʰiə̃r⁰

正月初八 tʂɤŋ²¹ yo⁰ tʂʰu²¹ pa²¹

　民间认为正月初八新神下界，过去

　人们五更就早起放炮迎接

正月十五 tʂɤŋ²¹ yo⁰ ʂʅ²⁴ vu⁰　元

宵节

二月二 ər⁴⁴ yo⁰ ər⁴⁴

(五月)端午(vu⁵² yo⁰)tuɛn²¹ vu⁵²

正月二十三 tʂɤŋ²¹ yo⁰ ər⁴⁴ ʂʅ⁰ sɛn²¹

七月七 tɕʰi²¹ yo⁰ tɕʰi²¹

七月十五 tɕʰi²¹ yo⁰ ʂʅ²⁴ vu⁵²　中元节,当天要给去世的亲人烧纸

八月十五 pa²¹ yo⁰ ʂʅ²⁴ vu⁵²

九重阳 tɕiəu⁵² tʂʰuɤŋ²⁴ iaŋ⁰　重阳节

十月一 ʂʅ²⁴ yo⁰ i²¹

腊八 la²¹ pa⁰

腊月二十三 la²¹ yo⁰ ər⁴⁴ ʂʅ²⁴ sɛn²¹

赛驴节 sE⁴⁴ ly²⁴ tɕie²⁴　当地多产驴,政府曾组织了几届赛驴节

洋芋节 iaŋ²¹ y⁴⁴ tɕie²⁴　当地盛产洋芋。洋芋节在每年的9月,是定边政府发起的宣传洋芋、宣传定边的新节日

(3)年

今年 tɕiɤŋ²¹ niɛn⁰

年时 niɛn²¹ sʅ⁴⁴

去年 tɕʰy⁴⁴ niɛn⁰

明年 miɤŋ²⁴ niɛn⁰

前年 tɕʰiɛn²⁴ niɛn⁰

大前年 ta⁴⁴ tɕʰiɛn²⁴ niɛn⁰

往年 vaŋ⁵² niɛn⁰

前几年 tɕʰiɛn²⁴ tɕi⁵² niɛn⁰

后年 xəu⁴⁴ niɛn⁰

大后年 ta⁵² xəu⁴⁴ niɛn²⁴

年年 niɛn²¹ niɛn⁴⁴

年初 niɛn²⁴ tʂʰu⁰

年中 niɛn²⁴ tʂuɤŋ⁰

年底 niɛn²⁴ ti⁵²

上半年 ʂaŋ⁴⁴ pɛn⁴⁴ niɛn²⁴/⁰

下半年 xa⁴⁴ pɛn⁴⁴ niɛn²⁴/⁰

一整年 i²⁴ tʂɤŋ⁵² niɛn²⁴/⁰

(4)月

正月 tʂɤŋ²¹ yo⁰

腊月 la²¹ yo⁰

闰月 zuɤŋ⁴⁴ yo⁰

初几子 tʂʰu²¹ tɕi⁰ tsəʔ⁰　月初

月底 yo²⁴ ti⁵²

这个月 tsʅ⁴⁴ kuo⁰/kəʔ⁰ yo²¹

上个月 ʂaŋ⁴⁴ kuo⁰/kəʔ⁰ yo²¹

下个月 ɕia⁴⁴ kuo⁰/kəʔ⁰ yo²¹

前半月 tɕʰiɛn²¹ pɛn⁴⁴ yo²¹

后半月 xəu⁴⁴ pɛn⁴⁴ yo²¹

大尽 ta⁴⁴ tɕiɤŋ⁰ (阴历说法)

大月 ta⁴⁴ yo⁰

小尽 ɕiɔ⁵² tɕiɤŋ⁰ (阴历说法)

小月 ɕiɔ⁵² yo⁰ (又见十五类)

(5) 日、时

今儿 tɕiə̃r²¹

明儿 miə̃r²⁴

后儿 xər⁴⁴

外后儿 vɛ⁴⁴ xər⁴⁴

　大后天 ta⁴⁴ xəu⁴⁴ tʰiɛn²¹

夜儿 iər⁴⁴ 昨天

　夜天 ie⁴⁴ tʰiɛn²¹

第二天 ti⁴⁴ ər⁴⁴ tʰiɛn²¹

前儿 tɕʰiər²⁴

　前天 tɕʰiɛn²⁴ tʰiɛn²¹

先前儿 ɕien²¹ tɕʰiər⁰

　大前天 ta⁴⁴ tɕʰiɛn²⁴ tʰiɛn²¹

前几天 tɕʰiɛn²⁴ tɕʰi⁵² tʰiɛn²¹

礼拜 li⁵² pɛ⁴⁴ ①一周之名；②星期日

　星期 ɕiɤŋ²¹ tɕʰi⁰

礼拜一 li⁵² pɛ⁴⁴ i²¹

　星期一 ɕiɤŋ²¹ tɕʰi⁰ i²¹

礼拜五 li⁵² pɛ⁴⁴ vu⁵²

　星期五 ɕiɤŋ²¹ tɕʰi²¹ vu⁵²

礼拜六 li⁵² pɛ⁴⁴ liəu⁴⁴

　星期六 ɕiɤŋ²¹ tɕʰi⁰ liəu⁴⁴

礼拜天 li⁵² pɛ⁴⁴ tʰiɛn²¹

　星期天 ɕiɤŋ²¹ tɕʰi⁰ tʰiɛn²¹

成天 tʂʰɤŋ²⁴ tʰiɛn⁰

　整天 tʂɤŋ⁵² tʰiɛn⁰

天每儿 tʰiɛn²¹ mər⁵² 每天

天天 tʰiɛn²¹ tʰiɛn⁰

时辰 sɿ²⁴ tʂʰɤŋ⁰ 一天中的时间

时分儿 sɿ²⁴ fə̃r⁰ 专指人死亡的具
体时间

凌亮 liɤŋ²¹ liaŋ⁴⁴

　凌晨 liɤŋ²⁴ tʂʰɤŋ²⁴

清早起 tɕʰiɤŋ²¹ tsɔ⁵² tɕʰi⁰ 清晨

　清早上 tɕʰiɤŋ²¹ tsɔ⁵² ʂaŋ⁴⁴

早起 tsɔ²⁴ tɕʰi⁵² 早上

前晌 tɕʰiɛn²¹ ʂaŋ⁴⁴ 早饭到中午饭
之间的时间，约指上午八九点到下
午一点左右

　上午 ʂaŋ⁴⁴ vu⁵²

半前晌 pen⁴⁴ tɕʰiɛn²¹ ʂaŋ⁴⁴ 约
指上午八九十点

小晌午 ɕiɔ⁵² ʂaŋ²⁴ vu⁰ 上午十一二点

晌午 ʂaŋ²⁴ vu⁵² 吃中午饭的时间，
约下午十二点到一点之间

　中午 tʂuɤŋ²¹ vu⁰

后晌 xəu⁴⁴ ʂaŋ⁰ 约指下午两点到
六点之间

　下午 ɕia⁴⁴ vu⁰

半后晌 pen⁴⁴ xəu⁴⁴ ʂaŋ⁰ 约指下
午三四点

半天子 pen⁴⁴ tʰiɛn²¹ tsɿ⁰ 半天

大半天 ta⁴⁴ pen⁴⁴ tʰiɛn²¹

白日 pei²¹ zɤŋ⁰ 白天

天擦麻 tʰiɛn²¹ tsʰa²¹ ma²⁴ 黄昏

黑地 $xɯ^{21}$ ti^0 晚上

　黑里 $xɯ^{21}$ li^0

半夜 $pɛn^{44}$ ie^{44}

前半夜 $tɕʰiɛn^{21}$ $pɛn^{44}$ ie^{44}

后半夜 $xəu^{44}$ $pɛn^{44}$ ie^{44}

一夜 i^{21} ie^{44} 整夜

夜夜 ie^{44} ie^{44} 天天晚上

(6)其他时间概念

年头儿 $niɛn^{24}$ $tʰər^0$ ～好:年景好

日子 $ʐ̩^{21}$ $tsʐ̩^0$ ①日期;②生活

啥时候 sa^{24} $sʐ̩^{24}$ $xəu^0$

时光儿 $sʐ̩^{24}$ $kuãr^0$ 时候,啥～

旦乎儿 $tɛn^{21}$ $xuər^0$ 这～:这时候

早先 $tsɔ^{52}$ $ɕiɛn^0$ 之前

　先前 $ɕiɛn^{21}$ $tɕʰiɛn^{24}$

以前 i^{52} $tɕʰiɛn^{24}$ 过去(又见二十四类)

　而后 $ər^{21}$ $xəu^{44}$

　后来 $xəu^{44}$ $lɛ^0$

而个 $ər^{21}$ $kəʔ^{44}$

　现在 $ɕiɛn^{44}$ $tsɛ^{44}$

才刚 $tsʰɛ^{24}$ $tɕiaŋ^0$

　刚才 $tɕiaŋ^{21}$ $tsʰɛ^{24}$

原先 $yɛn^{24}$ $ɕiɛn^0$ 过去

一年 i^{21} $niɛn^{24}$

两年 $liaŋ^{52}$ $niɛn^{24}$

一二年 i^{21} $ər^{44}$ $niɛn^{24}$ 一两年

十来年 $sʐ̩^{21}$ $lɛ^0$ $niɛn^{24}$ 少于十年
的时间

十几年 $sʐ̩^{21}$ $tɕi^{52}$ $niɛn^{24}$

　十多年 $sʐ̩^{24}$ tuo^{21} $niɛn^{24}$

长年 $tsʰaŋ^{24}$ $niɛn^{24}$

多年 tuo^{21} $niɛn^{24}$

好多年 $xɔ^{52}$ tuo^{21} $niɛn^{24}$

一个月 i^{21} kuo^{44} yo^{21}

两个月 $liaŋ^{52}$ kuo^{44} yo^{21}

一两个月 i^{21} $liaŋ^0$ kuo^{44} yo^{21}

十个多月 $sʐ̩^{21}$ kuo^{44} tuo^{21} yo^{21}
多于十个月的时间

十个来月 $sʐ̩^{21}$ kuo^{44} $lɛ^{24}$ yo^{21} 少
于十个月的时间

十来个月 $sʐ̩^{21}$ $lɛ^{21}$ kuo^{44} yo^{21} 十
个月左右

十几个月 $sʐ̩^{21}$ $tɕi^{52}$ kuo^{44} yo^{21}

很有几个月 $xɤŋ^{24}$ $iəu^{52}$ $tɕi^{52}$
kuo^{44} yo^{21}

几月 $tɕi^{52}$ yo^{21}

　几个月 $tɕi^{52}$ kuo^{44} yo^{21}

一天 i^{21} $tʰiɛn^{21}$

两天 $liaŋ^{52}$ $tʰiɛn^{21}$

一两天 i^{21} $liaŋ^{52}$ $tʰiɛn^{21}$

十来天 $sə ʔ^{24}$ $lɛ^{24}$ $tʰiɛn^{21}$

十几天 $sə ʔ^{24}$ $tɕi^{52}$ $tʰiɛn^{21}$

　十多天 $sʐ̩^{21}$ tuo^0 $tʰiɛn^{21}$

好多天 $xɔ^{52}$ tuo^{21} $tʰiɛn^{21}$

一气 i^{21} $tɕʰi^{44}$ ①一口气,～跑了二
里地;②一阵儿,我等了你～

四 农业(包括农林牧渔)

(1)农事

耕地 tɕie²¹ ti⁴⁴ 春耕

耱地 muo⁴⁴ ti⁴⁴ 耙地,把耕过的地里的大土块弄碎。有两种方式:一种是牲口拉着耱(用红柳条编的长约三米的工具),人站在上面耙地;另一种是牲口拉着圆木头耙地

夏收 ɕia⁴⁴ ʂəu⁰

收秋 ʂəu²¹ tɕʰiəu⁰

秋收 tɕʰiəu²¹ ʂəu⁰

保墒 pɔ⁵² ʂaŋ⁰ 采取措施保持地里的水分

抢墒 tɕʰiaŋ⁵² ʂaŋ⁰ 下点薄雨后抢种

饱墒 pɔ⁵² ʂaŋ⁰ 充足的雨水使久旱的土地足够湿润

种麦子 tʂuɤŋ⁴⁴ mei²¹ tsʅ⁴⁴

拔麦子 pa²⁴ mei²¹ tsʅ⁴⁴ 收割春麦

收麦子 ʂəu²¹ mei²¹ tsʅ⁴⁴ 收割冬麦

平地 pʰiɤŋ²¹ ti⁴⁴ 整地

耧地 ləu²¹ ti⁴⁴ 下种

锄地 tʂʰu²⁴ ti⁴⁴ 锄草

锄谷子 tʂʰu²⁴ ku²¹ tsʅ⁴⁴

锄麦子 tʂʰu²⁴ mei²¹ tsʅ⁴⁴

铡草 tsa²⁴ tsʰɔ⁵²

擩草 zu⁴⁴ tsʰɔ⁵² 铡草的时候往铡刀

里塞草

场 tʂʰaŋ²⁴

打场 ta⁵² tʂʰaŋ²⁴

扬场 iaŋ²⁴ tʂʰaŋ²⁴

掏土 tʰɔ²¹ tʰu⁵² 刨土

挖土 va²¹ tʰu⁵²

丢土 tiəu²¹ tʰu⁵² 用铁锹扔土

桩 tʂuaŋ²¹

栽桩 tsE²¹ tʂuaŋ²¹ 用来拴牲口

上肥 ʂaŋ⁴⁴ fei²⁴ 施肥

上粪 ʂaŋ⁴⁴ fɤŋ⁴⁴

奶粪 nE⁵² fɤŋ⁴⁴ 追肥

粪坑 fɤŋ⁴⁴ kʰɤŋ²¹

沃肥 vuo⁴⁴ fei²⁴ 积肥

沃粪 vuo⁴⁴ fɤŋ⁴⁴

拾粪 ʂʅ²¹ fɤŋ⁴⁴

粪肥 fɤŋ⁴⁴ fei²⁴

大粪 ta⁴⁴ fɤŋ⁴⁴ 粪

羊粪 iaŋ²¹ fɤŋ⁴⁴

猪狗粪 tʂu²¹ kəu⁰ fɤŋ⁴⁴

蹄板粪 tʰi²⁴ pɛn⁰ fɤŋ⁴⁴ 土盖住马驴牛等牲口粪沤的肥

化肥 xua⁴⁴ fei²⁴

浇地 tɕiɔ²¹ ti⁴⁴

放水 faŋ⁴⁴ ʂuei⁵²

浇水 tɕiɔ²¹ ʂuei⁵²

灌水 kuɛn⁴⁴ ʂuei⁵²

排水 pʰE²⁴ ʂuei⁵²

抽水 tʂʰəu²¹ ʂuei⁵²

吊水 tiɔ⁴⁴ ʂuei⁵² 从井里取水

水井 ʂuei²⁴ tɕiɤŋ⁵²

机井 tɕi²⁴ tɕiɤŋ⁰

窖 tɕiɔ⁴⁴ 山区的旱井

柴 tsʰE²⁴

硬柴 niɤŋ⁴⁴ tsʰE²⁴

　木柴 mu²¹ tsʰE²⁴

穰柴 zɑŋ⁵² tsʰE²⁴ 玉米秆、麦秆之类
　的软柴火

掏柴 tʰɔ²¹ tsʰE²⁴ 用馒头掏沙蒿等类
　的柴草

拾柴 ʂʅ²¹ tsʰE²⁴

柯柴 kʰuo²¹ tsʰE²⁴ 砍树枝做柴火

破柴 pʰuo⁴⁴ tsʰE²⁴ 劈柴

(2) 农具

水桶 ʂuei²⁴ tʰuɤŋ⁵²

井绳 tɕiɤŋ⁵² ʂɤŋ²⁴

水车 ʂuei⁵² tʂʰʅə⁰ ①抽井水的设备；
　②运水车

牛锁头 niəu²⁴ suo⁵² tʰəu²⁴ 牛轭

牛笼嘴 niəu²⁴ luɤŋ²⁴ tsuei⁵²

楼筅 ləu²⁴ təu⁰ 套在马头上装饲料
　喂马的器具

犁 li²⁴

犁身子 li²⁴ ʂɤŋ²¹ tsʅ⁰

犁把 li²¹ pa⁴⁴

犁铧 li²⁴ xua²⁴

囤子 tuɤŋ⁴⁴ tsʅ⁰ 存放粮食的器具

风车 fɤŋ²¹ tʂʰʅə⁰ ①分离米粒和外
　壳的农具；②发电用风力机

磙子 kuɤŋ⁵² tsʅ⁰ 石磙

石磨 ʂʅ²¹ muo⁴⁴

磨盘 muo⁴⁴ pʰɛn²⁴

磨棍 muo⁴⁴ kuɤŋ⁴⁴

磨脐儿 muo⁴⁴ tɕʰiər²⁴ 磨扇中心
　的铁轴

推磨 tʰuei²¹ muo⁴⁴

碾子 niɛn⁵² tsʅ⁰

碾道 niɛn⁵² tɔ⁴⁴

石磙子 ʂʅ²⁴ kuɤŋ⁵² tsʅ⁰

筛子 sE²¹ tsʅ⁰

罗子 luo²⁴ tsʅ⁰

沙罗儿 sɑ⁴⁴ luə̃r²⁴ 眼儿比小米米
　粒儿略大的罗儿

麻罗儿 ma²⁴ luə̃r²⁴ 眼儿比大米米
　粒儿略大的罗儿

　粗罗儿 tsʰu²¹ luə̃r²⁴

细罗儿 ɕi⁴⁴ luə̃r²⁴ 眼儿最小的罗
　儿，用来罗面

担面 tɛn⁴⁴ miɛn⁴⁴ 把罗过的面再用
　细罗儿罗一次

字篮 pʰu²¹ lɛn⁴⁴ 边沿较矮、大而圆

的柳编用品，用来盛放粮食（又见
十一类）

筐子 kʰuaŋ²¹ tsʅ⁰

　筐筐 kʰuaŋ²¹ kʰuaŋ⁰

篮篮 lɛn²⁴ lɛn⁰　篮子

扁担 piɛn⁵² tɛn⁴⁴

担担子 tɛn²¹ tɛn⁴⁴ tsʅ⁰

连枷 liɛn²⁴ tɕie⁰　打场的工具（"枷"
韵母特殊）

石窝 ʂʅ²⁴ vuo²¹　捣粮食的器具

　臼窝 tɕiəu⁴⁴ vuo²¹

（石窝）杵子 tʂʰu⁵² tsəʔ²⁴

镢头 tɕyo²¹ təu²⁴

扁镢 pɛn⁵² tɕyo²⁴　扁头的镢

尖镢 tɕiɛn²¹ tɕyo²⁴　尖头的镢

钯子 pʰa²⁴ tsəʔ²⁴

洋镐 iaŋ²⁴ kɔ⁰

锄 tʂʰu²⁴

铡刀 tsa²⁴ tɔ⁰

镰刀 liɛn²⁴ tɔ⁰

砍刀 kʰɛn⁵² tɔ⁰

木锨 mu²¹ ɕie⁰　扬场时的工具

（铁）锹(tʰie²¹) tɕʰiɔ⁰

簸箕 puo⁴⁴ tɕʰi⁰（又见十一类）

撮子 tsʰuo²¹ tsəʔ⁰　撮垃圾用的簸箕

脏囊 tsaŋ²¹ naŋ⁰　垃圾

扫帚 sɔ⁴⁴ tʂʰu⁰

笤帚 tʰiɔ²⁴ tʂu⁰

五　植物

（1）农作物

庄稼 tʂuaŋ²¹ tɕia⁰

粮 liaŋ²⁴

　粮食 liaŋ²⁴ ʂʅ⁰

五谷 vu²⁴ ku⁵²

杂粮 tsa²¹ liaŋ²⁴

青稞 tɕʰiɤŋ²¹ kʰuo⁰　当地过去种
青稞

麦子 mei²¹ tsʅ⁰　①植物名；②果实名

麦颗子 mei²¹ kʰuo⁵² tsəʔ⁰　麦粒

冬麦 tuɤŋ²¹ mei⁰　冬小麦，8月种次
年6月收

春麦 tʂʰuɤŋ²¹ mei⁰　春小麦，2月种
6月收

燕麦 iɛn⁴⁴ mei⁰

荞麦 tɕʰiɔ²¹ mei⁴⁴　①荞麦的总称；
②不苦的荞麦

苦荞 kʰu⁵² tɕʰiɔ²⁴

□子 tʂɤŋ⁵² tsʅ⁰　去皮的荞麦，用来
做凉粉

麦茬子 mei²¹ tsʰa²⁴ tsəʔ²⁴　麦子收

割后残留的部分

麦芒 mei²¹ vaŋ²⁴

麦穗子 mei²¹ suei⁴⁴ tsəʔ²⁴

　麦穗穗 mei²¹ suei⁴⁴ suei⁰

麦秸 mei²¹ tɕie⁰

麦余子 mei²¹ y²¹ tsʅ⁰ 没打干净的
　秕麦子

稻子 tɔ⁴⁴ tsʅ⁰

糜子 mi²¹ tsʅ⁰ 有硬糜子、软糜子之
　分，软糜子即"黍子"。前者的米用
　来做普通的干饭、炒米，后者的米用
　来做糕和粽子

米 mi⁵²

白米 pei²⁴ mi⁵² 去了壳的稻米

大米 tɑ⁴⁴ mi⁰

软大米 zuɛn⁵² tɑ⁴⁴ mi⁰ 糯米

小米 ɕiɔ²⁴ mi⁵²

黄米 xuaŋ²⁴ mi⁵² 硬糜子米

软米(子) zuɛn²⁴ mi²¹(tsʅ⁰) 软糜
　子米

谷子 ku²¹ tsʅ⁰

秕谷子 pi⁵² ku²¹ tsʅ⁰

谷莠子 ku²¹ iəu⁵² tsʅ⁰ 狗尾巴草

酒谷子 tɕiəu⁵² ku²¹ tsʅ⁰ 软谷子米

　酒谷米 tɕiəu⁵² ku²¹ mi⁵²

稻黍 tʰɔ⁴⁴ ʂu⁰ 高粱

稻黍圪榄子 tʰɔ⁴⁴ ʂu⁰ kəʔ²⁴ lɛn⁵²
　tsʅ⁰ 高粱的植株

玉麦 y⁴⁴ mei⁰ 玉米

棉花 miɛn²⁴ xua⁰

芝麻 tsʅ²¹ ma⁰

胡麻 xu²⁴ ma⁰ 油料作物，胡麻油的
　原料

麻子 ma²¹ tsʅ⁴⁴ 油料作物，麻油的
　原料，当地人习惯食用麻油

芸芥 yɤŋ²¹ kɛ⁴⁴ 油料作物

芥辣子 kɛ⁴⁴ la²¹ tsʅ⁰ 黄芥，油料作物

向日葵 ɕiaŋ⁴⁴ zʅ²¹ kʰuei²⁴

　葵花 kʰuei²⁴ xua⁰

红薯 xuɤŋ²⁴ ʂu⁰

山药 sɛn²¹ yo⁰ 土豆

　洋芋 iaŋ²¹ y⁴⁴

(2)豆类、菜蔬

黄豆 xuaŋ²¹ təu⁴⁴

绿豆 lu²¹ təu⁴⁴

黑豆 xu²¹ təu⁴⁴

赤小豆儿 tʂʰʅ²⁴ ɕiɔ⁵² tər⁴⁴

　红豆 xuɤŋ²¹ təu⁴⁴

豌豆 vɛn²¹ təu⁴⁴

豇豆 tɕiaŋ²¹ təu⁴⁴ 饭豇豆。土黄色，
　可以做豆馅儿、煮粥，和做蔬菜的长
　豇豆同名

扁豆子 piɛn⁵² təu⁴⁴ tsəʔ⁰ 扁豆，
　当地不产

蚕豆 tsʰɛn²¹ təu⁴⁴

菜水 tsʰɛ⁴⁴ ʂuei⁰ 蔬菜的总称

茄子 tɕʰie²¹ tsəʔ⁰

黄瓜 xuaŋ²⁴ kua⁰

菜瓜 tsɛ⁴⁴ kua⁰

丝瓜 sʅ²¹ kua⁰

苦瓜 kʰu⁵² kua⁰

番瓜 fen²¹ kua⁰ 一种大南瓜

倭瓜 vuo²¹ kua⁰ 红褐色瓜皮的南瓜

南瓜 nen²⁴ kua⁰ (新)瓜皮为深绿色
　的南瓜

冬瓜 tuɤŋ²¹ kua⁰

荽瓜 tɕiɔ⁵² kua⁰ 葫芦

葱 tsʰuɤŋ²¹

葱秧子 tsʰuɤŋ²¹ iaŋ²¹ tsəʔ²⁴ 葱叶

大蒜 ta⁴⁴ suen⁴⁴ 洋葱

蒜 suen⁴⁴

蒜苗子 suen⁴⁴ miɔ²⁴ tsʅ⁰

蒜苔 suen⁴⁴ tʰɛ²⁴

蒜泥 suen⁴⁴ ni²⁴

韭菜 tɕiəu⁵² tsʰɛ⁴⁴

韭黄 tɕiəu⁵² xuaŋ²⁴

柿子 sʅ⁴⁴ tsʅ⁰ ①西红柿；②柿子

洋柿子 iaŋ²¹ sʅ⁴⁴ tsʅ⁰ 西红柿

洋姜 iaŋ²⁴ tɕiaŋ²¹ 洋蔓菁

姜 tɕiaŋ²¹ 总称

生姜 sɤŋ²¹ tɕiaŋ²¹

干姜 ken²¹ tɕiaŋ²¹

辣子 la²¹ tsʅ⁰ 辣椒

活辣子 xuo²⁴ la²¹ tsəʔ⁰ 新鲜菜椒
　和尖椒

菜辣子 tsʰɛ⁴⁴ la²¹ tsəʔ⁰ 柿子椒

大辣子 ta⁴⁴ la²¹ tsəʔ⁰

青辣子 tɕʰiɤŋ²¹ la²¹ tsʅ⁰ 尖椒

青尖椒 tɕʰiɤŋ²¹ tɕien²¹ tɕiɔ²¹

辣面子 la²¹ mien⁴⁴ tsʅ⁰

芥末 tɕie⁴⁴ muo⁰

胡椒 xu²⁴ tɕiɔ⁰

菠菜 puo²¹ tsʰɛ⁰

白菜 pei²¹ tsʰɛ⁴⁴

长白菜 tʂʰaŋ²⁴ pei²¹ tsʰɛ⁴⁴

圆白菜 yen²⁴ pei²¹ tsʰɛ⁴⁴

抱头白 pɔ⁴⁴ tʰəu²⁴ pei²⁴ 卷心菜

小白菜 ɕiɔ⁵² pei²¹ tsʰɛ⁴⁴

间菜 tɕien⁴⁴ tsʰɛ⁴⁴ 拔掉一些菜苗
　儿使疏密适当

笋子 suɤŋ⁵² tsəʔ⁰ 莴笋

笋叶子 suɤŋ⁵² ie²¹ tsəʔ⁰ 莴笋叶

生菜 sɤŋ²¹ tsʰɛ⁴⁴

芹菜 tɕʰiɤŋ²¹ tsʰɛ⁴⁴

芫荽 ien²⁴ suei⁰

桐蒿 tʰuɤŋ²⁴ xɔ⁰

萝卜 luo²¹ puo⁴⁴

(萝卜)虚心 ɕy²¹ ɕiɤŋ²¹ 糠心

萝卜秧子 luo²¹ puo⁴⁴ iaŋ²¹ tsəʔ⁰

红萝卜 xuɤŋ²⁴ luo²¹ puo⁴⁴ 胡萝卜

白萝卜 pei²⁴ luo²¹ puo⁴⁴

黄萝卜 xuɑŋ²⁴ luo²¹ puo⁴⁴

水萝卜 şuei⁵² luo²¹ puo⁴⁴

油菜 iəu²¹ tsʰE⁴⁴ 小青菜

油菜籽儿 iəu²¹ tsʰE⁴⁴ tsər⁵²

蔓菁 mɛn²¹ tɕiɤŋ⁴⁴ 芜菁

苤莲 pʰie⁵² liɛn⁰ 苤蓝

芥菜 kE⁴⁴ tsʰE⁴⁴

沙芥 sɑ²¹ kE⁴⁴ 陕北沙地里长的一种
野菜，味儿辛辣，常腌制成酸沙芥，
用来做拌汤、和菜饭等

灰菜 xuei²¹ tsʰE⁴⁴ 灰藋菜

苦菜 kʰu⁵² tsʰE⁴⁴

（3）树木

树 şu⁴⁴

树林林 şu⁴⁴ liɤŋ²⁴ liɤŋ⁰

树苗 şu⁴⁴ miɔ²⁴

树圪桩 şu⁴⁴ kəʔ⁴ tʂuɑŋ⁰ 树桩

树栽子 şu⁴⁴ tsE²¹ tsəʔ⁰ 柳树杨树
的树苗，需插活

树圪榄 şu⁴⁴ kəʔ⁴ lɛn⁰

　树干 şu⁴⁴ kɛn⁴⁴

树梢梢 şu⁴⁴ sɔ²¹ sɔ⁰

　树梢子 şu⁴⁴ sɔ²¹ tsʅ⁰

树枝枝儿 şu⁴⁴ tsʰʅ²¹ tsʰər⁰ （"枝"
声母送气）

树根 şu⁴⁴ kɤŋ⁰

树叶子 şu⁴⁴ ie²¹ tsʅ⁰

树皮 şu⁴⁴ pʰi²⁴

木植 mu²¹ şʅ⁰ 木头

栽树 tsE²¹ şu⁴⁴

柯树 kʰuo²¹ şu⁴⁴ 打掉树的旁枝

放树 fɑŋ⁴⁴ şu⁴⁴ 砍倒大树

砍树 kʰɛn⁵² şu⁴⁴

松树 suɤŋ²¹ şu⁴⁴

松木 suɤŋ²¹ mu⁰

松香 suɤŋ²¹ ɕiɑŋ⁰

柏树 pei²¹ şu⁴⁴

柏木 pei²¹ mu⁰

榆树 y²¹ şu⁴⁴

榆木 y²⁴ mu⁰

榆钱儿 y²⁴ tɕʰiɛr²⁴

　榆钱子 y²⁴ tɕʰiɛn²¹ tsʅ⁴⁴

　榆钱钱 y²⁴ tɕʰiɛn²⁴ tɕʰiɛn⁰

柳树 liəu⁵² şu⁴⁴

柳条 liəu⁵² tʰiɔ²⁴

柳梢子 liəu⁵² sɔ²¹ tsʅ⁰

柳树毛毛 liəu⁵² şu⁴⁴ mɔ²⁴ mɔ⁰
柳絮

杨树 iɑŋ²¹ şu⁴⁴

新疆杨 ɕiɤŋ²¹ tɕiɑŋ⁰ iɑŋ²⁴

洋槐树 iɑŋ²⁴ xuE²¹ şu⁴⁴

槐花儿 xuE²⁴ xuɐr⁰

椿树 tʂʰuɤŋ²¹ şu⁴⁴

枣树 tsɔ⁵² şu⁴⁴

桃树 tʰɔ²¹ şu⁴⁴

杏树 xɤŋ⁴⁴ ʂu⁴⁴

梨树 li²¹ ʂu⁴⁴

果树 kuo⁵² ʂu⁴⁴

苹果树 pʰiɤŋ²⁴ kuo⁵² ʂu⁴⁴

桑树 saŋ²¹ ʂu⁴⁴

桑枣儿 saŋ²¹ tsər⁵² 桑葚

沙枣树 sa²¹ tsɔ⁰ ʂu⁴⁴ 沙漠树种

沙枣 sa²¹ tsɔ⁵² 沙枣树的果实，酸涩可食

沙柳 sa²¹ liəu⁵² 沙漠植物，是固沙造林树种。枝条较长，当地人常用来编簸箕、筐篮等

毛柳 mɔ²⁴ liəu⁵² 山毛柳

红柳 xuɤŋ²⁴ liəu⁵² 多枝柽柳。在当地种植较多，生长在盐碱地上，易活耐旱。枝条是红色的，故名"红柳"

胡杨 xu²⁴ iaŋ²⁴ 当地有但不多

沙蒿 sa²¹ xɔ²⁴

牛荆条 niəu²⁴ tɕiɤŋ²¹ tʰiɔ²⁴

柠条 niɤŋ²⁴ tʰiɔ²⁴

竹子 tʂu²¹ tsʅ⁴⁴ 当地不栽种

(4) 瓜果

水果 ʂuei²⁴ kuo⁵²

干果 kɛn²¹ kuo⁰

枣儿 tsər⁵² 当地不产枣，因此不细分各种枣

桃 tʰɔ²⁴

离核子桃儿 li⁴⁴ xu²¹ tsʅ⁰ tʰər²⁴ 果肉和果核不粘连的桃

黏核子桃儿 zɛn²⁴ xu²¹ tsʅ⁰ tʰər²⁴ 果肉和果核粘连的桃

杏儿 xãr⁴⁴

杏子 xɤŋ⁴⁴ tsəʔ⁰

梨 li²⁴

果子 kuo⁵² tsəʔ⁰ ①水果的总称；②苹果

苹果 pʰiɤŋ²⁴ kuo⁵²

石榴儿 ʂʅ²¹ liər⁴⁴ 当地不栽种

柿饼子 sʅ⁴⁴ piɤŋ⁵² tsəʔ⁰ 柿饼

毛栗子 mɔ²¹ li⁴⁴ tsəʔ⁰ 板栗，当地不栽种

核桃 xɯ²¹ tʰɔ⁰ 当地不栽种

橙子 tʂʰɤŋ²⁴ tsəʔ⁰ 当地不栽种

柚子 iəu⁴⁴ tsəʔ⁰ 当地不栽种

甜甜 tʰiɛn²⁴ tʰiɛn⁰ 甘蔗

木瓜 mu²¹ kuɑ⁰ 贺圈镇有一木瓜沟村，据说曾种植木瓜

西瓜 ɕi²¹ kuɑ⁰

沙瓤 sa²¹ zaŋ²⁴

顽瓤 vɛn²⁴ zaŋ²⁴ 不脆不甜的熟瓜瓤

生葫芦儿 sɤŋ²¹ xu²⁴ lər⁰ 生西瓜

生瓜 sɤŋ²¹ kuɑ²¹

瓜子儿 kuɑ²¹ tsər⁵²

葵花子儿 kʰuei²⁴ xuɑ²¹ tsər⁵²

番瓜子儿 fɛn²¹ kuɑ²¹ tsər⁵² 南

瓜子儿

西瓜子儿 φi^{21} kua^{21} tsər^{52}

嗑瓜子儿 k^{h}uo^{44} kua^{21} tsər^{52}

小瓜 $\varphi i \mathfrak{d}^{52}$ kua^{21} 一种甜瓜，皮薄
可食

甜瓜 t^{h}iɛn^{24} kua^{21} 皮硬不可食

落花生 luo^{44} xua^{21} sɤŋ^0

花生 xua^{44} sɤŋ^0

疤脸子 pa^{21} liɛn^{52} tsəʔ^0 ①蒺藜；
②蒺藜的果实

枸杞 kəu^{52} tɕ^{h}i^0

(5) 花草、菌类

花儿圪都 $^=$xuɐr^{21} kəʔ^{24} tu^0 花骨朵

花瓣瓣 xua^{21} pɛn^{44} pɛn^0

花心心 xua^{21} φiɤŋ^{21} φiɤŋ^0

种花儿 tʂuɤŋ^{44} xuɐr^{21} (又见十二类)

浇花儿 tɕiɔ^{21} xuɐr^{21}

牡丹 mɔ^{52}/mu^{52} tɛn^0

玫瑰 mei^{21} kuei^{44}

菊花儿 tɕy^{21} xuɐr^0

梅花儿 mei^{24} xuɐr^0

水仙花儿 ʂuei^{24} φiɛn^{21} xuɐr^0

牵牛花儿 tɕ^{h}iɛn^{21} niəu^{24} xuɐr^0

美人蕉 mei^{52} zɤŋ^{24} tɕiɔ^0

指甲草儿 tsʅ^{21} tɕia^{24} ts^{h}ãr^{52} 凤
仙花("草儿"韵母特殊)

蒲草 p^{h}u^{24} ts^{h}ɔ^{52} 菖蒲

仙人掌 φiɛn^{21} zɤŋ^{24} tʂaŋ^{52}

万年青 vɛn^{44} niɛn^{24} tɕ^{h}iɤŋ^0

吊兰 tiɔ^{44} lɛn^{24}

黄$^=$黄$^=$菜 xuaŋ^{24} xuaŋ^{21} ts^{h}E^{44}
蒲公英

苜蓿 mu^{21} φy^0

艾 nE^{44}

蘑菇 mɔ^{24}/muo^{24} ku^0

香菇 φiaŋ^{21} ku^0

狗尿苔 kəu^{52} niɔ^{44} t^{h}E^0 ①一种野
蘑菇；②向日葵地里长的一种中药

六 动物

(1) 牲畜

牲口 sɤŋ^{21} k^{h}əu^0 牲畜

儿马 ər^{24} ma^{52} 公马

骒马 k^{h}uo^{44} ma^{52} 母马

骟马 ʂɛn^{44} ma^{52}

马驹子 ma^{52} tɕy^{21} tsəʔ^0

牛 niəu^{24}

犋牛 p^{h}ɔ^{52} niəu^{24} 公牛、种牛

㞋牛 sɤŋ^{52} niəu^{24} 母牛

犍牛 tɕiɛn⁴⁴ niəu²⁴ 骟过的公牛

牛卜老⁼儿 niəu²⁴ pəʔ²¹ lər⁴⁴ 牛犊

黄牛 xuaŋ²⁴ niəu²⁴

奶牛 nE⁵² niəu²⁴

牛角 niəu²⁴ kuo²⁴

驴 ly²⁴

叫驴 tɕiɔ⁴⁴ ly²⁴ 公驴

草驴 tsʰɔ⁵² ly²⁴ 母驴

驴驹子 ly²⁴ tɕy²¹ tsəʔ⁰

骡子 luo²¹ tsɿ⁴⁴

儿骡 ər²⁴ luo⁰ 公骡

骒骡 kʰuo⁴⁴ luo²⁴ 母骡

驴骡 ly²⁴ luo⁰ 母马公驴生的骡子

马骡 ma⁵² luo²⁴ 母驴公马生的骡子，比驴骡寿命长，力量好

骟驴 ʂɛn⁴⁴ ly²⁴

骆驼 luo⁴⁴ tʰuo⁰

儿驼 ər²⁴ tʰuo⁰ 公骆驼

母驼 mu⁵² tʰuo²⁴

骟驼 ʂɛn⁴⁴ tʰuo²⁴

骆驼峰子 luo⁴⁴ tʰuo⁰ fɤŋ²¹ tsəʔ⁰ 驼峰

绵羊 mi²⁴ iaŋ⁰

山羊 sɛn²¹ iaŋ⁰

细毛羊 ɕi⁴⁴ mɔ⁵² iaŋ⁰ 绵羊的一种

骚胡 sɔ²¹ xu⁰ 公羊

羯子 tɕie²¹ tsəʔ⁰ 骟过的公羊

母子 mu⁵² tsəʔ²⁴ 母羊

栈羊 tsʰɛn⁴⁴ iaŋ²⁴ 圈养育肥的羊

羊羔子 iaŋ²⁴ kɔ²¹ tsəʔ⁰

狗 kəu⁵²

牙狗 ia²⁴ kəu⁵² 公狗

母狗 mu²⁴ kəu⁵²

狗娃儿 kəu⁵² vɐr²⁴ 小狗

哈巴狗 xa²¹ pa²¹ kəu⁵²

疯狗 fɤŋ²¹ kəu⁰

猫儿 mər²⁴

郎猫儿 laŋ²⁴ mər²⁴ 公猫

女猫儿 mi⁵² mər²¹ 母猫

猫娃儿 mɔ²⁴ vɐr⁰ 小猫

猪 tʂu²¹

牙猪 ia²⁴ tʂu²¹ 骟过的公猪

骚猪 sɔ²¹ tʂu²¹ 种猪

羯猪 tɕyo²⁴ tʂu²¹

母猪 mu⁵² tʂu²¹

老母猪 lɔ²⁴ mu⁵² tʂu²¹ 专门生崽儿的母猪

劁猪 tɕʰiɔ²¹ tʂu²¹ 通过手术使母猪不再生育

肉猪 zəu⁴⁴ tʂu²¹

猪儿子 tʂu²¹ ər²¹ tsɿ⁰ 猪崽

猪娃子 tʂu²¹ va²¹ tsəʔ⁰

起骒 tɕʰi⁵² kʰuo⁴⁴ 母马发情

走犊 tsəu⁵² tu²⁴ 母牛发情

散驹 sɛn⁴⁴ tɕy⁰ 母驴发情

跑劁 pʰɔ⁵² tɕʰiɔ⁰ 母猪发情

走羔 tsəu⁵² kɔ⁰ 母羊发情

链游 liɛn⁴⁴ iəu²⁴ 狗交配

猫儿走游 mər²⁴ tsəu⁵² iəu²⁴ 猫
　　发情

尾巴 i⁵² pa⁰

鸡 tɕi²¹

公鸡 kuɤŋ²¹ tɕi²¹

母鸡 mu⁵² tɕi²¹

鸡娃儿 tɕi²¹ ver⁰

　　鸡儿子 tɕi²¹ ər²¹ tsɿ⁰

落窝鸡 lɔ⁴⁴ vuo²¹ tɕi²¹

下蛋 xa⁴⁴ tɛn⁴⁴ 禽类下蛋

鸡冠子 tɕi²¹ kuɛn²¹ tsɿ⁰

鸡爪子 tɕi²¹ tʂua⁵² tsɿ⁰(又见十四类)

菢(鸡娃儿) pɔ⁴⁴ 孵小鸡

踏蛋 tʰa²¹ tɛn⁴⁴ 鸡交配

鸭子 ia²¹ tsəʔ⁰ 当地不养鸭

鸭蛋 ia²¹ tɛn⁴⁴

鹅 nuo²⁴ 当地不养鹅

(2)鸟、兽

野物 ie⁵² vuo⁰ 野生动物

狼 laŋ²⁴

狐子 xu²¹ tsɿ⁴⁴ 狐狸

狮子 sɿ²¹ tsɿ⁰ 当地没有

老虎 lɔ²⁴ xu⁵² 当地没有

母老虎 mu⁵² lɔ²¹ xu⁰ 詈词, 非常
　　厉害的女人

猴儿 xər²⁴

狗熊 kəu⁵² çyɤŋ²⁴ 当地没有

貒 tʰuɛn²¹ 猪獾

娃娃貒 va²⁴ va⁰ tʰuɛn²¹ 一种体
　　型较小的貒

豹子 pɔ⁴⁴ tsɿ⁰ 当地没有

黄鼬 xuaŋ²¹ iɔ⁴⁴

兔子 tʰu⁴⁴ tsɿ⁰

老鼠 lɔ²⁴ ʂu⁰

剪⸗姑⸗儿 tɕien²⁴ kuər⁰ 老鼠幼崽

黄鼠 xuaŋ²⁴ ʂu⁰ 当地人认为吃黄鼠
　　可以治各种小毛病

蛤蟆 xa²¹ xuei⁴⁴ 鼢鼠

翻手手 fɛn²¹ ʂəu⁵² ʂəu⁰ 鼹鼠

刺猬 tsʰɿ⁴⁴ vei⁰

沙虎狼儿 sa²¹ xu⁰ lə̃r²⁴ 生活在
　　沙漠上的一种蜥蜴, 头呈圆形

马蛇虫 ma⁵² ʂɿə²⁴ tsʰuɤŋ⁰ 四脚
　　蛇, 生活在沙漠上的一种蜥蜴, 头呈
　　尖形

长虫 tʂʰaŋ²⁴ tsʰuɤŋ²⁴

　　蛇 ʂɿə²⁴

蟒 maŋ⁵² 当地没有

雀雀 tɕʰiɔ²¹ tɕʰiɔ⁰ 小鸟

老鹰 lɔ⁵² iɤŋ²¹

花鸨 xua²¹ pɔ⁰ 一种鹰

翎 liɤŋ²⁴

膀子 paŋ⁵² tsɿ⁰ 翅膀

膀膀 paŋ⁵² paŋ⁰

嘴 tsuei⁵²（又见十一类）

(黑) 老鸹 (xəʔ⁴) lɔ⁵² va⁰ 乌鸦

老鸹窝 lɔ⁵² va⁰ vuo²¹ 乌鸦巢

喜鹊儿 ɕi⁵² tɕʰiər⁰

麻雀儿 ma²⁴ tɕʰiər⁰

燕儿 iɐr⁴⁴ 燕子

□□ tsɿ⁴⁴ lɔ⁵² 大雁

红嘴雁儿 xuɤŋ²⁴ tsuei⁵² iɐr⁴⁴

白脖子雁儿 pei²⁴ puo²⁴ tsɿ⁰ iɐr⁴⁴

□□ tɕi²⁴ pʰu⁵² 与大雁相似，比大
雁肥，常三四个结群，飞时不成队形

鸽子 kuo²¹ tsəʔ⁰

鹌鹑 nɛn²¹ tʂʰuɤŋ²⁴

鹦鹉 iɤŋ²¹ vu⁰

八哥儿 pa²¹ kər⁰

白鹤 pei²¹ xuo⁴⁴

掏树锛子 tʰɔ²¹ ʂu⁴⁴ pɤŋ²¹ tsəʔ⁰
啄木鸟

杏⁼侯 ɕiɤŋ⁴⁴ xəu²¹ 大猫头鹰

鸥怪子 tsʰɿ²¹ kuɛ⁴⁴ tsɿ⁰ 小猫头鹰

雀儿鹞子 tɕʰiɔ⁴⁴ iɔ⁴⁴ tsɿ⁰ 专吃鸟
儿的小鹰

鸽鹞子 kuo²¹ iɔ⁴⁴ tsɿ⁰ 专吃鸽子的鹰

鸳鸯 yɛn²¹ iaŋ⁰

山鸡 sɛn²¹ tɕi⁰

野鸡 ie⁵² tɕi⁰

咕咕等⁼ku²¹ ku²¹ tɤŋ⁵² 斑鸠

夜蝙蝠儿 ie⁴⁴ pie²¹ fər⁰

(3) 虫类

牛牛 niəu²⁴ niəu⁰ 小昆虫

蚕 tsʰɛn²⁴

喜蛛蛛 ɕi⁵² tʂu²¹ tʂu⁰ 蜘蛛

蚂蚁 ma²⁴ i⁵²

蜗蜗牛儿 kua²¹ kua²¹ niəu²⁴ 蜗牛

屎扒螂 sɿ⁵² pʰa²⁴ laŋ⁰ 蜣螂

毛爹爹 mɔ²¹ tsa⁴⁴ tsa⁰ 蜈蚣

毛蛐蜓 mɔ²⁴ iəu²⁴ iɛn⁴⁴

推磨轮儿 tʰuei²¹ muo⁴⁴ lyə̃r²⁴
蝗虫

蚂蚱蚱 ma⁵² tsa²¹ tsɑ⁰（新）

扁踪⁼子 piɛn⁵² tsuɤŋ²¹ tsɿ⁴⁴ 形
似蝗虫，体型比蝗虫大

蝎子 ɕie²¹ tsəʔ⁰ 俗云：云里头菩萨
洞里头风，蝎子尾巴后娘心

壮地虫 tʂuaŋ⁴⁴ ti⁴⁴ tʂʰuɤŋ²⁴ 土
豆地里生的地蛆

油旱 iəu²¹ xɛn⁴⁴ 蚜虫

苍蝇 tsʰaŋ²¹ iɤŋ⁰

绿头苍蝇 lu²¹ tʰəu⁰ tsʰaŋ²¹ iɤŋ⁰

狗蝇 kəu⁵² iɤŋ⁰ 寄生在狗身上的
虱蝇

蠓子 mɤŋ⁵² tsəʔ⁰ 蚊子

(蠓子) 叮人 tiɤŋ²¹ zɤŋ²⁴

虱子 sei²¹ tsɿ⁰

虮子 tɕi⁵² tsʅ⁰

臭虫 tʂʰəu⁴⁴ tʂʰuɤŋ²⁴

　墙虱 tɕʰiaŋ²⁴ sei⁰

圪蚤 kəʔ⁴ tsɔ⁴⁴　跳蚤

秋蝉 tɕʰiəu²¹ ʂʅə⁰　蝉("蝉"韵母特
　别)

蜂儿 fɤ̃r²¹

马蜜蜂儿 ma⁵² mi⁴⁴ fɤ̃r²¹　螫人
　的大黄蜂

蜂窝 fɤŋ²¹ vuo²¹

蛾蛾 nuo²⁴ nuo⁰　①蝴蝶;②飞蛾

扑灯蛾儿 pʰu²¹ tɤŋ²¹ nuor²⁴

水棒虫儿 ʂuei⁵² paŋ⁴⁴ tʂʰuɤ̃r²⁴
　蜻蜓

蛆 tɕʰy²¹

(4)鱼虾类

鱼 y²⁴

鲤鱼 li⁵² y²⁴

草鱼 tsʰɔ⁵² y²⁴

金鱼 tɕiɤŋ²¹ y²⁴

鱼鳞 y²⁴ liɤŋ²⁴

鱼骨殖 y²⁴ ku²¹ ʂʅ⁰

鱼刺 y²¹ tsʰʅ⁴⁴

鱼腮 y²⁴ sei⁰

钓鱼 tiɔ⁴⁴ y²⁴

　打鱼 ta⁵² y²⁴

虾儿 ɕiɤr²¹

鳖 pie²¹

　鳖盖 pie²¹ kᴇ⁴⁴

甲鱼 tɕia²¹ y²⁴

癞呱子 lᴇ⁴⁴ kua²¹ tsʅ⁰　癞蛤蟆

　蛤蟆 xəʔ⁴ ma⁰

蛤蟆圪蚪儿 xəʔ⁴ ma⁰ kəʔ⁴ tər⁵²
　蝌蚪

田鸡子 tʰiɛn²¹ tɕi²¹ tsəʔ⁰　青蛙

七　房舍

(1)房子

家 tɕia²¹

　窵处 ʂɤŋ²⁴ tʂʰu⁰

　住房 tʂu⁴⁴ faŋ²⁴

窑 iɔ²⁴

房子 faŋ²¹ tsʅ⁴⁴

平房 pʰiɤŋ²⁴ faŋ²⁴

楼板房 ləu²⁴ pen⁵² faŋ²⁴

楼房 ləu²⁴ faŋ⁰

起脊房 tɕʰi⁵² tɕi²⁴ faŋ²⁴

道士帽儿房 tɔ⁴⁴ ʂʅ⁰ mər⁴⁴ faŋ²⁴

一坡水房 i²⁴ pʰuo²¹ ʂuei⁵² faŋ²⁴

假楼板房 tɕia⁵² ləu²⁴ pen⁵² faŋ²⁴

克浪浪 kʰəʔ²⁴ laŋ⁴⁴ laŋ⁰ 只有墙没
　房顶的房子

外起 vɛ⁴⁴ tɕʰi⁰ 外面，相对"家里"
　而言(又见二十四类)

院起 yɛn⁴⁴ tɕʰiʔ⁰

两进院子 liaŋ⁵² tɕiɤŋ⁴⁴ yɛn⁴⁴ tsəʔ⁰
　有前院后院

院墙 yɛn⁴⁴ tɕʰiaŋ²⁴

墙拐拐 tɕʰiaŋ²⁴ kuɛ⁵² kuɛ⁰ 墙角

过道子 kuo⁴⁴ tɔ⁴⁴ tsʅ⁰ 走廊

过厅 kuo⁴⁴ tʰiɤŋ⁰ 宽敞的过道，两
　边是房子

照壁 tʂɔ⁴⁴ pei⁰

门厅 mɤŋ²⁴ tʰiɤŋ⁰ 一进门的小走廊

水道眼儿 ʂuei⁵² tɔ⁰ niɐr⁰ 院墙的
　墙根开的水道

正房 tʂɤŋ⁴⁴ faŋ²⁴

耳间 ər⁵² tɕiɛn⁰ 正房的小套间

北房 pei²¹ faŋ²⁴

东房 tuɤŋ²¹ faŋ²⁴

西房 ɕi²¹ faŋ²⁴

南房 nɛn²⁴ faŋ²⁴

客厅 kʰei²¹ tʰiɤŋ⁰

凉棚 liaŋ²⁴ pʰɤŋ²⁴ 院子里炉子上方
　遮阳、遮雨的棚子

楼上 ləu²⁴ ʂʅ⁰

楼下 ləu²¹ xa⁴⁴

楼门 ləu²⁴ mɤŋ²⁴

楼梯 ləu²⁴ tʰi⁰

扶手 fu²⁴ ʂəu⁵²

(2)房屋结构

间 tɕiɛn²¹ 单间的屋子

入深 zu²⁴ ʂɤŋ²¹ 房子的深度

间口 tɕiɛn²¹ kʰəu⁵² 一间房的宽度

房檐 faŋ²⁴ iɛn²⁴

房梁 faŋ²⁴ liaŋ²⁴

房顶 faŋ²⁴ tiɤŋ⁵²

大梁 ta⁴⁴ liaŋ²⁴

梁 liaŋ²⁴

檩子 liɤŋ⁵² tsʅ⁰

椽 tʂʰuɛn²¹

柱子 tʂu⁴⁴ tsʅ⁰

地工 ti⁴⁴ kuɤŋ²¹ 地基

柱脚石 tʂu⁴⁴ tɕyo²¹ ʂʅ²⁴ 柱础

台子 tʰɛ²¹ tsəʔ⁰ 台阶儿

仰尘 iaŋ⁵² tʂʰɤŋ²⁴ 顶棚、天花板

大门 ta⁴⁴ mɤŋ²⁴

　街门 kɛ²¹ mɤŋ⁰

后门子 xəu⁴⁴ mɤŋ²¹ tsəʔ⁰ 后门

门限 mɤŋ²¹ xɛn⁴⁴ 门槛儿

门圪垯 mɤŋ²⁴ kəʔ²⁴ lɔ²⁴ 门背后

墙 tɕʰiaŋ²⁴ 屋里的墙

前墙 tɕʰiɛn²⁴ tɕʰiaŋ²⁴

膀墙 paŋ⁵² tɕʰiaŋ²⁴ 房子的侧墙

后墙 xəu⁴⁴ tɕʰiaŋ⁰

墙围子 tɕʰiaŋ²⁴ vei²¹ tsɿ⁰ 墙裙。室内的墙壁上(高度为离地约一米)刷一层油漆,绘简单的图案

炕围子 kʰaŋ⁴⁴ vei²¹ tsɿ⁰ 炕裙。炕墙周边油漆绘画装饰图案,也有的用贴纸装饰

烟洞 ien²¹ tuʁŋ⁴⁴

脚地 tɕyo²¹ ti⁴⁴ 屋里的地

门插子 mʁŋ²⁴ tsʰa²¹ tsɿ⁴⁴ 门里面的插销

门拴子 mʁŋ²¹ ʂuen⁴⁴ tsɿ⁰ 过去的锁门器具。大门上钉一条链子,链子上三个椭圆形长铁环相连,门槛上钉铁质的"老鸹嘴子"(乌鸦嘴形状),铁环穿过老鸹嘴子后用锁子锁住

鬼插子 kuei⁵² tsʰa²¹ tsɿ⁴⁴ 一种专门防盗的门插子,从外面无法撬开

锁子 suo⁵² tsɿ⁰

钥匙 yo²¹ sɿ⁰

窗子 tʂʰuaŋ²¹ tsɿ⁰

窗帘子 tʂʰuaŋ²¹ lien²¹ tsɿ⁴⁴

窗台 tʂʰuaŋ²¹ tʰE⁰

床头 tʂʰuaŋ²⁴ tʰəu⁰

床边边 tʂʰuaŋ²⁴ pien²¹ pien⁰

炕 kʰaŋ⁴⁴(又见二十二类)

炕栏 kʰaŋ⁴⁴ len²⁴ 炕不靠墙的那边,以砌高的形式做成的高约2寸的围栏。原来采用的原料是猪血调胶土,现在用瓷砖代替

前炕 tɕʰien²¹ kʰaŋ⁴⁴

下炕 xa⁴⁴ kʰaŋ⁴⁴

后炕 xəu⁴⁴ kʰaŋ⁴⁴

炕头 kʰaŋ⁴⁴ tʰəu²⁴

热炕 zʅə²¹ kʰaŋ⁴⁴

上炕 ʂaŋ⁴⁴ kʰaŋ⁴⁴ 动宾结构

(3)其他设施

后园 xəu⁴⁴ yen⁰ 厕所

灰圈 xuei²¹ tɕyen⁴⁴

后楼圈 xəu⁴⁴ ləu²⁴ tɕyen⁴⁴

卫生间 vei⁴⁴ sʁŋ²¹ tɕien⁰ (新)

牛圈 niəu²¹ tɕyen⁴⁴

牛棚 niəu²⁴ pʰʁŋ²⁴

马圈 ma⁵² tɕyen⁴⁴

马棚 ma⁵² pʰʁŋ²⁴

槽 tsʰɔ²⁴ 木制或石制的牲口吃草用的器具,牛~、马~、羊~

猪圈 tʂu²¹ tɕyen⁴⁴

猪食槽 tʂu²¹ sɿ⁰ tsʰɔ²⁴

猪食 tʂu²¹ sɿ²⁴

羊圈 iaŋ²¹ tɕyen⁴⁴

狗窝 kəu⁵² vuo⁰ ①狗住处;②炕洞和烟洞交接的地方,有活动的盖儿,以方便掏烟洞

狗食盆子 kəu⁵² sɿ²⁴ pʰʁŋ²¹ tsɿ⁴⁴

鸡窝 tɕi²¹ vuo²¹

柴草垛子 tsʰɛ²⁴ tsʰɔ⁰ tuo⁴⁴ tsʅ⁰

八　器具、用品

(1)一般家具

家具 tɕia²¹ tɕy⁴⁴

柜 kuei⁴⁴

门柜 mɤŋ²¹ kuei⁴⁴ 可以放粮食或衣物的长方形矮柜子

立柜 li²¹ kuei⁴⁴

皮箱 pʰi²⁴ ɕiaŋ²¹

衣架儿 i²¹ tɕiɐr⁴⁴ ①衣帽架；②衣撑

桌子 tʂuo²¹ tsʅ⁰

方桌 faŋ²¹ tʂuo²¹

圆桌 yɛn²⁴ tʂuo²¹

条桌 tʰiɔ²⁴ tʂuo²¹

炕桌 kʰaŋ⁴⁴ tʂuo²¹ 放在炕上吃饭用的矮桌

饭桌 fɛn⁴⁴ tʂuo²¹

抽屉 tʂʰəu²¹ tʰi⁰

茶几 tsʰa²⁴ tɕi⁰

椅子 i⁵² tsʅ⁰

躺椅 tʰaŋ²⁴ i⁵²

靠背 kʰɔ⁴⁴ pei⁴⁴

椅子背 i⁵² tsʅ⁰ pei⁴⁴

板凳 pɛn⁵² tɤŋ⁴⁴ 统称

凳子 tɤŋ⁴⁴ tsʅ⁰

方凳 faŋ²¹ tɤŋ⁴⁴

小板凳 ɕiɔ²⁴ pɛn⁵² tɤŋ⁴⁴ 包括小木凳、小马扎

圆凳 yɛn²¹ tɤŋ⁴⁴

高凳子 kɔ²¹ tɤŋ⁴⁴ tsʅ⁰

掌子 tsʰɤŋ⁴⁴ tsʅ⁰ 桌椅板凳腿儿中间的横木

台布 tʰɛ²¹ pu⁴⁴ 桌布

(2)卧室用具

床板 tʂʰuaŋ²⁴ pɛn⁵²

铺盖 pʰu²¹ kɛ⁴⁴

被褥 pi⁴⁴ zu⁰

盖体 kɛ⁴⁴ tʰi⁰ 被子

褥子 zu²¹ tsʅ⁰

蚊帐 vɤŋ²¹ tʂaŋ⁴⁴

沙毡 sa²¹ tʂɛn⁰ 山羊毛擀制的毡

绵毡 mien²⁴ tʂɛn⁰ 绵羊毛擀制的毡

毯 tʰɛn⁵² 地毯，当地多铺在炕上

毯子 tʰɛn⁵² tsʅ⁰

毛毯 mɔ²⁴ tʰɛn⁵²

棉毯子 mien²⁴ tʰɛn⁵² tsʅ⁰

马褥子毯 ma⁵² zu²¹ tsʅ⁰ tʰɛn⁵²

马鞍上的小毯

盖体筒儿 kE^{44} t^hi^0 $t^hu\tilde{\partial}r^{52}$ 被窝

被挡头 pi^{44} tan^{44} $t^h\partial u^0$ 被头

盖体里子 kE^{44} t^hi^0 li^{52} $ts\gamma^0$ 被里

盖体面子 kE^{44} t^hi^0 $mien^{44}$ $ts\gamma^0$ 被面

被套儿 pi^{44} $t^h\partial r^{44}$

床单 $ts\h^huan^{24}$ ten^0

凉席 $lian^{24}$ ci^{24}

枕头 $ts\gamma^{52}$ $t^h\partial u^0$

枕巾儿 $ts\gamma^{52}$ $tci\tilde{\partial}r^0$

枕头瓢子 $ts\gamma^{52}$ $t^h\partial u^0$ $z\underset{.}{a}n^{21}$ $ts\partial?^0$

枕头芯

枕套儿 $ts\gamma^{52}$ $t^h\partial r^{44}$

夜壶 ie^{44} xu^{24}

尿盆子 nio^{44} $p^h\gamma n^{24}$ $ts\gamma^0$

尿罐子 nio^{44} $kuen^{44}$ $ts\gamma^0$

暖水袋 $nuen^{24}$ $suei^{52}$ tE^{44}

（3）炊事用具

灶房 tso^{44} fan^{24} 厨房

伙房 xuo^{52} fan^{24}

灶火 tso^{44} $xuen^0$ （"火"韵母特殊）

锅头 kuo^{21} $t^h\partial u^{24}$ 锅台

炉坑 $l\partial u^{21}$ $k^h\gamma n^{44}$

锅克浪 $\bar{kuo}^{21}$ $k^h\partial?^4$ lan^{44} 大锅与炕头之间的空间

猛儿火 $m\tilde{\partial}r^{24}$ xu^{52} 火快着时猛然扑出的火苗（"火"韵母特殊）

烟煤子 ien^{21} mei^{21} $ts\partial n^{44}$ 炉灶里的煤灰（又见十四类）

炉子 $l\partial u^{21}$ $ts\partial?^4$

洋炉子 ian^{24} $l\partial u^{21}$ $ts\partial?^4$ 铁炉子

烤箱 $k^h\text{o}^{52}$ $cian^{21}$ 当地家户使用的一种大炉子，炉身近火处留有小格儿，可以烤食物

火盆 xuo^{52} $p^h\gamma n^0$

炉齿 $l\partial u^{21}$ $ts^h\gamma^0$ 炉条

炉盖子 $l\partial u^{21}$ kE^{44} $ts\gamma^0$

火钳子 xuo^{52} tc^hien^{21} $ts\partial?^0$

火签子 xuo^{52} tc^hien^{21} $ts\gamma^0$ 火筷

火铲子 xuo^{24} ts^hen^{52} $ts\gamma^0$

风箱 fxn^{21} $cien^0$ （"箱"韵母特殊）

拉风箱 la^{21} fxn^{21} $cien^0$

鼓风机 ku^{52} fxn^{21} tci^0

锅灶 kuo^{21} tso^{44} 灶具的统称

大锅 ta^{44} kuo^{21}

小锅 cio^{52} kuo^{21}

铁锅 t^hie^{21} kuo^{21}

炒瓢 $ts^h\text{o}^{52}$ p^hio^{24} 炒锅

炒勺 $ts^h\text{o}^{52}$ suo^{24}

鏊 $n\text{o}^{44}$ 烤制月饼、干烙儿等的炉具，平底，有盖，上下都有火

黄鏊儿 $xuan^{21}$ $n\partial r^{44}$ 摊玉米面软饼的饼铛，中间凸四周凹

锅盖 kuo^{21} kE^{44}

洗锅 ci^{52} kuo^{21} 洗所有的餐具炊具

笊篱 tsɔ⁴⁴ lie⁰

漏勺 ləu⁴⁴ ʂuo⁰

锅刷子 kuo²¹ ʂua²¹ tsʅ⁰

铁铲子 tʰie²¹ tsʰɛn⁵² tsʅ⁰ 铁锅铲

铜铲子 tʰuʁŋ²⁴ tsʰɛn⁵² tsʅ⁰ 铜锅铲

马勺 ma⁵² ʂuei⁰ （"勺"韵母特殊）

笼 luʁŋ²⁴ 蒸笼

甌碟子 tɕiʁŋ⁴⁴ tie²¹ tsʅ⁰ 箅子

碗 vɛn⁵²

钵钵 puo⁵² puo⁰ 儿童吃饭用的小碗

茶缸子 tsʰa²⁴ kaŋ²¹ tsəʔ⁰

茶杯子 tsʰa²⁴ pei²¹ tsəʔ⁰

老碗 lɔ²⁴ vɛn⁵² 特大碗

大碗 ta⁴⁴ vɛn⁵²

小碗 ɕiɔ²⁴ vɛn⁵²

洋瓷碗 iaŋ²⁴ tsʰʅ²⁴ vɛn⁵²

　搪瓷碗 tʰaŋ²⁴ tsʰʅ²⁴ vɛn⁵²

酒盅子 tɕiəu⁵² tʂuʁŋ²¹ tsʅ⁰

　酒盅盅 tɕiəu⁵² tʂuʁŋ²¹ tʂuʁŋ⁰

　　（又见十一类）

　酒盅儿 tɕiəu⁵² tʂuə̃r⁰

酒杯子 tɕiəu⁵² pei²¹ tsʅ⁰

　酒杯杯 tɕiəu⁵² pei²¹ pei⁰

酒壶子 tɕiəu⁵² xu²¹ tsʅ⁰

　酒壶壶 tɕiəu⁵² xu²⁴ xu⁰

　酒壶儿 tɕiəu⁵² xur²⁴

盘子 pʰɛn²¹ tsʅ⁴⁴ 木制的方形端饭盘子

揽盘 lɛn⁵² pʰɛn⁰ 过去用来放熟食

的大瓷盘子

碟子 tie²¹ tsʅ⁴⁴ 瓷盘子

盆子 pʰʁŋ²¹ tsʅ⁴⁴

和面盆 xuo²¹ miɛn⁴⁴ pʰʁŋ²⁴

擀杖 kɛn⁵² tʂaŋ⁰

瓶 pʰiʁŋ²¹ tsʅ⁴⁴

酒瓶子 tɕiəu⁵² pʰiʁŋ²¹ tsʅ⁴⁴

瓶盖子 pʰiʁŋ²¹ kE⁴⁴ tsʅ⁰

罐子 kuɛn⁴⁴ tsʅ⁰

　罐罐 kuɛn⁴⁴ kuɛn⁰

坛子 tʰɛn²¹ tsʅ⁴⁴

　坛坛 tʰɛn²⁴ tʰɛn⁰

缸 kaŋ²¹ 水~, 米~

屉子 tʰi²¹ tsʅ⁰ 量液体的量具

勺头 ʂuo²⁴ tʰəu⁰

　勺子 ʂuo²¹ tsʅ⁴⁴

调羹儿 tʰiɔ²⁴ kã̃r⁰ 小勺儿

筷子 kʰuE⁴⁴ tsʅ⁰

筷笼(子)kʰuE⁴⁴ luʁŋ⁵²(tsʅ⁰)

　筷笼笼 kʰuE⁴⁴ luʁŋ⁵² luʁŋ⁰

碗柜 vɛn⁵² kuei⁴⁴

碗架 vɛn⁵² tɕia⁴⁴ 不带门的碗柜

揾布 tʂɛn⁵² pʰu⁰ 擦餐具的布

擦家布子 tsʰa²¹ tɕia²¹ pu⁴⁴ tsʅ⁰

拖把 tʰuo²¹ pa⁰

礤 tsʰa⁵² tsəʔ⁰ 把菜擦成丝儿的

工具

山药刮刮 sɛn²¹ yo⁰ kua²¹ kua⁰

刮土豆皮的工具

切刀 tɕʰie²⁴ tɔ²¹ 切菜刀

面刀 miɛn⁴⁴ tɔ²¹ 专用来剁荞面的大
刀，约三尺长半尺宽，两边装有手柄

蒜窝儿 suɛn⁴⁴ võr⁰ 捣蒜的钵子

捣蒜槌子 tɔ⁵² suɛn⁴⁴ tʂʰuei²⁴ tsɿ⁰

剁肉墩 tuo⁴⁴ zɔu⁴⁴ tuɤŋ²¹

案板 nɛn⁴⁴ pɛn⁰

桶 tʰuɤŋ⁵²

泔水 kɛn²¹ ʂuei⁰ 混合的剩饭菜

泔水桶子 kɛn²¹ ʂuei⁰ tʰuɤŋ⁵² tsɿ⁰

恶水 nuo²⁴ ʂuei⁵² 洗锅水

火取子 xuo⁵² tɕʰy²¹ tsəʔ⁰ （老）

　洋火 iaŋ²⁴ xuo⁵² （老）

　火柴 xuo⁵² tsʰE²⁴ （新）

（4）工匠用具

推刨 tʰuei²¹ pɔ⁴⁴ 刨子

刨花儿 pɔ⁴⁴ xuɐr⁰

斧头 fu⁵² tʰəu⁰

平斤 pʰiɤŋ²⁴ tɕiɤŋ⁰

　锛子 pɤŋ⁴⁴ tsɿ⁰

锯子 tɕy⁴⁴ tsɿ⁰

凿子 tsuo²¹ tsəʔ⁰

方尺 faŋ²¹ tʂʰɿ⁰

折尺 tʂɿə²⁴ tʂʰɿ⁰

卷尺 tɕyɛn⁵² tʂʰɿ⁰

手尺 ʂəu⁵² tʂʰɿ⁰ 木匠划线用的一尺
长的尺子

墨斗 mei²⁴ təu⁰

墨斗线 mei²⁴ təu⁰ ɕiɛn⁴⁴

钉子 tiɤŋ²¹ tsɿ⁰

　钉钉 tiɤŋ²¹ tiɤŋ⁰

　钉钉钉 tiɤŋ⁴⁴ tiɤŋ²¹ tiɤŋ⁰

钳子 tɕʰiɛn²¹ tsəʔ⁰

手钳子 ʂəu⁵² tɕʰiɛn²¹ tsəʔ⁰ 老虎钳

钉斧子 tiɤŋ²¹ fu⁵² tsəʔ⁰ 钉锤

锤子 tʂʰuei²¹ tsɿ⁴⁴

榔头 laŋ²⁴ tʰəu⁰

绳子 ʂɤŋ²¹ tsɿ⁴⁴ 统称

绳绳 ʂɤŋ²⁴ ʂɤŋ⁰ 细绳

合叶儿 xuo²⁴ iər⁰

　合叶子 xuo²⁴ ie²¹ tsɿ⁰

卯子 mɔ⁵² tsɿ⁰

牙卯子 ia²⁴ mɔ⁵² tsɿ⁰

　隼头 suɤŋ⁵² tʰəu⁰

母卯子 mu²⁴ mɔ⁵² tsɿ⁰

　隼眼儿 suɤŋ²⁴ niɐr⁵²

瓦刀 va⁴⁴ tɔ²¹

抹子 muo⁵² tsɿ⁰ 木制的

泥燕子 mi²¹ iɛn⁴⁴ tsəʔ⁰ 铁质抹子

泥掌 mi²⁴ tʂaŋ⁵² 泥瓦工用来盛抹
墙物的木板

灰斗子 xuei²¹ təu⁵² tsɿ⁰

錾子 tsɛn²¹ tsɿ⁰

砧子 tʂɤŋ²¹ tsɿ⁰ 打铁垫的铁块

剃头刀子 tʰi⁴⁴ tʰəu²⁴ tɔ²¹ tsʅ⁰

推子 tʰuei²¹ tsʅ⁰　推剪

梳子 ʂu²¹ tsʅ⁰

荡刀布 taŋ⁴⁴ tɔ²¹ pu⁴⁴　鐾刀布

　担⁼刀布 tɛn⁴⁴ tɔ²¹ pu⁴⁴

理发椅子 li⁵² fa²¹ i⁵² tsʅ⁰

缝纫机 fɤŋ²¹ zɤŋ⁴⁴ tɕi²¹

剪子 tɕiɛn⁵² tsʅ⁰

尺子 tʂʰʅ²¹ tsəʔ⁰

　裁尺 tsʰE⁴ tʂʰʅ⁰

熨斗 yɤŋ⁴⁴ tɤŋ⁰ （"斗"韵母特殊）

烙铁 luo²¹ tʰie⁰

镊子 nie²¹ tsəʔ⁰

弓子 kuɤŋ²¹ tsʅ⁰　弹棉花的工具

弹棉花 tʰɛn²⁴ miɛn²⁴ xuɑ⁰

纺车 faŋ⁵² tʂʰʅ̩ə⁰

(5)其他生活用品

东西 tuɤŋ²¹ ɕi⁰

暖壶 nuen⁵² xu²⁴

茶壶 tsʰɑ²⁴ xu⁰

洒壶 sɑ⁵² xu²⁴　喷壶

(洗)脸盆 (ɕi²⁴)liɛn⁵² pʰɤŋ²⁴

脸盆架子 liɛn⁵² pʰɤŋ²⁴ tɕiɑ⁴⁴ tsʅ⁰

手巾 ʂəu⁵² tɕiɤŋ⁰　毛巾

手帕 ʂəu⁵² pʰɑ²⁴　过去老年人包头
　用的大手帕

手巾子 ʂəu⁵² tɕiɤŋ²¹ tsʅ⁰　手帕

碎手巾儿 suei⁴⁴ ʂəu⁵² tɕiə̃r⁰

胰子 i²¹ tsʅ⁰

　香皂 ɕiaŋ²¹ tsɔ⁴⁴

肥皂 fei²¹ tsɔ⁴⁴

　洋碱 iaŋ²⁴ tɕiɛn⁵²（老）

浴盆 y⁴⁴ pʰɤŋ²⁴

洗脚盆 ɕi⁵² yo²¹ pʰɤŋ²⁴

擦脚布子 tsʰɑ²¹ yo²¹ pu⁴⁴ tsəʔ⁰

挖耳朵勺勺 vɑ²¹ ər⁵² tuo⁰ ʂuo²⁴
　ʂuo⁰

穿衣镜 tʂʰuen²¹ i²¹ tɕiɤŋ⁴⁴

镜子 tɕiɤŋ⁴⁴ tsʅ⁰

镜儿 tɕiə̃r⁴⁴　小镜子

蜡 lɑ²¹　蜡烛

油灯 iəu²⁴ tɤŋ²¹　旧式的煤油灯

罩子灯 tsɔ⁴⁴ tsʅ⁰ tɤŋ²¹　新式的煤油灯

灯捻子 tɤŋ²¹ niɛn⁵² tsʅ⁰

灯罩子 tɤŋ²¹ tsɔ⁴⁴ tsʅ⁰

汽灯 tɕʰi⁴⁴ tɤŋ²¹

马灯 mɑ⁵² tɤŋ²¹

灯篓 tɤŋ²¹ ləu⁰　灯笼

电灯 tiɛn⁴⁴ tɤŋ²¹

电棒 tiɛn⁴⁴ paŋ⁴⁴　日光灯

手提箱 ʂəu⁵² tʰi²⁴ ɕiaŋ⁰

提包 tʰi²⁴ po⁰

挎包 kʰuɑ⁴⁴ po⁰

手提包 ʂəu⁵² tʰi²⁴ po⁰

戳子 tʂʰuo²¹ tsʅ⁰　印章

章子 tʂaŋ²¹ tsʅ⁰

望远镜 vaŋ⁴⁴ yen⁵² tɕiɤŋ⁴⁴

糨子 tɕiaŋ⁴⁴ tsəʔ⁰ 家里用白面打的糨糊

糨糊 tɕiaŋ⁴⁴ xu²⁴ 商店里卖的瓶装糨糊

钱柜子 tɕʰiɛn²¹ kuei⁴⁴ tsʅ⁰

钱匣子 tɕʰiɛn²⁴ ɕia²¹ tsʅ⁴⁴

针线筐篮(篮)tʂɤŋ²¹ ɕiɛn⁴⁴ pʰuo²¹ lɛn⁴⁴ (lɛn⁰)

顶针儿 tiɤŋ⁵² tʂə̃r²¹

线陀儿 ɕiɛn⁴⁴ tʰuor²⁴ 捻线陀螺

线轱辘儿 ɕiɛn⁴⁴ ku²¹ lu⁴⁴ 缠线的轱辘

针 tʂɤŋ²¹

大针 tɑ⁴⁴ tʂɤŋ²¹

绣花儿针 ɕiəu⁴⁴ xuɐr²¹ tʂɤŋ²¹

穿针 tʂʰuɛn²¹ tʂɤŋ²¹ 缝麻袋的很大的针

针尖子 tʂɤŋ²¹ tɕiɛn²¹ tsʅ⁰

针冠子 tʂɤŋ²¹ kuɛn⁴⁴ tsʅ⁰

纫针 zɤŋ⁴⁴ tʂɤŋ⁰

锥子 tʂuei²¹ tsʅ⁰

铺衬 pʰu²¹ tsʰɤŋ⁴⁴ 从旧衣服上拆下的用来打袼褙的布料

褙子 pei⁴⁴ tsʅ⁰

打褙子 ta⁵² pei⁴⁴ tsʅ⁰

搓板儿 tsʰuo²¹ pɐr⁰

太阳伞 tʰE⁴⁴ iaŋ⁰ sɛn⁵²

扇子 ʂɛn⁴⁴ tsʅ⁰

拐棍儿 kuE⁵² kuə̃r⁴⁴

文明棍儿 vɤŋ²⁴ miɤŋ²⁴ kuə̃r⁴⁴

九　称谓

(1) 一般称谓

男人 nɛn²⁴ zɤŋ⁰ 男性(又见十类)

　男的 nɛn²¹ ti⁴⁴

女人 ny⁵² zɤŋ⁰ 女性(又见十类)

　女的 ny⁵² ti⁰

婆姨 pʰuo²⁴ i⁰ 已婚妇女(又见十类)

娃娃 va²⁴ va⁰ 小孩儿

小子 ɕiɔ⁵² tsʅ⁰ 男孩儿(又见十类)

男娃子 nɛn²⁴ va²¹ tsʅ⁰

娃子 va²¹ tsʅ⁰

女子 ny⁵² tsʅ⁰ 女孩儿(又见十类)

　女娃子 ny⁵² va²¹ tsʅ⁰

月娃娃 yo²¹ va²⁴ va⁰ 未满月的婴儿

小伙子 ɕiɔ²⁴ xuo⁵² tsəʔ⁰

老汉 lɔ⁵² xɛn⁴⁴ 老年男性(又见十类)

老杂毛 lɔ⁵² tsa²⁴ mɔ²⁴ 詈称,老男人

老婆儿 lɔ⁵² pʰər⁰ 老年妇女

城里人 tʂɤŋ²⁴ ni⁰ zɤŋ⁰ （"里"声
　　母特殊）

乡里人 ɕiaŋ²¹ ni⁰ zɤŋ⁰

山里人 sɛn²¹ ni⁰ zɤŋ⁰

　山后头人 sɛn²¹ xei⁵² tʰəu⁰ zɤŋ²⁴
　　（西南山区说法）

洋包子 iaŋ²¹ pɔ⁴⁴ tsʅ⁰ 有文化的人

土包子 tʰ u⁵² pɔ⁴⁴ tsʅ⁰ 乡下人

各儿人 kuor²⁴ zɤŋ⁰ 自己人

各儿家 kuor²⁴ tɕia²¹ ①自己家；
　　②同宗

外人 vɛ⁴⁴ zɤŋ⁰

外路人 vɛ⁴⁴ ləu⁴⁴ zɤŋ⁰ 外地人

东路人 tuɤŋ²¹ ləu⁴⁴ zɤŋ⁰ 当地指
　　称除定边、靖边以外的榆林各县
　　的人

南路人 nɛn²¹ ləu⁴⁴ zɤŋ⁰ 当地指
　　称甘肃庆阳地区的人和关中人

西路人 ɕi²¹ ləu⁴⁴ zɤŋ⁰ 当地指称
　　宁夏人

行家 xaŋ²⁴ tɕia⁰

　内行 luei⁴⁴ xaŋ²⁴

外行 vɛ⁴⁴ xaŋ²⁴

半吊子 pɛn⁴⁴ tiɔ⁴⁴ tsəʔ⁰

外国人 vɛ⁴⁴ kuo⁰ zɤŋ⁰

暴发户儿 pɔ⁴⁴ fa²¹ xuor⁴⁴ （"户
　　儿"韵母特殊）

光棍 kuaŋ²¹ kuɤŋ⁴⁴ ①没家室的

人；②以赌为生的人

小老汉 ɕiɔ²⁴ lɔ⁵² xɛn⁴⁴ 年龄小辈
　分大的男子

　碎老汉 suei⁴⁴ lɔ⁵² xɛn⁴⁴

老女子 lɔ²⁴ ny⁵² tsʅ⁰

二婚 ər⁴⁴ xuɤŋ²¹ 再婚

离婚婆姨 li²⁴ xuɤŋ²¹ pʰuo²⁴ i⁰

活人妻 xuo²⁴ zɤŋ⁰ tɕʰi²¹ 晋词，
　前夫仍然在世的再婚女子

寡妇 kua⁵² fu⁰

鳖头精 pie²¹ tʰəu²⁴ tɕiɤŋ²¹ 不听
　别人劝，出事后又后悔万分的人

丑八怪 tʂʰəu⁵² pa²⁴ kuɛ⁴⁴

　丑卜浪 tʂʰəu⁵² pəʔ²¹ laŋ⁴⁴

大舌头 ta⁴⁴ ʂʅə²⁴ tʰəu⁰ 口齿不清
　的人

妖精 iɔ²¹ tɕiɤŋ⁰ 妖里妖气的女子

猪脑子 tʂu²⁴ nɔ⁵² tsʅ⁰

小气鬼 ɕiɔ⁵² tɕʰi⁴⁴ kuei⁵²

死抠抠 sʅ⁵² kʰəu²¹ kʰəu⁰ 喻指十
　分吝啬的人

爬场货 pʰa²⁴ tʂʰaŋ⁰ xuo⁴⁴ 晋词，
　不成器的人、地痞

　爬场鬼 pʰa²⁴ tʂʰaŋ⁰ kuei⁵²

讨吃毛 tʰɔ⁵² tʂʰʅ²¹ mɔ²⁴ 晋词，不
　务正业、好吃懒做的人

儴子 naŋ²⁴ tsʅ⁵² 没本事的儿子

私娃子 sʅ²¹ va²¹ tsʅ⁰ 私生子

败家子儿 pʰE⁴⁴ tɕia²¹ tsər⁰

二流子 ər⁴⁴ liəu⁴⁴ tsɻ⁰　不务正业
的年轻男子

二杆子 ər⁴⁴ kɛn²¹ tsɻ⁰　做事缺乏
考虑、好感情用事、办事鲁莽的人

二尾子 ər⁴⁴ i⁵² tsɻ⁰　没有性功能的
男人

矮子 nE⁵² tsɻ⁰

歪杂子 ka⁵² tsa²¹ tsɻ⁰　品性恶劣
的人

大肚子 ta⁴⁴ tu⁴⁴ tsɻ⁰　饭量特别大
的男子(又见十五类)

糊脑子 xu⁴⁴ nɔ⁵² tsaʔ⁰　指脑子不
清楚的人

糯脑子 lyɛn⁴⁴ nɔ⁵² tsaʔ⁰

迷脑子 mi⁴⁴ nɔ⁵² tsaʔ⁰

流氓 liəu²⁴ miʏŋ²⁴/maŋ²⁴

死狗 sɻ²⁴ kəu⁵²　不求上进的人、不
成器的人

死对头 sɻ⁵² tuei⁴⁴ tʰəu⁰

冤家 yɛn²¹ tɕia⁴⁴

俅包 suʏŋ²⁴ pɔ⁰　詈词,指无能的人
或胆小怕事的人

窝囊鬼 vuo²¹ naŋ⁰ kuei⁵²

窝囊废 vuo²¹ naŋ⁰ fei⁴⁴

俅儾子 suʏŋ²⁴ naŋ⁰ tsaʔ⁰

俅人 suʏŋ²⁴ zʏŋ⁰

儾俅 naŋ²¹ suʏŋ⁰

孬种 nɔ²⁴ tʂuʏŋ⁰

爬俅 pʰa²⁴ suʏŋ²⁴　詈词,尽做损人
利己事情的人

坏俅 xuE⁴⁴ suʏŋ²⁴　詈词,坏蛋

瞎俅 xa²¹ suʏŋ²⁴

奸俅 tɕien²¹ suʏŋ²⁴　詈词,奸猾的人

懒俅 lɛn⁵² suʏŋ²⁴　詈词,懒人

痴俅 tsʰɻ²⁴ suʏŋ²⁴　詈词,反应迟钝
的人

俅不成 suʏŋ²⁴ pu²¹ tʂʰʏŋ²¹　什么
事情都干不成的人

晃脑 xuaŋ⁴⁴ nɔ⁰　詈词,轻浮的人

嫖头 pʰiɔ²⁴ tʰəu²⁴　詈词,乱搞男女
关系的男人

黑痞 xɯ²¹ pʰi²⁴　詈词,流氓

爬痞 pʰa²⁴ pʰi²⁴

死痞 sɻ⁵² pʰi²⁴

赖鬼 lE⁴⁴ kuei⁵²　詈词,无赖

卖屄婆姨 mE⁴⁴ pi⁰ pʰuo²⁴ i⁰　骂
女人的詈词

卖屄的 mE⁴⁴ pi²¹ ti⁰

独苗儿 tu²⁴ miər²⁴　独生子女

犟扁筋 tɕiaŋ⁴⁴ pen⁰ tɕiʏŋ²¹　特
别固执、好抬杠的人

灰汉 xuei²¹ xɛn⁴⁴　做事冒失不考虑
后果的人

谝子客 pʰien⁵² tsɻ⁰ kʰei²¹　喜欢
吹牛的人

二打溜 ər⁴⁴ ta⁰ liəu⁴⁴ 表现时好时
　　坏的人
儿货 ər²¹ xuo⁴⁴ 品德坏的人
草包 tsʰɔ⁵² pɔ⁰ 喻指个头大而没力
　　气的人或没本事的人
窝里造 vuo²¹ li⁰ tsɔ⁰ 喻指在外窝
　　囊只在家里厉害的人
机眼鬼 tɕi²¹ niɛn⁰ kuei⁵² 过于机
　　灵的人
死心眼儿 sʅ⁵² ɕiɤŋ²¹ niɚ⁵²
神憎憎 ʂɤŋ²¹ tsɤŋ⁴⁴ tsɤŋ⁰ 特别
　　容易生气的人
睁眼瞎子 tsɤŋ²¹ niɛn⁵² xɑ²¹ tsʅ⁰
　　文盲 vɤŋ²⁴ maŋ²⁴
烟筒子 iɛn²¹ tʰuɤŋ⁵² tsʅ⁰ 喻指抽
　　烟过多的人
烧木头 ʂɔ²¹ məʔ²⁴ tʰəu⁰ 和儿媳有
　　不正当关系的男子
左捩撇子 tsuo⁵² lie²¹ pʰie⁵² tsʅ⁰
　　左撇子
秃头 tʰu²¹/tʰuəʔ²⁴ tʰəu⁴⁴
　　秃子 tʰu²¹ tsʅ⁰
老花眼 lɔ⁵² xuɑ²¹ niɛn⁵²
倒眼窝 tɔ²⁴ niɛn⁵² vuo²¹ 瞎眼睛,
　　喻指识人不清的人
粉皮嘴 fɤŋ⁵² pʰi²⁴ tsuei⁵² 不长
　　胡须的男人
水蛇腰 ʂuei⁵² ʂʅə²⁴ iɔ²¹ 喻指走路

扭腰的女子

(2)职业称谓

掌柜 tʂaŋ⁵² kuei⁴⁴
东家 tuɤŋ²¹ tɕia⁰
伙家 xuo⁵² tɕia⁰ 打工的
　　伙计 xuo⁵² tɕi⁴⁴
大师傅 ta⁴⁴ sʅ²¹ fu⁰
　　厨子 tʂʰu²¹ tsəʔ⁰
　　厨师 tʂʰu²⁴ sʅ²¹
工人 kuɤŋ²¹ zɤŋ⁰
长工 tʂʰaŋ²⁴ kuɤŋ²¹
短工 tuɛn⁵² kuɤŋ²¹
零工 liɤŋ²⁴ kuɤŋ²¹
庄户人家 tʂuaŋ²¹ xu⁴⁴ zɤŋ²⁴ tɕia⁰
　　农民 luɤŋ²⁴ miɤŋ²⁴
　　戳牛后半截的 tʂʰuo²¹ niəu²⁴
　　　xəu⁴⁴ pɛn⁴⁴ tɕie²⁴ ti⁰ (农民自嘲
　　　的说法)
放羊的 faŋ⁴⁴ iaŋ²⁴ ti⁰
手艺人 ʂəu⁵² i⁴⁴ zɤŋ⁰
　　耍手艺的 ʂua²⁴ ʂəu⁵² i⁴⁴ ti⁰
　　匠人 tɕiaŋ⁴⁴ zɤŋ⁰
泥水匠 mi²⁴ ʂuei⁵² tɕiaŋ⁴⁴
木匠 mu²¹ tɕiaŋ⁴⁴
银匠 iɤŋ²¹ tɕiaŋ⁴⁴
补锅匠 pu⁵² kuo²¹ tɕiaŋ⁴⁴
待长⁼tɛ⁴⁴ tʂaŋ⁰ 理发师(旧,"待招"

的音变)

理发的 li^{52} fɑ^{21} ti^0

买卖人 mE^{52} mE^{44} zʐŋ^0

做生意的 tsu^{21} sʐŋ^{21} i^{44} ti^0

摆摊摊的 pE^{52} tʰɛn^{21} tʰɛn^0 ti^0

小商贩 ɕiɔ^{52} ʂaŋ^{21} fen^{44}

货郎儿 xu^{44} lə̃r^0

货郎子 xu^{44} laŋ^{21} tsʅ^0

小工子 ɕiɔ^{52} kuʐŋ^{21} tsʅ^0 建筑业的小工

牙子 ia^{21} tsʅ^{44} 说合生意的人

当兵的 taŋ^{21} piʐŋ^{21} ti^0

警察 tɕiʐŋ^{52} tsʰa^0

大夫 tE^{44} fu^0

医生 i^{21} ʂʐŋ^0

看病先生 kʰɛn^{44} piʐŋ^{44} ɕien^{21} sʐŋ^0 (旧)

老娘婆 lɔ^{52} nian^{21} pʰuo^0 接生婆

司机 sʅ^{21} tɕi^0

开车的 kʰE^{21} tʂʰə̩^{21} ti^0

老板 lɔ^{24} pen^{52}

客人 kʰei^{21} zʐŋ^0 顾客

教师 tɕiɔ^{44} sʅ^0

老师 lɔ^{52} sʅ^0

教书先生 tɕiɔ^{21} ʂu^{21} ɕien^{21} sʐŋ^0 (旧)

念书娃娃 nien^{44} ʂu^{21} va^{24} va^0 (老)

学生娃娃 ɕyo^{24} sʐŋ^0 va^{24} va^0

(新)

同学 tʰuʐŋ^{24} ɕyo^0

屠户 tʰu^{24} xu^0

脚户 tɕyo^{21} xu^{44}

轿夫 tɕiɔ^{44} fu^0

喂牲口的 vei^{44} sʐŋ^{21} kʰəu^0 ti^0

饲养员 sʅ^{44} iaŋ^0 yen^{24}

哄娃娃的 xuʐŋ^{52} va^{24} va^0 ti^0 照看孩子的人

搞娃娃的 kɔ^{52} va^{24} va^0 ti^0

奶妈 nE^{52} ma^{21}

奶爷 nE^{52} ie^0 奶妈之夫

婊子 piɔ^{52} tsʅ^0

开窑子的 kʰE^{21} iɔ^{24} tsʅ^0 ti^0 鸨母

犯人 fen^{44} zʐŋ^0 囚犯

劳改犯 lɔ^{24} kE^{52} fen^{44}

骗子手 pʰien^{44} tsʅ^0 ʂəu^{52}

骗子 pʰien^{44} tsʅ^0

诈骗犯 tsa^{44} pʰien^{44} fen^{44}

土匪 tʰu^{24} fei^{52}

柳儿匠 liər^{52} tɕiaŋ^0 小偷

人贩子 zʐŋ^{21} fen^{44} tsʅ^0

逛外的 kuaŋ^{44} vE^{44} ti^0

走江湖的 tsəu^{52} tɕiaŋ^{21} xu^{24} ti^0

和尚 xuo^{21} ʂaŋ^{44}

姑姑 ku^{21} ku^0 尼姑

道人 tɔ^{44} zʐŋ^0 道士

十　亲属

(1) 长辈

长辈 tʂaŋ⁵² pei⁴⁴

排房 pʰᴇ²⁴ faŋ⁰ 排行(旧)

　　排行 pʰᴇ²⁴ xaŋ²⁴

先人 ɕien²¹ zʅŋ²⁴ 祖先

　　老先人 lɔ⁵² ɕien²¹ zʅŋ²⁴

祖爷 tsu⁵² ie⁰ 爷爷的爷爷

祖奶 tsu²⁴ nᴇ⁵² 爷爷的奶奶

太爷 tʰᴇ⁴⁴ ie²⁴ 曾祖父

太奶 tʰᴇ⁴⁴ nᴇ⁵² 曾祖母

外太爷 vei⁴⁴ tʰᴇ⁴⁴ ie²⁴ 曾外祖父

外太奶 vei⁴⁴ tʰᴇ⁴⁴ nᴇ⁵² 曾外祖母

爷爷 ie²⁴ ie⁰

奶奶 nᴇ²⁴ nᴇ⁰

外爷 vei⁴⁴ ie²⁴ 外祖父

外奶 vei⁴⁴ nᴇ⁵² 外祖母

外家 vei⁴⁴ tɕia²¹ 外婆舅舅家

娘老子 niaŋ²⁴ lɔ⁵² tsʅ⁰ 父母亲

父亲 fu⁴⁴ tɕʰiɤŋ⁰ 背称

　　老子 lɔ⁵² tsʅ⁰

大 ta²⁴

　　大大 ta²⁴ ta⁰

　　爸爸 pa²⁴ pa⁰

大的 ta²⁴ ti⁰ 父亲的被领属形式,相

　　当于北京话的"他爸"

　　老子的 lɔ⁵² tsʅ²¹ ti⁰

母亲 mu⁵² tɕʰiɤŋ⁰ 背称

妈呀 ma²⁴ i⁰ 面称(i是"呀"韵母弱

　　化)

　　妈妈 ma²⁴ ma⁰ 儿语

妈的 ma²⁴ ti⁰ 母亲的被领属形式

娘的 niaŋ²⁴ ti⁰

老丈人 lɔ⁵² tʂaŋ⁴⁴ zʅŋ⁰ 岳父背称。

　　面称按排行叫"×老爹",×是排

　　行,现在也叫"爸爸"

老爹 lɔ⁵² ti²¹ ①岳父;②兄弟的岳

　　父或姐妹的公公

丈母娘 tʂaŋ⁴⁴ mu²¹ niaŋ²⁴ 岳母

　　背称。面称随岳父排行叫"×妈",

　　现在也叫"妈"

公公 kuɤŋ²¹ kuɤŋ⁰ 背称,面称随

　　丈夫叫"大"或"爸爸"

　　老公公 lɔ⁵² kuɤŋ²¹ kuɤŋ⁰

婆婆 pʰuo²⁴ pʰuo⁰ 背称,面称叫"妈"

　　老婆婆 lɔ⁵² pʰuo²⁴ pʰuo⁰

后大 xəu⁴⁴ ta²⁴ 继父,背称

　　后老子 xəu⁴⁴ lɔ⁵² tsʅ⁰

后妈 xəu⁴⁴ ma⁰ 继母背称

叔 ʂu²⁴ 叔父,包括同宗父辈,称呼时

　　前加排行

　　大 ta²⁴

大爹 ta⁴⁴ ti⁰ 排行最大的伯父("爹"

韵母高化)

二大 ər⁴⁴ ta²⁴ 排行第二的伯(叔)父

小大 ɕiɔ⁵² ta²⁴ 排行最末的叔父

　碎大 suei⁴⁴ ta²⁴

婶娘 ʂɤŋ⁵² niaŋ²⁴ 伯父、叔父的妻子的背称

大妈 ta⁴⁴ ma²⁴ 大伯父的妻子

二妈 ər⁴⁴ ma²⁴ 二伯父的妻子

小妈 ɕiɔ⁵² ma²⁴ 最小叔父的妻子

舅舅 tɕiəu⁴⁴ tɕiəu⁰

妗子 tɕiɤŋ⁴⁴ tsʅ⁰ 舅母

娘娘 niaŋ²¹ niaŋ⁰ 姑母

姑夫 ku²¹ fu⁰

大姨 ta⁴⁴ i²⁴ 大姨妈。西南山区叫"大姨娘"

二姨 ər⁴⁴ i²⁴

小姨 ɕiɔ⁵² i²⁴

姨夫 i²⁴ fu⁰ 大姨妈的丈夫

二姨夫 ər⁴⁴ i²⁴ fu⁰

小姨夫 ɕiɔ⁵² i²⁴ fu⁰

姑奶 ku²¹ nE²⁴ 父亲的姑妈

姑爷 ku²¹ ie²⁴ 父亲的姑夫

姨奶 i²⁴ nE²⁴ 父亲的姨妈

姨爷 i²⁴ ie²⁴ 父亲的姨夫

老妈 lɔ⁵² ma²⁴ 兄弟的岳母或姐妹的婆婆

婶子 ʂɤŋ⁵² tsʅ⁰ 大一辈的中老年妇女

(2)平辈

平辈儿 pʰiɤŋ²¹ pər⁴⁴

班辈 pɛn²¹ pei⁴⁴ 辈分

　辈数 pei⁴⁴ ʂu⁰

婆姨汉 pʰuo²⁴ i⁰ xɛn⁴⁴ 夫妻

掌柜的 tʂaŋ⁵² kuei⁴⁴ ti⁰ 丈夫的背称。夫妻之间以前没有面称，后来叫"×× 大的、×× 妈的"，现在年轻人都叫名字

　男人 nɛn²⁴ zɤŋ⁰(又见九类)

　老汉 lɔ⁵² xɛn⁴⁴(又见九类)

家里的 tɕia²¹ li⁵² ti⁰ 妻子的背称

　女人 ny²⁴ zɤŋ⁰(又见九类)

　婆姨 pʰuo²⁴ i⁰(又见九类)

小老婆 ɕiɔ²⁴ lɔ⁵² pʰuo⁰

　二房 ər⁴⁴ faŋ²⁴

大伯子 ta⁴⁴ pei²¹ tsʅ⁴⁴ 丈夫的哥哥的背称。面称"×× 大大的"

小叔子 ɕiɔ⁵² ʂu²¹ tsʅ⁰ 丈夫的弟弟的背称。面称按排行叫，如"老二、老三"；或者叫"二兄弟、三兄弟"

大姑儿姐姐 ta⁴⁴ kuor²¹ tɕie⁵² tɕie⁰ 丈夫的姐姐("姑"儿化韵特殊)

小姑儿 ɕiɔ⁵² kuor²¹ 丈夫的妹妹

妻哥 tɕʰi²¹ kuor²⁴ 妻子的兄长

妻嫂子 tɕʰi²⁴ sɔ⁵² tsʅ⁰

妻姐姐 tɕʰi²¹ tɕie⁵² tɕie⁰ 妻子的姐姐

大姨子 ta⁴⁴ i²⁴ tsʅ⁰　　　　　两姨 liaŋ⁵² i²⁴ 姨表

小姨子 ɕiɔ⁵² i²¹ tsʅ⁰ 妻子的妹妹　干弟兄 kɛn²¹ ti⁴⁴ ɕyʁŋ²¹ 结拜兄弟

小舅子 ɕiɔ⁵² tɕiəu²¹ tsəʔ⁰ 妻子的　　磕头弟兄 kʰuo²¹ tʰəu²⁴ ti⁴⁴ ɕyʁŋ²¹
　　弟弟

挑担 tʰiɔ⁵² tɛn⁴⁴ 连襟的背称,面称　拜识 pE⁴⁴ ʂʅ⁰ ①结拜兄弟;②男性
　　"姐夫"或"妹夫"　　　　　　　的同辈或同性朋友

弟兄 ti⁴⁴ ɕyʁŋ²¹ 哥哥和弟弟

姊妹 tsʅ⁵² mei⁴⁴ 包括兄弟姐妹　　　　　(3)晚辈

先后 ɕien⁴⁴ xəu⁰ 妯娌

哥哥 kuo²⁴ kuo⁰　　　　　　　小辈儿 ɕiɔ⁵² pər⁴⁴ 晚辈

兄弟 ɕyʁŋ²¹ ti⁵² 弟弟("弟"声调特　儿女 ər²⁴ ny⁵²
　　殊)　　　　　　　　　　　子女 tsʅ²⁴ ny⁵²

姐姐 tɕie⁵² tɕie²⁴　　　　　小子 ɕiɔ⁵² tsʅ⁰（又见九类）

妹妹 mei⁵² mei⁰　　　　　　儿子 ər²⁴ tsʅ⁰

堂叔弟兄 tʰaŋ²⁴ ʂu²¹ ti⁴⁴ ɕyʁŋ²¹　大小子 ta⁴⁴ ɕiɔ⁵² tsʅ⁰
　　堂兄弟　　　　　　　　　大儿子 ta⁴⁴ ər²⁴ tsʅ⁰

户家弟兄 xu⁴⁴ tɕia²¹ ti⁴⁴ ɕyʁŋ²¹　碎小子 suei⁴⁴ ɕiɔ⁵² tsʅ⁰

堂叔哥 tʰaŋ²⁴ ʂu²¹ kuo²⁴ 堂兄的　碎儿子 suei⁴⁴ ər²⁴ tsʅ⁰
　　背称　　　　　　　　　　小儿子 ɕiɔ⁵² ər²⁴ tsʅ⁰

堂叔兄弟 tʰaŋ²⁴ ʂu²¹ ɕyʁŋ²¹ ti⁴⁴　儿媳妇(儿)ər²⁴ ɕi²¹ fu⁰ (fər⁰)
　　堂弟的背称　　　　　　　女子 ny⁵² tsʅ⁰ 女儿(又见九类)

户家姊妹 xu⁴⁴ tɕia²¹ tsʅ⁵² mei⁴⁴　女婿 ny⁵² ɕy⁰

堂叔姊妹 tʰaŋ²⁴ ʂu²¹ tsʅ⁵² mei⁴⁴　(家)孙子(tɕia²¹) suʁŋ²¹ tsʅ⁰

隔山(弟兄姊妹)kei²¹ sɛn²¹ 同　孙媳妇 suʁŋ²¹ ɕi²¹ fu⁰
　　母异父的(兄弟姐妹)　　　　(家)孙女(tɕia²¹) suʁŋ²¹ ny⁵²

表兄弟 piɔ⁵² ɕyʁŋ²¹ ti⁴⁴ ①姑表;　孙女婿 suʁŋ²¹ ny⁵² ɕy⁰
　　②小姑舅,指姑表兄弟姊妹的子女　重孙子 tʂʰuʁŋ²⁴ suʁŋ²¹ tsʅ⁰
　　之间的关系　　　　　　　重孙女 tʂʰuʁŋ²⁴ suʁŋ²¹ ny⁵²

　　　　　　　　　　　　　外孙子 vE⁴⁴ suʁŋ²¹ tsʅ⁰ 外孙

　　　　　　　　　　　　　外孙女 vE⁴⁴ suʁŋ²¹ ny⁵²

外甥 vɛ⁴⁴ sɤŋ⁰

外甥女 vɛ⁴⁴ sɤŋ⁰ ny⁵²

侄儿 tʂər²⁴ 侄子

侄女 tʂʅ²⁴ ny⁵²

妻侄儿 tɕʰi²¹ tʂər²⁴

妻侄女 tɕʰi²¹ tʂʅ²⁴ ny⁵²

（4）其他

娘家 niaŋ²⁴ tɕia²¹

婆家 pʰuo²⁴ tɕia²¹

带肚子 tɛ⁴⁴ tu⁴⁴ tsʅ⁰ 妇女怀着孕改嫁他人

带过来的儿女 tɛ⁴⁴ kuo⁴⁴ lɛ²⁴ ti⁰

ər²⁴ ny⁵² 妇女再婚，带着的和前夫生的儿女

童引媳妇儿 tʰuɤŋ²⁴ iɤŋ⁵² ɕi²¹ fər⁰ 童养媳

顶门儿 tiɤŋ⁵² mɤr²⁴ 无子之人过继侄儿或抚养养子顶门立户

亲家 tɕʰiɤŋ⁴⁴ tɕia⁰ 不分性别

亲亲 tɕʰiɤŋ²¹ tɕʰiɤŋ⁰ 亲戚

走亲亲 tsɤu⁵² tɕʰiɤŋ²¹ tɕʰiɤŋ⁰ 走亲戚

串亲亲 tʂʰuɛn⁴⁴ tɕʰiɤŋ²¹ tɕʰiɤŋ⁰

到亲亲家去 tɔ⁴⁴ tɕʰiɤŋ²¹ tɕʰiɤŋ⁰ tɕia²¹ tɕʰi⁰

十一　身体

（1）五官

相貌 ɕiaŋ⁴⁴ mɔ⁴⁴

模样 mu²¹ iaŋ⁴⁴

长相 tsaŋ⁵² ɕiaŋ⁴⁴

个子 kə⁴⁴ tsɔʔ⁰ （新）

个长儿 kuo⁴⁴ tʂãr⁰ （老）

身段儿 ʂɤŋ²¹ tuɛr⁴⁴

身材 ʂɤŋ²¹ tsʰɛ⁰

身子 ʂɤŋ²¹ tsʅ⁰ 身体

头 tʰəu²⁴

脑 nɔ²⁴ （不尊重的说法）

歇顶 ɕie²¹ tiɤŋ⁰ 秃顶

头顶子 tʰəu²⁴ tiɤŋ⁵² tsʅ⁰

脑瓜盖子 nɔ⁵² kua²¹ kɛ⁴⁴ tsʅ⁰ 额头以上的部分

后脑勺子 xəu⁴⁴ nɔ⁰ ʂuo²⁴ tsəʔ⁰

后脑把子 xəu⁴⁴ nɔ⁰ pa⁴⁴ tsəʔ⁰

喂嘴窝窝 vei⁴⁴ tsuei⁵² vuo²¹ vuo⁰ 后脑窝，当地人认为窝窝深的人嘴馋，窝窝浅的人嘴不馋

脖子 puo²¹ tsʅ⁰

脖颈 puo²⁴ tɕiɤŋ⁰

头发 tʰəu²⁴ fa⁰

头皮 tʰəu²⁴ pʰi⁰ 头屑

少白头 ʂɔ⁴⁴ pei²⁴ tʰəu⁰

脱头发 tʰuo²¹ tʰəu²⁴ fa⁰

眉颅盖 mi²⁴ ləu²⁴ kɛ⁴⁴　额头

　奔颅 pɤŋ²¹ ləu⁰

大奔颅 ta⁴⁴ pɤŋ²¹ ləu⁰　大额头

囟门口儿 ɕiɤŋ⁴⁴ mɤŋ²¹ kʰər⁵²

　囟门儿

　脑门囟儿 nɔ⁵² mɤŋ²¹ ɕiə̃r⁴⁴

头拐子 tʰəu²⁴ kuɛ⁵² tʂʅ⁰　太阳穴

鬓 piɤŋ⁴⁴

剪发头 tɕien⁵² fa²¹ tʰəu⁰　短发

帽盖儿 mɔ⁴⁴ kɐr⁴⁴　短辫子头

单帽盖儿 ten²¹ mɔ⁴⁴ kɐr⁴⁴

双帽盖儿 ʂuaŋ²¹ mɔ⁴⁴ kɐr⁴⁴

烫头 tʰaŋ⁴⁴ tʰəu²⁴　烫发

披发 pʰi²¹ fa⁰　中长直发

　披头 pʰi²¹ tʰəu²⁴

纂纂 tsuɛn²¹ tsuɛn⁰　盘在脑后的

　圆髻

辫子 pien⁴⁴ tʂʅ⁰

双辫辫 ʂuaŋ²¹ pien⁴⁴ pien⁰　两根

　麻花辫

后辫子 xəu⁴⁴ pien⁴⁴ tʂʅ⁰　脑后扎

　一根麻花辫

鬏髻儿 tʂua²¹ tɕyər⁰　小女孩头上

　短而直的马尾

　圪鬏鬏 kəʔ⁴ tʂua²¹ tʂua⁰

锁锁 suo⁵² suo⁰　刘海儿

脸 lien⁵²

眉眼 mi²⁴ nien⁵²　①脸；②脸色，

　~不好：态度不好

眼睛 nien⁵² tɕiɤŋ⁰

眼眶 nien⁵² kʰuaŋ⁴⁴

眼睛仁儿 nien⁵² tɕiɤŋ⁰ zə̃r²⁴　眼珠

　瞳仁儿 tʰuɤŋ²⁴ zə̃r²⁴

　媳妇儿头儿 ɕi²¹ fər⁰ tʰər²⁴

眼角 nien⁵² tɕyo⁰

大眼角 ta⁴⁴ nien⁵² tɕyo⁰　内眼角

眼圈儿 nien⁵² tɕʰyɐr⁰

眼泪 nien⁵² luei⁴⁴

眼泪疤疤 nien⁵² luei⁴⁴ pa²¹ pa⁰

　泪痕

眼胶屎 nien⁵² tɕiɔ²¹ ʂʅ⁰　眼屎

眼皮 nien⁵² pʰi²⁴

单眼皮 ten²¹ nien⁵² pʰi²⁴

双眼皮 ʂuaŋ²¹ nien⁵² pʰi²⁴

　花眼睛 xua²¹ nien⁵² tɕiɤŋ⁰

毛眼睛 mɔ²⁴ nien⁵² tɕiɤŋ⁰　指女

　子睫毛很长、大而有神的眼睛

坌 pɤŋ⁴⁴　吹进眼中的尘土，眼里打进

　~咧

眼睫毛儿 nien⁵² tsa²¹ mər⁰

眉毛 mi²⁴ mɔ⁰

皱眉头 tsəu⁴⁴ mi²⁴ tʰəu⁰

颧骨 tɕʰyɛn²⁴ ku⁰

鼻子 pi²¹ tʂʅ⁴⁴　①鼻子；②鼻涕

鼻痂子 pi²⁴ tɕia²¹ tsʅ⁰ 鼻屎

鼻子窟窿儿 pi²¹ tsʅ⁴⁴ kʰuə?²⁴ luə̃r⁴⁴ 鼻孔

鼻子毛 pi²¹ tsʅ⁰ mɔ²⁴ 鼻毛

鼻子疙瘩儿 pi²¹ tsʅ⁴⁴ kə?²⁴ tɐr⁴⁴ 鼻尖 pi²⁴ tɕiɛn²¹

鼻子尖 pi²¹ tsʅ⁰ tɕiɛn²¹ 嗅觉灵敏

鼻梁子 pi²¹ liaŋ²¹ tsʅ⁴⁴

酒枣儿鼻子 tɕiəu²⁴ tsɐr⁵² pi²¹ tsʅ⁰

酒窝 tɕiəu⁵² vuo²¹

酒盅盅 tɕiəu⁵² tʂuɤŋ²¹ tʂuɤŋ⁰ （又见八类）

晒缝台台 sE⁴⁴ fɤŋ⁴⁴ tʰE²⁴ tʰE⁰ 人中

牙岔骨 ia²¹ tsʰa⁴⁴ ku⁰

腮帮子 sei²¹ paŋ²¹ tsʅ⁰

嘴 tsuei⁵²（又见六类）

嘴头子 tsuei⁵² tʰəu²¹ tsʅ⁰ （贬）

嘴唇子 tsuei⁵² tʂʰuɤŋ²¹ tsʅ⁴⁴

唾沫 tʰuo⁴⁴ muo⁰

唾沫星子 tʰuo⁴⁴ muo⁰ ɕiɤŋ²¹ tsʅ⁰

颔水 xɛn²¹ ʂuei⁰

舌头 ʂʅə²⁴ tʰəu⁰

舌苔 ʂʅə²¹ tʰE⁴⁴

牙 ia²⁴

门牙 mɤŋ²⁴ ia⁰

大板牙 ta⁴⁴ pɛn²¹ ia⁰

虎牙 xu⁵² ia⁰

嗓牙 saŋ⁵² ia⁰ 臼齿

牙床子 ia²⁴ tʂʰuaŋ²¹ tsʅ⁰

虫吃牙 tʂʰuɤŋ²¹ tʂʰʅ²¹ ia²⁴ 蛀牙

牙口 ia²⁴ kʰəu⁰ ～好:(老年人)牙齿好

耳朵 ər⁵² tuo⁰

耳朵窟窿儿 ər⁵² tuo⁰ kʰu²¹ luə̃r⁴⁴

耳朵垂垂 ər⁵² tuo⁰ tʂʰuei²⁴ tʂʰuei⁰ 耳垂

耳朵垂子 ər⁵² tuo⁰ tʂʰuei²¹ tsə?²⁴

羊圈门儿 iaŋ²¹ tɕyɛn⁴⁴ mə̃r²⁴ 耳垂上边的豁口

耳朵眼子 ər⁵² tuo⁰ niɛn⁵² tsʅ⁰ 耳洞

破脸子 pʰuo⁴⁴ liɛn²¹ tsʅ⁰ 旧时男孩打耳洞

耳塞 ər⁵² sei²¹ 耳屎

耳背 ər⁵² pei⁴⁴ 听力不好

下巴子 xa⁴⁴ pa²¹ tsʅ⁰

喉咙 xəu²¹ ləu⁴⁴

忽送气 xu²¹ suɤŋ⁴⁴ tɕʰi⁴⁴ 喉结("忽"当为"喉"受后字同化,变合口呼)

胡子 xu²¹ tsʅ⁰

圈脸胡 tɕʰyɛn²¹ liɛn⁵² xu²⁴ 络腮胡子

八岔胡 pa²¹ tsʰa⁴⁴ xu²⁴ 八字胡

巴胡 pa²¹ xu²⁴ 下巴须

髭胡 tsʰʅ²¹ xu²⁴ 上嘴唇胡须

(2)手、脚、胸、背

肩畔 tɕiɛn²¹ pɛn⁰ 肩膀

肩头 tɕiɛn²¹ tʰəu²⁴

肩头拐子 tɕiɛn²¹ tʰəu⁰ kuɛ⁵² tsʐ⁰
　　肩和手臂的交接处

肩胛骨 tɕiɛn²¹ tɕia²¹ ku⁰

锁骨 suo⁵² ku⁰

腔子 tɕʰiaŋ²¹ tsʐ⁰

　胸脯 ɕyɤŋ²¹ pʰu⁰

奶房子 nɛ⁵² faŋ²¹ tsʐ⁰　乳房

奶头 nɛ⁵² tʰəu⁰　乳头

人奶 zɤŋ²⁴ nɛ⁵²　乳汁

　奶 nɛ⁵²

心口子 ɕiɤŋ²¹ kʰəu⁵² tsʐ⁰

肋巴 lei²¹ pa⁰　肋骨

肚子 tu⁴⁴ tsʐ⁰

小肚子 ɕio⁵² tu⁴⁴ tsʐ⁰

肚目脐儿 tu⁴⁴ mu²¹ tɕʰiər²⁴　肚脐

腰 io²¹

脊背 tɕi²¹ pei⁴⁴

脊背心 tɕi²¹ pei⁴⁴ ɕiɤŋ²¹　脊梁的
　中心部位

脊梁骨 tɕi²¹ liaŋ⁰ ku⁵²

胳膊 kəʔ⁴ puo⁰

大胳膊 ta⁴⁴ kəʔ⁴ puo⁰　上臂

小胳膊 ɕio⁵² kəʔ⁴ puo⁰　小臂

胳肘子 kəʔ⁴ tsəu⁴⁴ tsʔ⁰

胳老ᵕ窝 kəʔ⁴ lo⁰ vuo²¹　腋窝

膈路ᵕ kəʔ⁴ ləu⁴⁴　①哈痒的动作；②
　被哈痒的感觉

手腕子 ʂəu⁵² vɛn⁴⁴ tsʐ⁰

手腕儿 ʂəu⁵² vɐr⁴⁴　手段, 伎俩

左手 tsuo⁵² ʂəu⁰

右手 iəu⁴⁴ ʂəu⁵²

指头子 tsəʔ⁴ tʰəu⁴⁴ tsʐ⁰

骨节子 ku⁴⁴ tɕiɛ²¹ tsʐ⁰　指头关节
（"骨"声调特殊）

骨头 ku⁴⁴ tu⁴⁴　（"头"的韵母受
　　"骨"同化）

手缝 ʂəu⁵² fɤŋ⁴⁴　手指缝儿

丁痂 tiɤŋ²¹ tɕia⁰　老茧

大拇佬儿 ta⁴⁴ məʔ²¹ lər²⁴　大拇指

　大指头儿 ta⁴⁴ tsəʔ⁴ tʰər⁴⁴

二指头儿 ər⁴⁴ tsəʔ⁴ tʰər⁴⁴　食指

中指指 tʂuɤŋ²¹ tsʰʐ²¹ tsʰʐ⁰　中指
（"指"声母送气）

小拇棍儿 ɕio⁵² məʔ²¹ kũr⁴⁴
　小指

　小拇佬儿 ɕio⁵² məʔ²¹ lər²⁴

　小指头儿 ɕio⁵² tsəʔ⁴ tʰər⁴⁴

指甲 tsʐ⁵² tɕia⁰

筒筒指甲 tʰuɤŋ⁵² tʰuɤŋ⁰ tsʐ⁵² tɕia⁰
　有弧度的指甲

荞麦皮指甲 tɕʰio²¹ mei⁴⁴ pʰi²⁴
　tsʐ⁵² tɕia⁰　没弧度的指甲

指甲眉毛 tsʐ⁵² tɕia⁰ mi²⁴ mo⁰　指
　甲盖和指甲肌肉连接处

指头蛋子 tsʐ⁵² tʰəu⁰ tɛn⁴⁴ tsəʔ⁰

手指末端有指纹的略微隆起的部分

槌头 tʂʰuei²⁴ tʰəu⁰　拳头

手掌 ʂəu⁵² tʂaŋ⁰

　巴掌 pɑ²¹ tʂaŋ⁰

震耳子 tsɤŋ⁴⁴ ər⁵² tsʅ⁰　耳光

　耳刮子 ər⁵² kuɑ²¹ tsʅ⁰

　比斗 pi²⁴ təu⁰

手心 ʂəu⁵² ɕiɤŋ²¹

手背 ʂəu⁵² pei⁴⁴

胯拉骨 kʰuɑ⁴⁴ lɑ²¹ ku⁰　胯骨

胯拉头子 kʰuɑ⁵² lɑ²¹ tʰəu²⁴ tsʅ⁰
　　大腿根儿

腿 tʰuei⁵²

大腿 tɑ⁴⁴ tʰuei⁰

大腿面子 tɑ⁴⁴ tʰuei⁰ miɛn⁴⁴ tsʅ⁰
　　大腿腿面

小腿 ɕiɔ²⁴ tʰuei⁵²

腿猪娃子 tʰuei⁵² tʂu²¹ vɑ²¹ tsʅ⁰
　　小腿肚

波罗盖子 puɔ²¹ luɔ⁰ kɛ⁴⁴ tsʅ⁰　膝盖

腿裆 tʰuei⁵² taŋ⁰　两腿之间

沟子 kəu⁴⁴ tsəʔ⁰　肛门

沟蛋子 kəu⁴⁴ tɛn⁴⁴ tsəʔ⁰　屁股蛋

沟壕子 kəu⁴⁴ xɔ²¹ tsʅ⁰　股沟

精沟子 tɕiɤŋ²¹ kəu⁴⁴ tsʅ⁰　光屁股

尾巴杆子 i⁵² pa⁰ kɛn²¹ tsʅ⁰　尾骨

尿 tɕʰiəu²⁴　男阴

　鸡儿 tɕiər²¹

鸡溜子 tɕi²¹ liəu⁴⁴ tsʅ⁰

下身 xɑ⁴⁴ ʂɤŋ²¹　女子私处的讳称

屄 pi²⁴　女阴

　扁溜子 pɛn⁵² liəu⁴⁴ tsʅ⁰

　扁鸡溜子 pɛn⁵² tɕi²¹ liəu⁴⁴ tsʅ⁰

　扁鸡 pɛn⁵² tɕi⁰

　扁扁 pɛn⁵² pɛn⁰

　扁子 pɛn⁵² tsʅ⁰

牛牛 niəu²⁴ niəu⁰　小孩儿男阴

　鸡鸡 tɕi²¹ tɕi⁰

透 tʰəu⁴⁴　性交

　入 zʅ²¹

　肏 tsʰɔ⁴⁴

尿 suɤŋ²⁴　精液

脚腕子 tɕyɔ²¹ vɛn⁴⁴ tsʅ⁰

划拉骨 xuɑ²¹ lɑ⁴⁴ ku⁰　脚踝

脚片子 tɕyɔ²¹ pʰiɛn⁵² tsʅ⁰

精脚片子 tɕiɤŋ²¹ tɕyɔ²¹ pʰiɛn⁵²
　tsʅ⁰　赤脚

脚梁面 tɕyɔ²¹ liaŋ²¹ miɛn⁴⁴　脚背

　脚梁背 tɕyɔ²¹ liaŋ²¹ pei⁴⁴

脚掌子 tɕyɔ²¹ tʂaŋ⁵² tsəʔ⁰

脚心 tɕyɔ²¹ ɕiɤŋ⁰

脚尖子 tɕyɔ²¹ tɕiɛn²¹ tsʅ⁰　脚尖

脚指头 tɕyɔ²¹ tsʅ²¹ tʰəu⁴⁴

脚趾甲 tɕyɔ²⁴ tsʅ²¹ tɕiɑ⁰

脚后跟 tɕyɔ²¹ xəu⁴⁴ kɤŋ²¹

脚踪 tɕyɔ²¹ tsuɤŋ⁴⁴　脚印

鸡眼丁 tɕi²¹ niɛn⁵² tiɤŋ⁰　鸡眼

裂子 lie²¹ tsʅ⁰　①裂缝；②手脚上因干、冷迸开的缝儿

(3)其他

头发旋儿 tʰəu²⁴ fa⁰ ɕyɐr⁴⁴

双旋儿 ʂuaŋ²¹ ɕyɐr⁴⁴

单旋儿 tɛn²¹ ɕyɐr⁴⁴

指纹 tsʅ⁵² vɤŋ²⁴

手印 ʂəu⁵² iɤŋ⁴⁴

孛篮 pʰu²¹ lɛn⁴⁴　圆形指纹(又见四类)

簸箕 puo²¹ tɕʰi⁰　簸箕形指纹(又见四类)

汗毛 xɛn⁴⁴ mɔ⁰

毛 孔 眼 子 mɔ²⁴ kʰuɤŋ⁰ niɛn⁵² tsʅ⁰　毛孔

记 tɕi⁴⁴　胎记

痣 tsʅ⁴⁴

骨殖 ku²¹ ʂʅ⁰

没骨殖 muo²⁴ ku²¹ ʂʅ⁰　没骨气

筋 tɕiɤŋ²¹

血 ɕie²¹

血管 ɕie²⁴ kuɛn⁵²

脉 mei²¹

心 ɕiɤŋ²¹

肝子 kɛn²¹ tsʅ⁰

肺子 fei⁴⁴ tsʅ⁰

胆 tɛn⁵²

脾 pʰi²¹

胃 vei⁴⁴

腰子 iɔ²¹ tsʅ⁰　肾

肠子 tʂʰaŋ²¹ tsʅ⁴⁴

大肠 ta⁴⁴ tʂʰaŋ²⁴

小肠 ɕiɔ⁵² tʂʰaŋ²⁴

盲肠 maŋ²⁴ tʂʰaŋ²⁴

十二　疾病、医疗

(1)一般用语

难活 nɛn²⁴ xuo²⁴　①生病；②难受

不乖 pu²¹ kuᴇ²¹　(小孩儿)①生病；②不听话

小病 ɕiɔ⁵² piɤŋ⁴⁴

大病 ta⁴⁴ piɤŋ⁴⁴

重病 tʂuɤŋ⁴⁴ piɤŋ⁴⁴

急病 tɕi²¹ piɤŋ⁴⁴

病急 piɤŋ⁴⁴ tɕi²⁴

病重咧 piɤŋ⁴⁴ tʂuɤŋ⁴⁴ lie⁰　病重了
病紧当咧 piɤŋ⁴⁴ tɕiɤŋ⁵² taŋ²¹ lie⁰

病得伤咧 piɤŋ⁴⁴ tei²¹ ʂaŋ²¹ lie⁰

病轻咧 piɤŋ⁴⁴ tɕʰiɤŋ²¹ lie⁰

病好咧 piɤŋ⁴⁴ xɔ⁵² lie⁰

请医生 tɕʰiɤŋ⁵² i²¹ sɤŋ⁰

　请大夫 tɕʰiɤŋ⁵² tE⁴⁴ fu⁰

常见病 tʂaŋ²¹ tɕiɛn⁴⁴ piɤŋ⁴⁴

看病 kʰɛn⁴⁴ piɤŋ⁴⁴

号脉 xɔ⁴⁴ mei²¹

开方子 kʰE²¹ faŋ²¹ tsʅ⁰

偏方 pʰiɛn²¹ faŋ⁰

抓药 tʂua²¹ yo²¹　买中药

买药 mE⁵² yo²¹　买西药

药铺 yo²¹ pʰu⁴⁴　中药铺、西药铺

(药)引子 (yo²¹) iɤŋ⁵² tsʅ⁰

一服药 i²¹ fu²⁴ yo²¹

药锅子 yo²¹ kuo²¹ tsʅ⁰

熬药 nɔ²⁴ yo²¹

膏药 kɔ⁵² yo²¹

贴膏药 tʰie²¹ kɔ⁵² yo²¹

药膏子 yo²¹ kɔ⁵² tsʅ⁰

搽药膏子 tsʰa²¹ yo²¹ kɔ⁵² tsʅ⁰

抹药 muo⁵² yo²¹

颗颗药 kʰuo²¹ kʰuo⁰ yo²¹　粒状
　药品

水水药 ʂuei⁵² ʂuei⁰ yo²¹　液体状
　药品

面面药 miɛn⁴⁴ miɛn⁰ yo²¹　粉状
　药品

发汗 fa²¹ xɛn⁴⁴

泻火 ɕie⁴⁴ xuo⁵²

　下火 ɕia⁴⁴ xuo⁰

去湿 tɕʰi⁴⁴ ʂʅ²¹

打针 ta⁵² tʂɤŋ²¹

扎针 tsa²¹ tʂɤŋ²¹

扳罐子 pɛn²¹ kuɛn⁴⁴ tsʅ⁰　拔火罐

拨治 puo²¹ tʂʅ⁰　巫神给人治病

遣送 tɕʰiɛn⁵² suɤŋ⁰　阴阳先生给人
　治病，送病走

把肚子推一下 pa⁵² tu⁴⁴ tsʅ⁰ tʰuei²¹
　i²¹ xa⁴⁴　消食

(2)内科

跑肚 pʰɔ⁵² tu⁴⁴

　涝稀 lɔ⁴⁴ ɕi²¹

　拉稀 la²¹ ɕi²¹

　拉肚子 la²¹ tu⁴⁴ tsʅ⁰

烧咧 ʂɔ²¹ lie⁰　发烧

发寒遭冷 fa²¹ xɛn²¹ tsɔ⁴⁴ lɤŋ⁵²

　发冷 fa²¹ lɤŋ⁵²

起鸡皮疙瘩 tɕʰie⁵² tɕi²¹ pʰi²⁴
　kə²⁴ ta⁰

起风丝＝tɕʰie⁵² fɤŋ²¹ sʅ⁰　着凉后脸
　上、身上起的成片小疙瘩

飚 pʰie²¹　被冷风吹导致着凉感冒

冒风 mɔ⁴⁴ fɤŋ²¹

着凉 tʂuo²⁴ liaŋ²⁴

风发 fɤŋ²¹ fa⁰　轻微的伤风感冒

伤风 ʂaŋ²¹ fɤŋ⁰

　感冒 kɛn⁵² mɔ⁴⁴

咳嗽 kʰəʔ²⁴ səu⁴⁴

中暑 tʂuɤŋ⁴⁴ ʂu⁵²

上火 ʂaŋ⁴⁴ xuo⁵²

　有火气咧 iəu²⁴ xuo⁵² tɕʰi⁴⁴ lie⁰

头昏 tʰəu²⁴ xuɤŋ²¹

晕车 yɤŋ²¹ tʂʰə²¹

头疼 tʰəu²⁴ tʰɤŋ²⁴

　脑疼 nɔ²⁴ tʰɤŋ²⁴

气喘 tɕʰi⁴⁴ tʂʰuɛn⁵²

　气短 tɕʰi⁴⁴ tuɛn⁵²

气管炎 tɕʰi⁴⁴ kuɛn²¹ iɛn⁴⁴

打生食气 ta⁵² ʂɤŋ²¹ ʂɿ̩²¹ tɕʰi⁴⁴ 嗳气

恶心 nuo²¹ ɕiɤŋ⁰

　发潮 fa²¹ tʂʰɔ²⁴

干呕 kɛn²¹ nəu²⁴ 干哕

吐咧 tʰu⁵² lie⁰

心口子疼 ɕiɤŋ²¹ kʰəu⁵² tsəʔ²⁴ tʰɤŋ²⁴

肚子垫住咧 tu⁴⁴ tsɿ⁰ tien⁴⁴ tʂu⁴⁴

　lie⁰ 积食了

肚(子)疼 tu⁴⁴ (tsɿ⁰) tʰɤŋ²⁴

　绞肠痧 tɕiɔ⁵² tʂʰaŋ²⁴ sa²¹

气卵子 tɕʰi⁴⁴ luɛn⁵² tsəʔ⁰

　疝气 ʂuɛn⁴⁴ tɕʰi⁴⁴

尻门肠下来咧 pa⁵² məʔ²⁴ tʂʰaŋ⁰

　xa⁴⁴ lE²⁴ lie⁰ 脱肛("门"轻声促化)

推＝葫芦下来咧 tʰuei²⁴ xuəʔ²⁴

lu⁴⁴ xa⁴⁴ lE²⁴ lie⁰ 子宫脱垂

打摆子 ta²⁴ pE⁵² tsɿ⁰ 疟疾

霍乱 xuo²¹ luɛn⁴⁴

当差 taŋ²¹ tsʰE²¹ 出天花儿

　出花儿 tʂʰu²¹ xuɐr²¹

种花儿 tʂuɤŋ⁴⁴ xuɐr²¹ 种牛痘(又

　见五类)

伤寒 ʂaŋ²¹ xɛn²⁴

瘟疫 vɤŋ²¹ i⁴⁴

黄疸 xuaŋ²¹ ten⁴⁴

烟闷咧 iɛn²¹ mɤŋ⁴⁴ lie⁰ 煤气中毒

烟呛咧 iɛn²¹ tɕʰiaŋ⁴⁴ lie⁰ ①烟呛

　了;②煤气中毒

糊涂 xu²¹ tu⁴⁴ ①昏迷不醒;②不明

　事理

抽风 tʂʰəu²¹ fɤŋ²¹ 小儿病

中风 tʂuɤŋ⁴⁴ fɤŋ²¹

瘫 tʰɛn²¹

　瘫痪 tʰɛn²¹ xuɛn⁴⁴

大脖子病 ta⁴⁴ puo²¹ tsɿ⁰ piɤŋ⁴⁴

　淋巴发炎、甲状腺肿大等会导致脖

　子变粗的疾病

肝炎 kɛn²¹ iɛn⁴⁴

肺炎 fei⁴⁴ iɛn⁴⁴

胃病 vei⁴⁴ piɤŋ⁴⁴

盲肠炎 maŋ²⁴ tʂʰaŋ⁰ iɛn⁴⁴

结核儿病 tɕie²¹ xər²⁴ piɤŋ⁴⁴

(3)外科

跌咧 tie²¹ lie⁰ 摔伤

碰咧 pʰɤŋ⁴⁴ lie⁰ 碰伤

碰破皮儿 pʰɤŋ⁴⁴ pʰuo⁴⁴ pʰiər²⁴

割个口子 kuo²¹ kəʔ²⁴ kʰəu⁵² tsʅ⁰

出血 tʂʰu²¹ ɕie⁵²

黑青 xɯ²¹ tɕʰiɤŋ⁰ 淤青

肿 tʂuɤŋ⁵²

牙瘾 ia²⁴ iɤŋ⁵² 牙齿发酸

毛儿刺 mər²¹ tsʰʅ⁴⁴ 舌头发炎

害疮儿 xɛ⁴⁴ tʂʰuãr²¹ 生疮

疥疮 tɕie⁴⁴ tʂʰuaŋ²¹

发咧 fa²¹ lie⁰

　溃脓 xuei⁴⁴ nuɤŋ²⁴

疤 pɑ²¹

结(住) 疤 疤 咧 tɕie²¹ tʂu⁰ pɑ²¹
　pɑ⁰ lie⁰ 结痂

灸疤儿 tɕiəu⁵² pɤr⁰

开刀 kʰɛ²¹ tɔ²¹

割瘤子 kuo²¹ liəu²¹ tsʅ⁰

癣 ɕyɛn⁵²

牛皮癣 niəu²⁴ pʰi²⁴ ɕyɛn⁵²

钱儿癣 tɕʰiər²⁴ ɕyɛn⁵² 头上生的
　铜钱状的癣

热颗子 ʐʅə²¹ kʰuo⁵² tsəʔ⁰ 痱子

猴子 xəu²¹ tsʅ⁴⁴ 疣

母猴子 mu⁵² xəu²¹ tsʅ⁰ 会扩散
的疣

黶子 iɛn⁵² tsʅ⁰ 黑痣

蚕色 tsʰɛn²⁴ sei²¹ 雀斑

　麻雀儿蛋 ma²⁴ tɕʰiər⁰ tɛn⁴⁴

粉刺疙瘩 fɤŋ⁵² tsʰʅ⁰ kəʔ²⁴ ta⁴⁴

　青春痘 tɕʰiɤŋ²¹ tʂʰuɤŋ⁰ təu⁴⁴

燎焦泡 liaŋ²⁴ tɕiaŋ²¹ pʰɔ⁴⁴ （"燎、
焦"韵母特殊）

臭狐子 tʂʰəu⁴⁴ xu²¹ tsʅ⁰ 狐臭

门头不对 mɤŋ²⁴ tʰəu⁰ pu²¹ tuei⁴⁴

　有狐臭（避讳的说法）

　门头不高 mɤŋ²⁴ tʰəu⁰ pu²¹ kɔ²¹

　门户不对 mɤŋ²¹ xu⁴⁴ pu²¹ tuei⁴⁴

　门户不高 mɤŋ²¹ xu⁴⁴ pu²¹ kɔ²¹

漏疮 ləu⁴⁴ tʂʰuaŋ⁰

痔疮 tsʅ⁴⁴ tʂʰuaŋ²¹

口臭 kʰəu⁵² tʂʰəu⁴⁴

鼻子不尖 pi²¹ tsʅ⁰ pəʔ²⁴ tɕiɛn²¹
　嗅觉不灵

齉鼻子 naŋ⁴⁴ pi²¹ tsʅ⁰ 鼻子不通气，
发音不清晰

哑嗓子 ia²⁴ saŋ⁵² tsʅ⁰ 声音沙哑
嗵嗓子 tʰuɤŋ²¹ saŋ⁵² tsʅ⁰

近屈子(眼)tɕiɤŋ⁴⁴ tɕʰy²¹ tsʅ⁰
（niɛn⁵²）近视眼

远视眼 yɛn⁵² sʅ⁴⁴ niɛn⁰

老花眼 lɔ⁵² xuɑ²¹ niɛn⁵²

（4）残疾等

半蹩子 pɛn⁴⁴ piɛn⁵² tsəʔ⁰ 残疾人

傻子 ʂɑ⁵² tsʅ⁰

　憨子 xɛn²¹ tsʅ⁰

　瓜子 kuɑ²¹ tsʅ⁰

　□子 tʰɤŋ⁵² tsʅ⁰

　愣子 lɤŋ⁴⁴ tsʅ⁰

骚头 sɔ⁴⁴ tʰəu²⁴ 长秃疮的人

麻子 mɑ²¹ tsʅ⁰ ①脸上生的麻子；②

　麻子脸的人

瞎子 xɑ²¹ tsʅ⁰

聋子 luɤŋ²¹ tsʅ⁰

哑子 iɑ⁵² tsʅ⁰

吃颏子 tɕie²¹ kʰuo²¹ tsʅ⁰ 结巴的人

　吃颏颏 tɕie²¹ kʰuo²¹ kʰuo⁰

一只眼 i²¹ tʂʅ²¹ niɛn⁵²

　独眼龙 tu²¹ niɛn⁵² luɤŋ²⁴ 詈词

斜眼子 ɕie²⁴ niɛn⁵² tsʅ⁰

瞪眼子 tɤŋ⁴⁴ niɛn⁵² tsʅ⁰

对眼子 tuei⁴⁴ niɛn⁵² tsəʔ⁰ 斗鸡眼

兔子嘴 tʰu⁴⁴ tsʅ⁰ tsuei⁵² 兔唇

　豁唇子 xuo²¹ tʂʰuɤŋ²¹ tsʅ⁰

豁牙子 xuo²¹ iɑ²¹ tsʅ⁰ 门牙残缺的人

瘸子 tɕʰyo²¹ tsəʔ⁰

拐子 kuE⁵² tsəʔ⁰

背锅子 pei²¹ kuo²¹ tsəʔ⁰ 驼背

　背篓锅 pei⁴⁴ ləu²¹ kuo⁰

秃手手 tʰu²¹ ʂəu⁵² ʂəu⁰ 无手指的人

六指指 liəu⁴⁴ tsʰʅ²¹ tsʰʅ⁰

左挂子 tsuo⁵² kuɑ⁴⁴ tsʰʅ⁰ 左撇子

羊羔儿疯 iɑŋ²⁴ kər²¹ fɤŋ⁰ 癫痫

十三　衣服、穿戴

（1）服装

衣裳 i²¹ ʂɑŋ⁰

穿戴 tʂʰuɛn²¹ tE⁴⁴

打扮 tɑ⁵² pɛn⁴⁴

布衫子 pu⁴⁴ sɛn²¹ tsəʔ⁰ 布单衣

工作服 kuɤŋ²¹ tsuo²¹ fu⁰

制服 tʂʅ⁴⁴ fu²⁴ 中山装

夹袄儿 tɕiɑ²⁴ nər⁵²

对门襟袄儿 tuei⁴⁴ mə⁰ tɕiɤŋ²¹

　nər⁵² 衣襟对开的上衣（"门"韵

　母弱化）

大襟袄儿 tɑ⁴⁴ tɕiɤŋ²¹ nər⁵² 有大

　襟的棉袄或夹袄

长袄儿 tʂʰɑŋ²⁴ nər⁵²

大棉袄儿 tɑ⁴⁴ miɛn²⁴ nər⁵²

马褂 mɑ⁵² kuɑ⁴⁴

旗袍 tɕʰi²⁴ pʰɔ²⁴

皮袄 pʰi²⁴ nɔ⁰

大氅 ta⁴⁴ tʂʰaŋ⁵² 长皮袄

大衣 ta⁴⁴ i²¹

短大衣 tuen⁵² ta⁴⁴ i²¹

风衣 fɤŋ²¹ i²¹

衬衣 tsʰɤŋ⁴⁴ i²¹ 衬衫

西装 ɕi²¹ tʂuaŋ²¹

　西服 ɕi²¹ fu²⁴

罩衣 tsɔ⁴⁴ i²¹ 外套

　外衣 vE⁴⁴ i²¹

内衣 luei⁴⁴ i²¹

线衣 ɕien⁴⁴ i²¹ 秋衣

线裤 ɕien⁴⁴ kʰu⁴⁴ 秋裤

毛褂褂 mɔ²¹ kua⁴⁴ kua⁰ 毛背心

棉褂褂 mien²¹ kua⁴⁴ kua⁰ 棉背心

皮褂褂 pʰi²¹ kua⁴⁴ kua⁰ 皮背心

背心 pei⁴⁴ ɕiɤŋ²¹ 只指贴身穿不带
　袖的针织衫

汗褂褂 xen⁴⁴ kua⁴⁴ kua⁰ 汗背心

长袖儿 tʂʰaŋ²¹ ɕiər⁴⁴

半袖儿 pen⁴⁴ ɕiər⁴⁴ 短袖，不分里
　穿外穿都叫"～"

半衫 pen⁴⁴ sen⁰ 短袖衬衫

斗篷儿 təu⁵² pʰɚr⁰

倒衫衫 tɔ⁴⁴ sen²¹ sen⁰ 小孩儿穿
　的扣子在背后的上衣

袄儿襟子 nər⁵² tɕiɤŋ²¹ tsʅ⁰

　袄儿襟襟 nər⁵² tɕiɤŋ²¹ tɕiɤŋ⁰

前襟 tɕʰien²⁴ tɕiɤŋ²¹

后襟 xəu⁴⁴ tɕiɤŋ²¹

大襟 ta⁴⁴ tɕiɤŋ²¹

偏襟 pʰien²¹ tɕiɤŋ²¹

对襟 tuei⁴⁴ tɕiɤŋ²¹

摆 pE⁵² 衣服下摆(又见十六、二十二类)

领子 liɤŋ⁵² tsə⁰

领口 liɤŋ²⁴ kʰəu⁵²

袖子 ɕiəu⁴⁴ tsə⁰

袖口 ɕiəu⁴⁴ kʰəu⁵²

裙子 tɕʰyɤŋ²¹ tsə⁰

衬裙 tsʰɤŋ²¹ tɕʰyɤŋ²⁴

裤子 kʰu⁴⁴ tsə⁰

单裤儿 ten²¹ kʰur⁴⁴

夹裤儿 tɕia²¹ kʰur⁴⁴

棉裤 mien²¹ kʰu⁴⁴

衩裤儿 tsʰa⁴⁴ kʰur⁴⁴ 内裤

衩裤 tsʰa⁴⁴ kʰu⁴⁴ 外穿的长度在膝
　盖以上的短裤

半裤 pen⁴⁴ kʰu⁴⁴

短裤 tuen⁵² kʰu⁴⁴ 外穿的比较短的
　短裤

连脚儿裤 lien²⁴ tɕyər²¹ kʰu⁴⁴

开裆裤 kʰE²¹ taŋ²¹ kʰu⁴⁴

有裆裤 iəu⁵² taŋ²¹ kʰu⁴⁴

裤裆 k^hu^{44} $taŋ^{21}$

裤腰子 k^hu^{44} $iɔ^{21}$ $tsəʔ^0$

裤带 k^hu^{44} $tɛ^{44}$

裤腿 k^hu^{44} t^huei^{52}

倒衩衩 $tɔ^{44}$ ts^ha^{52} ts^ha^0 兜儿

奶窑儿 $nɛ^{52}$ $iər^{44}$ 上衣兜儿

裤衩儿 k^hu^{44} $ts^hɐr^0$ 裤子兜儿

　裤衩衩 k^hu^{44} $ts^hɐr^{52}$ $ts^hɐr^0$

纽子 $niɔu^{52}$ $tsʅ^0$ 旧式纽扣儿

扣子 $k^həu^{44}$ $tsəʔ^0$ 新式纽扣儿

纽门子 $niɔu^{52}$ $mɤŋ^{21}$ $tsʅ^{44}$ 旧式
　扣眼儿

扣门子 $k^həu^{44}$ $mɤŋ^{21}$ $tsʅ^{44}$ 新式
　扣眼儿

风景扣 $fɤŋ^{21}$ $tɕiɤŋ^{52}$ $k^həu^{44}$ 制服
　领子上的小扣子或小钩儿（"景"当
　为"纪"的讹变）

扣襻 $k^həu^{44}$ $p^hɛn^{44}$

(2)鞋帽

鞋 $xɛ^{24}$

拖鞋 t^huo^{21} $xɛ^{24}$

暖鞋 $nuɛn^{52}$ $xɛ^{24}$

毡鞋 $tʂen^{21}$ $xɛ^{24}$

单鞋 ten^{21} $xɛ^{24}$

胶鞋 $tɕiɔ^{21}$ $xɛ^{24}$

皮鞋 p^hi^{24} $xɛ^{24}$

布鞋 pu^{44} $xɛ^{24}$

雨鞋 y^{52} $xɛ^{24}$

牛鼻梁鞋 $niəu^{24}$ pi^{21} $liaŋ^0$ $xɛ^{24}$
　旧时老年人穿的牛鼻形鞋头的布鞋

方口儿鞋 $faŋ^{21}$ $k^hər^{52}$ $xɛ^{24}$

靴子 $ɕyo^{21}$ $tsəʔ^0$

靴靿子 $ɕyo^{21}$ $iɔ^{44}$ $tsəʔ^0$ 靴筒

鞋底子 $xɛ^{24}$ ti^{52} $tsəʔ^0$

鞋帮子 $xɛ^{24}$ $paŋ^{21}$ $tsəʔ^0$

鞋楦子 $xɛ^{24}$ $ɕyɛn^{44}$ $tsəʔ^0$

鞋溜子 $xɛ^{24}$ $liəu^{44}$ $tsəʔ^0$ 鞋拔子

鞋带 $xɛ^{21}$ $tɛ^{44}$

袜子 va^{21} $tsʅ^0$

线袜 $ɕien^{44}$ va^0

丝袜 $sʅ^{21}$ va^0

长袜 $tʂ^haŋ^{24}$ va^0

短袜 $tuɛn^{52}$ va^0

袜底 va^{21} ti^{52}

包脚布子 $pɔ^{21}$ $tɕyo^{21}$ pu^{44} $tsʅ^0$
　(旧)过去来当地的山西人喜用

裹缠 kuo^{52} $tʂ^hɛn^{24}$ 裹腿

腿带子 t^huei^{52} $tɛ^{44}$ $tsəʔ^0$ 扎裤腿
　的带子

小帽儿 $ɕiɔ^{52}$ $mər^0$ 瓜皮帽

礼帽 li^{21} $mɔ^{44}$

草帽儿 $ts^hɔ^{52}$ $mər^{44}$

衬帽儿 $ts^hɤŋ^{44}$ $mər^0$ 夏天农民戴

的布制薄帽

毡帽儿 tʂɛn²¹ mər⁴⁴

暖帽子 nuɛn⁵² mɔ⁴⁴ tsəʔ⁰ 棉帽

军帽儿 tɕyɤŋ²¹ mər⁴⁴

帽苫苫 mɔ⁴⁴ ʂɛn⁴⁴ ʂɛn⁰ 帽檐儿

帽壳壳 mɔ⁴⁴ kʰuo²¹ kʰuo⁰

帽耳朵 mɔ⁴⁴ ər⁵² tuo⁰ 棉帽的
护耳

(3) 装饰品

首饰 ʂəu⁵² ʂɿ⁰

箍子 ku²¹ tsɿ⁰ 戒指

项圈 xaŋ⁴⁴ tɕʰyɛn²¹

项链 ɕiaŋ⁴⁴ liɛn⁴⁴

百家锁儿 pei⁵² tɕia²¹ suor⁵² 小
孩脖子上带的银质或铜质锁儿，一
面雕"百家保锁"四字，另一面雕"长
命富贵"四字

别针儿 pie²¹ tʂɤr⁰

簪子 tsɛn²¹ tsɿ⁰

耳环 ər⁵² xuɛn⁰

耳坠子 ər⁵² tʂuei⁴⁴ tsɿ⁰

手钏儿 ʂəu²⁴ tʂʰuɐr⁰ 手镯

胭脂 iɛn²¹ tsɿ⁰

粉 fɤŋ⁵² 化妆用的粉（又见十四、
二十二类）

润脸油 zʮɤŋ⁴⁴ liɛn⁵² iəu²⁴

擦脸油 tsʰa²¹ liɛn⁵² iəu²⁴

雪花膏 ɕyo²¹ xua²¹ kɔ⁵²(旧)

(4) 其他穿戴用品

兜兜 təu²¹ təu⁰ 长方形肚兜

围裙子 vei²⁴ tɕʰyɤŋ²¹ tsɿ⁰

套袖子 tʰɔ⁴⁴ ɕiəu⁴⁴ tsəʔ⁰ 袖套

领水牌牌 xɛn²⁴ ʂuei⁵² pʰE²⁴ pʰE⁰
围嘴儿

围巾儿 vei²⁴ tɕiər²¹

围脖子 vei²⁴ puo²¹ tsəʔ⁰

手套儿 ʂəu⁵² tʰər⁴⁴

耳套儿 ər⁵² tʰər⁴⁴

尿裤裤 niɔ⁴⁴ tɕʰie⁴⁴ tɕʰie⁰

尿布 niɔ⁴⁴ pu⁴⁴

眼镜 niɛn⁵² tɕiɤŋ⁴⁴

风镜 fɤŋ²¹ tɕiɤŋ⁴⁴

望远镜 vaŋ⁴⁴ yɛn⁵² tɕiɤŋ⁴⁴

钱包包 tɕʰiɛn²⁴ pɔ²¹ pɔ⁰

手表 ʂəu²⁴ piɔ⁵²

伞 sɛn⁵² 总称

雨伞 y²⁴ sɛn⁵²

雨衣 y⁵² i²¹

雨毡 y⁵² tʂɛn²¹ 过去用来挡雨的披
在身上的羊毛毡

十四　饮食

(1)伙食

早饭 tsɔ⁵² fen⁴⁴

硬早点 niɤŋ⁴⁴ tsɔ²⁴ tien⁰ 以肉食
　　为主的早饭,如肉夹馍、羊肉面等

晌午饭 ʂaŋ²⁴ vu⁵² fen⁴⁴

黑了饭 xə⁷ɛ²⁴ lə⁰ fen⁴⁴ 晚饭

　　黑夜饭 xu²¹ ie⁴⁴ fen⁴⁴

打尖 ta⁵² tɕien²¹ 干农活儿或行路
　　途中吃点东西

干粮 ken²¹ liaŋ²⁴

吃的 tʂʰʅ²¹ ti⁰

零碎吃的儿 liɤŋ²¹ suei⁴⁴ tʂʰʅ²¹
　　tər⁰ 零食

爆米花儿 pɔ⁴⁴ mi⁰ xuɐr⁰

点心 tien⁵² ɕiɤŋ²¹

炉馍馍 ləu²⁴ muo²⁴ muo⁰

钍馍馍 tʰuo²¹ muo²⁴ muo⁰

夜饭 ie⁴⁴ fen⁴⁴ 夜宵

　　宵夜 ɕiɔ²¹ ie⁴⁴

(2)米食

干饭 ken²¹ fen⁴⁴ 捞或蒸的米饭

米饭 mi²¹ fen⁴⁴

　　大米饭 ta⁴⁴ mi⁰ fen⁴⁴

黄米饭 xuaŋ²⁴ mi⁰ fen⁴⁴

小米饭 ɕiɔ²⁴ mi⁰ fen⁴⁴

两米子饭 liaŋ²⁴ mi⁵² tsʅ⁰ fen⁴⁴

八宝饭 pa²¹ pɔ⁵² fen⁴⁴

豆豆饭 təu⁴⁴ təu⁰ fen⁴⁴

黄米黏饭 xuaŋ²⁴ mi⁰ ʐẹn²¹ fen⁴⁴

燕麦甑饭 ien⁴⁴ mei²¹ tɕiɤŋ⁴⁴ fen⁴⁴

绿豆小米米汤 lu²¹ təu⁴⁴ ɕiɔ²⁴ mi⁰
　　mi⁵² tʰaŋ⁰

豇豆米汤 tɕiaŋ²¹ təu⁴⁴ mi⁵² tʰaŋ⁰

豆面米汤 təu⁴⁴ mien⁰ mi⁵² tʰaŋ⁰

豆浆米汤 təu⁴⁴ tɕiaŋ⁰ mi⁵² tʰaŋ⁰

麻福汤 ma²⁴ fu²⁴ tʰaŋ²¹

和儿和儿饭 xuɐr⁴⁴ xuɐr⁰ fen⁴⁴

　　和菜饭 xuo⁴⁴ tsʰɛ⁰ fen⁴⁴

　　炝饭 tɕʰiaŋ⁴⁴ fen⁴⁴

(南)瓜米汤 (nen²⁴) kua²¹ mi⁵²
　　tʰaŋ⁰

腊八饭 la²¹ pa²¹ fen⁴⁴

剩饭 ʂɤŋ⁴⁴ fen⁴⁴

(饭)焦咧 tɕiɔ²¹ lie⁰

(饭)撕气咧 sʅ²¹ tɕʰi⁴⁴ lie⁰ 馊了

醭气 pʰu²¹ tɕʰi⁴⁴ (食物)发霉,大米
　　～咧、一股～味

刮刮 kua²¹ kua⁴⁴ 锅巴

粽子 tsuɤŋ⁴⁴ tsʅ⁰

糕 kɔ²¹

糕角角 $kɔ^{21}$ $tɕyo^{21}$ $tɕyo^{0}$ 角子糕。
"角"就是"饺"的本字，状如饺子而个头较大。晋语和西北官话指糕时，都用"角"

油糕 $iəu^{24}$ $kɔ^{21}$ 油炸糕

甜糕 $tʰien^{24}$ $kɔ^{21}$ 未炸的糕

枣儿糕 $tsər^{52}$ $kɔ^{21}$ 糕面中间夹红枣蒸的糕

甑糕 $tɕiɤŋ^{44}$ $kɔ^{21}$

麻福糕 ma^{24} fu^{24} $kɔ^{21}$

麻福角角 ma^{24} fu^{24} $tɕyo^{21}$ $tɕyo^{0}$

熟米 $ʂu^{24}$ mi^{52}

炒米 $tsʰɔ^{24}$ mi^{52}

（3）面食

白面 pei^{21} $mien^{44}$

面条儿 $mien^{44}$ $tʰiər^{24}$

面片儿 $mien^{44}$ $pʰiɐr^{44}$

挂面 kua^{44} $mien^{0}$

卤面 lu^{52} $mien^{44}$ 豆腐片、肉片等做的卤汤泡挂面

打卤面 ta^{24} lu^{52} $mien^{44}$

汤面 $tʰaŋ^{21}$ $mien^{44}$

酸汤面 $suen^{21}$ $tʰaŋ^{21}$ $mien^{44}$

臊子面 $sɔ^{44}$ $tsəʔ^{0}$ $mien^{44}$

臊子 $sɔ^{44}$ $tsəʔ^{0}$ 拌面的肉酱

素臊子 su^{44} $sɔ^{44}$ $tsəʔ^{0}$

削面 $ɕiəu^{21}$ $mien^{44}$

刀削面 $tɔ^{21}$ $ɕyo^{21}$ $mien^{44}$

饸饹 xuo^{21} luo^{44}

剁荞面 tuo^{44} $tɕʰiɔ^{21}$ $mien^{44}$

杂面 tsa^{21} $mien^{44}$

拌汤 pen^{44} $tʰaŋ^{21}$

蒸馍 $tʂɤŋ^{21}$ muo^{24}

花馍馍 xua^{21} muo^{24} muo^{0}

米黄儿 mi^{52} $xuãr^{24}$

蒸饼 $tʂɤŋ^{21}$ $piɤŋ^{52}$

蒸饺儿 $tʂɤŋ^{21}$ $tɕiər^{52}$

花卷 xua^{21} $tɕyen^{52}$

包子 $pɔ^{21}$ $tsəʔ^{0}$

火烧 xuo^{52} $ʂɔ^{21}$

油条 $iəu^{24}$ $tʰiɔ^{24}$

油饼子 $iəu^{24}$ $piɤŋ^{52}$ $tsʅ^{0}$

油餜儿 $iəu^{24}$ $kuor^{0}$

麻花 ma^{24} xua^{21}

锅盔 kuo^{21} $kʰuei^{0}$

摊馍馍 $tʰɛn^{21}$ muo^{24} muo^{0}

鸡肉摊馍馍 $tɕi^{21}$ $zʑəu^{44}$ $tʰɛn^{21}$ muo^{24} muo^{0}

扁食 $pien^{52}$ $ʂʅ^{0}$

饺子 $tɕiɔ^{52}$ $tsʅ^{0}$

馅子 $ɕien^{44}$ $tsəʔ^{0}$ 馅儿

馄饨 $xuɤŋ^{21}$ $tuɤŋ^{44}$

搅团 $tɕiɔ^{52}$ $tʰuen^{24}$

卜拉子 pu^{44} la^{21} $tsʅ^{0}$

山药丸子 sen^{21} yo^{0} ven^{24} $tsʅ^{0}$

山药疙瘩 sɛn²¹ yo²¹ kəʔ²¹ ta⁴⁴

燕麦靠⁼笼⁼儿 iɛn⁴⁴ mei²¹ kʰɔ⁴⁴ luə̃r⁰

荞面卷卷 tɕʰiɔ²¹ miɛn⁴⁴ tɕyɛn⁵² tɕyɛn⁰

窝窝 vuo²¹ vuo⁰

米馍馍 mi⁵² muo²⁴ muo⁰

摊黄儿 tʰɛn²¹ xuã̃r⁰

油馍馍 iəu²⁴ muo²⁴ muo⁰

圪饦儿 kəʔ⁴ tʰuə̃r⁴⁴

肉夹馍 zəu⁴⁴ tɕiɑ²¹ muo⁰

酿皮子 zɑŋ⁵² pʰi²⁴ tsʅ⁰

凉皮儿 liɑŋ²⁴ pʰiər²⁴ 面皮儿

凉面 liɑŋ²¹ miɛn⁴⁴ 凉拌白面条，拌菜通常有黄瓜、水萝卜和豆腐等

蛋糕 tɛn⁴⁴ kɔ²¹

元宵 yɛn²⁴ ɕiɔ²¹

月饼 yo²¹ piɤŋ⁵²

饼干 piɤŋ⁵² kɛn⁰

酵面 tɕiɔ⁴⁴ miɛn⁴⁴ 酵子

发面 fɑ²¹ miɛn⁴⁴

面包 miɛn⁴⁴ pɔ⁰

（4）肉、蛋

肉块子 zəu⁴⁴ kʰuɛ⁵² tsəʔ⁰

肉块儿 zəu⁴⁴ kʰuɐr⁵²

肉疙瘩 zəu⁴⁴ kəʔ²¹ ta⁴⁴

肉片儿 zəu⁴⁴ pʰiɐr⁵²

肉丝 zəu⁴⁴ sʅ²¹

油卜老⁼儿 iəu²⁴ pəʔ⁴ lər⁴⁴ 肥猪肉炸油后剩下的肉渣

烧肉 ʂɔ²¹ zəu⁴⁴ 红烧猪肉

炖肉 tuɤŋ⁴⁴ zəu⁴⁴

小炒肉 ɕiɔ²⁴ tsʰɔ⁵² zəu⁴⁴ 爆炒猪肉片

黑肉 xɯ²¹ zəu⁴⁴ 瘦肉

肥肉 fei²¹ zəu⁴⁴

皮冻儿 pʰi²¹ tuə̃r⁴⁴

猪头 tʂu²¹ tʰəu²⁴

猪舌头 tʂu²¹ ʂə̃²¹ tʰəu⁰

猪耳朵 tʂu²¹ ər⁵² tuo⁰

槽头肉 tsʰɔ²⁴ tʰəu²⁴ zəu⁴⁴ 猪脖子肉

前杀⁼茂⁼ tɕʰiɛn²⁴ sa²¹ mɔ⁰ 猪的前半身子

正里肉 tʂɤŋ⁴⁴ li⁰ zəu⁴⁴ 猪的中间身子

后坐墩 xəu⁴⁴ tsuo⁴⁴ tuɤŋ⁰ 猪屁股肉

猪坐墩 tʂu²¹ tsuo⁴⁴ tuɤŋ⁰

软腰缠 zuɛn⁵² iɔ²¹ tʂʰɛn⁰ 猪肚子的软肉

软里子 zuɛn⁵² li²¹ tsəʔ⁰

里脊肉 li⁵² tɕʰi⁰ zəu⁴⁴

猪排骨 tʂu²¹ pʰɛ²⁴ ku⁰

肘子 tʂəu⁵² tsəʔ⁰

猪蹄子 tʂu²¹ tʰi²¹ tsəʔ⁴

猪蹄丫子 tʂu²¹ tʰi⁰ ia²¹ tsəʔ⁰　猪蹄最细的部分

猪肉皮 tʂu²¹ zəu⁴⁴ pʰi²⁴

下水 ɕia⁴⁴ ʂuei⁰　猪牛羊的内脏

红肠 xuʁŋ²⁴ tʂʰaŋ²⁴　下水里的气管，猪～、羊～

猪肺子 tʂu²¹ fei⁴⁴ tsəʔ⁰

猪肝 tʂu²¹ kɛn²¹

猪腰子 tʂu²¹ iɔ²¹ tsəʔ⁰

猪肠子 tʂu²¹ tʂʰaŋ²¹ tsəʔ⁰

猪血 tʂu²¹ ɕie⁰

猪灌肠 tʂu²¹ kuɛn⁴⁴ tʂʰaŋ⁰

板油 pen⁵² iəu⁰　猪的体腔内壁上呈板状的脂肪

　香油 ɕiaŋ²¹ iəu⁰（又见本类）

羊头 iaŋ²⁴ tʰəu²⁴

羊脑子 iaŋ²⁴ nɔ⁵² tsʅ⁰

羊壳郎⁼ iaŋ²⁴ kʰəʔ²⁴ laŋ²⁴　宰杀后去除内脏后的整只羊

前胛子 tɕʰiɛn²⁴ tɕia²¹ tsəʔ⁰　羊的前半个身子

后腿子 xəu⁴⁴ tʰuei⁵² tsəʔ⁰　羊的后半个身子

一件子 i²¹ tɕiɛn⁴⁴ tsʅ⁰　羊肉的常用单位，整羊的四分之一，连骨头带肉

篱笆片子 li²¹ pa⁰ pʰiɛn⁵² tsəʔ⁰　羊腹部的肉

羊腿子 iaŋ²⁴ tʰuei⁵² tsəʔ⁰

羊蹄子 iaŋ²⁴ tʰi²¹ tsəʔ⁰

蹄筋 tʰi²⁴ tɕiʁŋ²¹

羊油 iaŋ²⁴ iəu²⁴

羊血 iaŋ²⁴ ɕie⁰

羊羔儿肉 iaŋ²⁴ kər²¹ zəu⁴⁴

羊尾巴 iaŋ²⁴ i⁵² pa⁰

羊杂碎 iaŋ²⁴ tsa²¹ suei⁴⁴

牛头 niəu²⁴ tʰəu²⁴

牛舌头 niəu²⁴ ʂʅə²⁴ tʰəu⁰

牛肉 niəu²¹ zəu⁴⁴

牛肚子 niəu²⁴ tu⁵² tsəʔ⁰

牛筋 niəu²⁴ tɕiʁŋ²¹

牛蹄子 niəu²⁴ tʰi²¹ tsəʔ⁰

鸡肉 tɕi²¹ zəu⁴⁴

鸡囗儿肉 tɕi²¹ mɐr⁵² zəu⁴⁴　鸡脯肉

鸡胗肝 tɕi²¹ tʂʁŋ²¹ kɛn²¹　鸡胗

鸡爪子 tɕi²¹ tʂua²¹ tsəʔ⁰（又见六类）

鸡腿 tɕi²¹ tʰuei⁵²

鸡血 tɕi²¹ ɕie⁰　当地常用来和面做面片。有时把红色的鸡血面片和白面片粘成上下两层，红白相间，十分好看

鸡蛋清子 tɕi²¹ ten⁴⁴ tɕʰiʁŋ²¹ tsʅ⁰　蛋清

蛋黄儿 ten⁴⁴ xuãr²⁴

炒鸡蛋 tsʰɔ⁵² tɕi²¹ ten⁴⁴

煮鸡蛋 tʂu⁵² tɕi²¹ ten⁴⁴

滴鸡蛋 tie²¹ tɕi²¹ tɛn⁴⁴ _{煮荷包蛋}

炖鸡蛋 tuɤŋ⁴⁴ tɕi²¹ tɛn⁴⁴ _{鸡蛋羹}

鸡蛋汤 tɕi²¹ tɛn⁴⁴ tʰaŋ²¹

鸡蛋泡子 tɕi²¹ tɛn⁴⁴ pʰɔ⁴⁴ tsəʔ⁰

松花蛋 suɤŋ²¹ xua²¹ tɛn⁴⁴

香肠 ɕiaŋ²¹ tʂʰaŋ²⁴

蒸碗 tʂɤŋ²¹ vɛn⁵² _{碗装蒸熟的肉食}

八大碗儿 pa²¹ ta⁴⁴ veɹ⁰

硬八碗儿 niɤŋ⁴⁴ pa²¹ veɹ⁰

软八碗儿 zuɛn⁵² pa²¹ veɹ⁰

丸子 vɛn²¹ tsɿ⁴⁴

炖羊肉 tuɤŋ⁴⁴ iaŋ²¹ zəu⁴⁴

酥鸡 su²¹ tɕi⁰

肉勾鸡 zəu⁴⁴ kəu²¹ tɕi²¹

(5)菜

(下饭的)菜 tsʰE⁴⁴

肉菜 zəu⁴⁴ tsʰE⁴⁴

　荤菜 xuɤŋ²¹ tsʰE⁴⁴

素菜 su⁴⁴ tsʰE⁴⁴

烩菜 xuei⁴⁴ tsʰE⁴⁴

酸菜 suɛn²¹ tsʰE⁴⁴

酸白菜 suɛn²¹ pei²¹ tsʰE⁴⁴

咸菜 xɛn²¹ tsʰE⁴⁴

洋柿子酱 iaŋ²¹ sɿ⁴⁴ tsɿ⁰ tɕiaŋ⁴⁴

豆腐 təu⁴⁴ fu⁰

鲜豆腐 ɕiɛn⁵² təu⁴⁴ fu⁰

冻豆腐 tuɤŋ⁴⁴ təu⁴⁴ fu⁰

豆腐皮 təu⁴⁴ fu⁰ pʰi²⁴

腐竹 fu⁵² tʂu²⁴

豆腐干儿 təu⁴⁴ fu⁰ keɹ²¹

豆奶子 təu⁴⁴ nE⁵² tsəʔ⁰

　豆腐脑儿 təu⁴⁴ fu⁰ nəɹ²⁴

豆浆 təu⁴⁴ tɕiaŋ⁰

豆腐乳 təu⁴⁴ fu⁰ zʅ⁵²

粉 fɤŋ⁵² （又见十三、二十二类）

粉丝 fɤŋ⁵² sɿ²¹

粉条儿 fɤŋ⁵² tʰiəɹ²⁴ _{洋芋粉}

扁粉 pɛn²⁴ fɤŋ⁵²

宽粉 kʰuɛn²¹ fɤŋ⁰

细粉 ɕi⁴⁴ fɤŋ⁰

猪肉攉扁粉 tʂu²¹ zəu⁴⁴ tɕʰiɔ⁴⁴
　pɛn²⁴ fɤŋ⁵²

粉皮儿 fɤŋ⁵² pʰiəɹ²⁴

荞粉 tɕʰiɔ²⁴ fɤŋ⁰

凉粉 liaŋ²⁴ fɤŋ⁰

碗饦儿 vɛn⁵² tʰuãɹ²⁴

芡面 tɕʰiɛn⁴⁴ miɛn⁴⁴ _{洋芋芡粉}

面筋 miɛn⁴⁴ tɕiɤŋ²¹

地蒌蒌 ti⁴⁴ zua⁵² zua⁰

　地木儿 ti⁴⁴ məɹ⁰

黄花菜 xuaŋ²⁴ xua²¹ tsʰE⁴⁴ _{金针花}

　黄花儿 xuaŋ²⁴ xueɹ⁰

木儿 məɹ²¹ _{木耳}

银耳 iɤŋ²⁴ əɹ⁰ _{不产}

海参 xE⁵² sɤŋ²¹ _{不产}

海带 xɛ⁵² tɛ⁴⁴ 不产

海蜇 xɛ⁵² tʂʐ²⁴ 不产

(6) 油盐作料

蘸的 tsen⁴⁴ ti⁰ 蘸料

猪油 tʂu²¹ iəu²⁴

羊油 ɕiaŋ²⁴ iəu²⁴

清油 tɕʰiɤŋ²¹ iəu²⁴ 植物油的统称

胡麻油 xu²⁴ ma⁰ iəu²⁴

麻油 ma²⁴ iəu²⁴ 蓖麻籽儿榨的油

芸芥油 yɤŋ²¹ kɛ⁴⁴ iəu²⁴ 菜籽油

花子油 xua²¹ tsəʔ⁰ iəu²⁴ 非一种

油料作物为原料榨的油

黄芥油 xuaŋ²¹ kɛ⁴⁴ iəu²⁴

葵花油 kʰuei²⁴ xua⁰ iəu²⁴

芝麻油 tsʐ²¹ ma⁰ iəu²⁴ 用来拌凉

菜，当地不产

香油 ɕiaŋ²¹ iəu⁰ (又见本类)

盐 ien²⁴

原盐 yen²⁴ ien²⁴ 粗盐

大颗子盐 ta⁴⁴ kʰuo⁵² tsəʔ⁴ ien²⁴

分洗盐 fɤŋ²¹ ɕi⁵² ien²⁴

精盐 tɕiɤŋ²¹ ien²⁴

碘盐 tien⁵² ien²⁴

清酱 tɕʰiɤŋ²¹ tɕiaŋ⁴⁴

酱油 tɕiaŋ⁴⁴ iəu²⁴

稠酱 tʂʰəu²¹ tɕiaŋ⁴⁴ 自制的稠酱

芝麻酱 tsʐ²¹ ma²⁴ tɕiaŋ⁴⁴

面酱 mien⁴⁴ tɕiaŋ⁴⁴ 甜面酱

豆瓣儿酱 təu⁴⁴ pər⁰ tɕiaŋ⁴⁴

辣酱 la²¹ tɕiaŋ⁴⁴

醋 tsʰu⁴⁴

料酒 liɔ⁴⁴ tɕiəu⁰

调和 tʰiɔ²¹ xuo⁴⁴ 作料

大香 ta⁴⁴ ɕiaŋ⁰ 八角

花椒 xua²¹ tɕiɔ⁰

茴香 xuei²⁴ ɕiaŋ⁰

小茴香 ɕiɔ⁵² xuei²⁴ ɕiaŋ⁰

姜粉 tɕiaŋ²¹ fɤŋ⁵²

姜面儿 tɕiaŋ²¹ miər⁴⁴

胡椒粉 xu²⁴ tɕiɔ²¹ fɤŋ⁵²

陈皮 tʂʰɤŋ²⁴ pʰi²⁴ 晒干的桔子皮

味精 vei⁴⁴ tɕiɤŋ⁰

鸡精 tɕi²¹ tɕiɤŋ⁰

(7) 烟、茶、酒

烟 ien²¹

烟叶 ien²¹ ie⁰

烟丝 ien²¹ sʐ²¹

纸烟 tsʐ⁵² ien²¹

香烟 ɕiaŋ²¹ ien²¹

烟锅子 ien²¹ kuo²¹ tsəʔ⁰/tsʐ⁰

旱烟锅子 xɛn⁴⁴ ien²¹ kuo²¹ tsəʔ⁰

烟口袋 ien²¹ kʰəu⁵² tɛ⁰

旱烟袋 xɛn⁴⁴ ien²¹ tɛ⁴⁴

烟锅头子 ien²¹ kuo²¹ tʰəu²¹ tsəʔ⁰

烟斗
烟锅嘴子 iɛn²¹ kuo²¹ tsuei⁵² tsəʔ⁰
　烟嘴儿
烟煤子 iɛn²¹ mei²¹ tsəʔ⁴⁴ 　烟锈
　（又见八类）
水烟锅子 ʂuei⁵² iɛn²¹ kuo²¹ tsəʔ⁰
水烟瓶 ʂuei⁵² iɛn²¹ pʰiɤŋ²⁴
水烟袋 ʂuei⁵² iɛn²¹ tɛ⁴⁴
火镰 xuo⁵² liɛn²⁴
煤子 mei²¹ tsʅ⁴⁴ 　抽水烟点火用的
　纸捻子
茶 tsʰɑ²⁴
奶茶 nɛ⁵² tsʰɑ²⁴
砖茶 tʂuɛn²¹ tsʰɑ²⁴
花茶 xuɑ²¹ tsʰɑ²⁴
绿茶 lu²¹ tsʰɑ²⁴
茶叶 tsʰɑ²⁴ ie⁰
煮茶 tʂu⁵² tsʰɑ²⁴ 　煮砖茶
扑茶 pʰu²¹ tsʰɑ²⁴ 　沏绿茶
倒茶 tɔ⁴⁴ tsʰɑ²⁴
烧酒 ʂɔ²¹ tɕiəu⁰
　白酒 pei²⁴ tɕiəu⁰

浑酒 xuɤŋ²⁴ tɕiəu⁵²
　糯糯酒 lyɛn⁴⁴ lyɛn⁰ tɕiəu⁵²
　黄酒 xuɑŋ²⁴ tɕiəu⁵²
糖 tʰɑŋ²⁴
块块糖 kʰuɛ⁵² kʰuɛ⁰ tʰɑŋ²⁴ 　用糖
　纸包装的块状糖
奶糖 nɛ⁵² tʰɑŋ²⁴
水果糖 ʂuei²⁴ kuo⁵² tʰɑŋ²⁴ 硬糖
豆豆糖 təu⁴⁴ təu⁰ tʰɑŋ²⁴ 糖粒儿
砂糖 sɑ²¹ tʰɑŋ²⁴
　白糖 pei²⁴ tʰɑŋ²⁴
黑糖 xɯ²¹ tʰɑŋ²⁴ 红糖
冰糖 piɤŋ²¹ tʰɑŋ²¹
花生糖 xuɑ²¹ sɤŋ²¹ tʰɑŋ⁰ 一种传
　统小吃, 用麦芽糖稀和花生、豆子
　制成
　麻糖 mɑ²⁴ tʰɑŋ²⁴
酥油 su²¹ iəu⁰
酪蛋子 lɔ⁴⁴ tɛn⁴⁴ tsʅ⁰
味道 vei⁴⁴ tɔ⁰
味气 vei⁴⁴ tɕʰi⁰ 气味儿

十五　红白大事

(1) 婚姻、生育

亲事 tɕʰiɤŋ²¹ sʅ⁴⁴

婚事 xuɤŋ²¹ sʅ⁴⁴
媒人 mei²⁴ zɤŋ⁰
媒婆婆 mei²⁴ pʰuo²⁴ pʰuo⁰

介绍人 tɕie⁴⁴ ʂɔ⁴⁴ zɣŋ²⁴

岁数 suei⁴⁴ ʂu⁰

　年龄 nien²¹ liɣŋ⁴⁴

缘法 ien²⁴ fa⁰ 缘分，没～

说媒 ʂuo²¹ mei²⁴

　保媒 pɔ⁵² mei²⁴

相亲 ɕiaŋ²¹ tɕʰiɣŋ²¹

　见面 tɕien⁴⁴ mien⁴⁴

合八字 xuo²⁴ pɑ²¹ tsʅ⁴⁴

合相属 xuo²¹ ɕiaŋ⁴⁴ ʂu⁰ 合属相

合五行 xuo²⁴ vu⁵² ɕiɣŋ²⁴

犯月 fɛn⁴⁴ yo²¹

旺月 vaŋ⁴⁴ yo²¹

铁扫帚命 tʰie²¹ sɔ⁴⁴ tʂʰu⁰ miɣŋ⁴⁴

纸簸箕命 tsʅ⁵² puo⁴⁴ tɕʰi⁰ miɣŋ⁴⁴

定点 tiɣŋ⁴⁴ tien⁰ 男女确定恋爱关系

提亲 tʰi²⁴ tɕʰiɣŋ²¹

定婚 tiɣŋ⁴⁴ xuɣŋ²¹

过礼 kuo⁴⁴ li⁵²

稳跟鞋 vɣŋ⁵² kɣŋ²¹ xE²⁴

长命带 tʂʰaŋ²¹ miɣŋ⁴⁴ tE⁴⁴

好日子 xɔ⁵² ʐʅ²¹ tsə?⁰ 结婚的日子

结婚 tɕie²¹ xuɣŋ⁰

　办喜事 pɛn⁴⁴ ɕi⁵² sʅ⁴⁴

　喝喜酒 xuo²¹ ɕi²⁴ tɕiəu⁵²

过事 kuo⁴⁴ sʅ⁴⁴ 办婚事或丧事

陪嫁妆 pʰei²¹ tɕia⁴⁴ tʂuaŋ²¹

娶婆姨 tsʰʅ⁵² pʰuo²⁴ i⁰ (男子)娶妻

娶媳妇儿 tsʰʅ⁵² ɕi²¹ fər⁴⁴ 给儿子
　娶媳妇

娶儿媳妇儿 tsʰʅ⁵² ər²⁴ ɕi²¹ fər⁴⁴
　给孙子娶媳妇

寻个人家 ɕiɣŋ²¹ kə?⁰ zɣŋ²¹ tɕia⁴⁴
　找个对象

(女子)给人咧 kə?²⁴ zɣŋ²⁴ lie⁰ 许
　下人家了

　寻下人家咧 ɕiɣŋ²¹ xə⁰ zɣŋ²¹
　　tɕia⁴⁴ lie⁰

出嫁 tʂʰu²¹ tɕia⁴⁴

　嫁女子 tɕia⁴⁴ ny⁵² tsʅ⁰

轿子车 tɕiɔ⁴⁴ tsə⁰ tʂʰə⁰ 骡子或
　马拉的带顶的木轮车，是旧时专用
　婚车

　轿车子 tɕiɔ⁴⁴ tʂʰə²¹ tsə?⁰

新女婿 ɕiɣŋ²¹ ny⁵² ɕy⁰

　新郎倌儿 ɕiɣŋ²¹ laŋ²⁴ kuɐr⁰

新娘子 ɕiɣŋ²¹ niaŋ²⁴ tsə?⁰

洞房 tuɣŋ⁴⁴ faŋ²⁴

压四角 nia⁴⁴ sʅ⁴⁴ tɕyo²¹

娶亲 tsʰʅ⁵² tɕʰiɣŋ²¹

娶亲的 tsʰʅ⁵² tɕʰiɣŋ²¹ ti⁰

压箱钱 nia⁴⁴ ɕiaŋ²¹ tɕʰien²⁴

离母钱 li²⁴ mu⁵² tɕʰien²⁴

姊妹钱 tsʅ⁵² mei⁴⁴ tɕʰien²⁴

压轿 nia⁴⁴ tɕiɔ⁴⁴

撅脸 tɕyo²¹ lien⁵²

拜天地 pE⁴⁴ tʰien²¹ ti⁴⁴

踏四角 tʰa²¹ sʅ⁴⁴ tɕyo²¹

铺床 pʰu²¹ tʂʰuaŋ²⁴

翻人身 fɛn²¹ zʐŋ²⁴ ʂʐŋ²¹

没翻人身 muo²⁴ fɛn²¹ zʐŋ²⁴ ʂʐŋ²¹
　　没结婚

梳头 ʂu²¹ tʰəu²⁴　①梳头发；②结婚
　　时的一个仪式

拜祖 pE⁴⁴ tsu⁵²

儿女馍馍 ər²⁴ ny⁵² muo²⁴ muo⁰

耍房 ʂua⁵² faŋ²⁴

儿女扁食 ər²⁴ ny⁵² piɛn⁵² sʅ⁰

传代礼 tʂʰuɛn²¹ tE⁴⁴ li⁵²
　　认大小 zʐŋ⁴⁴ ta⁴⁴ ɕio⁵²

改口 kE²⁴ kʰəu⁵²

回门 xuei²⁴ mʐŋ²⁴

请新女婿 tɕʰiʐŋ⁵² ɕiʐŋ²¹ ny⁵²
　　ɕy⁰

起发 tɕʰi⁵² fa²¹

后嫁咧 xəu⁴⁴ tɕia⁴⁴ lie²¹　寡妇再嫁

改嫁 kE⁵² tɕia⁴⁴

又找了一个 iəu⁴⁴ tʂɔ⁵² lə⁰ i²¹
　　kuo⁴⁴　(男子)再婚

解怀 kE⁵² xuE²⁴　第一次生育

有咧 iəu⁵² lie⁰
　　不空咧 pu²¹ kʰuʐŋ⁴⁴ lie⁰
　　有娃娃咧 iəu⁵² va²⁴ va⁰ lie⁰
　　怀孕咧 xuE²¹ yʐŋ⁴⁴ lie⁰

害口 xE⁴⁴ kʰəu⁵²　妊娠反应
　　害娃娃 xE⁴⁴ va²⁴ va⁰

大肚婆姨 ta⁴⁴ tu⁴⁴ pʰuo²⁴ i⁰　孕妇

大肚子 ta⁴⁴ tu⁴⁴ tsəʔ⁰ (又见九类)

小月 ɕio⁵² yo²¹(又见三类)
　　小产 ɕio²⁴ tsʰɛn⁵²

打胎 ta⁵² tʰE²⁴

快坐咧 kʰuE⁴⁴ tsuo⁴⁴ lie⁰　临产
　　快养咧 kʰuE⁴⁴ iaŋ⁵² lie⁰

养娃娃 iaŋ⁵² va²⁴ va⁰　分娩

养下咧 iaŋ⁵² xa⁴⁴ lie⁰　分娩了

坐咧 tsuo⁴⁴ lie⁰

接生 tɕie²¹ sʐŋ⁰

衣胞子 i²¹ pɔ²¹ tsəʔ⁰　胎盘
　　衣胞儿 i²¹ pər²¹

月地 yo²¹ ti⁰　月子，女子生育后的第
　　一个月

坐月子 tsuo⁴⁴ yo²¹ tsəʔ⁰

月婆子 yo²¹ pʰuo²¹ tsəʔ⁰　产妇

守月子 ʂəu⁵² yo²¹ tsəʔ⁰　娘家妈照
　　料女儿坐月子

送汤 suʐŋ⁴⁴ tʰaŋ²¹

满月 mɛn⁵² yo⁰

做满月 tsu²¹ mɛn⁵² yo⁰

过百晬儿 kuo⁴⁴ pei²¹ tsuər⁴⁴

过头晬儿 kuo⁴⁴ tʰəu²¹ tsuər⁴⁴

头首首 tʰəu²⁴ ʂəu⁵² ʂəu⁰　头胎

对对娃 tuei⁴⁴ tuei⁰ va²⁴　双胞胎

对对生 tuei⁴⁴ tuei⁰ sɤŋ²¹

墓生儿 mu⁴⁴ sə̃r²¹ 遗腹子

老生儿 lɔ⁵² sə̃r²¹ 老年生的孩子

　老圪瘩儿 lɔ⁵² kəʔ²¹ ta⁴⁴ ər²⁴

吃奶 tʂʰ˞²¹ nɛ⁵²

空身子 kʰuɤŋ⁴⁴ ʂɤŋ²¹ tsəʔ⁰ ①未

　怀孕的妇女；②离婚女人或寡妇

尿床 niɔ⁴⁴ tʂʰuaŋ²⁴

撒羼 sɑ²¹ tɕiaŋ⁴⁴ 小孩睡前哭闹

　翻瞌睡 fen²¹ kʰuo²¹ ʂuei⁴⁴

打能能 ta⁵² nɤŋ²¹ nɤŋ⁰ 小孩儿学

　习站立

(2) 寿辰、丧礼

晬儿 tsuər⁴⁴ 生日

过晬儿 kuo⁴⁴ tsuər⁴⁴ 过生日

完生儿 ven²⁴ sə̃r⁰

保锁 pɔ²⁴ suo⁰

开锁 kʰɛ²¹ suo⁵²

过关 kuo⁴⁴ kuen²¹

虚诞 ɕy²¹ ten⁴⁴ 年末的生日

上寿 ʂaŋ⁴⁴ ʂəu⁴⁴ 祝寿

寿星 ʂəu⁴⁴ ɕiɤŋ²¹

白事 pei²¹ sɿ⁴⁴ 丧事

殁咧 muo²¹ lie⁰ 死了

　口闭眼合 kʰəu⁵² pi⁴⁴ nien⁵² xuo²⁴

　去世 tɕʰy⁴⁴ sɿ⁴⁴

冷事 lɤŋ⁵² sɿ⁴⁴ 非正常死亡

十二伤亡 ʂɿ²¹ ər⁴⁴ ʂaŋ²¹ vaŋ⁰

讣告 fu⁴⁴ kɔ⁴⁴

祭文 tɕi⁴⁴ vɤŋ²⁴

灵床 liɤŋ²⁴ tʂʰuaŋ²⁴

棺材 kuen²¹ tsʰɛ²⁴

寿材 ʂəu⁴⁴ tsʰɛ²⁴ 为活人准备好的

　棺材的讳称

老材 lɔ⁵² tsʰɛ²⁴

老衣 lɔ⁵² i²¹

顺心老人 ʂuɤŋ⁴⁴ ɕiɤŋ²¹ lɔ⁵² zɤŋ²⁴

过白事 kuo⁴⁴ pei²¹ sɿ⁴⁴

倒头鸡 tɔ⁵² tʰəu²⁴ tɕi²¹

打狗鞭 ta²⁴ kəu⁵² pien²¹

打狗饼 ta²⁴ kəu⁵² piɤŋ⁰

口含钱 kʰəu⁵² xen²⁴ tɕʰien²⁴

岁数纸 suei⁴⁴ ʂu⁰ tsɿ⁵²

殃单 iaŋ²¹ ten⁰ 写有亡者的生辰八

　字、死亡时辰的一张纸

入殓 zu²¹ lien⁵² 装殓

灵堂 liɤŋ²⁴ tʰaŋ²⁴

守灵鸡 ʂəu⁵² liɤŋ²⁴ tɕi²¹

迎娘家 iɤŋ²⁴ iaŋ²⁴ tɕiɑ²¹

粮饭罐子 liaŋ²¹ fen⁴⁴ kuen⁴⁴ tsɿ⁰

净脸 tɕiɤŋ⁴⁴ lien⁵²

引魂杆儿 iɤŋ⁵² xuɤŋ²⁴ kɛr²¹

守灵 ʂəu⁵² liɤŋ²⁴

请灵 tɕʰiɤŋ⁵² liɤŋ²⁴

下话 ɕiɑ⁴⁴ xuɑ⁴⁴

抖亏欠 təu⁵² kʰuei²¹ tɕʰiɛn⁴⁴

领羊 liɤŋ⁵² iaŋ²⁴

祭毛血 tɕi⁴⁴ mɔ²⁴ ɕie⁰

上饭 ʂaŋ⁴⁴ fɛn⁴⁴

游食 iəu²⁴ ʂʅ²⁴

祭食罐 tɕi⁴⁴ ʂʅ²¹ kuɛn⁴⁴

撒路灯 sa⁵² ləu⁴⁴ tɤŋ²¹

出殡 tʂʰu²¹ piɤŋ⁴⁴

　埋人 mɛ²⁴ zɤŋ²⁴

叫⁼盆子 tɕiɔ⁴⁴ pʰɤŋ²¹ tsʅ⁰

送灵 suɤŋ⁴⁴ liɤŋ²⁴

新插阴 ɕiɤŋ²¹ tsʰa²¹ iɤŋ²¹

下葬 ɕia⁴⁴ tsaŋ⁴⁴

稳像 vɤŋ⁵² ɕiaŋ⁴⁴

呛葬 tɕʰiaŋ⁴⁴ tsaŋ⁴⁴

招魂 tʂɔ²¹ xuɤŋ²⁴

复山 fu²¹ sɛn⁰

七七 tɕʰi²¹ tɕʰi⁰

过七 kuɔ⁴⁴ tɕʰi²¹　丧事结束后，每七

　天祭奠一次，直到"七七"

做头七 tsu²¹ tʰəu²⁴ tɕʰi⁰

吊纸 tiɔ⁴⁴ tsʅ⁵²　吊唁

吊孝 tiɔ⁴⁴ ɕiɔ⁴⁴

戴孝 tɛ⁴⁴ xɔ⁴⁴

守孝 ʂəu⁵² ɕiɔ⁴⁴

解孝 tɕie⁵² xɔ⁴⁴　除孝

孝子 ɕiɔ⁴⁴ tsʅ⁰

孝孙 ɕiɔ⁴⁴ suɤŋ²¹

埋 mɛ²⁴　葬

寄 tɕi⁴⁴　浮厝

火化 xuɔ⁵² xua⁴⁴　过去只有孕妇去

　世，用柴火烧化

丧棒 saŋ²¹ paŋ⁴⁴

纸火 tsʅ²⁴ xuɔ⁵²　用纸扎的人、马、

　房子等

纸扎 tsʅ⁵² tsa²⁴

童男女 tʰuɤŋ²⁴ nɛn²⁴ ny⁵²　用纸

　扎的男女童子

烧纸 ʂɔ²¹ tsʅ⁰　①祭奠时烧的纸；②

　祭奠；③上坟

鬼票儿 kuei⁵² pʰiər⁴⁴

阴票 iɤŋ²¹ pʰiɔ⁴⁴

坟院 fɤŋ²¹ yɛn⁴⁴　墓地

坟地 fɤŋ²¹ ti⁴⁴

坟冢子 fɤŋ²⁴ tʂuɤŋ⁵² tsəʔ⁰　坟头

坟堆子 fɤŋ²⁴ tuei²¹ tsʅ⁰

墓子 mu⁴⁴ tsʅ⁰　坟墓

　墓圪堆 mu⁴⁴ kəʔ²⁴ tuei⁰

碑 pei²¹　石碑

墓碑 mu⁴⁴ pei²¹

寻无常 ɕiɤŋ²⁴ vu²⁴ tʂʰaŋ⁰

　寻短见 ɕiɤŋ²⁴ tuɛn⁵² tɕiɛn⁴⁴

　自杀 tsʅ⁴⁴ sa²¹

上吊 ʂaŋ⁴⁴ tiɔ⁴⁴

跳井咧 tʰiɔ⁴⁴ tɕiɤŋ⁵² lie⁰

跳窨咧 tʰiɔ⁴⁴ tɕiɔ⁴⁴ lie⁰　窨是山地

的旱井

死人骨殖 sʅ⁵² zɤŋ²⁴ ku²¹ sʅ⁰ 尸骨

骨灰盒 ku²¹ xuei²¹ xuo²⁴

(3)迷信

老天爷 lɔ⁵² tʰiɛn²¹ ie²⁴

老天 lɔ⁵² tʰiɛn²¹

灶马爷 tsɔ⁴⁴ ma⁰ ie²⁴

佛爷 fuo²⁴ ie⁰

佛像 fuo²¹ ɕiaŋ⁴⁴

神神老儿(家) ʂɤŋ²⁴ ʂɤŋ²¹ lər⁵²

(tɕia²¹) 神仙

观音菩萨 kuɛn²¹ iɤŋ²¹ pʰu²⁴ sa⁰

观音庙 kuɛn²¹ iɤŋ²¹ miɔ⁴⁴

土地庙 tʰu⁵² ti⁴⁴ miɔ⁴⁴

山神庙 sɛn²¹ ʂɤŋ²⁴ miɔ⁴⁴

老爷庙 lɔ⁵² ie²⁴ miɔ⁴⁴ 关帝庙, 位

于延长堡

城隍庙 tsʰɤŋ²⁴ xuaŋ²⁴ miɔ⁴⁴

财神庙 tsʰE²⁴ ʂɤŋ⁰ miɔ⁴⁴

玉皇庙 y⁴⁴ xuaŋ²⁴ miɔ⁴⁴

娘娘庙 niaŋ²⁴ niaŋ⁰ miɔ⁴⁴

龙王庙 luɤŋ²⁴ vaŋ⁰ miɔ⁴⁴

弘法寺 xuɤŋ²⁴ fa⁰ sʅ⁴⁴ 当地最大

的一座寺院, 位于距县城西5公里处

姑姑庵 ku²¹ ku⁰ nɛn²¹ 尼姑庵,

通常在山区有

阎王 iɛn²⁴ vaŋ⁰

祠堂 tsʰʅ²⁴ tʰaŋ⁰

佛龛儿 fuo²⁴ kʰɐr²¹

供桌 kuɤŋ⁴⁴ tʂuo²¹

上供养 ʂaŋ⁴⁴ kuɤŋ⁴⁴ iaŋ⁰ 上供

供神神 kuɤŋ⁴⁴ ʂɤŋ²⁴ ʂɤŋ⁰ 供奉

神仙

烛台 tʂu²¹ tʰE²⁴

香 ɕiaŋ²¹

裱 piɔ⁵² 敬神烧的黄纸

香炉 ɕiaŋ²¹ ləu²⁴

点香 tiɛn⁵² ɕiaŋ⁰

签 tɕʰiɛn²¹

签簿 tɕʰiɛn²¹ pʰu⁴⁴ 印有签内容的

本子

抽签 tʂʰəu²¹ tɕʰiɛn²¹

解签 tɕie⁵² tɕʰiɛn²¹

打卦 ta⁵² kua⁴⁴ 当地用麻钱打卦

造罪 tsɔ⁴⁴ tsuei⁴⁴ 因为现世的罪孽

导致神灵惩罚人

造孽 tsɔ⁴⁴ nie²¹

妨 faŋ⁵² (迷信)妨害: 那女子八字硬,

~男人

克 kʰei²¹

叫魂 tɕiɔ⁴⁴ xuɤŋ²⁴

做道场 tsu²¹ tɔ⁴⁴ tʂʰaŋ⁵² 阴阳先

生念经

念经 niɛn⁴⁴ tɕiɤŋ²¹

阴阳 iɤŋ²¹ iaŋ²⁴

阴阳先生 iʳŋ²¹ iaŋ²⁴ ɕien²¹ sʳŋ⁰

道士 tɔ⁴⁴ sʅ⁰

看风水 kʰɛn⁴⁴ fʳŋ²¹ ʂuei⁰

算命 suɛn⁴⁴ miʳŋ⁴⁴

算命先生 suɛn⁴⁴ miʳŋ⁴⁴ ɕien²¹ sʳŋ⁰

　看麻衣相的 kʰɛn⁴⁴ ma²⁴ i²¹ ɕiaŋ⁴⁴ ti⁰

神婆婆 ʂʳŋ²⁴ pʰuo²⁴ pʰuo⁰ 巫婆

二神 ər⁴⁴ sʳŋ²⁴

神官 ʂʳŋ²⁴ kuɛn²¹ 男性

发神 faʔ²¹ sʳŋ²⁴ 设坛跳神

下阴 xɑ⁴⁴ iʳŋ²¹ (民间异人)下阴间

嫁邪 tɕia⁴⁴ ɕie²⁴ 鬼附身

许愿 ɕy⁵² yɛn⁴⁴

还愿 xuɛn²¹ yɛn⁴⁴

(4) 风俗

暖房 nuɛn⁵² faŋ²⁴

气死毛儿 tɕʰi⁴⁴ sʅ⁵² mər²⁴

灸疤儿 tɕiəu⁵² pɐr⁰

打醋炭 ta⁵² tsʰu⁴⁴ tʰɛn⁰

　打醋坛 ta⁵² tsʰu⁴⁴ tʰɛn²⁴

熬夜 nɔ²¹ ie⁴⁴ 守岁(又见十六类)

游九曲 iəu²⁴ tɕiəu⁵² tɕʰy⁰

秧歌 iaŋ²¹ kuo⁰

燎干 liɔ⁵² ken⁰

(庙)会(miɔ⁴⁴)xuei⁴⁴

送灶马爷 suʳŋ⁴⁴ tsɔ⁴⁴ ma⁰ ie²⁴

十六　日常生活

(1) 衣

穿衣裳 tʂʰuɛn²¹ i²¹ ʂaŋ⁰

脱衣裳 tʰuo²¹ i²¹ ʂaŋ⁰

抹帽子 ma²¹ mɔ⁴⁴ tsʅ⁰ 脱帽

脱鞋 tʰuo²¹ xɛ²⁴

量尺寸 liaŋ²⁴ tʂʰʅ²¹ tsʰuʳŋ⁴⁴ 量衣服

缝(衣裳)fʳŋ²⁴

　做(衣裳)tsu²¹

铰(衣裳)tɕiɔ⁵²

　裁(衣裳)tsʰE²⁴

洗一水 ɕi⁵² i²¹ ʂuei⁵² 洗了一次

摆(衣裳)pE⁵² 在清水里清洗(又见十三、二十二类)

浆(衣裳)tɕiaŋ⁴⁴

熨(衣裳)yʳŋ⁴⁴

敕边子 liɔ²⁴ pien²¹ tsəʔ⁰ 手工缝边儿

缠缝子 pʰien²¹ fʳŋ⁴⁴ tsəʔ⁰ 把两

条边对合缝起来

锁边子 suo⁵² piɛn²¹ tsəʔ⁰

缝扣子 fɤŋ²¹ kʰəu⁴⁴ tsəʔ⁰

钉扣子 tiɤŋ²¹ kʰəu⁴⁴ tsəʔ⁰

钉纽门儿 tiɤŋ²¹ niəu⁵² mə̃r²⁴

绣花儿 ɕiəu⁴⁴ xuɐr²¹

纽 tsen⁴⁴ 大针脚缝合

贴边儿 tʰie²¹ piɐr²¹ 缝在衣服里子

　边上的窄条

贴条 tʰie²¹ tʰiɔ⁰

滚边 kuɤŋ⁵² piɛn²¹ 在衣服、布鞋

　等的边缘缝制的圆棱边儿

纳鞋帮子 nɑ²¹ xɛ²⁴ paŋ²¹ tsʅ⁰

纳鞋底子 nɑ²¹ xɛ²⁴ ti⁵² tsəʔ⁰

补丁 pu²⁴ tiɤŋ⁰

补补丁 pu⁵² pu²⁴ tiɤŋ⁰

打补丁 tɑ⁵² pu²⁴ tiɤŋ⁰

缝盖体 fɤŋ²¹ kɛ⁴⁴ tʰi⁰ 做被子

装(被子、棉袄等) tʂuaŋ⁴⁴

(2)食

救火 tɕiəu⁴⁴ xuo⁵² 生火

烧火 ʂɔ²¹ xuo⁵² 使柴、煤等保持燃

　烧状态

做饭 tsu²¹ fen⁴⁴

淘米 tʰɔ²⁴ mi⁵²

起面 tɕʰi⁵² mien⁴⁴ 发面

和面 xuo²¹ mien⁴⁴ 揉面

擀面条儿 kɛn⁵² mien⁴⁴ tʰiər²⁴

扯面条儿 tʂʰɤ⁵² mien⁴⁴ tʰiər⁰

蒸馍馍 tʂɤŋ²¹ muo²⁴ muo⁰

炕干馍馍 kʰaŋ⁴⁴ ken²¹ muo²⁴ muo⁰

　用铁锅的余热把馒头片焙干，"炕"

　干的馍馍颜色略焦黄，又脆又香

拣菜 tɕien⁵² tsʰɛ⁴⁴ 择菜

做菜 tsu²¹ tsʰɛ⁴⁴

炒菜 tsʰɔ⁵² tsʰɛ⁴⁴

做汤 tsu²¹ tʰaŋ⁴⁴

饭好咧 fen⁴⁴ xɔ⁵² lie⁰ 包括饭和菜

饭熟咧 fen⁴⁴ ʂu²¹ lie⁰

(饭)夹生 tɕiɑ²¹ sɤŋ²¹

饭还没好 fen⁴⁴ xen²¹ muo²⁴ xɔ⁵²

饭没熟 fen⁴⁴ muo²⁴ ʂu⁰

开饭 kʰɛ²¹ fen⁴⁴

吃饭咧 tʂʰʅ²¹ fen⁴⁴ lie⁰

动筷子 tuɤŋ⁴⁴ kʰuɛ⁴⁴ tsʅ⁰ 开吃

舀饭 iɔ⁵² fen⁴⁴ 盛饭

抄菜 tsʰɔ²¹ tsʰɛ⁴⁴ 搛菜

挟菜 tɕiɑ²¹ tsʰɛ⁴⁴

舀汤 iɔ⁵² tʰaŋ²¹

吃饭 tʂʰʅ²¹ fen⁴⁴

哐 tie²⁴ (贬义)吃

正顿吃 tʂɤŋ⁴⁴ tuɤŋ⁴⁴ tʂʰʅ²¹ 只在

　三餐时吃

零碎吃 liɤŋ²¹ suei⁴⁴ tʂʰʅ²¹ 吃零食

肉不烂 zəu⁴⁴ pəʔ⁴ len⁴⁴

肉硬着咧 zəu⁴⁴ niɤŋ⁴⁴ tʂuo²¹ lie⁰

(吃饭)噎住咧 ie²¹ tʂu⁴⁴ lie⁰

打饱嗝儿 ta²¹ pɔ⁵² kər⁰

打嗝儿 ta²¹ kər⁰ 打冷嗝儿

　打坖□儿 ta⁵² kəʔ⁴ lər⁴⁴

(吃)夯胀咧 xaŋ²¹ tʂaŋ⁴⁴ lie⁰ 吃撑了

嘴寡的 tsuei²⁴ kua⁵² ti⁰ 嘴里没味儿

　嘴淡的 tsuei⁵² tɛn⁴⁴ ti⁰

喝茶 xuo²¹ tsʰɑ²⁴

喝酒 xuo²¹ tɕiəu⁵²

吃烟 tʂʰʅ²¹ iɛn²¹ 抽烟

饿咧 nuo⁴⁴ lie⁰

□ suɤŋ⁴⁴ 詈词,非常饿

(3) 住

起床 tɕʰi⁵² tʂʰuaŋ⁰

洗手 ɕi²⁴ ʂəu⁵²

洗脸 ɕi²⁴ liɛn⁵²

涮口 ʂuɛn⁴⁴ kʰəu⁵² 漱口

刷牙 ʂua²¹ ia²⁴

扎辫子 tsa²¹ piɛn⁴⁴ tsʅ⁰

　辫帽盖儿 piɛn⁴⁴ mɔ⁴⁴ kɛr⁴⁴

梳纂纂 ʂu⁵² tsuɛn²¹ tsuɛn⁰ 梳髻

绞指甲 tɕio⁵² tsʅ²¹ tɕiɑ⁰ 剪指甲

刮胡子 kua⁵² xu²¹ tsəʔ⁰

挖耳朵 va²¹ ər⁵² tuo⁰

洗澡 ɕi²⁴ tsɔ⁵²

擦身子 tsʰɑ²¹ ʂɤŋ²¹ tsʅ⁰ 擦澡

尿胀 nio⁴⁴ tʂaŋ⁴⁴ 尿急

屙胀 pɑ⁵² tʂaŋ⁴⁴ 想大便

解手 tɕie²⁴ ʂəu⁵² 上厕所

尿尿 nio⁴⁴ nio⁴⁴ 小便

屙屎 pɑ²⁴ sʅ⁵²

大便 ta⁴⁴ piɛn⁴⁴ (新)

歇阴凉 ɕie²¹ iɤŋ²¹ liaŋ⁰ 乘凉

晒暖暖 sɛ⁴⁴ nuɛn⁵² nuɛn⁰ 晒太阳

　晒阳阳 sɛ⁴⁴ iaŋ²⁴ iaŋ⁰

烤火 kʰɔ²⁴ xuo⁵² 取暖

点灯 tiɛn⁵² tɤŋ²¹

拉灯 la²¹ tɤŋ²¹ 关灯

缓缓 xuɛn⁵² xuɛn⁰ 休息一会儿

丢盹 tiəu²¹ tuɤŋ⁵² 打盹儿

打呵些̄ ta⁵² xuo²¹ ɕie⁰ 打哈欠

瞌睡 kʰuo²¹ ʂuei⁴⁴

铺炕 pʰu²¹ kʰaŋ⁴⁴

铺盖体 pʰu²¹ kɛ⁴⁴ tʰi⁰ 铺被子

焐盖体 vu⁴⁴ kɛ⁴⁴ tʰi⁰ 暖被窝

仰下 niaŋ⁵² xɑ⁴⁴ 躺下

睡着咧 ʂuei⁴⁴ tʂuo²⁴ lie⁰

扯呼 tʂʰʅ³⁹ xu⁰ 打呼

睡不着 ʂuei⁴⁴ pəʔ⁴ tʂuo²⁴

歇晌 ɕie²¹ ʂaŋ⁵² 睡午觉

仰躺睡 niaŋ²⁴ tʰaŋ⁵² ʂuei⁴⁴ 仰面睡

侧棱睡 tsei²¹ lɤŋ²⁴ ʂuei⁴⁴ 侧睡

趴下睡 pʰɑ²¹ xɑ⁴⁴ ʂuei⁴⁴ 趴着睡

脖子担咧 puo²¹ tsʅ⁰ tɛn⁴⁴ lie⁰

　　落枕

转筋 tʂuen⁴⁴ tɕiɤŋ²¹ (腿)抽筋

梦梦 mɤŋ⁴⁴ mɤŋ⁴⁴ 做梦

晚上胡说 vɛn⁵² ʂʅə⁰ xu²⁴ ʂuo²¹

　　说梦话

睡魇 ʂuei⁴⁴ iɛn⁵² 梦魇

熬夜 nɔ²¹ ie⁴⁴ (又见十五类)

　　开夜车 kᴇ²¹ ie⁴⁴ tʂʰʅə²¹

(4) 行

下地 xɑ⁴⁴ ti⁴⁴ 去地里干活

　　走地里 tsəu⁵² ti⁴⁴ li⁰

　　干营生 kɛn⁴⁴ iɤŋ²⁴ sɤŋ²¹

上工 ʂɑŋ⁴⁴ kuɤŋ²¹

收工 ʂəu²¹ kuɤŋ²¹

出去咧 tʂʰu²¹ tɕʰi⁴⁴ lie⁰

出门咧 tʂʰu²¹ mɤŋ²⁴ lie⁰

回家咧 xuei²⁴ tɕia²¹ lie⁰

逛街 kuaŋ⁴⁴ kᴇ²¹

　　街上转转 kᴇ²¹ ʂʅə⁰ tʂuen⁴⁴ tʂuen⁰

　　出去转(一)转 tʂʰu²¹ tɕʰi⁴⁴ tʂuen⁴⁴

　　(i²¹) tʂuen⁰ 散步

十七　讼事

打官司 tɑ⁵² kuɛn²¹ sʅ⁴⁴

告状 kɔ⁴⁴ tʂuaŋ⁴⁴

原告 yɛn²¹ kɔ⁴⁴

被告 pi⁴⁴ kɔ⁴⁴

状子 tʂuaŋ⁴⁴ tsəʔ⁰

　　诉状 su⁴⁴ tʂuaŋ⁴⁴

坐堂 tsuo⁴⁴ tʰaŋ²⁴ (旧)

退堂 tʰuei⁴⁴ tʰaŋ²⁴

问案子 vɤŋ⁴⁴ nɛn⁴⁴ tsəʔ⁰

　　审案子 ʂɤŋ⁵² nɛn⁴⁴ tsəʔ⁰

过堂 kuo⁴⁴ tʰaŋ²⁴

开庭 kʰᴇ²¹ tʰiɤŋ⁰ (新)

证人 tʂɤŋ⁴⁴ zɤŋ²⁴

人证 zɤŋ²¹ tʂɤŋ⁴⁴

物证 vu²¹ tʂɤŋ⁴⁴

对证 tuei⁴⁴ tʂɤŋ⁴⁴ 对质

刑事 ɕiɤŋ²¹ sʅ⁴⁴

民事 miɤŋ²¹ sʅ⁴⁴

家务事 tɕia²¹ vu⁴⁴ sʅ⁴⁴

律师 ly²¹ sʅ⁰

服咧 fu²⁴ lie⁰ 服从判决结果

不服 pu²¹ fu²⁴ 不服从判决结果

上诉 ʂaŋ⁴⁴ su⁴⁴

判 pʰɛn⁴⁴ 宣判

认承 zɤŋ⁴⁴ tʂʰɤŋ⁰

　招供 tʂɔ²¹ kuɤŋ⁴⁴

口供 kʰəu⁵² kuɤŋ⁴⁴

供 kuɤŋ⁴⁴ ～出同谋

　咬 niɔ⁵²

同伙儿 tʰuɤŋ²⁴ xuor⁵²

犯法 fɛn⁴⁴ fa⁰

诬告 vu⁴⁴ kɔ⁴⁴

连累 liɛn²¹ luei⁴⁴

放 出 来 咧 faŋ⁴⁴ tʂʰu²¹ lɛ²⁴ lie⁰
释放

保出来 pɔ⁵² tʂʰu²¹ lɛ⁰ 保释

寻保人 ɕiɤŋ²⁴ pɔ⁵² zɤŋ²⁴

取保 tɕʰy²⁴ pɔ⁵²

逮捕 tɛ⁴⁴ pu⁰

　抓走咧 tʂua²¹ tsəu⁵² lie⁰

　抓住咧 tʂua²¹ tʂu⁴⁴ lie⁰

　抓起来咧 tʂua²¹ tɕʰie⁵² lɛ⁰ lie⁰

　押起来咧 ia²¹ tɕʰie⁵² lɛ⁰ lie⁰

押 ia²¹ 押送

囚车 ɕiɑu²¹ tʂʰɤ⁴⁴

青天 tɕʰiɤŋ²¹ tʰiɛn⁰

清官 tɕʰiɤŋ²¹ kuɛn⁰

赃官 tsaŋ²¹ kuɛn⁰

　贪官 tʰɛn²¹ kuɛn⁰

糊涂官 xu²¹ tu⁴⁴ kuɛn²¹

收东西 ʂəu²¹ tuɤŋ²¹ ɕi⁰

　受贿 ʂəu⁴⁴ xuei⁴⁴

攡东西 zu⁴⁴ tuɤŋ²¹ ɕi⁰

　行贿 ɕiɤŋ²¹ xuei⁴⁴

贪污 tʰɛn²¹ vu⁰

罚钱 fa²⁴ tɕʰiɛn²⁴

　罚款 fa²⁴ kʰuɛn⁵²

判死刑 pʰɛn⁴⁴ sʅ⁵² ɕiɤŋ²⁴

挂上亡命牌 kua⁴⁴ ʂaŋ²¹ vaŋ⁰
miɤŋ⁴⁴ pʰE²⁴

亡命牌 vaŋ²¹ miɤŋ⁴⁴ pʰE²⁴ 插在
死囚背后验明正身的木条

枪毙 tɕʰiaŋ²¹ pi⁴⁴

　枪决 tɕʰiaŋ²¹ tɕyo⁰

　挨枪子儿 nE²⁴ tɕʰiaŋ²¹ tsər⁵²

拷打 kʰɔ²⁴ ta⁰

手镯 ʂəu²⁴ tʂuɤŋ⁵²

　铐子 kʰɔ⁴⁴ tsəʔ⁰

　手铐 ʂəu⁵² kʰɔ⁰

脚镣 tɕyo²¹ liɔ⁴⁴

绑起来 paŋ⁵² tɕʰie²¹ lE⁰

关起来 kuɛn²¹ tɕʰie²¹ lE⁰

坐禁闭 tsuo⁴⁴ tɕiɤŋ⁴⁴ pi⁴⁴

　坐牢 tsuo⁴⁴ lɔ²⁴

看犯人 kʰɛn⁴⁴ fɛn⁴⁴ zɤŋ⁰ 探监

跑咧 pʰɔ⁵² lie⁰ 越狱

写约 ɕie⁵² yo²¹

　写合同 ɕie⁵² xuo²⁴ tʰuɤŋ⁰

立字据 li²¹ tsʅ⁴⁴ tɕy⁰

画押 xua⁴⁴ ia²¹ (旧)

按手印 nɛn⁴⁴ ʂəu⁵² iɤŋ⁴⁴

签字 tɕʰiɛn²¹ tsʅ⁴⁴

捐税 tɕyɛn²¹ ʂuei⁴⁴

租子 tsu²¹ tsʅ⁰

　地租 ti⁴⁴ tsu²¹

地契 ti⁴⁴ tɕʰi⁴⁴

房契 faŋ²¹ tɕʰi⁴⁴

税契 ʂuei⁴⁴ tɕʰi⁴⁴

交税 tɕio²¹ ʂuei⁴⁴

牌照 pʰE²¹ tʂɔ⁴⁴ 汽车～

执照 tʂʅ²¹ tʂɔ⁴⁴ 营业～

布告 pu⁴⁴ kɔ⁴⁴ 告示

通知 tʰuɤŋ²¹ tʂʅ⁰

路条 ləu⁴⁴ tʰio²⁴(旧)

命令 miɤŋ⁴⁴ liɤŋ⁴⁴

印 iɤŋ⁴⁴ 官方图章(旧)

交代 tɕio²¹ tE⁴⁴ ①吩咐、说明；②把
　　经手的事务移交给接替的人

上任 ʂaŋ⁴⁴ zɤŋ⁴⁴

卸任 ɕie⁴⁴ zɤŋ⁴⁴

免职 miɛn⁵² tsʅ²⁴

　罢官 pa⁴⁴ kuɛn²¹

　罢免 pa⁴⁴ miɛn⁵²

案卷 nɛn⁴⁴ tɕyɛn⁴⁴

传票 tʂʰuɛn²¹ pʰio⁴⁴

十八　交际

应酬 iɤŋ⁴⁴ tʂʰəu⁰

来往 lE²⁴ vaŋ⁵²

看 kʰɛn⁴⁴ 看望,～人(又见二十二类)

　眊 mɔ²¹ 来自回民汉语,部分定
　　边人也说

拜访 pE⁴⁴ faŋ⁰

客 kʰei²¹ 客人

男客 nɛn²⁴ kʰei²¹ 男性客人

女客 ny⁵² kʰei²¹ 女性客人

请客 tɕʰiɤŋ⁵² kʰei²¹

招待 tʂɔ²¹ tE⁴⁴

上礼 ʂaŋ⁴⁴ li⁵² 给礼金

　行礼 ɕiɤŋ²⁴ li⁵²

送礼 suɤŋ⁴⁴ li⁵²

礼往 li²⁴ vaŋ⁰ 礼物

　礼当 li⁵² taŋ⁰

人情门户 zɤŋ²⁴ tɕʰiɤŋ⁰ mɤŋ²¹
　xu⁴⁴

做客 tsu²¹ kʰei²¹

待客 tE⁴⁴ kʰei²¹ 红白事上请亲戚吃
　宴席

待承 tE⁴⁴ tʂʰɤŋ⁰ 平时家里待客

陪客 pʰei²⁴ kʰei²¹

赍发 tɕi²¹ fa²¹　①送客；②撵客人走

　打发 ta⁵² fa⁰

甭儿送咧 pə̃r²⁴ suɤŋ⁴⁴ lie⁰　客人
　对送客的主人说的客气话

好走 xɔ²⁴ tsəu⁵²　主人对离开的客
　人说的客气话

谢谢 ɕie⁴⁴ ɕie⁰（又见二十二类）

甭儿客气 pə̃r²⁴ kʰei²¹ tɕʰi⁴⁴　别客气

摆酒席 pE²⁴ tɕiəu⁵² ɕi⁰

请帖 tɕʰiɤŋ⁵² tʰie⁰

下帖 ɕia⁴⁴ tʰie⁵²　给外婆家送请帖

发请帖 fa²¹ tɕʰiɤŋ⁵² tʰie⁰

坐席 tsuo⁴⁴ ɕi²⁴　吃酒席

　吃席 tʂʰʅ²¹ ɕi²⁴

上菜 ʂaŋ⁴⁴ tsʰE⁴⁴

倒酒 tɔ⁴⁴ tɕiəu⁵²　斟酒

看酒 kʰɛn⁴⁴ tɕiəu⁵²　敬酒

劝酒 tɕʰyɛn⁴⁴ tɕiəu⁵²

杠杯 kaŋ²⁴ pei²¹　干杯

　碰杯 pʰɤŋ⁴⁴ pei²¹

不说话咧 pəʔ²⁴ ʂuo²¹ xua⁴⁴ lie⁰
　不和

　臭咧 tʂʰəu⁴⁴ lie⁰

　逊咧 ɕyɤŋ⁴⁴ lie⁰

不忿气 pəʔ²⁴ fɤŋ⁴⁴ tɕʰi⁴⁴　不服气

冤枉 yɛn²¹ vaŋ⁰

插嘴 tsʰa²¹ tsuei⁵²

　插言 tsʰa²¹ iɛn²⁴

踏脚把把 tʰa²¹ tɕyo²¹ pa⁴⁴ pa⁰
　喻指故意找人麻烦

　踏脚后跟 tʰa²¹ tɕyo²¹ xəu⁴⁴ kɤŋ²¹

挑刺儿 tʰiɔ²¹ tsʰər⁴⁴

摆架子 pE⁵² tɕia⁴⁴ tsʅ⁰

　架子大 tɕia⁴⁴ tsʅ⁰ ta⁴⁴

出洋相 tʂʰu²¹ iaŋ²¹ ɕiaŋ⁴⁴　闹笑
　话、出丑

丢人 tiəu²¹ zɤŋ²⁴

作假 tsuo²⁴ tɕia⁵²

溜舔 liəu²¹ tʰiɛn⁵²　巴结

　溜沟子 liəu⁴⁴ kəu⁴⁴ tsəʔ⁰

串门子 tʂʰuɛn⁴⁴ mɤŋ²¹ tsəʔ⁰　①
　去别人家闲聊；②男人与女人有不
　正当关系

拉关系 la²¹ kuɛn²¹ ɕi⁴⁴

看起 kʰɛn⁴⁴ tɕʰie⁵²

　瞧起 tɕʰiɔ²⁴ tɕʰie⁵²

看不起 kʰɛn⁴⁴ pəʔ²⁴ tɕʰie⁵²

　看不下 kʰɛn⁴⁴ pəʔ²⁴ xa⁴⁴

　瞧不起 tɕʰiɔ²⁴ pəʔ²⁴ tɕʰie⁵²

合伙儿 xuo²⁴ xuor⁵²

应承 iɤŋ⁴⁴ tʂʰɤŋ⁰　答应

不应承 pəʔ²⁴ iɤŋ⁴⁴ tʂʰɤŋ⁰　不答应

十九　商业、交通

（1）经商行业

老字号 $lɔ^{52}$ $tsʅ^{44}$ $xɔ^{0}$

招牌 $tʂɔ^{21}$ $pʰ_E^{0}$

广告 $kuaŋ^{52}$ $kɔ^{44}$

开铺子 $kʰ_E{}^{21}$ $pʰu^{44}$ $tsʅ^{0}$

　开门市铺 $kʰ_E{}^{21}$ $mɤŋ^{21}$ $sʅ^{44}$ $pʰu^{44}$

铺面 $pʰu^{44}$ $miɛn^{44}$

　门面 $mɤŋ^{21}$ $miɛn^{44}$

摆摊子 $p_E{}^{52}$ $tʰɛn^{21}$ $tsʅ^{0}$

做生意 tsu^{21} $sɤŋ^{21}$ i^{44}

　做买卖 tsu^{21} $m_E{}^{52}$ m_E^{0}

开店 $kʰ_E{}^{21}$ $tiɛn^{44}$　开旅馆(旧)

住店 $tʂu^{44}$ $tiɛn^{44}$　住旅馆

旅馆 ly^{24} $kuɛn^{52}$

　旅店 ly^{52} $tiɛn^{44}$

　旅社 ly^{52} $ʂʅə^{44}$

宾馆 $piɤŋ^{21}$ $kuɛn^{0}$

饭馆儿 $fɛn^{44}$ $kuɐr^{52}$　小饭店

　饭店 $fɛn^{44}$ $tiɛn^{44}$

酒店 $tɕiəu^{52}$ $tiɛn^{44}$

下馆子 $ɕia^{44}$ $kuɛn^{52}$ $tsʅ^{0}$

端饭的 $tuɛn^{21}$ $fɛn^{44}$ ti^{0}　饭店服务员

　跑堂的 $pɔ^{52}$ $tʰaŋ^{24}$ ti^{0}　(旧)

服务员 fu^{21} vu^{44} $yɛn^{0}$

布店 pu^{44} $tiɛn^{44}$

布门市 pu^{44} $mɤŋ^{21}$ $sʅ^{44}$

百货门市 pei^{52} xuo^{44} $mɤŋ^{21}$ $sʅ^{44}$

杂货铺子 tsa^{21} xuo^{44} $pʰu^{44}$ $tsʅ^{0}$

蔬菜门市 $ʂu^{21}$ $tsʰ_E{}^{44}$ $mɤŋ^{21}$ $sʅ^{44}$

调味门市 $tʰiɔ^{21}$ vei^{44} $mɤŋ^{21}$ $sʅ^{44}$

粮油门市 $liaŋ^{24}$ $iəu^{24}$ $mɤŋ^{21}$ $sʅ^{44}$

粮站 $liaŋ^{21}$ $tsɛn^{44}$

碾房 $niɛn^{52}$ $faŋ^{24}$

磨房 muo^{44} $faŋ^{24}$

瓷器店 $tsʰʅ^{21}$ $tɕʰi^{44}$ $tiɛn^{44}$

　瓷器门市 $tsʰʅ^{21}$ $tɕʰi^{44}$ $mɤŋ^{21}$ $sʅ^{44}$

文体门市 $vɤŋ^{24}$ $tʰi^{52}$ $mɤŋ^{21}$ $sʅ^{44}$

烟草门市 $iɛn^{21}$ $tsʰɔ^{52}$ $mɤŋ^{21}$ $sʅ^{44}$

书店 $ʂu^{21}$ $tiɛn^{44}$

裁缝铺 $tsʰ_E{}^{24}$ $fɤŋ^{0}$ $pʰu^{44}$

铁匠炉 $tʰie^{21}$ $tɕiaŋ^{44}$ $ləu^{24}$　打铁
的地方

　铁匠铺 $tʰie^{21}$ $tɕiaŋ^{44}$ $pʰu^{44}$

铁铺 $tʰie^{21}$ $pʰu^{44}$　只卖铁器不打铁
的地方

纸火铺 $tsʅ^{24}$ xuo^{52} $pʰu^{44}$　卖丧事
纸火的铺子

茶馆儿 $tsʰa^{24}$ $kuɐr^{52}$

茶楼 $tsʰa^{24}$ $ləu^{24}$

理发店 li^{52} fa^{0} $tiɛn^{44}$

　理发馆儿 li^{52} fa^{21} $kuɐr^{52}$

理发铺 li⁵² fa²¹ pʰu⁴⁴ (旧)

剃头 tʰi⁴⁴ tʰəu²⁴ 男子理发

收拾头发 ʂəu²¹ ʂ̩⁰ tʰəu²⁴ fa⁰ 女
　子理发

剪发 tɕiɛn⁵² fa²¹

烫发 tʰaŋ⁴⁴ fa²¹

剐脸 kua²⁴ liɛn⁵²

肉铺 zou̯⁴⁴ pʰu⁴⁴

杀猪 sa²¹ tʂu²¹

杀羊 sa²¹ iaŋ²⁴

杀牛 sa²¹ niəu²⁴

油坊 iəu²⁴ faŋ⁰ 榨油的作坊

当铺 taŋ⁴⁴ pʰu⁴⁴

租房子 tsu²¹ faŋ²¹ tʂ̩⁴⁴

　赁房子 liɤŋ⁴⁴ faŋ²¹ tʂ̩⁴⁴

典房子 tiɛn⁵² faŋ²¹ tʂ̩⁴⁴

炭场 tʰɛn⁴⁴ tʂʰaŋ⁰ 卖炭地方

澡堂 tsɔ⁵² tʰaŋ²⁴

　浴池 y⁴⁴ tʂʰ̩²⁴

(2)经营、交易

开张 kʰE²¹ tʂaŋ⁰

　开业 kʰE²¹ nie⁰

停业 tʰiɤŋ²⁴ nie⁰

盘点 pʰɛn²⁴ tiɛn⁵² 盘店

栏柜 lɛn²¹ kuei⁴⁴ 柜台

要价 iɔ⁴⁴ tɕia⁴⁴

还价 xuɛn²¹ tɕia⁴⁴

(价钱)便宜 pʰiɛn²¹ i⁴⁴

　价钱低 tɕia⁴⁴ tɕʰiɛn⁰ ti²¹

(价钱)贵 kuei⁴⁴

　价钱高 tɕia⁴⁴ tɕʰiɛn⁰ kɔ²¹

(价钱)公道 kuɤŋ²¹ tɔ⁴⁴

　合适 xuo²⁴ ʂ̩⁰

谎价 xuaŋ⁵² tɕia⁴⁴ 虚报的高价

打撽 ta⁵² tʂ̩ə⁰ 剩下的全部买了

打账 ta⁵² tʂaŋ⁰ 不~: 不当回事

买卖好 mE⁵² mE⁴⁴ xɔ⁵²

　买卖红 mE⁵² mE⁴⁴ xuɤŋ²⁴

买卖不好 mE⁵² mE⁴⁴ pə⁴⁴ xɔ⁵²

　买卖不红 mE⁵² mE⁴⁴ pə⁴⁴ xuɤŋ²⁴

工钱 kuɤŋ²¹ tɕʰiɛn⁰

本钱 pɤŋ⁵² tɕʰiɛn⁰

抱本儿 pɔ⁴⁴ pə̃r⁵² 保本

挣(钱)tsɤŋ⁴⁴ (tɕʰiɛn²⁴) 赚钱

赔咧 pʰei²⁴ lie⁰ 赔了

赔钱 pʰei²⁴ tɕʰiɛn²⁴ 亏本

盘缠 pʰɛn²⁴ tʂʰɛn⁰ 路费

绞费 tɕiɔ⁵² fei⁴⁴ 各种花费

利息 li⁴⁴ ɕi⁰

利上加利 li⁴⁴ ʂaŋ⁰ tɕia²¹ li⁴⁴

　驴打滚儿 ly²⁴ ta²⁴ kuə̃r⁵²

时气好 ʂ̩²¹ tɕʰi⁴⁴ xɔ⁵² 运气好

长 tʂʰaŋ²⁴ 多出，~五个(又见
　二十六类)

短 tuɛn⁵² ①欠，~十元; ②缺少，~五

个(又见二十六类)

欠 tɕʰiɛn⁴⁴(又见二十六类)

错 tsʰuo⁴⁴　差、少，～五毛十块：九元
　　五角

押金 ia²¹ tɕiɤŋ⁰

抵押 ti⁵² ia²¹

(3)账目、度量衡

账房 tʂaŋ⁴⁴ faŋ²⁴

给清 kəʔ²⁴ tɕʰiɤŋ²¹　开清

收账 ʂəu²¹ tʂaŋ⁴⁴

出账 tʂʰu²¹ tʂaŋ⁴⁴

欠账 tɕʰiɛn⁴⁴ tʂaŋ⁴⁴

要账 iɔ⁴⁴ tʂaŋ⁴⁴

死账 sɿ⁵² tʂaŋ⁴⁴　要不来的账

赖账 lɛ⁴⁴ tʂaŋ⁴⁴　①不承认的账；②
　　抵赖不还账

流水账 liəu²⁴ ʂuei⁰ tʂaŋ⁴⁴

来往账 lɛ²⁴ vaŋ⁰ tʂaŋ⁴⁴

水牌 ʂuei⁵² pʰɛ⁰　(旧)临时记账用
　　的木牌或铁牌

发票 fa²¹ pʰiɔ⁴⁴

收条儿 ʂəu²¹ tʰiər²⁴

收据 ʂəu²¹ tɕy⁴⁴

存款 tsʰuɤŋ²⁴ kʰuɛn⁵²　存下的钱

存钱 tsʰuɤŋ²⁴ tɕʰiɛn⁰

打款 ta²⁴ kʰuɛn⁵²

零钱 liɤŋ²⁴ tɕʰiɛn⁰

零花钱 liɤŋ²⁴ xua²¹ tɕʰiɛn²⁴

零碎钱 liɤŋ²¹ suei⁴⁴ tɕʰiɛn⁰　零钱

票子 pʰiɔ⁴⁴ tsɿ⁰　钞票

钱 tɕʰiɛn²⁴

钢镚子 kaŋ²¹ pɤŋ⁴⁴ tsəʔ⁰　硬币

麻钱子 ma²⁴ tɕʰiɛn²⁴ tsɿ⁰　铜钱
　　麻钱儿 ma²⁴ tɕʰiər⁰

铜圆 tʰuɤŋ²⁴ yɛn⁰

银元 iɤŋ²⁴ yɛn⁰
　　响洋 ɕiaŋ⁵² iaŋ²⁴

老袁头 lɔ⁵² yɛn²⁴ tʰəu²⁴　袁大头

字儿 tsər⁴⁴　硬币有字的一面

漫儿 mɐr⁴⁴　硬币有花的一面

一块钱 i²¹ kʰuɛ⁴⁴ tɕʰiɛn⁰

一毛钱 i²¹ mɔ²⁴ tɕʰiɛn⁰　一角钱

一分洋 i²¹ fɤŋ²¹ iaŋ⁰
　　一分钱 i²¹ fɤŋ²¹ tɕʰiɛn²⁴

十块钱 ʂɿ²¹ kʰuɛ⁴⁴ tɕʰiɛn⁰

一个铜板儿 i²¹ kəʔ⁰ tʰuɤŋ²⁴ pɐr⁵²

一百块钱 i²¹ pei²¹ kʰuɛ⁴⁴ tɕʰiɛn⁰

算盘 suɛn⁴⁴ pʰɛn⁰

天平 tʰiɛn²¹ pʰiɤŋ²⁴

戥子 tɤŋ⁵² tsɿ⁰

秤 tʂʰɤŋ⁴⁴

磅秤 paŋ⁴⁴ tʂʰɤŋ⁴⁴

秤盘 tʂʰɤŋ⁴⁴ pʰɛn²⁴

秤花子 tʂʰɤŋ⁴⁴ xua²¹ tsəʔ⁰
　　秤星星 tʂʰɤŋ⁴⁴ ɕiɤŋ²¹ ɕiɤŋ⁰

秤杆子 tʂʰɤŋ⁴⁴ kɛn²¹ tsəʔ⁰

秤钩子 tʂʰɤŋ⁴⁴ kəu²¹ tsəʔ⁰

秤砣 tʂʰɤŋ⁴⁴ tʰuo²⁴ 秤锤

秤毫系 tʂʰɤŋ⁴⁴ xɔ²¹ ɕi⁴⁴

□ tsɿ⁴⁴ 称重，~分量

秤高 tʂʰɤŋ⁴⁴ kɔ²¹

　炸杆子 tsa⁴⁴ kɛn²¹ tsəʔ⁰

秤低 tʂʰɤŋ⁴⁴ tʰi²¹

　夆拉子 tɑ²¹ lɑ²¹ tsɿ⁴⁴

(4) 交通

铁路 tʰie²¹ ləu⁴⁴

铁轨 tʰie²¹ kuei⁵²

火车 xuo⁵² tʂʰə²¹

火车站 xuo⁵² tʂʰə²¹ tsɛn⁴⁴

公路 kuɤŋ²¹ ləu⁴⁴

汽车 tɕʰi⁴⁴ tʂʰə²¹

车站 tʂʰə²¹ tsɛn⁴⁴ 汽车站

大客车 tɑ⁴⁴ kei²¹ tʂʰə²¹

货车 xuo⁴⁴ tʂʰə²¹

　拖斗车 tʰuo²¹ təu⁰ tʂʰə²¹

　带挂子车 tɛ⁴⁴ kuɑ⁴⁴ tsəʔ⁰ tʂʰə²¹

敞车 tʂʰaŋ⁵² tʂʰə²¹ 没篷的卡车

公交车 kuɤŋ²¹ tɕiɔ²¹ tʂʰə²¹

班车 pɛn²¹ tʂʰə²¹ 长途汽车

出租车 tʂʰu²¹ tsu²¹ tʂʰə²¹

卧车 vuo⁴⁴ tʂʰə²¹ 小轿车

架子车 tɕia⁴⁴ tsəʔ⁰ tʂʰə²¹

摩托车 muo²⁴ tʰuo⁰ tʂʰə²¹

蹦蹦车 pɤŋ²⁴ pɤŋ⁴⁴ tʂʰə²¹ 农用
　三轮车

三轮儿车 sɛn²¹ lỹr²⁴ tʂʰə²¹ 载
　人的

平板车 pʰiɤŋ²⁴ pɛn⁵² tʂʰə²¹ 拉
　货的

车子 tʂʰə²¹ tsəʔ⁰ 自行车
　车车 tʂʰə²¹ tʂʰə⁰

大车 tɑ⁴⁴ tʂʰə²¹

牛车 niəu²⁴ tʂʰə²¹

马车 mɑ⁵² tʂʰə²¹

套车 tʰɔ⁴⁴ tʂʰə²¹ 把车套套在拉车
　的牲口身上

装车 tʂuaŋ²¹ tʂʰə²¹

卸车 ɕie⁴⁴ tʂʰə²¹

车辕 tʂʰə²¹ yɛn²⁴

车骨隆子 tʂʰə²¹ ku²¹ luɤŋ⁴⁴ tsəʔ⁰
　车轮。"骨隆"是"滚"的分音词

　车轱辘子 tʂʰə²¹ ku²¹ lu⁴⁴ tsəʔ⁰

辐条 fu²¹ tʰiɔ²⁴

辐丝 fu²¹ sɿ⁰

车篷 tʂʰə²¹ pʰɤŋ²⁴

车把子 tʂʰə²¹ pɑ⁵² tsɿ⁰

船 tʂʰuɛn²⁴ 当地没船

轮船 lyɤŋ²⁴ tʂʰuɛn⁰

二十　文化教育

（1）学校

学校 ɕyo²¹ ɕio⁴⁴

念书 niɛn⁴⁴ ʂu²¹　上学

放学 faŋ⁴⁴ ɕyo⁰

逃学 tʰɔ²⁴ ɕyo⁰

　旷课 kʰuaŋ⁴⁴ kʰuo⁴⁴

幼儿园 iəu⁴⁴ ər⁰ yɛn⁰

私塾 sɿ²¹ ʂu²⁴

报名费 pɔ⁴⁴ miɤŋ²¹ fei⁴⁴　学费

放假 faŋ⁴⁴ tɕia⁴⁴

暑假 ʂu⁵² tɕia⁴⁴

寒假 xɛn²¹ tɕia⁴⁴

请假 tɕʰiɤŋ⁵² tɕia⁴⁴

（2）教室、文具

教室 tɕiɔ⁴⁴ ʂɿ⁰

上课 ʂaŋ⁴⁴ kʰuo⁴⁴

下课 ɕia⁴⁴ kʰuo⁴⁴

讲台 tɕiaŋ⁵² tʰE²⁴

黑板 xɯ²¹ pɛn⁵²

粉笔 fɤŋ⁵² pi⁰

黑板擦擦 xɯ²¹ pɛn⁰ tsʰa²¹ tsʰa⁰

成绩册 tʂʰɤŋ²⁴ tɕi⁰ tsʰei²¹

　点名册 tiɛn⁵² miɤŋ⁰ tsʰei²¹

戒尺 tɕie⁴⁴ tʂʰʅ⁰

板子 pɛn⁵² tsəʔ⁰

笔记本 pi⁵² tɕi⁴⁴ pɤŋ⁰

书 ʂu²¹　课本

铅笔 tɕʰiɛn²¹ pi²⁴

橡皮擦擦 ɕiaŋ⁴⁴ pʰi⁰ tsʰa²¹ tsʰa⁰

　橡皮

石笔 ʂʅ²¹ pi⁰

石板儿 ʂʅ²¹ pɐr⁵²　写字用的小石板

铅笔镟镟 tɕʰiɛn²¹ pi²⁴ ɕyɛn⁴⁴

　ɕyɛn⁰　铅笔刀

圆规 yɛn²⁴ kuei²¹

三角板 sɛn²¹ tɕyo²⁴ pɛn⁵²

　三角尺 sɛn²¹ tɕyo²⁴ tʂʰʅ⁰

纸尺 tsʅ⁵² tʂʰʅ⁰　长条形镇纸

纸环儿 tsʅ⁵² xuɐr²⁴　方框形镇纸

作文本 tsuo²¹ vɤŋ²⁴ pɤŋ⁵²

大楷本 ta⁴⁴ kʰE²⁴ pɤŋ⁵²　大字本

钢笔 kaŋ²¹ pi²⁴

毛笔 mɔ²¹ pi⁴⁴

笔帽儿 pi⁵² mər⁴⁴

笔筒 pi²⁴ tʰuɤŋ⁵²

砚台 iɛn⁴⁴ tʰE²⁴

研墨 iɛn²⁴ mei²¹

墨盒儿 mei²¹ xuor²⁴

墨 mei²¹　墨锭

墨汁 mei²¹ tʂʅ²¹

□笔 tɛn⁴⁴ pi⁰ 捺笔

墨水儿 mei²¹ ʂuər⁵²

书包 ʂu²¹ pɔ⁰

(3)读书识字

念书的 nien⁴⁴ ʂu²¹ ti⁰ 读书人

识字的 ʂʅ²¹ tsʅ⁴⁴ ti⁰

不识字的 pəʔ⁴ ʂʅ²¹ tsʅ⁴⁴ ti⁰

睁 眼 瞎 子 tsɤŋ²¹ nien⁵² xa²¹ tsəʔ⁰

文盲 vɤŋ²⁴ maŋ²⁴

识字 ʂʅ²¹ tsʅ⁴⁴

预习 y⁴⁴ ɕi⁰

复习 fu²¹ ɕi⁰

背书 pei⁴⁴ ʂu²¹

背课文 pei⁴⁴ kʰuo⁴⁴ vɤŋ⁰

报考 pɔ⁴⁴ kʰɔ⁵²

考场 kʰɔ²⁴ tʂʰaŋ⁵²

进考场 tɕiɤŋ⁴⁴ kʰɔ²⁴ tʂʰaŋ⁵²

考试 kʰɔ⁵² ʂʅ⁴⁴

卷子 tɕyen⁴⁴ tsəʔ⁰

试卷 ʂʅ⁴⁴ tɕyen⁴⁴

满分 men⁵² fɤŋ²¹

一百分 i²¹ pei⁵² fɤŋ²¹

零分 liɤŋ²⁴ fɤŋ²¹

零鸡蛋 liɤŋ²⁴ tɕi²¹ tɛn⁴⁴

出榜 tʂʰu²¹ paŋ⁵² 发榜

头名 tʰəu²⁴ miɤŋ⁰

第一名 ti⁴⁴ i²¹ miɤŋ²⁴

底把把 ti⁵² pa⁴⁴ pa⁰ 末名

把把名 pa⁴⁴ pa⁰ miɤŋ²⁴

毕业 pi⁴⁴ nie²¹

文 凭 vɤŋ²⁴ pʰiɤŋ⁵² ("凭"声调 特殊)

(4)写字

大楷 ta⁴⁴ kʰᴇ⁵²

小楷 ɕiɔ²⁴ kʰᴇ⁵²

字帖 tsʅ⁴⁴ tʰie⁰

临帖 liɤŋ²⁴ tʰie⁰

写仿 ɕie⁵² faŋ⁰

抹黑 muo⁵² xɯ²¹ 涂了

写 错 白 字 ɕie⁵² tsʰuo⁴⁴ pei²¹ tsʅ⁴⁴ 写错别字

撂字 liɔ⁴⁴ tsʅ⁴⁴ 掉字

草稿 tsʰɔ²⁴ kɔ⁵²

打草稿 ta⁵² tsʰɔ²⁴ kɔ⁵²

誊 tʰɤŋ²⁴

抄 tsʰɔ²¹

一点 i²¹ tien⁵²

一横 i²¹ xuɤŋ²⁴

一竖 i²¹ ʂu⁴⁴

一撇 i²⁴ pʰie⁵²

一捺 i²¹ na⁴⁴

一钩 i²¹ kəu²¹

一提 i²¹ tʰi²⁴

一笔 i²¹ pi⁰ 王字是四笔/四画
　　一画 i²¹ xuɑ⁴⁴

偏旁儿 pʰiɛn²¹ pʰɤ̃r²⁴

立人儿 li²¹ zɤ̃r²⁴ 单人旁

双立人 ʂuɑŋ²¹ li²¹ zɤŋ²⁴ 双人旁

立早章 li²¹ tsɔ⁵² tʂɑŋ²¹

大框儿 tɑ⁴⁴ kʰuɑ̃r⁴⁴ 国字框

宝盖儿 pɔ⁵² kɛr⁴⁴

秃宝盖儿 tʰu²¹ pɔ⁵² kɛr⁴⁴

竖心旁 ʂu⁴⁴ ɕiɤŋ²¹ pʰɑŋ⁰
　　竖心儿 ʂu⁴⁴ ɕiɤ̃r²¹

反犬旁 fɛn⁵² tɕʰyɛn²¹ pʰɑŋ²⁴

左耳朵 tsuo²⁴ ɤr⁵² tuo⁰ 左耳旁

右耳朵 iəu⁴⁴ ɤr⁵² tuo⁰ 右耳旁

反文 fɛn⁵² vɤŋ²⁴ 反文旁

王字旁 vɑŋ²¹ tsɿ⁴⁴ pʰɑŋ⁰ 斜玉旁

提土儿旁 tʰi²⁴ tʰur⁵² pʰɑŋ⁰

竹字头儿 tʂu²¹ tsɿ⁴⁴ tʰɤr²⁴

火字旁 xuo⁵² tsɿ⁴⁴ pʰɑŋ⁰

四点点 sɿ⁴⁴ tiɛn⁵² tiɛn⁰ 四点底

三点水 sɛn²¹ tiɛn⁰ ʂuei⁵²

两点水 liɑŋ⁵² tiɛn⁰ ʂuei⁵²

病字儿 piɤŋ⁴⁴ tsər⁰ 病字旁

坐车车 tsuo⁴⁴ tʂʰɤ̩²¹ tʂʰɤ̩⁰ 走之底

纽丝旁 niəu⁵² sɿ²¹ pʰɑŋ²⁴ 绞丝旁

提手旁 tʰi²⁴ ʂəu⁵² pʰɑŋ⁰

草字头儿 tsʰɔ⁵² tsɿ⁴⁴ tʰɤr⁰

二十一　文体活动

（1）游戏、玩具

耍的儿 ʂuɑ⁵² tʰər⁰ 玩具（"的"弱
　　化变送气）

风筝 fɤŋ²¹ tsɤŋ⁴⁴

藏门儿后 tsʰɑŋ²⁴ mɤ̃r²¹ xəu⁴⁴
　　捉迷藏
　　藏老门儿 tsʰɑŋ²⁴ lɔ⁵² mɤ̃r⁰

踢毽子 tʰi²¹ tɕiɛn⁴⁴ tsəʔ⁰

抓羊儿 tʂuɑ²¹ iɤ̃r²⁴ 用几个小沙包
　　或石子儿抛起其一做规定动作后再

接住
弹弹弹 tʰɛn²¹ tɛn⁴⁴ tɛn⁰

弹杏棚 tʰɛn²¹ xɯ⁴⁴ xu²⁴

吹琉璃圪叭儿 tʂʰuei²¹ liəu²¹
　　li⁴⁴ kəʔ²⁴ pɤr⁴⁴ 琉璃圪叭是一种
　　薄玻璃制造的玩具，吹着发出"圪叭
　　圪叭"的声音

打划溜儿 tɑ⁵² xuɑ²¹ liɤr⁴⁴ 不穿
　　冰鞋溜冰

跳圈儿 tʰiɔ⁴⁴ tɕʰyɤr²¹

跳皮筋儿 tʰiɔ⁴⁴ pʰi²⁴ tɕiɤ̃r²¹

解绷绷 kE⁵² pɤŋ²¹ pɤŋ⁴⁴　翻绳游

　　戏，两人轮换翻动手指头上的细绳，

　　变出各种花样

划拳 xua²⁴ tɕʰyen²⁴

破谜谜 pʰuo⁴⁴ mi⁴⁴ mi⁰　出谜语

　（"谜"声调特殊）

猜谜谜 tsʰE²¹ mi⁴⁴ mi⁰　猜谜儿

拨不倒儿 pɛn²¹ pəʔ²⁴ tər⁵²　不倒翁

纸牌 tsʅ⁵² pʰE²⁴

扑克 pʰu²⁴ kʰei⁰

争上游 tsɤŋ²¹ ʂaŋ⁴⁴ iəu⁰　一种扑

　　克游戏

麻将 ma²¹ tɕiaŋ⁴⁴

摇色子 iɔ²⁴ sei²¹ tsəʔ⁰

吹牛 tsʰuei²¹ niəu²⁴　陕北酒场上

　　流行的一种比色子的游戏

抓蛋蛋 tʂua²¹ tɛn⁴⁴ tɛn⁰　抓阄

吹泡泡 tʂʰuei²¹ pʰɔ⁴⁴ pʰɔ⁰　吹泡

　　泡糖或吹肥皂泡

弹崩瓜 tʰɛn²⁴ pɤŋ²¹ kua²¹　手指弹

　　额头，一般是对游戏中输家的惩罚

撂手巾 liɔ⁴⁴ ʂəu⁵² tɕiɤŋ²¹　小孩

　　儿的扔手绢游戏

花鸹抓鸡 xua²¹ pɔ⁰ tʂua²¹ tɕi²¹

　　老鹰抓小鸡游戏

猫儿逮老鼠 mər²⁴ tE⁵² lɔ²⁴ ʂu⁵²

　　儿童互相躲藏、追赶的游戏

鞭炮 pien²¹ pʰɔ⁴⁴

炮仗儿 pʰɔ⁴⁴ tʂãr⁰　小鞭炮

放鞭炮 faŋ⁴⁴ pien²¹ pʰɔ⁴⁴

两响炮 liaŋ²⁴ ɕiaŋ⁵² pʰɔ⁴⁴

花 xua²¹　烟火

　花炮 xua²¹ pʰɔ⁴⁴

放花炮 faŋ⁴⁴ xua²¹ pʰɔ⁴⁴

（2）体育

象棋 ɕiaŋ⁴⁴ tɕʰi⁰

下棋 ɕia⁴⁴ tɕʰi²⁴

将 tɕiaŋ⁴⁴

帅 ʂuE⁴⁴

士 sʅ⁴⁴

象 ɕiaŋ⁴⁴

相 ɕiaŋ⁴⁴

车 tɕy²¹

马 ma⁵²

炮 pʰɔ⁴⁴

兵 piɤŋ²¹

卒 niəu²⁴

将 tɕiaŋ⁴⁴　将军

围棋 vei²⁴ tɕʰi⁰

黑子 xɯ²¹ tsʅ⁵²

白子 pei²⁴ tsʅ⁵²

和棋 xuo²⁴ tɕʰi²⁴

拔河 pa²⁴ xuo²⁴

耍水 ʂua²⁴ ʂuei⁵²　游泳

打球 ta⁵² tɕʰiəu⁰

赛球 sE⁴⁴ tɕʰiəu²⁴
乒乓儿(球)pʰiɤŋ²¹ pʰãr⁰(tɕʰiəu²⁴)
篮球 lɛn²⁴ tɕʰiəu⁰
排球 pʰE²⁴ tɕʰiəu⁰
足球 tsu²⁴ tɕʰiəu⁰
羽毛球 y⁵² mɔ²⁴ tɕʰiəu⁰
跳远 tʰiɔ⁴⁴ yɛn⁵²
跳高 tʰiɔ⁴⁴ kɔ²¹

(3)武术、舞蹈

栽帽儿跟头 tsE²¹ mər⁴⁴ kɤŋ²¹ tʰəu⁰ 翻一个跟头
栽跟头 tsE²¹ kɤŋ²¹ tʰəu⁰
翻跟头 fɛn²¹ kɤŋ²¹ tʰəu⁰ 连续翻好几个跟头
打车轮子 ta⁵² tʂʰə²¹ lyɤŋ²¹ tsʅ⁴⁴
倒立 tɔ⁴⁴ li²¹
耍狮子 ʂua⁵² sʅ²¹ tsəʔ⁰ 舞狮子
耍水船 ʂua²⁴ ʂuei⁵² tʂʰuɛn⁰ 跑旱船
踩高跷 tsʰE⁵² kɔ²¹ tɕʰiɔ⁰
耍刀 ʂua⁵² tɔ²¹
闹红火 nɔ⁴⁴ xuɤŋ²⁴ xuo⁰
扭秧歌儿 niəu⁵² iaŋ²¹ kər⁰
打花鼓儿 ta⁵² xua²¹ kur⁵²
跳舞 tʰiɔ⁴⁴ vu⁵²

(4)戏剧

线盒儿戏 ɕiɛn⁴⁴ xuor²¹ ɕi⁴⁴ 木偶戏
灯影子戏 tɤŋ²¹ iɤŋ⁵² tsʅ⁰ ɕi⁴⁴ 皮影戏
皮影子戏 pʰi²⁴ iɤŋ⁵² tsʅ⁰ ɕi⁴⁴
大戏 ta⁴⁴ ɕi⁴⁴
唱戏 tʂʰaŋ⁴⁴ ɕi⁴⁴
秦腔 tɕʰiɤŋ²⁴ tɕʰiaŋ²¹ 当地人只喜欢听秦腔
京剧 tɕiɤŋ²¹ tɕy⁴⁴
话剧 xua⁴⁴ tɕy⁴⁴
剧院 tɕy⁴⁴ yɛn⁴⁴ 戏院
电影院 tien⁴⁴ iɤŋ⁵² yɛn⁴⁴
影剧院 iɤŋ⁵² tɕy⁴⁴ yɛn⁴⁴
戏台子 ɕi⁴⁴ tʰE²¹ tsʅ⁴⁴
戏子匠 ɕi⁴⁴ tsəʔ⁰ tɕiaŋ⁴⁴ 演员
耍把戏儿 ʂua²⁴ pa⁵² ɕiər⁴⁴ 变魔术
说书 ʂuo²¹ ʂu⁰
花脸子 xua²¹ liɛn⁵² tsəʔ⁰ 大花脸
大黑 ta⁴⁴ xɤ²¹
丑角 tʂʰəu⁵² tɕyo²¹
老生 lɔ⁵² sɤŋ²¹
小生 ɕiɔ⁵² sɤŋ²¹
武生 vu⁵² sɤŋ²¹
刀马旦 tɔ²¹ ma⁵² tɛn⁴⁴
老旦 lɔ⁵² tɛn⁴⁴

青衣 tɕʰiʴŋ²¹ i⁰

花旦 xuɑ²¹ tɛn⁴⁴

小旦 ɕiɔ⁵² tɛn⁴⁴

绕亲亲的 zɔ⁵² tɕʰiʴŋ²¹ tɕʰiʴŋ⁰ ti⁰

　跑龙套的

二十二　动作

(1)一般动作

站 tsɛn⁴⁴

跐 tsʰʅ²¹　脚下用力滑动

圪蹴 kəʔ⁴ tɕiəu⁴⁴

　蹲 tuʴŋ²¹

绊倒 pɛn⁴⁴ tɔ⁵²　摔倒

　跌倒 tie²¹ tɔ⁵²

　栽倒 tsE²¹ tɔ⁵²

趴 pʰɑ²¹　~在地下

爬起来 pʰɑ²⁴ tɕʰie⁵² lE⁰

摇头 iɔ²⁴ tʰəu⁰

点头 tien⁵² tʰəu⁰

抬头 tʰE²⁴ tʰəu⁰

低头 ti²¹ tʰəu⁰

回头 xuei²⁴ tʰəu²⁴

　掉转头 tiɔ⁴⁴ tʂuen⁰ tʰəu²⁴

睁眼 tsʴŋ²¹ nien⁵²

瞪眼 tʴŋ⁴⁴ nien⁰

吹胡子瞪眼 tsʰuei²¹ xu²¹ tsəʔ⁴ tʴŋ⁴⁴ nien⁵²

闭眼 pi⁴⁴ nien⁵²

挤眼 tɕi²⁴ nien⁰

眨眼 tsɛn²⁴ nien⁵²

迷住眼睛 mi²¹ tʂu⁴⁴ nien⁵² tɕiʴŋ⁰

转眼珠 tʂuen⁴⁴ nien⁵² tʂu²¹

眼珠乱转 nien⁵² tʂu²¹ luɛn⁴⁴ tʂuen⁴⁴

看 kʰɛn⁴⁴（又见十八类）

觑 tɕʰy²⁴　①仔细看；②偷看

相端 ɕiaŋ⁴⁴ tuɛn²¹　边仔细观察边考虑

瞭 liɔ⁴⁴　远望，~见

瞭哨儿 liɔ⁴⁴ sər²¹　①远望；②望风；③探望

瞅眼 tsʰəu²⁴ nien⁵²　物色

淌眼泪 tʰaŋ²⁴ nien⁵² luei⁴⁴

眼泪花儿乱转 nien⁵² luei⁴⁴ xuɐr²¹ luɛn⁴⁴ tʂuen⁴⁴

出水 ʂu²¹ ʂuei⁵²　出汗

张嘴 tʂaŋ²¹ tsuei⁵²

闭嘴 pi⁴⁴ tsuei⁵²

呶嘴 niəu²⁴ tsuei⁵²　不敢明着反对，只是不出声地动嘴巴以表示不满

嚼嘴 tɕyo²⁴ tsuei⁰

竖肩畔 ʂu⁴⁴ tɕiɛn²¹ pen⁴⁴ 耸肩

举手 tɕy²⁴ ʂəu⁵²

摆手 pE²⁴ ʂəu⁵²

招手 tʂo²¹ ʂəu⁵²

放手 faŋ⁴⁴ ʂəu⁵²

松手 suɤŋ²¹ ʂəu⁵²

抻手 tʂʰɤŋ²¹ ʂəu⁰ 伸手

拍手 pʰei²¹ ʂəu⁵²

拖手 tʰuo²¹ ʂəu⁵² 手拉手

背着手 pei⁴⁴ tʂuo⁰ ʂəu⁵²

叉腰 tsʰɑ²¹ io²¹

筒手 tʰuɤŋ⁵² ʂəu⁰ 双手交叉伸到袖筒里

攥槌头 tsuɛn⁴⁴ tʂʰuei²⁴ tʰəu⁰ 攥起拳头

　捏槌头 nie²¹ tʂʰuei²⁴ tʰəu⁰

手痒 ʂəu²⁴ iaŋ⁵² 想要打(某人)

捂住 vu⁵² tʂu⁰

摸 muo²¹ 用手~猫背

搔 tsɔ²¹ 搔痒

搡 sɑŋ⁵² 推

　掀 ɕyen²¹

搊 tsʰəu²¹ ①推；②用手托着向上

提屉 tʰi²⁴ pɑ⁰ 提着婴儿让他大便

提尿 tʰi²¹ nio⁴⁴ 把尿

扶上 fu²¹ ʂʅə⁰

　搀上 tsʰɛn²¹ ʂʅə⁰

弹指头 tʰɛn²⁴ tsəʔ²⁴ tʰɚ⁴⁴

蹾脚 tuɤŋ²¹ tɕyo⁰ 跥脚

夯脚 tsa⁴⁴ tɕyo²¹ 踮脚

翘腿 tɕʰio⁴⁴ tʰuei⁵²

高翘儿腿 kɔ²¹ tɕʰiɚ⁰ tʰuei⁵² 翘二郎腿

圪联⁼腿 kə²ʔ²⁴ lyen⁴⁴ tʰuei⁵² 蜷腿

盘腿 pʰɛn²⁴ tʰuei⁵²

摇腿 io²⁴ tʰuei⁵²

踢腿 tʰi²¹ tʰuei⁵²

跑腿 pʰɔ²⁴ tʰuei⁵² 为人奔走做杂事

弯腰 ven²¹ io²¹

抻腰 tʂʰɤŋ²¹ io²¹ 伸腰

　展腰 tʂɛn⁵² io²¹

撑腰 tsʰɤŋ²¹ io²¹ 支持

把沟子 pɑ⁴⁴ kəu⁴⁴ tsʅ⁰ 撅屁股

捶背 tʂʰuei²¹ pei⁴⁴

擤鼻子 ɕiɤŋ⁵² pi²¹ tsʅ⁴⁴

吸鼻子 ɕi²¹ pi²¹ tsʅ⁴⁴

打喷嚏 ta⁵² pʰɤŋ⁴⁴ tʰi⁰

闻 vɤŋ²⁴

抿 miɤŋ⁵²

舔 tʰiɛn⁵²

哭 kʰu²¹

　嚎 xɔ²⁴

努 nu⁵² 憋着气鼓劲

皮 ⁼pʰi²⁴ ~一阵儿:打个盹儿

蹻 tɕʰio²¹ 抬高腿迈过(沟渠或障碍物)

搯 tɕʰiɑ²¹ 用力掐住(脖子等)

懵住咧 mɤŋ⁵² tʂu⁴⁴ lie⁰ 一下子反应不过来

扔 ər⁵² 把没用东西～了

撂 liɔ⁴⁴ ①扔；②因忘而把东西遗放在某处

说 ʂuo²¹

走 tsəu⁵²

走路 tsəu⁵² ləu⁴⁴

跑 pʰɔ⁵²

　逛 kuɑŋ⁴⁴

　刮 kuɑ²⁴

跑路 pɔ⁵² ləu⁴⁴ 今儿白～了，事儿没办成

放 faŋ⁴⁴ ～在桌上

揣 tʂʰuɛ⁵² 摸

搀 tsʰɛn²¹ 酒里～水

皱(眉头)tsəu⁴⁴

缩 ʂuɑŋ²¹ 退缩

钻 tsuɛn²¹

低 ti²¹ 向下垂，～头(又见二十六类)

摇 iɔ²⁴ 摇摆(又见十三、十六类)

摆 pɛ⁵²

拧 niɤŋ²⁴

挪 nuo²⁴

趿拉 tʰəʔ²⁴ lɑ²¹ 把鞋后帮踩在脚后跟下

□ tuŋ⁵² ①脏乱、弄脏弄乱，家里头～得；

②～下乱子：闯下祸；③骨～：搅

失笑 ʂʅ²¹ ɕiɔ⁴⁴ 惹人发笑

收拾 ʂəu²¹ ʂʅ⁰ ～东西

　拾掇 ʂʅ²¹ tuo⁴⁴

撴摞 tʂʅ²¹ luo⁴⁴ 整理，即该遮的遮该摞的摞

　撴掩 tʂʅ²¹ iɛn⁰

挑 tʰiɔ²¹ 选择

　沙 sa⁴⁴

　选 ɕyɛn⁵²

撆 ɕyɛn⁴⁴ 挑拣后剩下不好的

提东西 tʰi²⁴ tuɤŋ²¹ ɕi⁰

拈起来 niɛn²⁴ tɕʰie⁵² lɛ⁰ 捡起来

抹掉 muo⁵² tiɔ⁴⁴

　擦掉 tsʰɑ²¹ tiɔ⁴⁴

丢 tiəu²¹ 丢失

　没 muo²¹

寻着了 ɕiɤŋ²⁴ tʂuo²⁴ liɔ⁰ 找着了

抬 tʰɛ²⁴ ①抬；②藏

藏 tsʰɑŋ²⁴

摞起来 luo⁴⁴ tɕʰie⁵² lɛ⁰ 码起来

缯 tsɤŋ⁴⁴ 捆

笡 tɕʰie⁴⁴ (使)倾斜

掌 tsʰɤŋ⁴⁴ 支、垫

圪乘 kəʔ²⁴ tʂʰɤŋ⁴⁴ ①轻轻抬；②借一把力

扳 pɛn²¹ 折，～玉米

摘 tsei²¹ ～花

锛 pɤŋ⁴⁴ (刀、斧、牙齿等)因碰硬东西而受损,把牙~咧

照 tʂɔ⁴⁴ ①看,~见;②照看,~娃娃;③考试时抄袭,他~我的

照抄 tʂɔ⁴⁴ tsʰɔ²¹

捻 niɛn⁵² ~死蚂蚁

碰上 pʰɤŋ⁴⁴ ʂɭə⁰

碰见 pʰɤŋ⁴⁴ tɕiɛn⁴⁴

遇着 y⁴⁴ tʂuo⁰

护羞 xu⁴⁴ ɕiəu²¹ 掩饰自己的缺点

抖气 təu⁵² tɕʰi⁴⁴ 撒娇

显能 ɕiɛn⁵² nɤŋ²⁴ 爱出风头表现自己

抖打 təu⁵² tɑ⁰ 显摆

骚亲 sɔ²¹ tɕʰiɤŋ⁰ 献殷勤

吃虎儿 tʂʰɭ²¹ xuər⁵² 亲嘴("虎"疑为"呼")

摸虑 muo²¹ ly⁰ 提前思考、准备、整理

顶戴 tiɤŋ⁵² tɛ⁴⁴ 伺候,~不下

折损 ʂɭə²⁴ suɤŋ⁵² 损失

掠 lyɔ²¹ 粗略地扫

斫 tsɑ⁵² 砍,~骨殖

抽 tʂʰəu²¹

擩架 zu⁴⁴ tɕia⁴⁴ 丛恿

吃住 tʂʰɭ²¹ tʂu⁴⁴ 支持得住

吃不住 tʂʰɭ²¹ pəʔ²⁴ tʂu⁴⁴ 支持不住,这个凳子~大人

支 tsɭ²¹ 忍,硬~着呢

支不住 tsɭ²¹ pəʔ²⁴ tʂu⁰ 承受不住

吃架 tʂʰɭ²¹ tɕia⁴⁴ 经受,~不住

招架 tʂɔ²¹ tɕia⁴⁴

称着 tʂʰɤŋ⁴⁴ tʂuo⁰ 值得

划着 xua²⁴ tʂuo⁰

称不着 tʂʰɤŋ⁴⁴ pəʔ²⁴ tʂuo⁰ 不值得

划不着 xua²⁴ pəʔ²⁴ tʂuo⁰

着得 tʂuo²⁴ tei⁰ 受得了

着不得 tʂuo²⁴ pəʔ²⁴ tei⁰ 受不了

慰劳 y⁴⁴ lɔ²⁴

犒劳 kʰɔ²⁴ lɔ⁰

犒工 kʰɔ⁴⁴ kuɤŋ²¹ 犒劳工人

动弹 tuɤŋ⁴⁴ tʰɛn⁰ 劳动

翻腾 fɛn²¹ tʰɤŋ⁰ 翻弄

折腾 tʂɭə²¹ tʰɤŋ⁰

闹腾 nɔ⁴⁴ tʰɤŋ⁰

跳弹 tʰiɔ⁴⁴ tʰuɛn⁰ ①跳;②闹事("弹"受前字韵母同化,读合口呼)

腾开 tʰɤŋ²⁴ kʰɛ²¹ 让开

拾翻 ʂɭ²⁴ fɛn²¹ 翻找

掐 tɕia²¹ ①~胳膊;②后缀,附加"随便做做"之义

剜掐 vɛn²¹ tɕʰia⁰ 剜一剜

削掐 ɕyɔ²¹ tɕʰia⁰ 削一削

剥掐 puo²¹ tɕʰia⁰ 剥一剥

抠掐 kʰəu²¹ tɕʰia⁰ ①抠一抠;②找别人的不是,一天就会~人

搜掐 səu²¹ tɕʰia⁰ 这儿看看那儿瞧

瞧地寻找东西

踢蹋 tʰi²¹ tʰɑ⁰　①糟蹋；②(将某人从组织中)除掉，去掉

射砍 ʂʐə²¹ kʰɛn⁰　跃跃欲试地投身于某事

扑砍 pʰu²¹ kʰɛn⁰　积极地投身于某事

干搧 kɛn²¹ ʂɛn⁴⁴　诈诈呼呼不干实事

迷打 mi⁴⁴ tɑ⁰　甜言蜜语哄别人高兴

递打 ti⁴⁴ tɑ⁰　反复地递来递去

臊打 sɔ⁴⁴ tɑ⁰　①说风凉话；②讽刺

　讥臊 tɕi²¹ sɔ⁴⁴

蹬打 tʐŋ²¹ tɑ⁰　①打架；②表演

剋打 kʰuo²¹ tɑ⁰　虐待

敲剥 tǝu⁴⁴ puo²¹　把包好的东西解开、摊开

白送 pei²¹ suʐŋ⁴⁴

白吃 pei²¹ tʂʰʅ⁰

填花 tʰiɛn⁴⁴ xuɑ²¹　偷偷地给东西(有方言及近代汉语叫"填还")

更干 kʐŋ²¹ kɛn⁰　打搅

整造 tʂʐŋ⁵² tsʰɔ⁴⁴　整治(人)

斗气 tǝu⁴⁴ tɕʰi⁴⁴　为意气相争

造蛋 tsʰɔ⁴⁴ tɛn⁴⁴　故意与人作对、使人为难

解话 xɛ⁴⁴xuɑ⁴⁴　懂事

听话 tʰiʐŋ²¹ xuɑ⁴⁴　(小孩)乖，听大人的话

揪留 tɕiǝu²¹ liǝu²⁴　①召集；②照管，把娃娃～住些

躁 tsʰɔ⁴⁴　被各种事情所累，感到烦躁、劳累

修躁 ɕiǝu²¹ tsʰɔ⁴⁴　①盖房；②盖房累人

割肉 kʰuo²¹ zǝu⁴⁴　买肉

撒面馎 sa⁵² miɛn⁴⁴ pʰu⁰　①擀面的时候撒干面；②比喻零散地送礼，于事无补

调教 tʰiɔ²¹ tɕiɔ⁴⁴

管 kuɛn⁵²　娃大了～不住咧

降 ɕiaŋ²⁴

务营 vu⁴⁴ i⁰　①抚养(孩子)；②侍弄(庄稼)；③抱养(孩子)

谋下 mu²¹ xa⁴⁴　想要，打算

浪钱 laŋ⁴⁴ tɕʰiɛn²⁴　挥霍钱财

闲耍 xɛn²⁴ ʂua⁵²　不下赌注地玩(牌、麻将等)

掏 ˉtʰɔ²¹　用拳头打，～了一槌

炉 lǝu²⁴　用炉子烤制，～一馍馍

使唤 sʅ⁵² xuɛn⁰　使用(工具、牲口、人、钱等)

回 xuei²⁴　虫子在土里乱钻导致土质疏松，虫把地～咧

□ kaŋ⁵²

熝 nɔ⁴⁴　水沸腾后继续在锅里煮

招呼 tʂɔ²¹ xu⁰ 照料

　照应 tʂɔ⁴⁴ iɤŋ⁴⁴

劳叨 lɔ²¹ tɔ⁴⁴ ～你给我办个事

　劳驾 lɔ²¹ tɕia⁴⁴

襄哄 ɕiaŋ²¹ xuɤŋ⁴⁴ 帮忙

奔望 pɤŋ²¹ vaŋ⁴⁴ 投奔

刁空儿 tiɔ²¹ kʰuɚr⁴⁴ 抽空

伺等 tsʰʅ⁴⁴ tɤŋ⁰ 等待,～一阵儿

□□儿 tʰɤŋ⁴⁴ tʰɚr⁰ 等一会儿

遭罪 tsɔ²¹ tsuei⁴⁴ 受罪

出 tʂʰu²¹ ①跟"进、入"相对;②超出

　一般的量。专门充当补语,如:做～,

　做不～;吃～,吃不～

出门 tʂʰu²¹ mɤŋ²⁴ ①离开本地;②

　走亲戚

抓辫子 tʂua²¹ pien⁴⁴ tsəʔ⁰ 抓把柄

　抓把把 tʂua²¹ pa⁴⁴ pa⁰

揭老底儿 tɕie²¹ lɔ²⁴ tiɚr⁵²

另 liɤŋ⁴⁴ 分家

炕 kʰaŋ⁴⁴ (在锅里、热炕上、炉子的

　火洞里)烘干(又见七类)

箍 ku²¹ ～窑

罟 ku⁵² 强迫人做某事

晾 liaŋ⁴⁴ ①～干;②撇在一边不理

　睬,把人～几天再说

研 nien²⁴ 硌

揎 tsʰuɛn²¹ 催促,～得人气也上不来

　断 tuɛn⁴⁴

捉 tʂuo²¹ 捉弄、哄骗

吃布施 tʂʰʅ²¹ pu⁴⁴ sʅ²¹ 比喻人有

　本事,到处有人请吃

　吃 十(一) 方 tʂʰʅ²¹ sʅ²¹ (i²¹)

　faŋ²¹

贷输赢 tɛ⁴⁴ ʂu²¹ iɤŋ²⁴ 打赌

贸写 mɔ⁴⁴ ɕie⁵² 无根据地写,包括

　"默写"

　默写 mei²¹ ɕie⁵²

做过咧 tsu²¹ kuo⁴⁴ lie⁰ 坏事儿了

屄下咧 pa⁵² xa⁴⁴ lie⁰ 闯下祸了

　董⁼下咧 tuɤŋ⁵² xa⁴⁴ lie⁰

起虫 tɕʰi⁵² tʂʰuɤŋ²⁴ (米、面等)

　生虫

唼 sa⁴⁴ (蛆)吃

(儿 女) 成 就 了 tʂʰɤŋ²¹ tɕiəu⁴⁴

　liɔ⁰ 儿女都成家了

得办 tei²¹ pɛn⁴⁴ 来得及

不得办 pəʔ⁴ tei²¹ pɛn⁴⁴ 来不及

倒灶 tɔ⁵² tsɔ⁰ 日子过垮了

绞零 tɕiɔ⁵² liɤŋ⁰ (事情)完结

停当 tʰiɤŋ²¹ taŋ⁴⁴ 结束

　完事 vɛn²¹ sʅ⁴⁴

搐 tʂʰu²¹ ①抽搐;②起皱

荒 xuo⁴⁴ 土地荒芜,地～了

影 i⁵² 挡住光线或视线

淋拉 liɤŋ²⁴ la⁰ 淋、洒

赛过 sɛ⁴⁴ kuo⁰ 胜过

串音 tṣʰuɛn⁴⁴ iɤŋ²¹ 语音发生讹变。方言区的人缺乏语言知识，认为方言的词音与普通话不同，是"串音咧"

化瓤 xua⁴⁴ zaŋ²⁴ 西瓜瓤因过熟而化成水

开剥 kʰɛ²¹ puo⁰ 动物宰杀后清理内脏，～羊壳郎

兴时 ɕiɤŋ²¹ sʅ⁰ 流行
时兴 sʅ²⁴ ɕiɤŋ⁰

迸 pie⁴⁴ 裂开，～裂子：开裂

煏 pi²¹ 烘烤，～寒气

滗 pi⁵² 挡住渣滓或泡着的东西把液体倒出去，把水～出去

繃 pien²¹ 卷起(裤腿、袖子)

溢 i⁴⁴ 水沸腾后溢出

烳 pʰu²¹ ①烟从灶火里涌出来；②～灶火：将灶火点燃后猛地往里倒水，用产生的蒸汽吹走炕洞、烟囱里的烟煤

潎 pʰie⁵² ～油

弥 mi²⁴ 缝一块布来加长，袖子短了～上块儿

鞔 mɛn²⁴ ～鞋：给孝鞋蒙上白布

挽 vɛn²¹ 用手边转边拔，～苦菜

揉 vuo²¹ 用力使弯曲，～铁

搲 va²¹ 抓，～了一把泥

盖 kɛ⁴⁴

乩 tuo²¹ 用棍子或指头点击

毲送 tuo²¹ suɤŋ⁴⁴ ①东西随便送人；②怂恿

□ tɕiaŋ⁴⁴ 哭极声绝，娃娃哭得～住咧

胤 iɤŋ⁴⁴ 植物在植株周围越长越多，年时(去年)的指甲草儿～开一堆

煺 tʰuei⁴⁴ 用热水除去猪、禽类的毛或猪羊等的肚渣

舚 tʰɛn⁴⁴ 吐出，～舌头、～饭

粜 tʰio⁴⁴ 贱卖(农副产品)

籴 tie²⁴ 大量买入(之后卖出赚钱)

溻 tʰa²¹ 浸(湿)，衣裳～湿咧

折 ʂʅ²¹ (分量)减少，一只羊～了三斤

呵 xuo²¹ (被热气)烫，手叫气～咧

衲 na²¹ ～鞋底等

粉 fɤŋ⁵² 碾，～糕面(又见十三、十四类)

瘵 nɔ⁴⁴ (使)药物中毒，～老鼠

剺 li²⁴ 用刀划开

敹 lio²⁴ 粗略地缝，～上几针

绌 tṣʰu²¹ 草草地缝，～几针

䀹 vɛn⁵² 狠狠地瞪，～了一眼

捩 lie²¹ 扭伤、扭痛，胳膊～咧

圝 luɛn²⁴ ①团(动词)，～成一团；②团(量词)，一～绳子；③不停地咀嚼，如：饭难吃得很，～过来～过去咽不下去

捋 ly²¹ 用手握住条状物向一边滑动，

~榆钱儿

奓 tsɑ^{44}　①张开,~起胳膊;②竖起,~起耳朵

钞 tsʰɔ^{21}　用筷子、铲子、羹匙取食,~菜

刴 tsʰuo^{21}　剁碎,~馅子

撮 tsʰuo^{21}　用手或簸箕等取粉、粒、块状物

潲 sɔ^{44}　①雨斜着下,雨朝东~呢;②洒水,给地上~点儿水

□ sǝu^{52}　(苍蝇)沾

宬 ʂɤŋ^{24}　①住,在西安~着咧;②闲待着,~下没事;③装、容纳,这个箱子~不下这么多东西

射 ʂʅǝ^{21}　一~站起:猛地站起

捼 zuɑ^{21}　揉搓,~成颗圪蛋;这病~得人受不了

擩 zu^{44}　伸入,塞进

挽 vɛn^{52}　系(腰带、鞋带儿等)

搋 tɕyo^{21}　①扯断;②扯

掬 tɕy^{21}　①捧,~起;②量词,一~

扤 kʰuE^{52}　抓,把车上的包包~住

悄 tɕʰiɔ^{44}　捆东西时,插入短棒旋转绞紧

摖 ɕi^{21}　①钉;②打,~你两打

炧 ɕie^{44}　熄灭,火~咧

解 kE^{52}　①把圆木锯成板材,~木植;②把束缚着或系着的东西打开,

~疙瘩

聅 kuo^{21}　噪声刺激听觉,~耳朵

唵 nɛn^{52}　手捧着吃粉、粒状食品,~了口熟米

揞 nɛn^{44}　又作罯,遮住

罯罯 nɛn^{44} tʰɑ^{0}　把东西归拢整齐或藏好

煨 vei^{52}　用煤面儿掩火使火变小不熄,~灶火

克瘆 kʰǝʔ^{24} sɤŋ^{0}　发瘆

克晃 kʰǝʔ^{24} xuaŋ^{44}　形容走路慢,左摇右摆的样子

圪攒 kǝʔ^{24} tsʰuɛn^{0}　凑到一起

圪踮 kǝʔ^{24} tiɛn^{0}　(脚)一踮一踮地走

圪夹 kǝʔ^{24} tɕiɑ^{21}　夹(在腋下)

圪挤 kǝʔ^{24} tɕi^{0}　挤

圪搅 kǝʔ^{24} tɕiɔ^{0}　①(小幅度)搅动;②干扰、挑拨

圪瘾 kǝʔ^{24} iɤŋ^{0}/ kǝ^{24} iɤŋ^{52}　(对某物)感到恶心

圪沓 kǝʔ^{24} tʰɑ^{0}　(贬义)说,胡~下一堆:胡说下一堆

圪蹴 kǝʔ^{24} tsʰuɛn^{44}　来回蹴

卜拉 pu^{21} la^{44}　拨、搅

卜□ pu^{21} niɛn^{0}　轻轻呲嘴

卜挼 pu^{21} lie^{0}　身体不停扭动

忽撒 xu^{21} sɑ^{52}　(不经意地)撒,(少量地)撒

忽扇 xu²¹ ʂɛn²¹ 扇
入鬼 zʅ²¹ kuei⁰ ①胡乱做，胡~；②骗
入蹋 zʅ²¹ tʰɑ²¹ 糟蹋
入捣 zʅ²¹ tɔ⁰ 捉弄
　入弄 zʅ²¹ nuɤŋ⁴⁴

(2)心理活动

晓得 ɕiɔ⁵² tei²⁴
　知道 tʂʰʅ²¹ tɔ⁴⁴
懂 tuɤŋ⁵²
　解下 xE⁴⁴ xɑ²¹ "解下解不下" 以前当地老话不说，近些年全县普遍都说
解不下 xE⁴⁴ pəʔ⁴ xɑ⁰ 不懂
　不解 pəʔ⁴ xE⁴⁴
解开 xE⁴⁴ kʰE²¹ 恍然大悟
会 xuei⁴⁴ ~认字
认 zɤŋ⁴⁴ ~字,~亲
认得 zɤŋ⁴⁴ tei⁰ 认识
不认得 pəʔ⁴ zɤŋ⁴⁴ tei⁰ 不认识
　认不得 zɤŋ⁴⁴ pəʔ⁴ tei⁰
盘算 pʰɛn²¹ suɛn⁴⁴
思谋 sʅ²¹ mu⁰
　想一下 ɕiaŋ⁵² i²¹ xɑ⁰
战敠 tiɛn²¹ tuo⁰ 斟酌
　掂量 tiɛn²¹ liaŋ⁰
　敠量 tuo²¹ liaŋ⁰ 估量,~有多少

估摸儿 ku⁵² mər⁰
估计 ku⁵² tɕi⁴⁴
约摸 yo²¹ muo⁰
想办法 ɕiaŋ⁵² pen⁴⁴ fɑ⁰
　想主意 ɕiaŋ²⁴ tʂu⁵² i⁴⁴
动脑子 tuɤŋ⁴⁴ nɔ⁵² tsʅ⁰ 动脑筋
猜 tsʰE²¹
猜着 tsʰE²¹ tʂuo²⁴ 猜到
思想 sʅ²¹ ɕiaŋ⁵² 猜、想
算着 suɛn⁴⁴ tʂuo²⁴ 料定
主张 tʂu⁵² tʂaŋ⁰
相信 ɕiaŋ²¹ ɕiɤŋ⁴⁴ ①威信；②信任
信 ɕiɤŋ⁴⁴ 信任
疑乎 ni²⁴ xu⁰ 怀疑、不敢肯定
考虑 kʰɔ⁵² ly⁴⁴
犹豫 iəu²¹ y⁴⁴
拿定主意 na²¹ tiɤŋ⁴⁴ tʂu⁵² i⁰
拿不定主意 na²¹ pəʔ⁴ tiɤŋ⁴⁴ tʂu⁵² i⁰
没主意 muo²¹ tʂu⁵² i⁰
注意 tʂu⁴⁴ i⁴⁴ 留神
　留心 liəu²⁴ ɕiɤŋ²¹
操心 tsʰɔ²¹ ɕiɤŋ⁰ ①操心，生意上多~；②小心，~噎住
小心 ɕiɔ⁵² ɕiɤŋ²¹ ~噎住
怕 pʰɑ⁴⁴ (又见二十七类)
　害怕 xE⁴⁴ pʰɑ⁴⁴
吓着咧 xɑ⁴⁴ tʂuo²⁴ lie⁰
后怯 xəu⁴⁴ tɕʰie⁰ 后怕

着急 tʂuo²¹ tɕi²⁴

　急 tɕi²⁴

干着急 kɛn²¹ tʂuo²¹ tɕi²⁴

着慌 tʂuo²¹ xuaŋ²¹

着危 tʂuo²¹ vei²¹　特别着急、慌张

萦心 iɤŋ²¹ ɕiɤŋ²¹　挂念

放心 faŋ⁴⁴ ɕiɤŋ²¹

盼 pʰɛn⁴⁴

指准 tsʅ²⁴ tʂuɤŋ⁵²

　指望 tsʅ⁵² vaŋ⁴⁴

巴不得 pa²¹ pəʔ²⁴ tei²⁴

记住 tɕi⁴⁴ tʂu⁰

忘 vaŋ⁴⁴　忘记

想起来 ɕiaŋ²⁴ tɕʰie⁵² lɛ⁰

　记起来 tɕi⁴⁴ tɕʰie⁵² lɛ⁰

长记性 tʂaŋ⁵² tɕi⁴⁴ ɕiɤŋ⁰　记住过
　去的教训

不长记性 pu²¹ tʂaŋ⁵² tɕi⁴⁴ ɕiɤŋ⁰
　不记教训

不长脑子 pu²¹ tʂaŋ⁵² nɔ⁵² tsəʔ⁰　没
　脑子

眼红 niɛn⁵² xuɤŋ²⁴　嫉妒

小眼 ɕiɔ²⁴ niɛn⁵²　对别人或大或小
　的东西都羡慕、想要

眼黑 niɛn⁵² xuɯ²¹

　讨厌 tʰɔ⁵² iɛn⁴⁴

入眼 zʅ²⁴ niɛn⁵²　厌恶

恨 xɤŋ⁴⁴

嫌 ɕiɛn²⁴

　嫌弃 ɕiɛn²¹ ɕi⁴⁴

爱 nɛ⁴⁴　①喜欢，～书；②羡慕

　爱见 nɛ⁴⁴ tɕiɛn⁰

偏向 pʰiɛn²¹ ɕiaŋ⁴⁴　娘的～老小

　向 ɕiaŋ⁴⁴

　偏 pʰiɛn²¹

　偏心 pʰiɛn²¹ ɕiɤŋ⁰

赌气 tu⁵² tɕʰi⁴⁴　怄气

气怅 tɕʰi⁴⁴ tʂʰaŋ⁰　因不如意而感到
　不痛快

着气 tʂuo²¹ tɕʰi⁴⁴　生气

发火 fa²¹ xuo⁵²

　起火 tɕʰi²⁴ xuo⁵²

害气 xɛ⁴⁴ tɕʰi⁴⁴

　发脾气 fa²¹ pʰi²¹ tɕʰi⁴⁴

□□ tɕʰiɛn²¹ ɕiəu⁴⁴　(对物)爱惜

疼 tʰɤŋ²⁴　(对人)疼爱

心疼 ɕiɤŋ²¹ tʰɤŋ²⁴　因喜爱的人
　或东西受到损害而感到痛心(又见
　二十六类)

感谢 kɛn⁵² ɕie⁴⁴

　谢谢 ɕie⁴⁴ ɕie⁰(又见十八类)

幸 ɕiɤŋ⁴⁴　娇惯

　惯 kuɛn⁴⁴

迁就 tɕʰiɛn²¹ tɕiəu⁴⁴

耍玩 ʂua²⁴ vɛn⁰　掌控, 由婆姨～

贪耍 tʰɛn²¹ ʂua⁵²　贪玩儿

(3)语言动作

言喘 iɛn²⁴ tʂʰuɛn⁰

说话 ʂuo²¹ xuɑ⁴⁴

不言喘 pəʔ²⁴ iɛn²⁴ tʂʰuɛn⁰ 不做声

拉磨 la²¹ muo⁴⁴ 聊天

拉沓 la⁴⁴ tʰɑ⁰

谝 pʰiɛn⁵² ①聊天，～闲传；②吹牛，瞎～

干搧 kɛn²¹ ʂɛn⁰ 大话连篇不干实事

嘶声 sɿ⁵² ʂɤŋ⁰ 喊叫

逗笑 təu⁴⁴ ɕiɔ⁴⁴ 开玩笑

哄 xuɤŋ⁵² 骗

乖哄 kuɛ²¹ xuɤŋ⁵² ①哄骗财物；②好言劝说。如：小娃娃要～呢，不能骂

□ tʂʰu⁴⁴ 挑唆、煽动

煽捣 ʂɛn²¹ tɔ⁰

跟……拉沓 kɤŋ²¹…la⁴⁴ tʰɑ⁰ 告诉

给……说 kəʔ²⁴…ʂuo²¹

打问 ta⁵² vɤŋ⁴⁴ 打听

打劝 ta⁵² tɕʰyɛn⁴⁴ 劝说

说合 ʂuo²¹ xuo⁰ ①从中介绍以促成别人的事；②说和

抬杠 tʰɛ²¹ kaŋ⁴⁴

编量 piɛn²¹ liaŋ⁰ 造谣

枉说 vaŋ⁵² ʂuo²¹

虚嚽 ɕy²¹ tɕyo²⁴ 编造事实骂人

敞扬 tʂʰaŋ⁵² iaŋ²⁴ 到处说人坏话

丧摊子 saŋ⁴⁴ tʰɛn²¹ tsəʔ⁰ 散播某人的囧事致其声誉受损

谖谎 ɕyɛn²¹ xuan⁰ 撒谎

捣鬼 tɔ²⁴ kuei⁵²

入白 ʐʅ²¹ pei²⁴ 说假话

诈唬 tsɑ⁴⁴ xu⁰ 欺骗吓唬

搞叨 kɔ⁵² tɔ⁰ 商量

吃颏 tɕie²¹ kʰuo⁰ 口吃

克吵 kʰəʔ²⁴ tsʰɔ⁵² 小声说话，议论

祷告 tɔ⁵² kɔ⁴⁴ ①祈祷；②央求

謦 tɕiaŋ⁴⁴ 固执地争辩

撑 tsʰɤŋ²¹

顶嘴 tiɤŋ²⁴ tsuei⁵²

嚷讲 ʐaŋ⁵² tɕiaŋ⁰ 争论

怨抱 yɛn⁴⁴ pɔ⁴⁴

抱怨 pɔ⁴⁴ yɛn⁴⁴

嗝气 tʰɔ²¹ tɕʰi⁴⁴ 怄气吵闹

斗阵 təu⁴⁴ tsɤŋ⁴⁴ 吵嘴打架

嚷仗 ʐaŋ⁵² tʂaŋ⁴⁴ 吵架

骂仗 ma⁴⁴ tʂaŋ⁴⁴

吵仗 tsʰɔ⁵² tʂaŋ⁴⁴

打捶 ta⁵² tʂʰuei²⁴ 打架

动手 tuɤŋ⁴⁴ ʂəu⁵² ①着手；②打架

骂 ma⁴⁴

受骂 ʂəu⁴⁴ ma⁴⁴

挨骂 nɛ²¹ ma⁴⁴

安顿 nɛn²¹ tuɤŋ⁴⁴ 嘱咐

受批评 ʂəu⁴⁴ pʰi²¹ pʰiɤŋ⁰ 挨批评

　　受头子 ʂəu⁴⁴ tʰəu²⁴ tsəʔ⁰

　　挨训 nɛ²¹ ɕyɤŋ⁴⁴

认承 zɤŋ⁴⁴ tʂʰɤŋ⁰

　　承认 tʂʰɤŋ²¹ zɤŋ⁴⁴

□ saŋ²¹

　　唠叨 lɔ²¹ tɔ⁰

降喊 ɕiaŋ²⁴ xɛn⁵² 厉声斥责

喊 xɛn⁵² ～他来

　　叫 tɕiɔ⁴⁴

传老婆舌 tʂʰuɛn²⁴ lɔ⁵² pʰuo⁰ ʂʅə⁰

翻老婆舌 fɛn²¹ lɔ⁵² pʰuo⁰ ʂʅə⁰

翻话 fɛn²¹ xua⁴⁴

说嘴 ʂuo²¹ tsuei⁵² 说空话

说便宜话 ʂuo²¹ pʰiɛn²¹ i⁴⁴ xua⁰

驳弹 puo²¹ tʰɛn⁰ 挑剔

　　弹驳 tʰɛn²⁴ puo⁰

厄蛋 pa⁵² tɛn⁴⁴ 反悔

　　翻把 fɛn²¹ pa⁴⁴

漏岔 ləu⁴⁴ tsʰa⁴⁴ 说漏嘴

翻架 fɛn²¹ tɕia⁰ 谈崩

二十三　普通名词

颜色 iɛn²⁴ sei⁰

志志 tsʅ⁴⁴ tsʅ⁰ 道儿

四煞 sʅ⁴⁴ sa⁰ (人的)各方面表现, 小燕～都好

嘴码 tsuei²⁴ ma⁰ 说话能力。～有～, 笔头子有笔头子

良法 liaŋ²⁴ fa⁰ 好办法

背处 pei⁴⁴ tʂʰu⁰ 僻静处

横事 ɕyo²¹ sʅ⁴⁴ 不幸的意外

脑水 nɔ²⁴ ʂuei⁰ 本领、才能, 多用于否定结构, 没～, ～不大

年馑 niɛn²⁴ tɕiɤŋ⁰ 荒年, 遭～了

年成 niɛn²⁴ tʂʰɤŋ⁰ 一年的收成, 跌下～了, 遭～:遭饥荒

好收成 xɔ⁵² ʂəu²¹ tʂʰɤŋ²⁴

碜 tʂʰɤŋ⁵² ①(名)食物中的沙土、小石子儿; ②(形)沙土、小石子儿入口的感觉

古朝 ku⁵² tʂɔ²⁴ 以前的故事, 说～

后台 xəu⁴⁴ tʰE⁰ 有～:有靠山

礼信 li⁵² ɕiɤŋ⁴⁴ 礼貌方面的要求、讲究, 这家人～可多呢

恶潲气 nuo²¹ tʰa²¹ tɕʰi⁰ 霉味儿

事法 sʅ⁴⁴ fa⁰ 情形、情势, ～不对了

事业 sʅ⁴⁴ nie⁰

音声 iɤŋ²¹ ʂɤŋ⁰

　　声音 ʂɤŋ²¹ iɤŋ⁰

蹉踢 tsa²¹ tʰa⁰ 办事所需的费用

扁片片 pen²⁴ pʰiɛn⁵² pʰiɛn⁰ 看上去过于扁平的物件

扁片子 pen²⁴ pʰiɛn⁵² tsəʔ⁰

扁掐子 pen⁵² tɕʰia²¹ tsəʔ⁰ 扁得难看的东西

豁子 xuo²¹ tsəʔ⁰ 豁口, 刀刃绊下一个~

把儿 pɐr⁴⁴ 绾起的小捆儿

样杆子 iaŋ⁴⁴ ken²¹ tsəʔ⁰

样子货 iaŋ⁴⁴ tsəʔ⁰ xuo⁴⁴

琉璃 liəu²¹ li⁴⁴

劲张 tɕiɤŋ⁴⁴ tʂaŋ²¹ 力量

相干 ɕiaŋ²¹ ken⁰ 没~: 没关系

狗脸儿亲家 kəu⁵² liɐr⁰ tɕʰiɤŋ⁴⁴ tɕia²¹ 喻指儿童之间忽好忽恼的关系

糁 sɤŋ²¹ 碎粒, 玉麦~~

下数 xa⁴⁴ ʂu⁰ 规矩

门路儿 mɤŋ²¹ lər⁴⁴ 做事的规矩

门道儿 mɤŋ²¹ tər⁴⁴

麻搭 ma²⁴ ta⁰ 麻烦事儿、难处理的问题, 没~: 没问题

怕处 pʰa⁴⁴ tʂʰu⁰ 让人担心之处, ~有鬼

糊糊事 xu²⁴ xu⁰ sɿ⁴⁴ 糊涂事

瞎塌事 xa²¹ tʰa²¹ sɿ⁴⁴

风转转 fɤŋ²¹ tʂuen⁴⁴ tʂuen⁰ 风车,用来发电

空心子 kʰuɤŋ²¹ ɕiɤŋ²¹ tsəʔ⁰ 空腹

空肚子 kʰuɤŋ²¹ tu⁴⁴ tsəʔ⁰

二十四　位置

上面 ʂaŋ⁴⁴ miɛn⁰

上头 ʂaŋ⁴⁴ tʰəu⁰

上边 ʂaŋ⁴⁴ piɛn⁰

浮起 fu²⁴ tɕʰie⁰

下面 xa⁴⁴ miɛn⁰

下头 xa⁴⁴ tʰəu⁰

下边 xa⁴⁴ piɛn⁰

地上 ti⁴⁴ ʂɿə⁰ ~脏死了

地下 ti⁴⁴ xɯ⁰ 东西跌~了

天上 tʰiɛn²¹ ʂɿə⁰

山上 sen²¹ ʂɿə⁰

路上 ləu⁴⁴ ʂɿə⁰

街上 kɛ²¹ ʂɿə⁰

墙上 tɕʰiaŋ²¹ ʂɿə⁴⁴

门上 mɤŋ²¹ ʂɿə⁴⁴

桌子上 tʂuo²¹ tsəʔ⁴ ʂɿə⁴⁴

椅子上 i⁵² tsəʔ⁴ ʂɿə⁰

边边上 piɛn²¹ piɛn⁰ ʂɿə⁰ 边沿上

里面 li⁵² miɛn⁰

里头 li⁵² tʰəu⁰

里边 li⁵² piɛn⁰

外面 vɛ⁴⁴ miɛn⁰

　外头 vɛ⁴⁴ tʰəu⁰

　外边 vɛ⁴⁴ piɛn⁰

　外起 vɛ⁴⁴ tɕʰi⁰（又见七类）

手里 ʂəu⁵² li⁰

　手上 ʂəu⁵² ʂʅə⁰（"上"韵母弱读）

心里(头)ɕiɤŋ²¹ li⁵²（tʰəu⁰）

嘴里头 tsuei⁵² li⁰ tʰəu⁰

水里(头) ʂuei⁵² li⁰（tʰəu⁰）

镇子上 tʂɤŋ⁴⁴ tsʅ⁰ ʂaŋ⁰

滩里 tʰɛn²¹ ni⁰/li⁰ 野外

街门外 kɛ²¹ mɤŋ²¹ vɛ⁴⁴

　大门外 ta⁴⁴ mɤŋ²⁴ vɛ⁴⁴

　大 门 外 起 ta⁴⁴ mɤŋ²⁴ vɛ⁴⁴ tɕʰi⁰

　街外头 kɛ²¹ vɛ⁴⁴ tʰəu⁰（旧）

墙外头 tɕʰiaŋ²¹ vɛ⁴⁴ tʰəu⁰

墙里头 tɕʰiaŋ²⁴ li⁵² tʰəu⁰

窗根底 tʂʰuaŋ²¹ kɤŋ²¹ ti⁵² 窗户下

窗外头 tʂʰuaŋ²¹ vɛ⁴⁴ tʰəu⁰

车上 tʂʰʅə²¹ ʂaŋ⁰

　车里头 tʂʰʅə²¹ li⁵² tʰəu⁰

车外头 tʂʰʅə²¹ vɛ⁴⁴ tʰəu⁰

前头 tɕʰiɛn²¹ tʰəu⁴⁴ 可借指外屋

　前面儿 tɕʰiɛn²¹ miɛr⁴⁴

　前边儿 tɕʰiɛn²⁴ piɛr⁰

后头 xəu⁴⁴ tʰəu⁰ 可借指里屋

后面儿 xəu⁴⁴ miɛr⁰

后边儿 xəu⁴⁴ piɛr⁰

山前头 sɛn²¹ tɕʰiɛn²¹ tʰəu⁴⁴

　山前面儿 sɛn²¹ tɕʰiɛn²¹ miɛr⁴⁴

山后头 sɛn²¹ xəu⁴⁴ tʰəu⁰

　山后面儿 sɛn²¹ xəu⁴⁴ miɛr⁰

车前头 tʂʰʅə²¹ tɕʰiɛn²¹ tʰəu⁴⁴

车后头 tʂʰʅə²¹ xəu⁴⁴ tʰəu⁰

背后 pei⁴⁴ xəu⁰ 在……后面（又见二十七类）

　后背 xəu⁴⁴ pei⁰

前 tɕʰiɛn²⁴ 五号～回来

　以前 i⁵² tɕʰiɛn²⁴（又见三类）

以后 i⁵² xəu⁴⁴ 五号～回来

　后 xəu⁴⁴

以上 i⁵² ʂaŋ⁴⁴ 五十岁～

　往上 vaŋ⁵² ʂaŋ⁴⁴

以下 i⁵² xa⁴⁴ 三十岁～

　往下 vaŋ⁵² xa⁴⁴

东面 tuɤŋ²¹ miɛn⁴⁴

　东边 tuɤŋ²¹ piɛn⁰

东头儿 tuɤŋ²¹ tʰər⁰以某一具体地点为参照，指既定范围内：地～

东半起 tuɤŋ²¹ pɛn⁴⁴ tɕʰie⁰东半边

西面 ɕi²¹ miɛn⁴⁴

　西边 ɕi²¹ piɛn⁰

西头儿 ɕi²¹ tʰər⁰

西半起 ɕi²¹ pɛn⁴⁴ tɕʰie⁰ 西半边

南边 nɛn²⁴ pien⁰

北边 pei⁵² pien⁰

东南 tuɤŋ²¹ nɛn²⁴

东北 tuɤŋ²¹ pei⁰

西南 ɕi²¹ nɛn²⁴

西北 ɕi²¹ pei⁰

东 南 拐 子 tuɤŋ²¹ nɛn²⁴ kuE⁵² tsəʔ⁰ 东南角

西南拐子 ɕi²¹ nɛn²⁴ kuE⁵² tsəʔ⁰ 西南角

路边子 ləu⁴⁴ pien²¹ tsəʔ⁰

　路边边 ləu⁴⁴ pien²¹ pien⁰

　路畔畔 ləu⁴⁴ pen⁴⁴ pɛn⁰

路东 ləu⁴⁴ tuɤŋ²¹

路西 ləu⁴⁴ ɕi²¹

路南 ləu⁴⁴ nɛn²⁴

路北 ləu⁴⁴ pei⁵²

当中 taŋ²¹ tʂuɤŋ⁰ 中间

底下 ti⁵² xɯ⁰/xɑ⁰

床底下 tʂʰuaŋ²⁴ ti⁵² xɯ⁰/xɑ⁰

楼底下 ləu²⁴ ti⁵² xɯ⁰/xɑ⁰

碗 底 子 上 vɛn²⁴ ti⁵² tsəʔ²⁴ ʂʅ⁰ 碗底(碗外碗里一样的说法)

锅底上 kuo²¹ ti⁵² ʂʅ⁰ 锅里面的锅底上

锅底下 kuo²¹ ti⁵² xɯ⁰/xɑ⁰ 锅外的锅底上

缸底子上 kuaŋ²¹ ti⁵² tsəʔ²⁴ ʂʅ⁰

缸底(既可指缸外也可指缸里的)

缸底下 kuaŋ²¹ ti⁵² xɯ⁰/xɑ⁰ 缸外的缸底子上

半起儿 pɛn⁴⁴ tɕʰiər⁰ 旁边(又见二十九类)

　旁旁 pʰaŋ²⁴ pʰaŋ⁰

　旁边儿 pʰaŋ²⁴ pier⁰

跟起 kɤŋ²¹ tɕʰi⁰

跟前 kɤŋ²¹ tɕʰien⁰

附近 fu⁴⁴ tɕiɤŋ⁴⁴

啥地方 sa²⁴ ti⁴⁴ faŋ⁰

左边 tsuo⁵² pien⁰

　左面儿 tsuo⁵² miər⁰

右边 iəu⁴⁴ pien⁰

　右面儿 iəu⁴⁴ miər⁰

朝/往里走 tʂʰɔ²⁴ / vaŋ²⁴ li⁵² tsəu⁰

朝 / 往 进 走 tʂʰɔ²¹ / vaŋ²¹ tɕiɤŋ⁴⁴ tsəu⁰

朝/往外走 tʂʰɔ²¹ / vaŋ²¹ vE⁴⁴ tsəu⁰

朝/往出走 tʂʰɔ²⁴ / vaŋ²¹ tʂʰuəʔ²⁴ tsəu⁰

朝/往东走 tʂʰɔ²⁴ / vaŋ⁵² tuɤŋ²¹ tsəu⁰

朝/往 西 走 tʂʰɔ²⁴ / vaŋ⁵² ɕi²¹ tsəu⁰

朝/往回走 tʂʰɔ²⁴ / vaŋ⁵² xuei²⁴ tsəu⁰

朝/往去走 tʂʰɔ²¹ / vaŋ⁵² tɕʰi⁴⁴

tsəu^0 朝目标地走

朝/往前走 tʂʰɔ^{24} / vaŋ^{52} tɕʰiɛn^{24} tsəu^0

朝/往/以东 tʂʰɔ^{24} / vaŋ^{52} / i^{52} tuɤŋ^{21} 南园子～是长城

朝/往/以西 tʂʰɔ^{24} / vaŋ^{52} / i^{52} ɕi^{21}

朝/往/以南 tʂʰɔ^{24} / vaŋ^{52} / i^{52} nɛn^{24}

朝/往/以北 tʂʰɔ^{24} / vaŋ^{52} / i^{24} pei^{21}

以内 i^{52} luei^{44} 边墙(长城)～是周家

往里 vaŋ^{24} li^{52}

以外 i^{52} vE^{44} 之外。十个～，都是你的

往外 vaŋ^{52} vE^{44} (又见二十七类)

以来 i^{52} lE^{24}

打……以后 ta^{52}…i^{52} xəu^{44}

从……以后 tsʰuɤŋ^{24}…i^{52} xəu^{44}

之前 tsʅ^{21} tɕʰiɛn^{24}

拐拐上 kuE^{52} kuE^0 ʂaŋ^0 拐角处

棱棱上 lɤŋ^{24} lɤŋ^0 ʂaŋ^0

尖尖上 tɕiɛn^{21} tɕiɛn^0 ʂaŋ^0

角角上 tɕyo^{21} tɕyo^0 ʂaŋ^0

圪垯垯上 kəʔ^{24} lɔ^{24} lɔ^0 ʂaŋ^0 无遮挡物的角落

圪垯垯里 kəʔ^{24} lɔ^{24} lɔ^0 li^0 有遮挡物的角落

之间 tsʅ^{44} tɕiɛn^{44}

二十五　代词等

我 ŋuo^{52}(老)/vuo^{52}(新)

你 ni^{52}

茶⁼ nie^{24}

他 tʰa^{21}

那 nei^{44}

那个 nei^{44} kəʔ^0 (又见本类)

我们 ŋuo^{52} mə^0

咱们 tsa^{21} mə^0

你们 ni^{52} mə^0

茶⁼们 nie^{24} mə^0

他们 tʰa^{21} mə^0

那些 nəʔ^{24} ɕie^0(又见本类)

你老儿(家) ni^{24} lər^{52} (tɕia^{21}) 对年长者第二人称尊称

我的 ŋuo^{52} ti^0

人家 zɤŋ^{21} tɕi^{44} ("家"韵母弱化)

大家 ta^{44} tɕi^0

谁 ʂuei^{24} 单复数一样

谁个儿 ʂuei^{21} kuor^{44}

这个 tsʅ^{44} kəʔ^0

那个 nei⁴⁴ kəʔ⁰ (又见本类)

哪一个 na²⁴ i²¹ kəʔ⁰

这些 tsʅ⁴⁴ ɕie⁰

兀号儿 vu⁴⁴ xɚ⁰

　那些 nei⁴⁴ ɕie⁰ (又见本类)

哪些 na⁵² ɕie⁰

这里 tsʅ⁴⁴ ni⁰

　这搭儿 tsʅ⁴⁴ tɐr⁰

　这搭搭 tsʅ⁴⁴ ta²¹ ta⁰

那里 nei⁴⁴ ni⁰

　那搭儿 nəʔ²⁴ tɐr⁰

　那搭搭 nəʔ²⁴ ta²¹ ta⁰

兀搭儿 vu⁴⁴ tɐr⁰ 比"那搭儿"近

哪 na²⁴ 哪儿

咋个儿 tsa²⁴ kər⁵² 怎么("个儿"声调特殊)

这么个(做、高)tsʅ⁴⁴ mə⁰ kəʔ⁰

那么个 nəʔ⁴⁴ mə⁰ kəʔ⁰

咋 tsa²⁴ 怎么

咋(个儿)办 tsa²⁴ (kər⁵²) pen⁴⁴ 怎么办

啥 ʂa²⁴ 什么

为啥 vei⁴⁴ ʂa²⁴ 为什么

多少 tuo²⁴ ʂʅə⁰ ~钱(又见二十七类)

多 tuo²⁴ ~久(高、大、厚、重)

我们两个 ŋuo⁵² mə⁰ liaŋ²⁴ kəʔ⁰

咱(们)两个 tsa²⁴(mə⁰) liaŋ²⁴ kəʔ⁰

你们两个儿 ni⁵² mə⁰ liaŋ²⁴ kər⁰

你们两儿 ni⁵² mə⁰ liãr⁵²

他们两个儿 tʰa²¹ mə⁰ liaŋ²⁴ kər⁰

　他们两儿 tʰa²¹ mə⁰ liãr⁵²

他们两口子 tʰa²¹ mə⁰ liaŋ²⁴ kʰəu²¹ tsə⁰ 他们夫妻俩

娘儿两儿 niə̃r²⁴ liãr⁵² 娘俩儿

　娘们两儿 niaŋ²⁴ mə⁰ liãr⁵²

　娘儿两个 niə̃r²⁴ liaŋ⁵² kəʔ⁰

父子两个儿 fu⁴⁴ tsʅ⁰ liaŋ⁵² kər⁰ 父子俩

　父子两儿 fu⁴⁴ tsʅ⁰ liãr⁵²

先后两个 ɕien⁴⁴ xəu⁰ liaŋ⁵² kəʔ⁰ 妯娌俩

　先后两儿 ɕien⁴⁴ xəu⁰ liãr⁵²

婆媳两儿 pʰuo²⁴ ɕi²¹ liãr⁵²

兄弟两 ɕyʁŋ²¹ ti⁴⁴ liaŋ⁰

弟兄两 ti⁴⁴ ɕyʁŋ²¹ liaŋ⁰

哥儿两儿 kuor²⁴ liãr⁵²

姊妹两 tsʅ⁵² mei⁰ liaŋ⁰

兄妹两 ɕyʁŋ²¹ mei⁴⁴ liaŋ⁰

姐弟两 tɕie⁵² ti⁴⁴ liaŋ⁰

叔侄两 ʂu²¹ tsʅ²⁴ liaŋ⁰

师徒两 sʅ²¹ tʰu²⁴ liaŋ⁰

人们 zʁŋ²¹ mə⁰

各儿 kuor²⁴ 自己

再的 tsɛ⁴⁴ ti⁰ 别的

再的人 tsɛ⁴⁴ ti⁰ zʁŋ⁰ 别人

这阵儿 tsʅ⁴⁴ tʂãr⁴⁴ 这段时间

这阵子 tsʅ⁴⁴ tʂɤŋ⁴⁴ tsə↗⁰　　　这向儿 tsʅ⁴⁴ ɕiãr⁰

二十六　形容词

嫽 liɔ²⁴ 美好

好 xɔ⁵²

　　不错 pu²¹ tsʰuo⁴⁴

　　不赖 pu²¹ lE⁴⁴

帮肩儿 paŋ²¹ tɕieɚ⁰

　　差不多 tsʰɑ²¹ pə↗⁴ tuo⁰

不咋样 pə↗⁴ tsa⁵² iaŋ⁴⁴

　　一般 i²¹ pɛn⁰

顶事 tiɤŋ⁵² sʅ⁴⁴

　　济事 tɕi⁴⁴ sʅ⁴⁴

　　管用 kuɛn⁵² yɤŋ⁴⁴

不济事 pə↗⁴ tɕi⁴⁴ sʅ⁴⁴ 不管用

　　不管用 pə↗⁴ kuɛn⁵² yɤŋ⁴⁴

不顶事 pə↗⁴ tiɤŋ⁵² sʅ⁴⁴ ①不管用；
　　②事情失败要结束了；③没希望了。

　　俗云：轱辘匠摇头不顶事了

瞎 xɑ²¹ ①(眼睛)瞎；②(人)坏。那人
　　～得很，连娃娃的钱都骗

赖 lE⁴⁴(人)坏

　　坏 xuE⁴⁴

差 tsʰɑ²¹ 不好

将就 tɕiaŋ²¹ tɕiəu⁴⁴

对付 tuei⁴⁴ fu⁰ 凑合

俊 tɕyɤŋ⁴⁴ 漂亮，不分男女

漂亮 pʰiɔ⁴⁴ liaŋ⁰

好看 xɔ⁵² kʰɛn⁴⁴

气派 tɕʰi⁴⁴ pʰE⁰ 形容人长得器宇
　　轩昂

中停 tʂuɤŋ²¹ tʰiɤŋ⁰ (男女)模样中
　　等，但秀气

端庄 tuɛn²¹ tʂuaŋ⁰ (女)又漂亮又
　　稳重

心疼 ɕiɤŋ²¹ tʰɤŋ²⁴ (小孩长相)
　　好看、惹人怜爱(又见二十二类)

富态 fu⁴⁴ tʰE⁰ (体态)丰盈

穷气 tɕʰyɤŋ²¹ tɕʰi⁴⁴ 不富态

丑 tʂʰəu⁵²

当紧 taŋ²¹ tɕiɤŋ⁰

　　要紧 iɔ⁴⁴ tɕiɤŋ⁰

红火 xuɤŋ²⁴ xuo⁰

　　热闹 ʐʅə²¹ nɔ⁴⁴

红漾 xuɤŋ²¹ iaŋ⁰ 形容受欢迎热闹
　　的样子

耐实 nE⁴⁴ ʂʅ⁰ 坚固

结实 tɕie²¹ ʂʅ⁰

瓷ʼ作 tsʰʅ²⁴ tsuo⁰ (东西结构、包扎)
　　结实

皮实 pʰi²⁴ ʂʅ⁰ ①(人)性格好，不轻

易生气；②(人)体质好，不易生病

福实 fu²¹ ʂʅ⁰ 家底厚

厚实 xəu⁴⁴ ʂʅ⁰ 厚

　厚沉 xəu⁴⁴ tʂʰɤŋ⁰

泼实 pʰuo²¹ ʂʅ⁰ (女人)泼辣

毒实 tu²⁴ ʂʅ⁰ 阴险毒辣

残 tsʰɛn²⁴ 狠毒，那婆姨心可～呢

　残火 tsʰɛn²⁴ xuo⁰

歹毒 tɛ⁵² tu²⁴

欢实 xuɛn²¹ ʂʅ⁰ 形容精神好、走得

　或跑得快

皮拉厚 pʰi²⁴ la²¹ xəu⁴⁴ 皮实，不

　轻易生气

硬 niɤŋ⁴⁴

硬巴 niɤŋ⁴⁴ pa⁰ 专指老人或小孩

　身体硬朗

软 zuɛn⁵²

　绵 mien²⁴

　软和 zuɛn⁵² xuo⁰

穰 zaŋ⁵² (布料)薄、沙、不结实

干净 kɛn²¹ tɕiɤŋ⁴⁴

拴正 ʂuɛn²¹ tʂɤŋ⁴⁴ ①干净；②(人)

　正派

脏 tsaŋ²¹

　入脏 zʅ²¹ tsaŋ⁰

　邋遢 la²¹ tʰa⁰

　肮脏 naŋ²¹ tsaŋ⁰

咸 xɛn²⁴

甜 tʰien²⁴ ①盐太少；②"苦"的反

　义词

香 ɕiaŋ²¹

臭 tʂʰəu⁴⁴

酸 suɛn²¹

逊‗甜 ɕyɤŋ⁴⁴ tʰien²⁴ 特别甜

苦 kʰu⁵²

苦叫 kʰu⁵² tɕiɔ⁴⁴ (生活)苦

辣 la²¹

渴 kʰaŋ⁴⁴ 人～得想喝水

喂嘴 vei⁴⁴ tsuei⁰ 嘴馋

稀 ɕi²¹ 米汤太～咧

　清 tsʰiɤŋ²¹

稠 tʂʰəu²⁴ 米汤太～咧

沙 sa⁴⁴ 不密

密 mi²¹

肥 fei²⁴

肥黏黏 fei²⁴ nien²¹ nien²⁴ 很肥

胖 pʰaŋ⁴⁴ (人)胖

瘦 səu⁴⁴

干 kɛn²¹ (人)干瘦

烧炼 ʂɔ²¹ lie⁰ (身体某部位)热得

　发烫

自在 tsʅ⁴⁴ tsʰɛ⁰

　舒服 ʂu²¹ fu⁰

　畅快 tʂʰaŋ⁵² kʰuɛ⁰

　快活 kʰuɛ⁴⁴ xuo⁰

洒乐 sa⁵² luo⁰ 洒脱，轻松

高兴 kɔ²¹ ɕiɤŋ⁴⁴

浪 laŋ⁴⁴ 高兴又潇洒

逊点 ˭ɕyɤŋ⁴⁴ tien⁵² 因为听到不顺耳的话变得不高兴

亲趋 tɕʰiɤŋ²¹ tɕʰy⁴⁴

　热情 zɿ²¹ tɕʰiɤŋ⁰

冷淡 lɤŋ⁵² ten⁴⁴

把稳 pa²⁴ vɤŋ⁵² ①稳当，这人办事不~；②十拿九稳，这事~成了

　保稳 pɔ²⁴ vɤŋ⁵²

牢靠 lɔ²¹ kʰɔ⁴⁴ ①(东西)结实；②(人)可靠

实受 ʂɿ²¹ ʂəu⁴⁴ 憨厚老实

老诚 lɔ⁵² tsʰɤŋ²⁴ 老实

消闲 ɕiɔ²¹ xen⁰ 不忙

难受 nen²¹ ʂəu⁴⁴ 难过

恓惶 ɕi²¹ xuaŋ⁰

　不当 pəʔ²⁴ taŋ²¹

　可怜 kʰuo⁵² lien²⁴

乖 kuɛ²¹ (小孩儿)①听话、不调皮；②没生病

调皮 tʰiɔ²⁴ pʰi²⁴

　顽(皮) ven²⁴ (pʰi²⁴)

　费事 fei⁴⁴ sɿ⁴⁴

乇杂 ka⁵² tsa²⁴ 喜欢刁难别人不好对付的(人)

能行 nɤŋ²⁴ ɕiɤŋ²⁴ ①有本事；②答语，"可以"。a. 你今儿走。b. ~。

厉害 li⁴⁴ xɛ⁰ ①能干；②难以对付或忍受

窝囊 vuo²¹ naŋ⁰

缺德 tɕʰyo²¹ tei⁰

钻机 ˭tsuen²¹ tɕi⁰ (贬)机灵

　机眼 tɕi²¹ nien⁰

死相 sɿ⁵² ɕiaŋ⁴⁴ 死板

老面 lɔ⁵² mien⁴⁴ 容貌显老

面嫩 mien⁴⁴ nuɤŋ⁴⁴ 容貌显年轻

木囊 mu⁴⁴ naŋ⁰ (行动)慢

巧 tɕʰiɔ⁵² 手巧

大方 ta⁴⁴ faŋ⁰ ①(言谈、举止)自然、不拘束；②(颜色、样式)不俗气

大发 ta⁴⁴ faŋ⁰ 对财物不计较

　手脚大 ʂəu⁵² tɕyo²¹ ta⁴⁴

小气 ɕiɔ⁵² tɕʰi⁴⁴

□ səu²¹ 吝啬

　啬 sei²¹

浑 xuɤŋ²⁴ ~身是汗

圪绕上了 kəʔ²⁴ zɔ⁵² ʂaŋ⁴⁴ liɔ⁰ (物体零件)松动

地道 ti⁴⁴ tɔ⁰ 正宗

齐整 tɕʰi²⁴ tsɤŋ⁵²

　整齐 tsɤŋ⁵² tɕʰi²⁴

　齐楚 tɕʰi²⁴ tsʰu⁰

迟 tsʰɿ²⁴ 晚，来~咧

勷造 naŋ⁴⁴ tsɔ⁰ 多，东西~

　多 tuo²¹

少 ʂɔ^{52} 东西～

大 ta^{44}

小 ɕiɔ^{52}

长 tʂʰaŋ^{24} 跟"短"相对(又见十九类)

短 tuɛn^{52} 跟"长"相对(又见十九类)

宽 kʰuɛn^{21}

窄 tsei^{52}

厚 xəu^{44}

薄 puo^{24}

深 ʂɤŋ^{21}

浅 tɕʰiɛn^{52}

高 kɔ^{21}

低 ti^{21} (又见二十二类)

　矮 nE^{52}

正 tʂɤŋ^{44} 不偏不歪

歪 vE^{21} ①不正；②(人)厉害

斜 ɕie^{24}

悖烦 pʰuo^{21} fɛn^{0} 心情烦乱

认生 zɤŋ^{44} sɤŋ^{21}

老迈 lɔ^{52} mE^{44} 腼腆害羞

害羞 xE^{44} ɕiəu^{21}

不行 pəʔ^{4} ɕiɤŋ^{24} 没本事

不行咧 pəʔ^{4} ɕiɤŋ^{24} lie^{0} 人将死

不中用 pəʔ^{4} tʂuɤŋ^{21} yɤŋ^{44} 靠不上

不要脸 pəʔ^{4} iɔ^{44} lien^{52}

灵巧 liɤŋ^{24} tɕʰiɔ^{52}

活套 xuo^{21} tʰɔ^{44} (办事)灵活

　灵活 liɤŋ^{24} xuo^{0}

刚强 kaŋ^{21} tɕʰiaŋ^{0}

心懵 ɕiɤŋ^{21} mɤŋ^{0} 笨，死心眼儿

囫囵 xu^{21} luɤŋ^{44} 完整

满 mɛn^{52}

鼓 ku^{52} 凸

扁 pɛn^{52}

凉快 liaŋ^{21} kʰuE^{44}

冰拔/拔儿凉 piɤŋ^{21} pa^{0}/pɐr^{0} liaŋ^{24} 冰凉

僻静 pʰi^{21} tɕiɤŋ^{44}

可心 kʰuo^{44} ɕiɤŋ^{21} 称心

满意 mɛn^{52} i^{44}

尿势 tɕʰiəu^{21} ʂ̩^{44} ①(事情)失败已成定局；②(人)没有希望了

正路 tʂɤŋ^{44} ləu^{44} ①(颜色)正；②品行端正

不识耍 pəʔ^{4} ʂ̩^{0} ʂua^{52} 经不起玩笑

不拾闲 pəʔ^{4} ʂəʔ^{4} ɕiɛn^{24} ①不习惯闲着，好动或不停地劳动

不超﹦毛 pəʔ^{4} tʂʰɔ^{21} mɔ^{24} 不正经

不日超﹦pəʔ^{4} zl̩^{21} tʂʰɔ^{0}

没戏戏唱 muo^{21} ɕi^{44} ɕi^{0} tʂʰaŋ^{44} 没希望

没察疵﹦muo^{21} tsʰa^{24} tsʰ̩^{0} 不会看人眼色

洋气 iaŋ^{21} tɕʰi^{44} 时尚

怪气 kuE^{44} tɕʰi^{44} 怪异

薄气 puo^{21} tɕʰi^{44} (男人)轻浮

抻不住 tʂəu²¹ pəʔ⁴ tʂu⁴⁴

狗气 kəu⁵² tɕʰi⁴⁴　摆架子，不和一般人亲近

妖气 iɔ²¹ tɕʰi⁴⁴　妖里妖气
妖 iɔ²¹

贱气 tɕien⁴⁴ tɕʰi⁴⁴　(女人)轻浮下贱

美气 mei⁵² tɕʰi⁴⁴　美

稀气 ɕi²¹ tɕʰi⁰　稀罕

怵气 tɕʰiəu²¹ tɕʰi⁴⁴　生气

贵气 kuei⁴⁴ tɕʰi⁴⁴　高贵、富贵、娇贵，老二的嘴可~呢：老二吃东西挑剔

和气 xuo²¹ tɕʰi⁴⁴　①(态度)温和；②(感情)和睦

死蔫 sʅ⁵² ien⁰　蔫，~黄瓜

滑耍 xuɑ²⁴ ʂuɑ⁰　①(干活)利索；②(为人)精干

识娇 ʂʅ²¹ tɕiɔ⁰(小孩儿)懂事

识相 ʂʅ²¹ ɕiaŋ⁴⁴

识眉高眼低 ʂʅ²¹ mi²⁴ kɔ²¹ nien⁵² ti²¹

争 tsɤŋ²¹　(人)本领大

无耻 vu²⁴ tʂʰʅ⁵²

打眼 tɑ²⁴ nien⁵²　惹人注意的

焦 tɕiɔ²¹　饭~咧：饭煳了

麻煳 mɑ²¹ xu⁴⁴　男女之间有不正当关系

黏牙 zɤn²⁴ iɑ²⁴　①(糕、窝头等)粘牙；

②比喻(人)喜欢纠缠，不好惹。那人可~着呢

入服 zu²¹ fu⁰　形容饭做得烂，吃着舒服

折服 tʂɤ²¹ fu⁰　(衣服)熨展叠好

折板 tʂɤ²¹ pen⁰　办事稳重、考虑周详

紧凑 tɕiɤŋ⁵² tsʰəu⁴⁴　办事不拖拉

紧就 tɕiɤŋ⁵² tɕiəu⁴⁴　节俭

新鲜 ɕin²¹ ɕyen⁰

穷讲究 tɕʰyɤŋ²⁴ tɕiaŋ⁵² tɕiəu⁰　形容礼数、讲究特别多

浑全 xuɤŋ²⁴ tɕʰyen²⁴　(数量、部件)完整。如：出车祸咧，万幸得很，人都~着呢

精爽 tɕiɤŋ²¹ ʂuaŋ⁰　干练

窝曲 vuo²¹ tɕʰy⁰　(地方)窄小

憋躁 pie²¹ tsɔ⁴⁴　因为心愿无法达成，心里不痛快

憋屈 pie²¹ tɕʰyo⁰　因为住所、衣着等不体面不好意思

碎 suei²¹　变调构词。(面食)松散、黏性差，糠窝窝~得不好吃

重茬 tʂʰuɤŋ²⁴ tsʰɑ⁰　炊餐具用过后未洗再用的，~碗

精巴 tɕiɤŋ²¹ pɑ⁰　①钱财不随意给人；②精干

精致 tɕiɤŋ²¹ tʂʅ⁴⁴　(东西)精巧细致

对眼 tuei⁴⁴ nien⁰　看上眼、合意

对事 tuei^{44} sʅ^{44} 合得来

瘆人 sɤŋ^{44} zɤŋ^{24} 吓人

一顺顺 i^{21} ʂuɤŋ^{44} ʂuɤŋ$^{44/0}$ ~鞋

　一顺子 i^{21} ʂuɤŋ^{44} tsʅ^{0}

勤□ tɕʰiɤŋ^{24} iɛn^{0} 勤快

扛硬 kʰaŋ^{52} niɤŋ^{44} ①(能力)强,可托以事情;②(关系)硬

耐饱 nE^{44} pɔ^{52} (食物)耐饥

摆着呢 pE^{52} tʂuo^{21} ni^{0} (事情)停滞没进展。如:事儿还~,谁晓得行不行!

利洒 li^{44} sa^{0} ①利索;②清净;③没拖累

麻利 ma^{21} li^{44}

亮眼 liaŋ^{44} niɛn^{0} 视野开阔

扎眼 tsa^{24} niɛn^{52} 因衣着不合适、举止不当等使人讨厌

败兴 pE^{44} ɕiɤŋ^{44} 丢脸,丢人~

便宜 piɛn^{44} i^{0} 现成的,~饭

便宜 pʰiɛn^{21} i^{44} (价格)贱

贵 kuei

差 tsʰa^{44} 错,写~字咧

瘂 tsʰa^{21} (嗓子)嘶哑,~喉咙

褚 tsʰɔ^{24} 脏,衣裳~咧

失褚 sʅ^{21} tsʰɔ^{24} 衣物上的污渍不易清洗

耐褚 nE^{44} tsʰɔ^{24} 耐脏

细致 ɕi^{44} tsʅ^{44} 细心

细法 ɕi^{44} fa^{0}

宽淘 $^{=}$kʰuɛn^{21} tʰɔ^{0} 宽绰

正经 tʂɤŋ^{44} tɕiɤŋ^{0} ①正宗;②女人正派

皮沓 pʰi^{24} tʰa^{0} 做事拖拉

行伍 xaŋ^{24} vu^{52} 不显山漏水

冒失 mɔ^{44} ʂəʔ^{0}

安生 nɛn^{21} sɤŋ^{0} ①安宁;②安分守己

寒碜 xɛn^{24} tsʰɤŋ^{52} ①寒酸;②脏得让人恶心。如:鼻子(鼻涕)吊上,~死人咧

糯 lyɛn^{44} ①(米汤、粥)黏,米汤~~儿地;②糊涂、傻,这娃娃~着咧

脑幂 nɔ^{52} mi^{44} 头脑不清楚

光烫 kuaŋ^{21} tʰaŋ^{0} 光溜

怕俭 $^{=}$儿 pʰa^{44} tɕiər^{0}

　怕紧 $^{=}$儿 pʰa^{44} tɕiə̃r^{0}

懒得 lɛn^{52} ti^{0}

牙法重 ia^{24} fa^{0} tʂuɤŋ^{44} 形容武力管教孩子的手段厉害

　牙爪硬 ia^{24} tsɔ^{0} niɤŋ^{44}

愁肠 tsʰəu^{24} tʂʰaŋ^{0} 发愁、忧心

孤 ku^{21} 孤独

晃 xuaŋ^{44} 轻浮,喜欢炫耀

兀 $^{=}$突子 vu^{44} tʰu^{44} tsəʔ^{0} 形容水不冷不热

眼眼稠 niɛn^{52} niɛn^{0} tsʰəu^{24} ①形容头脑灵活;②喜欢占小便宜

乱包 luɛn⁴⁴ pɔ⁰　①(混乱)；②(生意)
　黄了

烂包 lɛn⁴⁴ pɔ⁰　(事情)一团糟，硬把
　个事情闹～咧

烂杆 lɛn⁴⁴ kɛn⁰

倒运 tɔ⁵² yɤŋ⁴⁴　运气不好

麻 ma²⁴　(土豆)发麻

靠⁼kʰɔ⁴⁴　(因长时间不吃肉)馋

轻省 tɕʰiɤŋ²¹ sɤŋ⁰　(生活负担)轻

杠 kaŋ⁴⁴　形容性格太直，不随和

平扑塌 pʰiɤŋ²⁴ pʰu²¹ tʰɑ⁴⁴　形容
　扁平的样子

馕口 naŋ²⁴ kəu⁵²　(吃东西)过瘾

净打光 tɕiɤŋ⁴⁴ tɑ⁰ kuaŋ²¹　一干
　二净，米汤喝了个～

好苦水 xɔ⁵² kʰu²⁴ ʂuei⁰　能吃苦
　好苦力 xɔ²⁴ kʰu⁵² li⁰

出跳 tʂʰu²¹ tʰiɔ⁴⁴　有出息

鉥 tʰu²¹　(尖儿)钝，笔尖子～

蹎 tsʰɛn⁵²　骡马不鞴鞍的，～脊梁

侎 suɤŋ²⁴　①无能，～人、～包；②受
　人鄙视、憎恶的人，坏～

怵 tɕʰiəu²⁴　(詈词)①长相难看，～相；
　②性格乖戾，～脾气

屈 tɕʰy²¹　鞋小屈脚，鞋～得

猾 xuɑ²⁴　狡猾，～脑

奸 tɕiɛn²¹　自私奸诈，心～

穑生 liəu⁵² sɤŋ²¹　又作"穑生"，非

科班出身的，～匠人：半路学艺或自
　学成才的工匠

上瘾 ʂaŋ⁴⁴ iɤŋ⁵²

端 tuɛn²¹　①(方向)正；②(道理)正确

欠 tɕʰie⁴⁴　不够，吃得～一点儿还想吃
　(又见十九类)

牙痒 ia²⁴ iaŋ⁵²　①(因吃酸的东西)
　牙齿酸麻；②想要骂某人

全完 tsʰuɛn²⁴ vɤ⁰　①全；②居住
　集中

杂落 tsa²¹ luo⁴⁴　①(东西)品种不一；
　②(人)良莠不齐

窝⁼严 vuo²¹ iɛn⁰　妥帖

㖨 tsuo²¹　胃酸时难受的感觉，胃～得
　难活得太着呢

圪联⁼kəʔ²¹ lyɛn⁴⁴　蜷曲

圪搐 kəʔ⁴ tʂʰu⁰　皱巴

不过意 pəʔ²⁴ kuo⁴⁴ i⁴⁴　内疚

亮净 liaŋ⁴⁴ tɕiɤŋ⁴⁴　(颜色)明亮
　好看

入怪 ʐʅ²¹ kuE⁴⁴　奇怪

入殃 ʐʅ²¹ iaŋ⁰　可笑

膻气 ʂɛn²¹ tɕʰi⁰　有腥味

红 xuɤŋ²⁴

大红 ta⁴⁴ xuɤŋ²⁴　朱红

粉红 fɤŋ⁵² xuɤŋ⁰

黑红 xɯ²¹ xuɤŋ⁰　深红

淡红 tɛn⁴⁴ xuɤŋ²⁴　浅红

蓝 lɛn²⁴

深蓝 ʂɤŋ²¹ lɛn²⁴

天蓝 tʰiɛn²¹ lɛn⁰

绿 lu²¹/liəu²¹

草绿儿 tsʰɔ⁵² lur⁰

黑绿 xɯ²¹ lu⁰

黄绿儿 xuaŋ²⁴ lur⁰

淡绿 tɛn⁴⁴ lu²¹ 浅绿

白 pei²⁴

灰白 xuei²¹ pei⁰

苍白 tsʰaŋ²¹ pei²⁴

粉白 fɤŋ⁵² pei⁰ 白色中带极浅的粉色

灰 xuei²¹

深灰 ʂɤŋ²¹ xuei⁰

浅灰 tɕʰiɛn⁵² xuei⁰

银灰 iɤŋ²⁴ xuei⁰

黄 xuaŋ²⁴

杏黄 xɤŋ⁴⁴ xuaŋ²⁴

深黄 ʂɤŋ²¹ xuaŋ²⁴

浅黄 tɕʰiɛn⁵² xuaŋ²⁴

土黄 tʰu⁵² xuaŋ²⁴

青 tɕʰiɤŋ²¹

淡青 tɛn⁴⁴ tɕʰiɤŋ²¹

紫 tsʅ⁵²

玫瑰紫 mei²¹ kuei⁴⁴ tsʅ⁵²

葡萄紫 pʰu²⁴ tʰɔ⁰ tsʅ⁵²

黑紫 xɯ²¹ tsʅ⁰

淡紫 tɛn⁴⁴ tsʅ⁰

驼色 tʰuo²⁴ sei²¹

黑 xɯ²¹

二十七　副词、介词等

(1)副词

刚 tɕiaŋ²¹/kaŋ²¹　①不久之前，我～来没赶上你们的饭；②勉强达到某个标准，～十块钱，不够买那双手套。也可以说"刚刚"；③正好，～合适

正 tsʅɤŋ⁴⁴　正在

可可儿 kʰuo⁴⁴ kʰuor⁵²　恰巧，前儿(前天)～我在那儿才没出事

光 kuaŋ²¹ 只

净 tɕiɤŋ⁴⁴　～吃米，不吃面

有点儿 iəu⁵² tier⁰

保准 pɔ²⁴ tʂuɤŋ⁵² 肯定、保险

准保 tʂuɤŋ²⁴ pɔ⁵²

的当 ti²¹ taŋ⁴⁴

恐怕 kʰuɤŋ⁵² pʰɑ⁴⁴ 表示估计，明天～要下雨

怕 pʰa⁴⁴ （又见二十二类）

也许 ie²⁴ xu⁵²

差悬儿 tsʰa⁴⁴ ɕyer²⁴ 差点儿，～回
不来

　险乎儿 ɕi⁵² xuər⁰

歘马 tʂʰua²⁴ ma⁰ 飞快地、马上

赶紧 kɛn²⁴ tɕiɤŋ⁰ 立刻

　马上 ma⁵² ʂaŋ⁴⁴

　马下 ma⁵² ɕia⁴⁴

当下 taŋ²¹ ɕia⁴⁴ 很快地，兀点粮
～就完咧

趁早儿 tʂʰɤŋ⁴⁴ tsər⁵²

随时 suei²⁴ sɿ²⁴ 你～来来就行

眼看儿 nien⁵² kʰer⁴⁴ ～就要过年呢

多少 tuo²⁴ ʂɿə⁰ 无论如何。这地掌
儿(地方)～没有凉棚(又见二十五类)

多亏 tuo²⁴ kʰuei⁰ 幸亏

头前 tʰəu²⁴ tɕʰien⁰ ①前头，你走
～；②先前，我～不知道

先 ɕien²¹

头 tʰəu²⁴ 前头。"头前"的省略，谓语
通常为单音节动词。你～走我就来

当面 taŋ²¹ mien⁴⁴

背后 pei⁴⁴ xəu⁰ 不当面(又见
二十四类)

　背地 pei⁴⁴ ti⁴⁴

一搭里 i²¹ ta²¹ ni⁰ 一起，咱～去

一搭儿 i²¹ ter⁰

亘古 kɤŋ⁴⁴ ku⁵² 从来，本来

各自 kuo²¹ tsɿ⁴⁴ 自己，我～去

　自各 tsɿ⁴⁴ kuo⁰

不……不 pu²¹… pu²¹

　非……不 fei²¹… pu²¹

顺路儿 ʂuɤŋ⁴⁴ lər⁴⁴

　顺便儿 ʂuɤŋ⁴⁴ pier⁴⁴

　捎带 sɔ²¹ tE⁴⁴

故意儿 ku⁴⁴ iər⁵²

　专门 tʂuen²¹ mɤŋ⁰

　有意 iəu⁵² i⁴⁴

一到了儿 i²¹ tɔ⁴⁴ liər⁵² 从来，一向

　一到把儿 i²¹ tɔ⁴⁴ per⁵²

一股劲儿 i²¹ ku⁵² tɕiə̃r⁴⁴ 一直

到了儿 tɔ⁴⁴ liər⁵² 到最后、到底

到究儿 tɔ⁴⁴ tɕiər⁰

　究竟 tɕiəu²¹ tɕiɤŋ⁴⁴

　到底 tɔ⁴⁴ ti⁰

底根儿 ti⁵² kə̃r²¹ 从来，我～不知道

根本 kɤŋ²¹ pɤŋ⁵²

贵贱 kuei⁴⁴ tɕien⁴⁴ 不管怎样，我
～不去

实在 ʂəʔ²⁴ tsE⁰ 确实，这人～好

莫□ muo²⁴ pi⁵² 难道

非常 fei²¹ tʂʰaŋ²⁴

平 pʰiɤŋ²⁴ ～四十：正好四十岁

一例 i²¹ li⁴⁴

　总共 tsuɤŋ⁵² kuɤŋ⁴⁴

　一共 i²¹ kuɤŋ⁴⁴

甭儿 pə̃r²⁴　别。慢些儿走，～跑

白 pei²⁴　①不要钱，～吃；②空，～跑一趟

偏要 pʰiɛn²¹ iɔ⁴⁴

　就要 tɕiəu⁴⁴ iɔ⁴⁴

胡 xu²⁴　～说、～闹

贸 mɔ⁴⁴　没根据地，～说

另外 liɤŋ⁴⁴ vE⁴⁴

　另是另外 liɤŋ⁴⁴ sʅ⁰ liɤŋ⁴⁴ vE⁴⁴

海利 xE⁵² li⁴⁴　越发，小莉这几年

　～胖咧

猛不防 mɤŋ⁵² pəʔ⁰ faŋ⁰　突然

　打猛子 ta²⁴ mɤŋ⁵² tsʅ⁰

左⁼列 tsuo⁵² lie⁴⁴　反正一定(如此)

(2) 介词

教 tɕiɔ²⁴　①被，～狗咬了一口；②让，

　～我去

把 pa⁵²

对 tuei⁴⁴　你～儿媳妇儿真好

朝 tʂʰɔ²⁴　①对着，～阳；②向，～后看

到 tɔ⁴⁴　① 往，～家去；②到达、达到，

　～明天再说

至 tsʅ⁴⁴　～哪天为止？

投 tʰəu²⁴　等……的时候。～我也晓

得了，所有人都晓得了

在 tsE⁴⁴　～哪窝着呢

从 tsʰuɤŋ²⁴　①表时间，自从，如：～他

走后我一直不放心；②表方向，你～哪

搭儿走？③表处所，你～哪里来？

自从 tsʅ⁴⁴ tsʰuɤŋ²⁴

照 tʂɔ⁴⁴　①表方式，按照；②表方向，

　沿着，如：～这条路一直走

依 i²¹　表方式，按照，如：～我看不错

　按 nɛn⁴⁴

照着 tʂɔ⁴⁴ tʂuo⁰　～抄

用 yɤŋ⁴⁴

朝着 tʂʰɔ²⁴ tʂuo⁰

替 tʰi⁴⁴

给 kə²⁴　①～大家办事；②把门～关

　上咧

跟 kɤŋ²¹　向。你～他要，我没有

　问 vɤŋ⁴⁴

和 xuo⁴⁴　这个～哪个一样？

把……叫 pa²¹…tɕiɔ⁴⁴

把……当 pa²¹…taŋ⁴⁴　把……当作

自小 tsʅ⁴⁴ ɕiɔ⁰　我大爸～能吃苦

　从小 tsʰuɤŋ²⁴ ɕiɔ⁰

朝/往外 tʂʰɔ²⁴/vaŋ⁵² vE⁴⁴　向外。老

　大钱多，就是不～拿(又见二十四类)

赶 kɛn⁵²　车～今儿黑地(晚上)到

二十八　量词

一把(椅子)i²¹ pa⁰

一把儿(萝卜、韭菜)i²¹ per⁵²

一个(奖章)i²¹ kuo⁴⁴

一本儿(书)i²¹ pə̃r⁰

一本子(题)i²¹ pɤŋ⁵² tsəʔ⁰

一笔(款子)i²¹ pi⁵²

一匹(马)i²¹ pʰi⁵²

一头(牛)i²¹ tʰəu²⁴

一封(信)i²¹ fɤŋ⁴⁴/⁰

一付(药)i²¹ fu⁴⁴

一样(中药)i²¹ iaŋ⁴⁴　一味

一道(河)i²¹ tɔ⁴⁴

一顶(帽子)i²¹ tiɤŋ⁵²

一锭儿(墨)i²¹ tiə̃r⁴⁴

一揽子(事)i²¹ len⁵² tsəʔ⁰

一件/件儿(事、衣裳)i²¹ tɕien⁴⁴/
　tɕier⁴⁴

一朵(花儿)i²¹ tuo⁴⁴

一茇(花儿、树)i²¹ pʰɔ²¹/pɔ²¹　一棵

一顿(饭)i²¹ tuɤŋ⁴⁴

一条(手巾)i²¹ tʰiɔ²⁴

一挂(窑、车)i²¹ kua⁴⁴

一辆(车)i²¹ liaŋ⁵²

一柱(香)i²¹ tʂu⁴⁴

一枝(花儿)i²¹ tsɿ²¹

一只(手)i²¹ tsɿ⁰

一盏(灯)i²¹ tsen⁴⁴

一张(桌子)i²¹ tʂaŋ²¹

一桌(酒席、客)i²¹ tʂuo²¹

一场(雨、戏)i²¹ tʂʰaŋ⁵²

一台(戏)i²¹ tʰE²⁴

一床(盖体)i²¹ tʂʰuaŋ²⁴

一身(棉衣、土)i²¹ ʂɤŋ²¹

一杆(枪)i²¹ ken²¹

一根(头发)i²¹ kɤŋ²¹

一袋(米)i²¹ tE⁴⁴

一块(砖)i²¹ kuE⁴⁴

一条(猪、牛、围巾)i²¹ tʰiɔ²⁴

一口/口儿(人)i²¹ kʰəu⁵²/kʰər⁵²

一家(铺子)i²¹ tɕia²¹

一架(飞机)i²¹ tɕia⁴⁴

一间(房子)i²¹ tɕien²¹

一院(房子)i²¹ yen⁴⁴

一进(院子)i²¹ tɕiɤŋ⁴⁴

一眼(井)i²¹ nien⁵²

一行(字)i²¹ xaŋ²⁴

一篇(文章)i²¹ pʰien²¹

一页儿(书)i²¹ iər²¹

一段(文章)i²¹ tuen⁴⁴

一片(好心)i²¹ pʰien⁴⁴

一片儿(肉)i²¹ pʰier⁵²

一块子(肉)i²¹ kʰuE⁴⁴ tsəʔ⁰

一面(旗)i²¹ miɛn⁴⁴

一个(客人)i²¹ kuo/kəʔ⁰

一层(纸)i²¹ tsʰɤŋ²⁴

一双(鞋)i²¹ ʂuaŋ²¹

一股(香味儿)i²¹ ku⁵²

一对(花瓶、新人)i²¹ tuei⁴⁴

一座(桥)i²¹ tsuo⁴⁴

一副(眼镜)i²¹ fu⁴⁴

一盘(炕、棋)i²¹ pʰɛn⁰

一套(书)i²¹ tʰɔ⁴⁴

一门/门儿(亲事)i²¹ mɤŋ²⁴/mãr²⁴

一种(虫子、本子、药)i²¹ tʂuɤŋ⁵²

一刀(纸)i²¹ tɔ⁴⁴

一样(药)i²¹ iaŋ⁴⁴

一沓子(纸)i²¹ tʰa²¹ tsəʔ⁰

一群(人)i²¹ tɕʰyɤŋ²⁴

一缸(水、鱼)i²¹ kaŋ²¹

一帮(人)i²¹ paŋ²¹

一把(米、钥匙)i²¹ pa⁰

一批(货)i²¹ pʰi²¹

一圪都(蒜)i²¹ kəʔ²⁴ tu⁰

一泡/泡儿(娃娃)i²¹ pʰɔ⁴⁴/ pʰər⁴⁴
　年龄相近的一批孩子

一瓣儿(花瓣、蒜)i²¹ pɐr⁴⁴

一包(花生米)i²¹ pɔ²¹

一窝(蜂)i²¹ vuo²¹

一卷儿(纸)i²¹ tɕyɐr⁵²

一抓子(葡萄)i²⁴ tʂua²¹ tsəʔ⁰

一捆(铺盖)i²¹ kʰuɤŋ⁵²

一拃 i²¹ tsɑ⁵²　大拇指与中指张开的

一石(米)i²¹ ten⁴⁴
　　长度

一斗(炭、米)i²¹ təu⁵²

一膀子 i²¹ paŋ⁵² tsəʔ⁰　两臂平伸

一升(米)i²¹ ʂɤŋ²¹
　两手伸直的长度

一合儿(米)i²¹ kuor⁰

一成(利)i²¹ tʂʰɤŋ²⁴

一担(水)i²¹ ten⁴⁴

一脸(土)i²¹ liɛn⁰

一桶(水)i²¹ tʰuɤŋ⁵²

一肚子(气)i²¹ tu⁴⁴ tsəʔ⁰

一溜(桌子、房子)i²¹ liəu⁴⁴

一脬(尿)i²¹ pʰɔ²¹

　一溜子 i²¹ liəu⁴⁴ tsəʔ⁰

一来回 iəʔ²⁴ lɛ²⁴ xuei²⁴　从出发地

一排(桌子)i²¹ pʰɛ²⁴
　到目的地,再返回到出发地

一板(鞭炮)i²¹ pɛn⁵²

一出子 iəʔ²⁴ tʂʰu²¹ tsəʔ⁰　从出发地

一墩(炮、佛)i²¹ tuɤŋ²¹
　到目的地

一响(炮)i²¹ ɕiaŋ⁵²

(打)一下 i²¹ xa⁴⁴

一句(话)i²¹ tɕy⁴⁴

　一下子 i²¹ xɑ⁴⁴ tsʅ⁰

(看)一眼 i²¹ nien⁵²

(吃)一嘴 i²¹ tsuei⁵²

(吃)一口 i²⁴ kʰəu⁵²

一口(牙)i²⁴ kʰəu⁵²

(唱)一台(戏)i²¹ tʰE²⁴

(拉)一阵子(闲话)i²¹ tʂʁŋ⁴⁴ tsəʔ⁰

(下了)一阵儿(雨)i²¹ tʂãr⁴⁴

(拉)一工(话)i²¹ kuʁŋ²¹　聊一会
　　儿天

(过)一会儿 i²¹ xuər⁴⁴

(见)一面 i²¹ mien⁴⁴

一扇儿(门)i²¹ ʂẽr⁴⁴

一合(门、磨、碾子、窗子)i²¹ kuo⁴⁴
　　专用于两件组成的东西

一张(票)i²¹ tʂaŋ²¹

一垛(墙)i²¹ tuo⁴⁴

一扑哄(草)i²¹ pʰu²¹ xuʁŋ⁰　丛
　一撺子 i²¹ tsʰuɛn⁴⁴ tsəʔ⁰

一坨子(面)i²¹ tʰuo²¹ tsəʔ⁰

一团 iəʔ⁴ tʰuɛn⁰　我和了个～泥：我干
　了一件糊涂事

一窝子(草)i²¹ vuo²¹ tsəʔ⁰

一部(书)i²¹ pʰu⁴⁴

一班(车)i²¹ pɛn²¹

一列(火车)i²¹ lie⁴⁴

一连串(问题)i²¹ lien²¹ tʂʰuɛn⁴⁴

一路(公交车)i²¹ ləu⁴⁴

一师(兵)i²¹ sɿ²¹

一旅(兵)i²¹ ly⁰

一团(兵)i²¹ tʰuɛn⁰

一营(兵)i²¹ iʁŋ²⁴

一连(兵)i²¹ lien²⁴

一排(兵)i²¹ pʰE²⁴

一班(兵)i²¹ pɛn²¹

一组(学生)i²¹ tsu⁵²

一撮(毛儿)iəʔ⁴ tsuo⁰

一轱辘儿(机线)i²¹ ku²¹ lur⁴⁴

一桄儿(绣花线)i²¹ kuãr⁴⁴

一板(手工线)i²⁴ pɛn⁵²

一绺儿(头发)i²¹ liər⁴⁴

一手(好字、算盘)iəʔ⁴ ʂəu⁰

一笔(好字)i²¹ pi⁵²

(画了)一笔 i²¹ pi⁵²

一任(官)i²¹ zʁŋ⁴⁴

一点儿(意思、雨)i²¹ tier⁵²
　一点点 i²¹ tien⁵² tien⁰

一盒儿(火取、火柴、首饰)i²¹
　　xuor⁰

一箱子(衣裳)i²¹ ɕiaŋ²¹ tsəʔ⁰

一柜子(书)i²¹ kuei⁴⁴ tsəʔ⁰

一抽屉(文件)i²¹ tʂʰəu²¹ tʰi⁰

一炉子(灰)i²¹ ləu²¹ tsəʔ⁰

一袋子(口粮)i²¹ tE⁴⁴ tsəʔ⁰

一口袋(干粮)i²¹ kʰəu⁵² tE⁰

一池子(水)i²¹ tʂʰʅ²¹ tsəʔ⁰

一坑坑(水)i²¹ kʰʁŋ²¹ kʰʁŋ⁰

一瓶子(醋)i²¹ pʰiɤŋ²¹ tsəʔ⁰

一罐子(猪油)i²¹ kuɛn⁴⁴ tsəʔ⁰

一坛子(酒)i²¹ tʰɛn²¹ tsəʔ⁰

一吊子(肉)i²¹ tiɔ⁴⁴ tsəʔ⁰

一盆(洗澡水)i²¹ pʰɤŋ²⁴

一壶(茶)i²¹ xu²⁴

一锅(饭)i²¹ kuo²¹

一碟(菜)i²¹ tie²⁴

一碗(饭)i²¹ vɛn⁵²

一杯(茶)i²¹ pei²¹

一盅儿(烧酒)i²¹ tʂuãr²

　一盅子 i²¹ tʂuɤŋ²¹ tsəʔ⁰

一勺子(汤)i²¹ ʂuo²¹ tsəʔ⁰

一调羹儿(酱)i²¹ tʰiɔ²⁴ kãr²¹

(吃、闹)一顿 i²¹ tuɤŋ⁴⁴

(走)一趟 i²¹ tʰɑŋ⁴⁴

　(去了)一回 i²¹ xuei²⁴

(洗了)一霾 i²¹ tsʰɛn⁴⁴ 一遍

(开)一次(会)i²¹ tsʅ⁴⁴

一筐子(菜)i²¹ kʰuaŋ²¹ tsʅ⁰

(洗了)一水 i²¹ ʂuei⁵²

(烤)一鳌(炉馍馍)i²¹ nɔ⁴⁴

一颗(鸡蛋)i²¹ kʰuo²¹

一斤(枣儿)i²¹ tɕiɤŋ²¹

一堆(雪)i²¹ tuei²¹

(打)一圈(麻将)i²¹ tɕʰyɛn²¹

一幅(画儿)i²¹ fu⁴⁴

一笼(包子)i²¹ luɤŋ²⁴

一马勺(水)i²¹ ma⁵² ʂuo⁰

一里(路)i²¹ li⁵²

一垧 i²¹ ʂaŋ⁴⁴ 张崾先3亩一垧,安边、砖井4亩一垧,定边城周围(包括白泥井、周台子、红柳沟等地)5亩一垧

一亩(地)i²¹ mu⁰

一背子(柴)i²¹ pei⁴⁴ tsəʔ⁰ 一次背的量

二十九　数字等

(1) 数字

一号 i²¹ xɔ⁴⁴ 指日期(下同)

二号 ər⁴⁴ xɔ⁴⁴

十号 ʂʅ²¹ xɔ⁴⁴

初一 tʂʰu²¹ i²¹

初二 tʂʰu²¹ ər⁴⁴

初十 tʂʰu²¹ ʂʅ⁰

老大 lɔ⁵² tɑ⁴⁴

老二 lɔ⁵² ər⁴⁴

老三 lɔ⁵² sɛn²¹

老四 lɔ⁵² sʅ⁴⁴

老五 lɔ²⁴ vu⁵²

老六 lɔ⁵² liəu⁴⁴

老小 lɔ²⁴ ɕiɔ⁵² 老末儿

　老碎 lɔ⁵² suei⁴⁴

大哥 ta⁴⁴ kuo⁰

二哥 ər⁴⁴ kuo⁰

一个 i²¹ kuo⁴⁴

两个 liaŋ⁵²/²⁴ kuo⁰

三个 sɛn²¹ kuo⁰

十个 ʂʅ²⁴ kuo⁰

第一 ti⁴⁴ i²¹

第二 ti⁴⁴ ər⁴⁴

第三 ti⁴⁴ sɛn²¹

第十 ti⁴⁴ ʂʅ⁰

第一个 ti⁴⁴ i²¹ kuo⁰

第二个 ti⁴⁴ ər⁴⁴ kuo⁰

第三个 ti⁴⁴ sɛn²¹ kuo⁰

第十个 ti⁴⁴ ʂʅ²¹ kuo⁰

一 i²¹

　幺 iɔ²¹

二 ər⁴⁴

三 sɛn²¹

四 sʅ⁴⁴

五 vu⁵²

六 liəu⁴⁴

七 tɕʰi²¹

八 pa²¹

九 tɕiəu⁵²

十 ʂʅ²⁴

十一 ʂʅ²⁴ i²¹

二十 ər⁴⁴ ʂʅ²⁴

二十一 ər⁴⁴ ʂʅ²⁴ i²¹

三十 sɛn²¹ ʂʅ²⁴

三十一 sɛn²¹ ʂʅ²⁴ i²¹

一百 i²¹ pei²¹

一千 i²¹ tɕʰiɛn²¹

一百一(十)i²⁴ pei²¹ i²¹ (ʂʅ⁰)

一百一十一 i²⁴ pei²¹ i²¹ ʂʅ⁰ i²¹

一百一十二 i²⁴ pei²¹ i²¹ ʂʅ⁰ ər⁴⁴

一百二(十)i²⁴ pei²¹ ər⁴⁴ (ʂʅ⁰)

一百五(十)i²⁴ pei²¹ vu⁵² (ʂʅ⁰)

一 百 五 十 个 i²⁴ pei²¹ vu⁵² ʂʅ⁰
　kuo⁴⁴

二百五十 ər⁴⁴ pei²¹ vu⁵² ʂʅ⁰

二百五 ər⁴⁴ pei²¹ vu⁵² 傻子

二百五十个 ər⁴⁴ pei²¹ vu⁵² ʂʅ⁰
　kuo⁰/kə⁰

三百一(十)sɛn²¹ pei²¹ i²⁴/²¹(ʂʅ⁰)

三百三(十)sɛn²¹ pei²¹ sɛn²¹ (ʂʅ⁰)

三百六(十)sɛn²¹ pei²¹ liəu⁴⁴ (ʂʅ⁰)

三百八(十)sɛn²¹ pei²¹ pa²¹ (ʂʅ⁰)

一千一(百)i²¹ tɕʰiɛn²¹ i²¹ (pei⁰)

一千九(百)i²¹ tɕʰiɛn²¹ tɕiəu⁵²
　(pei⁰)

三千 sɛn²¹ tɕʰiɛn²¹

五千 vu⁵² tɕʰiɛn²¹

八千 pa²¹ tɕʰien²¹

一万 i²¹ ven⁴⁴

一万一(千) i²¹ ven⁴⁴ i²¹ (tɕʰien²¹)

一万二(千) i²¹ ven⁴⁴ ər⁴⁴ (tɕʰien²¹)

三万五(千) sen²¹ ven⁴⁴ vu⁵² (tɕʰien²¹)

零 liɤŋ²⁴

二斤 ər⁴⁴ tɕiɤŋ²¹

二两 ər⁴⁴ liaŋ⁰

二钱 ər⁴⁴ tɕʰien²⁴

二分 ər⁴⁴ fɤŋ²¹

二厘 ər⁴⁴ li²⁴

　　两厘 liaŋ⁵² li²⁴

两丈 liaŋ⁵² tʂaŋ⁴⁴

二尺 ər⁴⁴ tʂʰʅ⁰

二寸 ər⁴⁴ tsʰuɤŋ⁴⁴

两分 liaŋ⁵² fɤŋ²¹

二里 ər⁴⁴ li⁰

两担 liaŋ⁵² ten⁴⁴

二斗 ər⁴⁴ təu⁰

二升 ər⁴⁴ sɤŋ²¹

两合儿 liaŋ⁵² kuor⁴⁴

两顷 liaŋ⁵² tɕʰiɤŋ²¹

二亩 ər⁴⁴ mu⁰

几个 tɕi²⁴ kəʔ⁰

好几个 xɔ²⁴ tɕi⁵² kəʔ⁰

　　好多个 xɔ⁵² tuo²¹ kəʔ⁰

好些儿 xɔ⁵² ɕiər⁰

大些儿 ta⁴⁴ ɕiər⁰　大一些

一点儿 i²¹ tier⁰

　　一点点 i²¹ tien²¹ tien⁰

　　一丁丁 i²¹ tiɤŋ²¹ tiɤŋ⁰

大点儿 ta⁴⁴ tier⁰　这个碗比那个~

十多个 ʂʅ²⁴ tuo²¹ kuo⁰　比十个多

　　十来个 ʂʅ²⁴ lɛ²⁴ kəʔ⁰

十数八个 ʂʅ²⁴ ʂu⁰ pa²¹ kuo⁰　不

　　到十个

一百多个 i²¹ pei²¹ tuo²¹ kuo⁰

一两个 i²¹ liaŋ⁵² kuo⁰

百八十个 pei²¹ pa²¹ ʂʅ²¹ kuo⁰　差

　　不多一百个

千数八百 tɕien²¹ ʂu⁴⁴ pa²⁴ pei²¹

　　八九百左右

万数八千 ven⁴⁴ ʂu⁴⁴ pa²¹ tɕʰien²¹

　　八九千左右

半起儿 pen⁴⁴ tɕʰiər⁰　半个(又见

二十四类)

一半儿 i²¹ pɚ⁴⁴

大半儿 ta⁴⁴ pɚ⁴⁴

　　多半儿 tuo²¹ pɚ⁴⁴

一大半儿 i²¹ ta⁴⁴ pɚ⁴⁴

　　多一半儿 tuo²¹ i²¹ pɚ⁴⁴

一个半 i²¹ kəʔ²⁴ pen⁴⁴

上下 ʂaŋ⁴⁴ xɑ⁰　五十~

(2) 干支、属相

甲 tɕia²¹

乙 i⁵²

丙 piɤŋ⁵²

丁 tiɤŋ²¹

戊 vu²¹

己 tɕi⁵²

庚 kɤŋ²¹

辛 ɕiɤŋ²¹

壬 z̩ɤŋ²⁴

癸 kuei⁵²

子 ts̩⁵²

丑 tʂʰəu⁵²

寅 iɤŋ²⁴

卯 mɔ⁵²

辰 tʂʰɤŋ²⁴

巳 s̩⁴⁴

午 vu⁵²

未 vei⁴⁴

申 ʂɤŋ²¹

酉 iəu⁵²

戌 ɕy⁴⁴

亥 xɛ⁴⁴

三十 四字格

p

鼻溻颌水 pi²⁴ tʰɑ²¹ xɛn²¹ ʂuei⁰
(老人、小孩)流鼻涕、口水邋遢的样子。那娃娃~地，不惹人亲

不论二三 pu²¹ lyɤŋ⁴⁴ ər⁴⁴ sɛn²¹
不管三七二十一。~，买下再说，要不涨价也

薄里薄气 puo²⁴ li⁰ puo²¹ tɕʰi⁴⁴
轻浮。~的男人，实在让人讨厌

抱打不平 pɔ⁴⁴ tɑ⁰ pəʔ⁴ pʰiɤŋ²⁴

膘满肉肥 piɔ²¹ mɛn⁵² zəu⁴⁴ fei²⁴
①形容牲畜肥壮。羊喂得~地，能杀咧；②形容人身体壮(贬)。老二成天啥也不做，吃得~地

扁眉四蹋 pɛn⁵² mi²⁴ s̩⁴⁴ tʰɑ⁰ (儿童)面庞圆润、惹人喜爱的样子。这娃娃长得~地，一看就是有福的

半生不熟 pɛn⁴⁴ sɤŋ²¹ pəʔ⁴ ʂu²⁴

半夜三更 pɛn⁴⁴ ie⁴⁴ sɛn²¹ kɤŋ⁰
黑天半夜 xɯ²¹ tʰiɛn²¹ pɛn⁴⁴ ie⁰

边头边脑 piɛn²¹ tʰəu²⁴ piɛn²¹ nɔ⁵²
(名)零碎东西。裁了条裤子，就剩下这些~，啥也做不成咧

本乡田地 pɤŋ⁵² ɕiaŋ²¹ tʰiɛn²¹ ti⁴⁴

病死连天 piɤŋ⁴⁴ s̩⁰ liɛn²⁴ tʰiɛn²¹
形容体质衰弱、疾病缠身。二婶子常~地，搞不了娃娃(带不了孩子)

pʰ

屁滋流星 pʰi⁴⁴ tsʅ²¹ liəu²⁴ ɕiɤŋ²¹
形容不停地放屁。你今儿咋一股劲
儿~,肚子坏咧?

劈头盖脸 pʰi²¹ tʰəu²⁴ kɛ⁴⁴ liɛn⁵²
形容来势凶猛。~就骂了人一顿

婆姨女子 pʰuo²⁴ i⁰ ny⁵² tsʅ⁰ 女
性的泛称

盘缠绞费 pʰɛn²⁴ tʂʰɛn⁰ tɕiɔ⁵²
fei⁴⁴ (名)盘缠,费用。这回进货~没
少花

偏三向四 pʰiɛn²¹ sɛn²¹ ɕiaŋ⁴⁴
sʅ⁴⁴ 偏爱、袒护一方。我们单位领
导~地,我早不想做咧

m

麻眉皱眼 ma²⁴ mi⁰ tsəu⁴⁴ niɛn⁰
睡眼惺忪的样子。一早上~就要起
来给娃娃做饭呢

马高镫短 ma⁵² kɔ²¹ tɤŋ⁴⁴ tuɛn⁵²
比喻意外的困难。谁还没个~的时
候,这点钱我先垫上

马二马三 ma⁵² ər⁴⁴ ma⁵² sɛn²¹
喻指胡搅蛮缠。这种人~,根本跟
那个说不清楚

眉高眼低 mi²⁴ kɔ²¹ niɛn⁵² ti²¹ 眼
色。这么大个女子咧,连个~也不解

眉胮眼肿 mi²⁴ pʰaŋ⁴⁴ niɛn⁵² tʂuɤŋ⁰
(因生病或哭泣而)面部红肿的样子。

风发咧,~地,可难活(难受)咧

泥坌圪擩 mi²⁴ tsʅ²¹ kəʔ⁴ zu⁰ 浑
身是泥的样子。掉到泥水坑咧,~

没滋没味 muo²⁴ tsʅ²¹ muo²¹ vei⁴⁴
形容饭菜寡淡无味。饭里头没油没
盐,~,有啥吃法?

毛嚎鬼叫 mɔ²⁴ xɔ²⁴ kuei⁵² tɕiɔ⁴⁴
形容大声哭闹的声音。隔墙家(隔壁)
这会儿~,又斗阵着呢

毛扎糊分 mɔ²⁴ tsa⁰ xu²¹ ɕi⁰ 让
人感觉不舒服的多毛的样子。那点
鸡肉没燎净,~地,咋吃呢?

慢脚踏手 mɛn⁴⁴ tɕyo²¹ tʰa²⁴ ʂəu⁵²
动作缓慢的样子。做个饭么,~,也
不说快些

猛不提防 mɤŋ⁵² pəʔ⁰ tʰi²⁴ faŋ⁰
(副)突然。他二姨前天还好好的,
~夜天(昨天)中风咧

猛圪拉嚓 mɤŋ⁵² kəʔ⁰ la²⁴ tsʰa⁰

f

浮皮浅草 fu²⁴ pʰi²⁴ tɕʰiɛn⁵² tsʰɔ⁰
形容说话办事没触及根本。~训两
句,啥作用也不起,白费口水

浮浮坠坠 fu²¹ fu⁰ tʂʰuɛ⁵² tʂʰuɛ⁰
形容皮肤上有很多疙瘩的样子。安
娃害上皮肤病咧,浑身~长了一堆
疙瘩

疯麻圪都 fɤŋ²¹ ma⁰ kəʔ⁴ tu⁰ 粗

心大意、丢三落四。二娃心粗，～，
靠不上

疯疯张张 fɤŋ²¹ fɤŋ⁰ tʂaŋ²¹ tʂaŋ⁰

疯魔野道 fɤŋ²¹ muo²⁴ ie⁵² tɔ⁴⁴　①
疯疯癫癫。二娃妈的是个神经病，
整天～，胡跑乱逛；②慌慌张张。女
子家～，像个啥？

疯跑野逛 fɤŋ²¹ pʰɔ⁵² ie⁵² kaŋ⁴⁴
胡跑乱逛。小梅娃娃都两岁咧，还
～常不着家

v

兀里兀拉 vu²¹ li⁰ vu²¹ la⁰　形容
外地口音难懂。南方话～，听不懂

无白抢辩 vu²⁴ pei²⁴ tɕʰiaŋ⁵² pien⁴⁴
强词夺理。明明看见你把人打咧，还
～硬不认承

无其奈何 vu²⁴ tɕʰi⁰ nᴇ⁴⁴ xuo²¹　无
奈。把碎娃撂我妈家，也是～没办法

五大三粗 vu⁵² ta⁴⁴ sɛn²¹ tsʰu²¹
四肢粗壮、举止笨拙的样子。女子
家长得～地，一满不苗条

五蠹钻心 vu⁵² tu⁴⁴ tsuɛn²¹ ɕiɤŋ²¹
形容厌恶至极。我一看见那种男的
薄气就～

五脏六肺 vu⁵² tsaŋ²¹ liəu⁴⁴ fei⁴⁴
五脏六腑

五花六道 vu⁵² xua²¹ liəu⁴⁴ tɔ⁴⁴
脸上胡乱涂抹、脏污难看的样子。

和点面么，咋就把脸上糊得～地？

五黄六月 vu⁵² xuaŋ²⁴ liəu⁴⁴ yo⁰
夏天最热的时候

窝囊卜叽 vuo²¹ naŋ⁰ pə？⁴ tɕi⁰
窝囊的样子。看你～地，能做了啥？

文三五四 vɤŋ²⁴ sɛn²¹ vu⁵² sʅ⁴⁴
咬文嚼字的样子。说个话还～，直
听得人难活死

t

打家劫舍 ta⁵² tɕia²¹ tɕie²¹ ʂə⁴⁴
形容乱打乱闹，一片狼藉。这娃娃捣
蛋得很，成天～，把家里弄得乱七八糟

大板吼嗓 ta⁴⁴ pɛn⁵² xəu²⁴ saŋ⁰
嗓门大、声音大。半夜三更咧，～叫
唤啥呢？

大天白日儿 ta⁴⁴ tʰiɛn²¹ pei²⁴
zə̃r⁰　大白天。～一个人还不敢窥，
怕啥呢？

捣鬼扬场 tɔ²⁴ kuei⁵² iaŋ²⁴ tʂʰaŋ⁰
习惯撒谎。兀(他)不是个好东西，～，
到处骗人

捣蛋麻也 tɔ⁵² tɛn⁴⁴ ma²⁴ ie⁰　十
分调皮。二娃～不好好学，连个大
学也没考上

呆眉溜眼 tᴇ²¹ mi²⁴ liəu⁴⁴ nien⁰　呆头
呆脑。这么大了，还～，啥也做不了

滴流淡水 tie²¹ liəu²¹ tɛn⁴⁴ ʂuei⁵²
稀稀落落。开会时间早过了，人还

~往来走着呢

碟儿磕碗儿响 tiər²⁴ kʰuo²¹ vɤr²⁴ ɕiaŋ⁵² 比喻家里吵吵闹闹的事情。谁家没个~地

碟子舀水 tie²¹ tsə⁰ io²⁴ ʂuei⁵² 比喻一眼看透。指望楞娃养活他妈,~,明摆着不顶事

抖皮算卦 təu⁵² pʰi²⁴ suɛn⁴⁴ kuɑ⁴⁴ 形容举止轻佻,爱出洋相。薄气(轻浮)的男的,就爱~胡骚情

抖声弄气 təu⁵² ʂɤŋ²¹ luɤŋ⁴⁴ tɕʰi⁴⁴ 形容说话不实在、好表功。兀人成天说话~,甬儿信

丢盹拉梦 tiəu²¹ tuɤŋ⁵² lɑ²¹ mɤŋ⁴⁴ 昏昏欲睡的样子。干活干乏咧,我这阵儿~地

丢东撂西 tiəu²¹ tuɤŋ²¹ lio⁴⁴ ɕi²¹ 丢三落四。长上点记性,常就这个~不行

丢人败兴 tiəu²¹ zɤŋ²¹ pɛ⁴⁴ ɕiɤŋ⁴⁴ 丢人现眼。你甬儿在这儿~,赶紧走

丢ˉ丢ˉ蛋蛋 tiəu²¹ tiəu⁰ tɛn⁴⁴ tɛn⁰ 形容做事时间拉得很长。一双鞋衬(鞋垫),~做了两个月

对驴讽琴 tuei⁴⁴ ly²⁴ fɤŋ⁵² tɕʰiɤŋ⁰ (动)对牛弹琴。跟那种黑瘩说啥都是~,不起作用

堆山二楞 tuei²¹ sɛn²¹ ər⁴⁴ lɤŋ⁴⁴ 堆积如山。年成好的时候,仓里放得~,都是粮食

单衣薄裳 tɛn²¹ i²¹ puo²¹ ʂɤ⁰ 衣服单薄。大冬天~地,要风度不要温度

淡眉失笑 tɛn⁴⁴ mi²⁴ ʂɿ²¹ ɕio⁴⁴ 形容不在意地笑。光~不说话,你是啥意思?

丁死老咸 tiɤŋ²¹ sɿ⁰ lo⁵² xen²⁴ 形容饭菜极咸。菜里头盐放多咧,~

东觑西看 tuɤŋ²¹ tɕʰy⁰ ɕi²¹ kʰen⁴⁴ 东瞧西看。进了人家里甬儿~,没下数(规矩)

tʰ

踢皮溜瓦 tʰi²¹ pʰi²⁴ liəu⁴⁴ va⁰ 形容小孩脸厚、淘气、常惹事生非。这娃娃~,训上跟没事的一样

秃鼻脑嗓 tʰu²¹ pi⁰ no²⁴ sɑŋ⁵² 鼻涕欲出未出的样子。这么大娃娃还~地,圪瘩(恶心)死人咧

秃眉竖眼 tʰu²¹ mi²⁴ ʂu⁴⁴ niɛn⁰ 脸型扁平、表情呆板的样子。那女子长得~,丑的

突里突噜 tʰu²¹ li⁴⁴ tʰu²¹ lu⁴⁴ 纷纷下水的样子。~就把一案子扁食下锅咧

嗬气麻也 tʰɔ²¹ tɕʰi⁴⁴ ma²¹ ie⁰ 不停地怄气吵闹。那两口子也不晓得为啥,成天~

调皮打瓦儿 tʰio²⁴ pʰi²⁴ tɑ²⁴ vɤr⁵²

非常淘气。老三小家(小时候)～地，没想到而个(现在)还当上官咧

头头点点 tʰəu²⁴ tʰəu⁰ tiɛn⁵² tiɛn⁰ (名)①次要的、零碎的钱物等。我妈给我也是～，主要靠各儿(自己)挣呢；②喻指处事的常识与道理。奔四十的人咧，连个～也不解

n

熬死熬活 nɔ²⁴ sʅ⁵² nɔ²⁴ xuo⁰ 形容非常辛苦。～总算把两个娃娃抚育大咧

恶水卜叽 nuo²¹ ʂuei⁵² pu²¹ tɕi⁰ 形容脏污不堪。盖体(被子)～地，能拆洗咧

咬天恨地 niɔ⁵² tʰiɛn²¹ xɤŋ⁴⁴ ti⁴⁴ 咬牙切齿的样子。老王～把二小子骂哩顿

扭七捺八 niəu⁵² tɕʰi²¹ liɛ²¹ pa²¹ 比喻人心不齐，常闹别扭。满共几个人还～，闹不到一搭里(一起)

呶嘴算卦 niəu²⁴ tsuei⁵² suɛn⁴⁴ kuɑ⁴⁴ 形容不满意的样子。说你两句，你还敢～，不服气？

念念算算 niɛn⁴⁴ niɛn⁰ suɛn⁴⁴ suɛn⁰ 一心想着做某事。我妈～就想买块地

馕馕载载 naŋ²⁴ naŋ²⁴ tsE⁵² tsE⁰ 形容装得很满的样子。今年年月好，

粮囤子都装得～

能牙二齿 nɤŋ²⁴ iɑ⁰ ər⁴⁴ tsʰʅ⁰ 形容爱撒娇爱卖弄。女子寻下人家咧，二婶子就～到处说

l

捩眉吊眼 liɛ²¹ mi²⁴ tiɔ⁴⁴ niɛn⁵² 五官不正的样子。老三长得～，到了儿(最后)还找了个俊婆姨(媳妇)

劳精费神 lɔ²⁴ tɕiɤŋ²¹ fei⁴⁴ ʂɤŋ²⁴ 花费许多心思和精力。黑天白日儿～地，总算把账算完咧

老眉搐眼 lɔ⁵² mi⁰ tʂʰu²¹ niɛn⁵² 面容苍老、满脸皱纹的样子。农村人操劳大，显老，四十来岁就～

驴踢狗咬 ly²⁴ tʰi²¹ kəu²⁴ niɔ⁵² 比喻相互找茬、斗气。你看单位里头～，烂包成啥咧

雷翻更阵 luei²⁴ fɛn²¹ kɤŋ⁴⁴ tʂɤŋ⁴⁴ 比喻闹腾、混乱的情景。弟兄两个打得～

雷翻更捣 luei²⁴ fɛn²¹ kɤŋ⁴⁴ tɔ⁵²

溜肥舔瘦 liəu²¹ fei²⁴ tʰiɛn⁵² səu⁴⁴ (贬)形容巴结人。兀家(那家)老三会来事，～，提拔得快着快的呢

连耍带笑 liɛn²⁴ ʂuɑ⁵² tE⁴⁴ ɕiɔ⁴⁴ 形容半开玩笑半正经。那个会说(他会说话)，～就把领导骂咧

凉哇卜叽 liaŋ²⁴ va⁰ pəʔ²⁴ tɕi⁰ 形容冰凉的感觉。米汤～，喝了肚疼也

棱棱骨骨 lʌŋ²⁴ lʌŋ⁰ ku²¹ ku⁰ 衣着打扮整洁、利落的样子。人家二婶常穿得～，爱好得很

棱棱程程 lʌŋ²⁴ lʌŋ⁰ tsʌŋ²¹ tsʌŋ⁰

冷掓湿掏 lʌŋ⁵² va²¹ ʂʅ²¹ tʰɔ²¹ (食物)冰冷的样子。夜天的饭～地，热给下再吃

ts

吱哇留声 tsʅ²¹ va⁰ liəu²⁴ ʂʌŋ²¹ 形容叫声尖利。甬儿～地瞎叫唤，讨厌得很

杂七杂八 tsa²¹ tɕʰi²¹ tsa²¹ pa²¹ ①形容东西种类繁多。这向儿(这段时间)家里头～的事太多，根本顾不上出门；②(贬)比喻人数众多，品性各异。成天和～的人鬼混，能做啥好事情？

诈诈呼呼 tsa⁴⁴ tsa⁰ xu²¹ xu⁰ 形容说虚话吹牛。兀种人(那种人)成天～，实际屁本事也没

栽跤骨碌 tsE²¹ tɕiɔ²¹ ku²¹ lu⁴⁴ 跌跌撞撞，连滚带爬的样子。天太黑，～才回来

贼眉溜眼 tsei²⁴ mi²⁴ liəu⁴⁴ niɛn⁵² 鬼鬼祟祟东张西望的样子。一看～，就不是好人

醉么古董 tsuei⁴⁴ ma⁰ ku²¹ tuʌŋ⁰ 醉醺醺的样子。我哥贪酒，常喝得～

钻窟窿搜蛆 tsuen²¹ ku²¹ luʌŋ⁰ səu²¹ tɕʰy²¹ 没事找事。好好地，就说自各儿婆姨外头有人呢，你真是～没事干

脏么古董 tsaŋ²¹ ma⁰ ku⁵² tuʌŋ⁰ 脏兮兮的样子。家里～，就不像窠人的

tsʰ

呲牙咧嘴 tsʰʅ²¹ ia²⁴ lie²¹ tsuei⁵² 说你几句就～地，不知想咋呢?

瓷眉瞪眼 tsʰʅ²⁴ mi²⁴ tʌŋ⁴⁴ nien⁵² 痴痴呆呆的样子。那娃娃脑子肯定不够用，～地

瓷眉愣眼 tsʰʅ²⁴ mi²⁴ lʌŋ⁴⁴ nien⁵²

s

时头八节 ʂʅ²⁴ tʰəu⁰ pa²¹ tɕie⁰ 节日

捎来带去 sɔ²¹ lE²⁴ tE⁴⁴ tɕʰi⁴⁴ (副)顺便，抽空。你点儿生活，～就做咧

嘶声嚎哇 sʅ⁵² ʂʌŋ²¹ xɔ²⁴ va⁰ 大声哭叫。两口子斗阵呢，婆姨的(妻子)坐在院起(院子里)～不回去

死蔫耷拉 sʅ²¹ ien⁰ ta²¹ la⁰ ①植物等缺水萎缩。菩萨(太阳)晒得庄稼～地；②形容人没精神。就没当上个小组长么，称不着(不值得)成天～不高兴

筛糠打战 sɛ²¹ kʰaŋ²¹ ta⁵² tʂɛn⁴⁴
（因恐惧、气愤、发冷）浑身发抖的样
子。二娃顶了妈的一句，直把妈的
气得～，半天说不成话

穗穗落落 suei²⁴ suei⁰ luo²¹ luo⁰
衣衫褴褛的样子。你那旧衣裳烂得
～地，我早撺(扔)咧

三刨两咽 sɛn²¹ pɔ²¹ liaŋ⁵² iɛn⁴⁴
形容吃饭快。一碗饭你哥～就吃完咧

三平二马 sɛn²¹ pʰiɤŋ²⁴ ər⁴⁴ ma⁰
形容做事速度快但粗糙。～就把作
业做完咧，尽是差(错)的

三锤两棒 sɛn²¹ tʂʰuei²⁴ liaŋ⁵²
paŋ⁴⁴ （副）干净利落。两个人的饭
还，～就做完咧

酸溜卜叽 suɛn²¹ liəu⁰ pu²¹ tɕi⁰
形容味道酸而不香。这醋～，味不正

生死烂贵 sɤŋ²¹ sʅ⁵² lɛn⁴⁴ kuei⁴⁴
形容物价昂贵。刚上来的香瓜～，
二十几块一斤

生事打架 sɤŋ²¹ sʅ⁴⁴ ta⁵² tɕia⁴⁴
惹事生非。出门不比在家，不敢～

松几赖懈 suɤŋ²¹ tɕi⁰ lɛ⁴⁴ xɛ⁴⁴
松松垮垮的样子。衣裳太大咧，～，
难看死咧

tʂ

猪汤狗食 tʂu²¹ tʰaŋ²¹ kəu⁵² ʂʅə⁰
比喻饮食粗劣。老板给的伙食差得

很，～，谁吃呢

抓麻缭乱 tʂua²¹ ma²⁴ liɔ²¹ luɛn⁴⁴
因痛苦、着急等乱喊乱动的样子。二
娃把准考证丢了，急得～地

抓五闹六 tʂua²¹ vu⁵² nɔ⁴⁴ liəu⁴⁴
形容忙得不可开交、顾头不顾尾。
你呢，实在是没本事人，来个人做顿
饭就～地

抓紧动快 tʂua²¹ tɕiɤŋ⁵² tuɤŋ⁴⁴
kʰuɛ⁴⁴　抓紧时间、动作迅速。快
六点咧，～赶快做饭

抓早动快 tʂua²¹ tsɔ⁵² tuɤŋ⁴⁴
kʰuɛ⁴⁴

装疯卖傻 tʂuaŋ²¹ fɤŋ²¹ mɛ⁴⁴ ʂa⁵²

拙嘴笨胯 tʂuo²¹ tsuei⁵² pɤŋ⁴⁴
kʰua⁰　笨嘴笨舌。我～不会说话

拙嘴笨舌 tʂuo²⁴ tsuei⁵² pɤŋ⁴⁴
ʂʅə²⁴

张皇失道 tʂaŋ²¹ xuaŋ⁰ ʂəʔ⁴ tɔ⁴⁴
形容沉不住气，虚张声势。～地，出
啥事咧?

转转弯弯 tʂuɛn⁴⁴ tʂuɛn⁰ vɛn²¹
vɛn⁰　儿媳妇儿～地想要老人的金
镯子呢

拐弯抹角 kuɛ⁵² vɛn²¹ muo²¹
tɕyo⁰

转颜转色 tʂuɛn⁴⁴ iɛn²⁴ tʂuɛn⁴⁴
sei⁰　神情紧张、脸色苍白的样子。

一看见妈的来咧，艳艳就～

正而八经 tṣɤŋ⁴⁴ ər²¹ pa²¹ tɕiɤŋ⁰
严肃认真。我～给你说，早些儿把
心收回来，要不就走人

肿眉胮眼 tṣuɤŋ⁵² mi²⁴ pʰaŋ²⁴
nien⁰　面部浮肿的样子。风发(感
冒)了几天，直～地变了个样儿

tṣʰ

赤脚打板 tṣʰʅ²¹ tɕyo²¹ ta²⁴ pen⁵²
光脚。～站地上，操心遭病

搐眉吊脸 tṣʰu²¹ mi²⁴ tio⁴⁴ lien⁵²
满脸不高兴的样子。～地，到究儿(到
底)跟谁害气呢？

戳事惹非 tṣʰuo²¹ sʅ⁴⁴ zɔʅ⁵² fei²¹
惹事生非。天天～地，哪能念成个书？

朝天挖地 tṣʰɔ²⁴ tʰien²¹ va²¹ ti⁴⁴
形容说话没分寸。跟领导说话还～，
快倒运咧

揣鞋拾帽 tṣʰuɛ⁵² xɛ²⁴ sʅ²¹ mɔ⁴⁴
手忙脚乱。来个客就～，也太没本
事咧

丑头八怪 tṣʰəu⁵² tʰəu²⁴ pa²¹ kuɛ⁴⁴
形容相貌丑。那婆姨长得～，还找哩
个好人家

臭天动地 tṣʰəu⁴⁴ tʰien²¹ tuɤŋ⁴⁴
ti⁴⁴　臭气熏天。家里～，赶紧把窗
子打开

长么连天 tṣʰaŋ²⁴ mɔ⁰ lien²⁴ tʰien²¹

形容东西太长。说个事情～，不说利
洒(麻利)些

长七短八 tṣʰaŋ²⁴ tɕʰi²¹ tuen⁵² pa²¹
衣冠不整的样子。上班穿得～，像
个啥？

敞豁烂院 tṣʰaŋ⁵² xuo²¹ len⁴⁴ yen⁴⁴
形容没有围墙的院儿。我家～还，不
怕偷

唱歌连天 tṣʰaŋ⁴⁴ kuo²¹ lien²⁴
tʰien²¹　形容心情愉快哼唱歌曲的
样子。老张是个老顽童，成天～

抻腰趔胯 tṣʰɤŋ²¹ iɔ²¹ lie²¹ kʰua⁵²
形容累得不行了。地里做了一天活，
熬累得～，就想仰仰躺躺

重三没四 tṣʰuɤŋ²⁴ sen²¹ muo²¹
sʅ⁴⁴　形容说话做事重复、反复的样
子。一件事情～地，说上没完

ʂ

十冬腊月 ʂʅ²¹ tuɤŋ²¹ la²¹ yo⁰　冬
天最冷的时候

熟流汤汤 ʂu²¹ liəu²⁴ tʰaŋ²¹ tʰaŋ⁰
形容(背诵得)很熟。我早把那点账
背得～咧

少人无手 ʂɔ⁵² zɤŋ²⁴ vu²⁴ ʂəu⁵²
缺乏人手。我们这儿～，一人当成
几个使唤着呢

烧眉弄眼 ʂɔ²¹ mi²⁴ luɤŋ⁴⁴ nien⁵²
比喻男人不正经的样子。二娃看见

女人就～，不是个东西

水淋抹扎 ṣuei⁵² liɤŋ²⁴ ma²¹ tsɑ⁰

形容水淋淋的样子。洗个手，弄得
～董ᵔ下一地

束脚束手 ṣu⁴⁴ tɕyo²¹ ṣu⁴⁴ ṣəu⁵²

放不开手脚。做大事就要放开，甮
儿～地

说事了非 ṣuo²¹ sʅ⁴⁴ liə⁵² fei²¹

解决是非。我大伯是个能行人，常
帮人～

ẓ

日死没活 ẓʅ²¹ sʅ⁰ muo²⁴ xuo⁰ 没日
没夜。～跟哩一年工，才挣哩几千块

黏洼圪叽 zɛn²⁴ va²¹ kəʔ²⁴ tɕi⁰

①形容黏乎乎的感觉。吃了点西瓜
没洗手，手上～地；②比喻说话啰里
啰嗦、条理不清。老大不小的人咧，
说话～说不精明

黏黏串串 zɛn²⁴ zɛn⁰ tṣʰuɛn⁴⁴
tṣʰuɛn⁰

软囊卜叽 zuɛn⁵² naŋ⁰ pu²¹ tɕi⁰

①形容东西太软。面起得～不好蒸
馍馍；②比喻性格懦弱。茶ᵔ(他)～，
由婆姨耍玩(掌控)

人眉溜眼 zɤŋ²⁴ mi²⁴ liəu⁴⁴ niɛn⁰

形容表面上装好人。兀号人(那种人)
看上去～地，实际一肚子坏水

tɕ

叽叽咕咕 tɕi²¹ tɕi⁰ ku²¹ ku⁰ 嘀
嘀咕咕

急死忙活 tɕi²⁴ sʅ⁵² maŋ²⁴ xuo⁰

急急忙忙。我一听说出事咧，～就
往医院跑

急打慌忙 tɕi²⁴ tɑ⁰ xuaŋ²¹ maŋ²⁴

急火缭乱 tɕi²⁴ xuo⁵² liɔ²¹ luɛn⁴⁴

匆匆忙忙。为赶时间，～把东西撂咧

嚼钢咬铁 tɕyo²¹ kaŋ²¹ niɔ²⁴ tʰie⁰

比喻性格强悍，什么也不怕。这婆
姨～地，比男的还能行

脚扒手搲 tɕyo²¹ pʰa²⁴ ṣəu⁵² va²¹

比喻使尽浑身本事。一年～，刚够一
家子生活

tɕʰ

齐双摆对 tɕʰi²⁴ ṣuaŋ²¹ pᴇ⁵² tuei⁴⁴

(摆放、坐立)整整齐齐。结婚家(结婚
的时候)家里～放的家具，哪去咧？

气打烟熏 tɕʰi⁴⁴ tɑ²¹ iɛn²¹ ɕyɤŋ²¹

汽蒸烟熏。不到一年，～，墙就黑咧

气粗麻也 tɕʰi⁴⁴ tsʰu²¹ ma²⁴ ie⁰

上气不接下气的样子。看你跑得
～地，有啥事呢？

气喘麻也 tɕʰi⁴⁴ tṣʰuɛn⁵² ma²⁴
ie⁰

气怅麻也 tɕʰi⁴⁴ tṣʰaŋ⁰ ma²⁴ ie⁰ 伤
心气恼。为人家(别人)的事～划不着

七老八伤 tɕʰi²¹ lɔ⁵² pa²¹ ʂaŋ²¹
形容老的老、病的病。而个(现在)老家就剩下些～的,没几个年轻的

七叉八股 tɕʰi²¹ tsʰɑ⁴⁴ pa²¹ ku⁵²
字写得潦草、难看的样子。作业写得～地,看也看不清

敲明叫响 tɕʰiɔ²¹ miɤŋ²⁴ tɕiɔ⁴⁴ ɕiaŋ⁵²
当众说明。我今儿就～给你说,给谁都行,偏不给你

前跳后蹿 tɕʰiɛn²¹ tʰiɔ⁴⁴ xəu⁴⁴ tsʰuɛn⁴⁴
(贬)跑前跑后。单位里就二娃各儿(自己)～,不晓得想干啥呢

前家后妻 tɕʰiɛn²⁴ tɕia²¹ xəu⁴⁴ tɕʰi²¹
再婚组合,前面的家后来的妻子。～,难是难呢!

清汤卜衍 tɕʰiɤŋ²¹ tʰaŋ²¹ pu²¹ iɛn⁵²
(粥)又稀又多的样子。米汤熬得～地,有啥吃法(吃头)?

尿毛鬼胎 tɕʰiəu²⁴ mɔ²⁴ kuei⁵² tʰɛ⁰
比喻吝啬。请人吃饭,～才割半斤肉

尿夯二五 tɕʰiəu²¹ tsa⁴⁴ ər⁴⁴ vu⁰
形容不顾仪态大字形仰面躺着

勤吃懒做 tɕʰiɤŋ²⁴ tʂʰʅ²¹ lɛn⁵² tsu⁴⁴
好吃懒做

穷死可怜 tɕʰyɤŋ²⁴ sʅ⁰ kʰuo⁵² liɛn²⁴
形容特别穷。那二年～盖不起房

ɕ

细嚼细咽 ɕi⁴⁴ tɕyo⁰ ɕi⁴⁴ iɛn⁴⁴
细嚼慢咽。男人吃饭三刨两咽,女人吃饭～

稀巴烂贱 ɕi²¹ pʰɑ⁰ lɛn⁴⁴ tɕiɛn⁴⁴
价格特别低廉。今年西葫芦～,一毛一斤

稀巴烂熟 ɕi²¹ pʰɑ⁰ lɛn⁴⁴ ʂu²⁴
食物蒸煮得烂熟。肉熬过咧,～,不好吃

稀汤卜衍 ɕi²¹ tʰaŋ²¹ pu⁴⁴ iɛn⁵²
形容饭特别稀。晌午饭～不耐饱

细麻圪链 ɕi⁴⁴ mɑ⁰ kəʔ⁴ liɛn⁰
非常瘦的样子。二娃长得～,常有病呢

虚皮谎诈 ɕy²¹ pʰi²⁴ xuaŋ⁵² tsa⁴⁴
形容不诚实、好弄虚作假。那小子～,不牢靠(可靠)

横栽顺仰 ɕyo²⁴ tsɛ²¹ ʂuɤŋ⁴⁴ niaŋ⁵²
躺卧得横七竖八的情形。院起～摞一堆木料

横说顺对 ɕyo²⁴ ʂuo²¹ ʂuɤŋ⁴⁴ tuei⁴⁴
比喻顶嘴噎人。说上你就～,这还能行呢?

血糊狼清 ɕie²¹ xu⁰ laŋ²⁴ tɕʰiɤŋ²¹
到处是血。满身～地,保准是跟人打架咧

新正上月 ɕiɤŋ²¹ tʂɤŋ²¹ ʂaŋ⁴⁴ yo²¹
(名)大正月

寻死觅活 ɕiɤŋ²⁴ sʐ̩⁵² mie²¹ xuo²⁴

　要死要活

寻死上吊 ɕiɤŋ²⁴ sʐ̩⁵² ʂaŋ⁴⁴ tio⁴⁴

k

高喉咙大嗓子 kɔ²¹ xəu²¹ luɤŋ⁴⁴

　ta⁴⁴ saŋ⁵² tsəʔ⁰ 形容嗓门很高。女

　娃娃家说话小声些，～像啥样子？

古式怪样 ku⁵² sʐ̩²¹ kuE⁴⁴ iaŋ⁴⁴

　奇怪、不多见。二婶子家好吃，常吃

　得～

锅不倒台 kuo²¹ pəʔ²⁴ to⁵² tʰE²⁴

　形容炉火整天不熄，不断地做饭。

　这几天人多，吃家多，整天～地做饭

隔山弯远 kei²¹ sɛn²¹ tʰio²¹ yɛn⁵²

　形容相隔很远，来往不便。你来就

　来咧么，～地，甭儿带东西

隔山架梁 kei²¹ sɛn²¹ tɕia⁴⁴ liaŋ²⁴

　比喻说话不着边际。说话～，越扯

　越远

鬼眉子溜眼 kuei⁵² mi²⁴ tsəʔ⁰ liəu⁴⁴

　niɛn⁵² 神情鬼祟、怪异的样子。你

　今儿～，做下啥坏事咧？

鬼七溜八 kuei⁵² tɕʰi²¹ liəu⁴⁴ pa²¹

　鬼鬼祟祟

　鬼鬼溜溜 kuei⁵² kuei⁰ liəu⁴⁴

　　liəu⁰

鬼声二气 kuei⁵² ʂɤŋ²¹ ər⁴⁴ tɕʰi⁴⁴

　形容背着人低声说话，怕人听见。说

个话还～怕人听呢？

狗飞扬场 kəu⁵² fei²¹ iaŋ²⁴ tʂʰaŋ⁰

　比喻糟蹋浪费钱财。二娃看见钱根

　本不心疼，二百块钱～就完咧

光眉子化眼 kuaŋ²¹ mi²¹ tsəʔ⁰

　xua⁴⁴ niɛn⁵² 好看的样子。人家

　二娃长得～，是个俊小伙子

根长蔓短 kɤŋ²¹ tʂʰaŋ²⁴ vɛn⁴⁴

　tuɛn⁵² 比喻东拉西扯，说个没完。

　利洒些儿把事情说明就行了，

　～地啥时候有个完呢？

圪里圪垯 kəʔ²¹ li⁴⁴ kəʔ²⁴ lɔ⁰ 角

　角落落，不起眼的地方。丑婆姨养

　的好娃子，～种的好麻子

圪叽打晃 kəʔ²⁴ tɕi²¹ ta⁵² xuaŋ⁰

　走路摇摇晃晃的样子。我大(爸)喝

　了点酒，走上路～地，差悬儿(差点

　儿)掉沟里

圪堆麻也 kəʔ²⁴ tuei²¹ ma²⁴ ie⁰

　东西盛得很满的样子。～一碗，根

　本吃不完

圪丁泡脑 kəʔ²⁴ tiɤŋ²¹ pʰo⁴⁴ nɔ⁵²

　物体表面凹凸不平的样子。你脸上

　～，咋回事儿？

圪溜二弯 kəʔ²¹ liəu⁴⁴ ər⁴⁴ vɛn²¹

　弯曲的样子。看你站得～地，难看

　死咧

圪扎麻也 kəʔ²⁴ tsa⁴⁴ ma²¹ ie⁰ 形

容女人爱出风头

kʰ

哭鼻流涕 kʰu²¹ pi²⁴ liəu²¹ tʰi⁰

又哭又流鼻涕。不知道咋回事,小
云～不回家

酷⁼喊酷⁼嚓 kʰu⁴⁴ tɕʰi⁰ kʰu²¹ tsʰɑ⁰

步伐快的拟声。你直走得～,去哪
也?（kʰu⁴⁴ 实际上是前缀"克"受
后字高元音同化,变成 u 韵)

可怜巴嚓 kʰuo⁵² liɛn²⁴ pa²¹ tsʰɑ⁰

非常可怜的样子。老二婆姨病咧,娃
娃～连饭也吃不上

克喊马嚓 kʰəʔ²⁴ tɕʰi⁰ ma⁵² tsʰɑ⁰

（副)迅速、干净利落地。～把羊拾
掇完

克气克楚 kʰəʔ²⁴ tɕʰi⁴⁴ kʰəʔ²⁴ ʂu⁰

行动拘谨、小气的样子。见了人大
方些儿,不要～地

磕头祷告 kʰuo²¹ tʰəu²⁴ tɔ⁵² kɔ⁴⁴

苦苦哀求的样子。

哭声挠哇 kʰu²¹ ʂɤŋ²¹ nɔ²⁴ va⁰

说话中带着哭声。碎女子正～给妈
的告状着呢

x

瞎尿马搭 xɑ²¹ tɕʰiəu²⁴ ma⁵² ta⁰

形容不细心、不细致。那娃娃做作
业,常是～就做咧

瞎说了道 xɑ²¹ ʂuo²¹ liɔ⁵² tɔ⁴⁴ 胡

说八道

胡说了道 xu²⁴ ʂuo²¹ liɔ⁵² tɔ⁴⁴

瞎说六道 xɑ²¹ ʂuo²¹ liəu⁴⁴ tɔ⁴⁴

胡刁乱抢 xu²⁴ tiɔ²¹ luɛn⁴⁴
tɕʰiaŋ⁵²　一哄而上你争我抢。黄
瓜卖得便宜,上来一群人～就完咧

胡子八碴 xu²¹ tsəʔ⁰ pa²¹ tsʰɑ⁰

胡子拉碴。看你～地,快剃去

花不愣噔 xua²¹ pəʔ⁴ lɤŋ⁴⁴ tɤŋ⁰

花花绿绿。闹秧歌就要穿得～才
好看

好无旦⁼估 xɔ⁵² vu²⁴ tɛn⁴⁴ ku⁰

（副)毫无来由地。你～膁打(讽刺)
谁咧

黑漆打洞 xɯ²¹ tɕʰi²¹ ta⁵² tuɤŋ⁴⁴

形容非常黑。～,连个路灯也没

黑打马火 xɯ²¹ ta⁰ ma⁵² xuo⁰　黑
灯瞎火

黑青五烂 xɯ²¹ tɕʰiɤŋ²¹ vu⁵² lɛn⁴⁴

皮肤淤青的样子。你这～地,跌咧?

黑林炭火 xɯ²¹ liɤŋ²⁴ tʰɛn⁴⁴ xuo⁵²

比喻乌黑难看。墙熏得～地,要重
刷呢

猴心不定 xəu²⁴ ɕiɤŋ²¹ pəʔ⁴ tiɤŋ⁴⁴

形容犹犹豫豫,拿不定主意。买件衣
裳么,～,不晓得买哪件儿呢

胡三马四 xu²⁴ sɛn²¹ ma⁵² sʅ⁴⁴

糊里糊涂。夜天(昨天)买菜,～多给

了人家五十块

胡吹贸撂 xu²⁴ tʂʰuei²¹ mɔ⁴⁴ liɔ⁴⁴

瞎吹牛。二娃爱～，一点也不实在

灰眉杵眼 xuei²¹ mi²⁴ tʂʰu⁴⁴ nien⁵²

满面尘土、污垢的样子。打扫了下家，

弄得～

灰尘垶土 xuei²¹ tʂʰɤŋ⁰ pʰuo²⁴

tʰu⁵² (名) 灰尘。两天没打扫，家

里就到处～

猴眉洼眼 xəu²⁴ mi²⁴ va²¹ lien⁵²

形容五官之间距离太小，显得小气。

这女子长得～一满不大气

颔水卜濿 xɛn²⁴ ʂuei⁵² pəʔ⁴ tʰɑ⁰

形容流口水的样子。人老了，～揪

留（管）不住了

红火烂绽 xuɤŋ²⁴ xuo⁰ lɛn⁴⁴ tsen⁴⁴

形容场面非常热闹。正月闹秧歌，～

红火热闹 xuɤŋ²⁴ xuo⁰ ʐ̩ə²¹ nɔ⁴⁴

热闹。我不会打麻将，就是看个～

喝里倒阵 xəʔ⁴ li⁰ tɔ⁵² tsɤŋ⁴⁴ (副)

干净利落地。～吃完看电影儿走

喝里倒腾 xəʔ⁴ li⁰ tɔ⁵² tʰɤŋ⁰

Ø

一扑两砍 i²⁴ pʰu²¹ liaŋ²⁴ kʰɛn⁵²

形容遇事沉不住气，急急忙忙抢在人

前。一有好事，安娃就～，跑得比谁

都快

一递二声 i²¹ ti⁴⁴ ər⁴⁴ ʂɤŋ²¹ 比喻

执意要做某事，无法劝阻。二女子要

走上个银川～地，谁也说不下劝不住

妖量ꞋΞ百怪 iɔ²¹ liaŋ²⁴ pei²¹ kuɛ⁴⁴

形容妇女说话妖里妖气的样子

烟篷雾罩 ien²¹ pʰɤŋ²⁴ vu⁴⁴ tsɔ⁴⁴

烟雾弥漫。几个人一搭里（一起）吃

烟，吃得～

油脂裹撵Ξ iəu²⁴ tsɿ⁰ kuo⁵² nien⁰

形容非常油腻。切了点肉，弄得～地

有理霸份 iəu²⁴ li⁵² pɑ⁴⁴ fɤŋ⁴⁴

理直气壮。到我妈家吃饭最～

洋打卜是 iaŋ²⁴ tɑ²¹ pu²¹ sɿ⁰ (副)

装作漫不经心地。你～往进走，保

没人问

洋打二舞 iaŋ²⁴ tɑ⁵² ər⁴⁴ vu⁰ 不

理不睬、满不在乎的样子。说上你

咋～，到究儿听下咧没？

洋洋误误 iaŋ²⁴ iaŋ²⁴ vu⁰ vu⁰ 漫

不经心的样子。看你做啥事都～，

以后谁敢靠你办事呢？

阴麻圪董Ξ iɤŋ²¹ ma²⁴ kəʔ⁴ tuɤŋ⁵²

天空阴沉沉的样子。今儿这天～怕

下（下雨）也

云天雾地 yɤŋ²⁴ tʰien²¹ vu⁴⁴ ti⁴⁴

忘乎所以的样子。二娃刚挣了点钱，

就～地拿不稳

第八章 词 法

本章描写、讨论定边方言的名词、动词、形容词、副词的重叠形式与功能,子尾词的构成,子尾词与儿化词、重叠词的比较,以及其他词缀。

一 重叠的形式与功能

定边话的重叠式,从构成成分看,有非词重叠(音节重叠),如"款款、亭亭儿";词的重叠,如"棍棍、虫虫、牛牛"。从音节看,有单音节、双音节重叠。从重叠形式看,有完全重叠,如"问问、看看、水水";不完全重叠,如"酒盅盅、布头头、格格纸、水水药"。从词类上看,有名词、动词、形容词、量词、副词等重叠。

1.1 重叠式名词

同很多方言一样,在定边话的儿语里,很多和幼儿生活密切相关的单音节名词性语素可以重叠,重叠后具有可爱、亲昵的附加色彩。如:袄袄、头头、鼻鼻、手手、肚肚、被被、帽帽、鞋鞋、裤裤、路路、花花、菜菜等。从来源上看,成人交际语中的重叠式名词应当与此有关。定边话有比较丰富的重叠式名词。重叠是名词表达小称义的主要手段。

1.1.1　AA式

(1)单音节名词重叠,有下列三种:

a. 亲属称谓中,单音节表示一般称呼,重叠式增加了小称色彩,显得比较亲热。

大——大大　　舅——舅舅　　爷——爷爷

妹——妹妹　　哥——哥哥　　姐——姐姐

b. 单音节名词表示一般事物,重叠式不改变原义,只是增加了小称色彩。其中部分单音节已经不能独立使用。

虫——虫虫　　苗——苗苗　　罐——罐罐

馍——馍馍　　盆——盆盆　　疤——疤疤

c. 单音节名词表示一般事物,重叠式意义不同,同时表示小称义。单音节词和重叠词都可独用。

面面粉——面面细粉　　　　水——水水液体

嘴——嘴嘴器皿的嘴儿　　鸡——鸡鸡男性幼儿生殖器

牛——牛牛①男性幼儿生殖器;②昆虫的总称

箭——箭箭高粱秆接近穗的部分

(2)单音节形容词重叠后变为名词,转指具有某种性状的事物,同时具有小称义。这类词很少。例如:

尖尖尖儿　　　辣辣一种野草　　　甜甜甘蔗

(3)单音节动词重叠后变为名词,转指具有某种功能的事物,同时具有小称义。数量比来自形容词的多。例如:

盖盖盖子　　礤礤　　刷刷　　铲铲　　刮刮锅巴

上面(1)b组和(3)的AA式大都有相应的"子"尾式,相比较而言,AA式具有明显的表示"小"的意义。如:

刀刀——刀子　　嘴嘴——嘴子　　盆盆——盆子

钩钩——钩子　　钉钉——钉子　　桌桌——桌子

刷刷——刷子　　礤礤——礤子　　绳绳——绳子

1.1.2　AAB式

AA大多是名词性语素重叠(a类)，个别是形容词性语素和动词性语素的重叠(b类)。AA充当限制性或修饰性的语素，因而AAB式的内部结构是偏正关系。AAB式大多没有基式，也没有相应的"子"尾式。该式多数具有小称义。例如：

　　　a毛毛雨　　格格纸　　格格布　　块块糖　　把把名_{末名}

　　水水药　　颗颗药　　面面药　　娘娘庙　　回回寺_{清真寺}

　　b温温水　　蹦蹦车

1.1.3　ABB式

ABB也多是定中关系的名词，AB通常可以独立成词(a类)，少数不行(b类)。A几乎都是名词性的语素。BB大多是名词性的词，有的能产，有的不能产。能产是指同一个BB式，可以有不同的修饰成分，如"边边"可以组成"炕边边、路边边、河边边、床边边"等。不能产指BB式前的成分较固定，不能和其他词随意组合，如"刃刃、蛛蛛、爹爹"等。该式具有明显的小称义。

　　　a布头头　　酒壶壶　　墙缝缝　　油点点　　炕边边

　　　菜坛坛　　酒盅盅　　帽檐檐　　鸡冠冠　　蚂蚱蚱

　　　刀刃刃　　血痂痂　　洋码码_{阿拉伯数字}　　老生生_{老年生的孩子}

　　　b毛爹爹_{蜈蚣}　头首首_{第一胎}　喜蛛蛛_{蜘蛛}　克浪浪_{只有墙}

　　　没盖房顶的房子

　　有些ABB式有相应的"子"尾式，比较之下，重叠式的小称义非常明显。如：

　　　　布头头——布头子　　　菜坛坛——菜坛子

　　　　酒盅盅——酒盅子　　　鸡牛牛——鸡牛子

　　　　水点点——水点子　　　锅刷刷——锅刷子

　　　　刀刃刃——刀刃子　　　树林林——树林子

1.1.4　AABB式

该式可以分为两小类。其中a类的AB是词;b类AB不成词,A和B是相关的两个语素。重叠后并列成词,语义上变得抽象,具有周遍性,没有小称义。如:"花花草草"指各种花和草,"瓶瓶罐罐"指各种各样的瓶子和罐子。

　　a 花花草草　　针针线线　　汤汤水水

　　b 蹄蹄爪爪　　盆盆罐罐　　盆盆碗碗　　瓶瓶罐罐

　　沟沟岔岔　头头点点喻指不重要的事物

1.2　重叠式动词和动词重叠式

定边话动词的重叠式,一般是词的重叠,表示动量减小貌(短时、尝试义),有单音节动词的重叠和双音节动词的重叠,与普通话大同小异。不过其中ABB式动词是重叠式构词,而不是动词的重叠。如下。

1.2.1　ABB式动词

AB不能单独成词。从构词成分看,是一种VNN式。大多表示叫人感到愉悦的行为或儿童游戏。这种格式的动词,大致是在AA式名词的基础上,类推出来的动词形式,没有能产性。例如:

　　晒暖暖　晒阳阳　打哇哇　打能能　翻绞绞　跳房房

1.2.2　AA儿式

该式的凝固性不强,AA中间可以嵌"一",也可不嵌,但重叠部分必须儿化。儿化实际上是将后面重叠的成分名词化,表示自指,指称动作本身,充当前面那个语素的宾语。因此并不是整个重叠式的儿化,其内部结构为"A+A儿"。例如:

　　见见儿　坐坐儿　听听儿　问问儿　仰仰儿躺躺

1.2.3　AAB式

AB是VN式的动词,而且都是离合词,合起来是词,分开是短语。例如:

跑跑腿　通通气　拍拍手　亲亲脸　看看相　逛逛街
拉拉儿磨聊聊天

1.2.4　AABB式

AB可以独立成词,重叠后具有尝试或渲染的附加义,句法功能变成了状态形容词。例如:

勾勾搭搭　　摸摸揣揣　　进进出出　　商商量量
来来往往　　抠抠掐掐　　偷偷摸摸　　打打闹闹

1.3　重叠式形容词和形容词重叠式

重叠式形容词是构词形式,包括以下前4种。形容词重叠式则是现成的形容词通过重叠来表达一定的语法意义,包括以下后3种。

1.3.1　AA子式

形容词性语素重叠后加"子"缀,仍然是形容词性质。具有失望或不如意的感情色彩,表明所描述的状态违背了说话人的主观愿望。AA子式词数量极少。例如:

斜斜子指斜的状态　　块块子块状的　　歪歪子指歪的状态

1.3.2　ABB(地)式

A大多是单音节形容词,还有少数是单音节名词,如"泪、水"。BB是叠音词缀,常用词调21+24或21+21(关于词调,详见邢向东、马梦玲2019),大多数难以说清词汇意义,但语法意义非常明确,都是构成状态形容词。例如:

溜溜 liəu²¹ liəu²¹　　杵杵 tʂʰu²¹ tʂʰu²⁴　　丹丹 tɛn²¹ tɛn²¹
当当 taŋ²¹ taŋ²¹　　嘣嘣 pʀŋ²¹ pʀŋ²⁴　　咚咚 tuʀŋ²¹ tuʀŋ²⁴

呼呼 xu²¹ xu²¹　　整整 tʂɤŋ²¹ tʂɤŋ²¹　　<u>丝丝 sɿ²¹ sɿ²¹</u>

ABB(地)式大多不儿化,个别必须儿化。后缀"地"读 ti⁰。

a 泪汪汪儿　水崭崭水灵灵

b 齐整整　齐楚楚　绵咚咚　甜<u>丝丝</u>　酸溜溜　光丹丹

　白咚咚　干巴巴　热呼呼　红当当　瓷嘣嘣　死巴巴

　死抠抠　圪涌涌　新崭崭　嫩崭崭　胖墩墩　清湛湛儿

1.3.3　AXBB式

A是单音节形容词,X是"圪、不"等词缀,BB是叠音词缀。是在ABB基础上加入中缀"圪、不"等构成的。例如:

白圪生生　干圪嘣嘣

绵不踏踏　瓜不叽叽　滑不溜溜

1.3.4　A里AB式

原式是双音节形容词,插入中缀"里",带有贬义色彩。例如:

妖里妖气　怪里怪气　抖里抖气爱撒娇、不稳重

1.3.5　AA儿(地)式

这是单音节形容词的重叠式。有的形容词重叠后必须儿化,重叠和儿化使形容词A带有喜爱的感情色彩,表明所描述的状态或性质符合说话人的主观愿望。例如:

红红儿　平平儿　松松儿　好好儿　真真儿　薄薄儿

1.3.6　AABB式

这是双音节形容词的重叠式。例如:

整整齐齐　多多少少　长长短短　端端正正　拴拴正正

可可怜怜　恓恓惶惶　光光堂堂(物体表面)光滑

1.3.7　ABAB式

这是整个形容词的重叠。重叠使AB的程度加重。例如:

干瘦干瘦　冰凉冰凉　死重死重

二　子尾词的构成

定边话的子尾词数量很多。后缀"子"出现的频率较高，快读时读入声tsəʔ⁰，慢读时读舒声tsʅ⁰。指称范围广泛，涵盖天文地理、日常用品、人体部位、动植物、人物、食品、时间、处所、地名等等。有些词普通话或其他官话方言很少带"子"，在中原官话或晋语中则比较常见，如"憨子、瓜子傻子、弟兄子、背锅子、初几子月初、一摊子"等。

从指称对象看，子尾词可以分为两类：少数表人，多数表物。从语义色彩看，子尾词一般是中性词，但是指称某一类人的子尾词则带有贬义色彩，例如：

　　　　矮子　傻子　讨吃子　二流子　私娃子

　　　　背锅子　俶儳子喻指无能的人　二杆子鲁莽的人

　　　　生渣子品性恶劣的人　二尾子没有性功能的男人

　　　　大肚子饭量特别大的男子　糊/糬/幂脑子脑子不清楚的人

子尾词的构成格式非常丰富：名词+子、量词+子、形容词+子、AA+子。其中，"AA子"式是西北地区中原官话的构词特点。

(1)单音节名词或语素加"子"。如：妹子、房子、腔子胸脯、镜子。但是，不能在相应的重叠式后再加"子"，比如，可以说"窗窗、篮篮、汤汤、水水"，不能说"窗窗子、篮篮子、汤汤子、水水子"。

(2)双音节或多音节名词加"子"。这类词最常见，通常普通话里没有"子"，定边话加了"子"。如：

　　　　大伯子　小叔子　围脖子　鞋楦子　擦家布子　扁豆子

　　　　半天子半天　后门子后门儿

(3)单音节动词加"子"，变成名词。如：

　　　　插子　滚子　拍子　梳子

（4）动宾短语后加"子"，数量很少。如：

　　扣门子扣眼儿　背锅子

（5）单音节形容词加"子"，成为名词。如：

　　冷子　瓜子傻子　憨子傻子　愣子傻子

个别单音节形容词可以重叠后加"子"，如：斜斜子。

（6）量词加"子"，如：

　　本子　条子　块子

（7）数量结构加"子"。普通话一般不能加"子"。如：

　　一把子　一阵子　一溜子　一排子　一堆子
　　一伙子　一摊子　一捆子　三车子　两匣子

三　子尾词与儿化词、重叠词的比较

　　子尾词、儿化词、重叠词是定边方言中十分常见的三种名词形式。它们在数量、表义特点等方面存在明显的差异。

3.1　数量

　　从数量看，定边话子尾词数量很多，儿化名词和重叠名词比较有限。许多儿化名词和重叠名词有相应的子尾形式，相反一些子尾词（特别是表人的子尾词）没有相应的儿化和重叠形式。例如"沫子、左抾撇子、嘴唇子、咬舌子说话咬舌、含糊不清的人、秃舌子说话含糊不清的人"，都没有对应的重叠形式，也不能说成儿化词。再如数量结构加"子"的"一堆子、一伙子、一捆子"等，大都没有对应的儿化词。

3.2　表义特点

　　子尾词表达中性意义，有的子尾词还带有贬义，所以它没有小称功能。

　　儿化词同子尾词一样，指称对象的范围很广，其小称功能已经泛化。有些词从语义和构词上看似乎不需要儿化的,定边话中往往儿化。例如"女人家儿、娃娃家儿","家"本身就是后缀,加上"儿"显得叠床架屋,此处的儿化看起来只是一种构词形态,没有更多的表义功能。"女人家儿"之类词,应当是通过类推构成的儿化词。

部分儿化词的小称义比较明显,如"月牙儿、蒜窝儿、肉块儿(比"肉块子"所指的要小)、饭馆儿小饭店、要的儿玩具、小叔儿丈夫之弟、耍把戏儿、菊花儿、水仙花儿"等;部分小称义不明显,如"围巾儿、单裤儿、长袄儿""种花儿、出花儿、结核儿病、害疮儿"等,再如"甭儿别、这搭儿、这儿、这向儿"等副词和代词,也没有小称义。

重叠词小称义浓厚,如"锁锁刘海儿、钉钉、罐罐、筐筐"等。因此,当所表示的事物本身具有小巧、可爱的特点时,同一词根的"子尾、儿化、重叠"三种形式,词义相同,附加色彩不同。"子尾"小称色彩不明显,"儿化"和"重叠"带有小称色彩。如:

酒壶子——酒壶儿——酒壶壶

榆钱子——榆钱儿——榆钱钱

酒盅子——酒盅儿——酒盅盅

如果事物本身不具有小巧、可爱的特点,该词根一般没有"重叠"形式,其"子尾、儿化"形式通常词义相同,如:

衣胞子——衣胞儿　合叶子——合叶儿

围裙子——围裙儿　罗子——罗儿

套袖子——套袖儿　指头子——指头儿

3.3　区别词义

作为不同的名词构词手段,三种形式有时也可以区别词义,它们之间或它们与词根之间,意义有区别。如:

刀刀类的总称——刀子大点的刀——刀刀小刀

筐子筐类的总称——筐筐小筐

罐子罐类的总称——罐罐小罐

手腕子手腕——手腕儿手段

衩裤外穿的长度在膝盖以上的短裤——衩裤儿内穿的裤头

四　其他词缀

本节主要对特点比较明显的词缀及其构词能力进行描写，以充分体现定边话在词语构成方面的特点。

4.1　前缀

4.1.1　表音前缀：圪、卜、忽

定边话属于中原官话秦陇片，又紧邻晋语。该方言存在表音词缀"圪、卜、忽"，但构成的词数量有限。圪头词数量比中原官话其他方言点略多，是因为定边自清朝后划归榆林管辖，方言受到晋语影响所致。但与同县的属于陕北晋语的安边话、白泥井话相比，圪头词数量还是明显偏少。

"圪、卜、忽"有的只是分音词的一个音节，并不是真正的前缀，如"圪垃、圪料不直、卜拉拨，搅"等，都是分音词。因为数量不多，本节不做区分。

4.1.1.1　圪 kə$ʔ^4$/k^{h}ə$ʔ^4$

"圪"在定边话里一般读作 kə$ʔ^4$，当后面的词根是擦音、塞擦音时，读作 k^{h}ə$ʔ^4$，记作"克"。有时也读舒化音 kə^{24}，如"圪瘾 kə^{24} iȵ^{52}"。有些圪头词(尤其是动词)的"圪"具有表小义，指称幅度较小、用力较轻的动作。如"圪搅"指小幅度搅动或干扰，"克吵"指小声议论或商量。

圪头词数量不多，但使用频率很高。有名词、动词、形容词、象声词四类。象声词可以重叠，重叠后表示连续的声音。

名词：圪瘩　圪蚤_{跳蚤}　圪拉缝儿　圪羝_{种羊}

土圪堆_{土堆}　沙圪梁_{沙梁}　山圪塄_{深山里头}

锅克浪˭_{灶火口与炕之间的巷道，"克浪˭"是"巷"的分音词}

动词：圪挤_挤　圪蹴_蹲　圪攒_{凑到一起}　圪跐_{小步地走}

圪夹_{夹在腋下}　圪瘾_{感到恶心}

圪老˭_{小幅度搅动，"搅"的分音词}

形容词：圪搐_皱　圪料_{不直，"翘"的分音词}　圪尖尖_{很尖的样子}

圪堆堆_{堆得很高的样子}　圪涌圪涌_{软体动物蠕动的样子}

克瘆_{发瘆}　克晃_{走路左摇右晃的样子}

象声词：圪嚓　圪噔　圪吱　圪嘣　圪叭　圪咚

圪叭叭　圪嚓嚓　圪叭圪叭　圪吱圪吱

圪嘣圪嘣　克嚓克嚓

4.1.1.2　卜 pu²¹、忽 xu²¹

卜头词和忽头词都是动词，数量很少。如：

卜拉_{拨、搅，"拨"的分音词}　卜□nien⁰_{轻轻咂嘴}

忽撒_{不经意地撒，少量地撒}　忽扇_扇

4.1.2　打 tɑ⁵²

"打"是动词前缀，"已经没有任何意义，只是增加了一个音节，起衍音作用，同时，这类词的一部分词根不能单用，所以它又有成词作用"（邢向东2002：522）。"打X"构成及物动词，意义跟后面的词根有关。如：

打闹_{设法搞}　　打问_问　　打摞_{整理}

打扮_扮　　　打帮_劝　　打摭_{收拾，吃光}

4.1.3　入 ʐʅ²¹

常写作"日"。有动词、形容词两类，均带有强烈的贬义色彩。

动词：入鬼_{作假}　入哄_{哄骗}　入捣_{捉弄}　入蹋_{糟蹋}

入白_{哄人}　入闪_{捉弄}　入造_{闹事}　入弄_{瞎鼓捣，作弄}

形容词：入怪奇怪　　　入脏脏　　　入眼讨厌

　　　　　入赖不整洁　　　入超＂不～：不正经

4.2　后缀

4.2.1　名词后缀

4.2.1.1　匠 tɕiaŋ⁴⁴

"匠"由"匠人"的语义虚化而来，附加在名词后构成新的名词，表示类属。"匠"作后缀是中原官话的特点。定边方言中这类词很少，如"戏子匠戏子、柳儿匠小偷"，均带有讥讽或轻视之义。

4.2.1.2　家 tɕia²¹

"家"常与姓氏或人名组合，指"某家人"。如"白家、老李家、小兰家"。也常与亲属称谓词组合，指"某门亲属"，如"娘家、婆家、外家外婆家"。这两种用法中，"家"的意义实在，准确地说不能算作词缀。

"家"作词缀，附加在称谓词或其组合后头，有时需儿化，指某一类人。在句中使用时，整个句子略带"(不)应该如何如何"的意味，可以看出，"家"是略带消极义的后缀。例如：

　　女人家儿　　娃娃家儿　　男人家

4.2.1.3　起 tɕʰi⁰

"起"附加在方位词后，表示方位。如：

　　院起院子里　　外起外面　　东半起东半边　　半起儿半个

4.2.1.4　货 xuo⁴⁴、鬼 kuei⁵²、偬 suɤŋ²⁴、痞 pʰi²⁴、毛 mɔ²⁴

詈词后缀：附加在名词、动词、形容词或动宾短语后面构成名词，表示某类让人讨厌的人。其中"货"和"鬼"有时可以互换，意义基本一样。"毛"则带有"活该遭遇不好的事情"的含义。如：

哄人货　　儿货野蛮不讲理的人　　爬场货没出息的人

溜沟子货喜欢巴结奉迎别人的人　　愣货做事愣头愣脑的人

讨吃鬼　　烟鬼　　捣蛋鬼　　挨刀鬼　　替死鬼

□儿võr²⁴鬼不务正业的人

瞎俅很坏的人　　坏俅　　爬俅没出息的人　　懒俅　　糊脑俅糊涂蛋

黑痞无赖　　地痞　　赖痞无赖　　啬痞各啬鬼

死痞比无赖还不讲理的人，无可救药的人

讨吃毛活该乞讨的人　　挨打毛活该挨打的人

4.2.2　动词后缀

4.2.2.1　着 tʂuo⁰、见 tɕien⁴⁴

这两个动词后缀，构成的动词大都表示做动作后获得的某种感觉，其后面的成分就是表示这种感觉的，可以分析为谓词性宾语。如"闻着挺香的""摸见有点涩"。例如：

觉着　　尝着　　闻着　　梦着

闻见　　梦见　　吃见　　摸见　　揣见

4.2.2.2　打 ta⁰

单音节动词后加后缀"打"，给动作增加了随意的附加意义，也有的表示动作的反复性，一般都不用于庄重的场合。这类词数量有限。如：

克打虐待　　　　　　　　哨打①说风凉话；②讽刺

递打反复地递来递去　　　涮打甜言蜜语哄别人高兴

蹬打①打架；②表演　　　迷打甜言蜜语哄别人高兴

4.2.2.3　掐 tɕʰia⁰

动词后缀，附加在单音节动词后，表示大致、粗略地做一下就行的附加义。这类词也较少，不如陕北晋语方言里多。如：

剜掐　　　削掐　　　剥掐　　　搜掐到处翻找东西

抠掐①抠一抠；②找别人的不是。一天就会～人

4.2.2.4　砍 $k^h\varepsilon n^0$

"砍"作后缀的动词,常见于晋语。本字不明,不能产。"砍"给动词增加了"动作较重、较用力的附加意义"(邢向东2002:525)。定边话只有零星几个:射砍跃跃欲试地投身于某事、扑砍积极地投身于某事、一扑两砍形容遇事沉不住气,急急忙忙抢着做。陕北晋语常说的"凶砍冲着某人发火、跑砍来往"等,定边话并不说。所以,定边话的"砍"缀词应该是来自晋语。

4.2.3　形容词后缀

4.2.3.1　实 $\mathfrak{s}^{21}$

"实"作形容词的后缀,有坚强、牢固、经受力强的含义。如:

结实	厚实	耐实坚固	福实家底厚
泼实泼辣	毒实阴险毒辣	皮实不轻易生气	

4.2.3.2　气 $t\varphi^hi^{44}$

"气"多附加在形容词后,构成的形容词多含有贬义色彩。如:

妖气	美气	洋气时尚	怪气怪异	贱气(女人)轻浮
薄气(男人)轻浮			狗气形容摆架子,不和一般人亲近	

4.3　中缀

4.3.1　里 li^0

构成带"里"的四字词语X里X气式。见本章1.3.4。

4.3.2　圪 $k\mathrm{e}\mathrm{?}^4$、卜 $p\mathrm{e}\mathrm{?}^4$

其后往往带有叠音后缀,带有轻微的不满色彩。例见本章4.1.1。

4.3.3　巴 pa^0

在偏正式形容词之间插入"巴",表示程度更高。如:

冰巴凉冰凉　稀巴烂　成巴干特别干　钢巴老硬特别硬

第九章　代　词

本章分人称代词、指示代词、疑问代词三类，列举和描写定边方言的代词。

定边方言的代词系统比较简单。从具体词目看，方言内部各点之间存在差异，但差异不大。安边、新县城话与定边话的代词系统比较一致，只是定边话有远指代词再分层次的情况。白泥井与其他两点的差异略大。不同方言点之间的差异反映出各自所属的大方言不同：定边话代词属于中原官话，安边、白泥井话属于晋语。

一　人称代词

定边方言常用的人称代词见表9-1。

二　指示代词

定边方言常用的指示代词见表9-2。

三　疑问代词

定边方言常用的疑问代词见表9-3。

表9-1

		定边	安边	白泥井	新定边话
第一人称	单数	我 ŋuo⁵²/vuo⁵²	我 vuɣ²¹³	我 vuo²¹³	我 vuɣ²¹³
	复数	我们 ŋuo⁵² mə⁰ 咱们 tsɑ²¹ mə⁰ 咱 tsɑ²¹	我们 vuɣ²¹ mə⁰ 咱们 tsɑ²⁴ mə⁰ 咱 tsɑ²¹³	我们 vuo²¹ mə⁰ 咱们 tsʰɑ²⁴ mə⁰ 咱 tsʰɑ²¹³	我们 vuɣ²¹ mə⁰ 咱们 tsɑ²⁴ mə⁰ 咱 tsɑ²⁴
	领属	我们 ŋuo⁵²/vuo⁵² mə⁰ 咱 tsɑ²¹ 咱们 tsɑ²¹ mə⁰	我 vuɣ²¹³ 我们 vuɣ²¹ mə⁰ 咱 tsɑ²¹³ 咱们 tsɑ²⁴ mə⁰	我 vuo²¹³ 我们 vuo²¹ mə⁰ 咱 tsʰɑ²¹³ 咱们 tsʰɑ²⁴ mə⁰	我 vuɣ²¹³ 我们 vuɣ²¹ mə⁰ 咱 tsɑ²⁴ 咱们 tsɑ²⁴ mə⁰
第二人称	单数	你 ni⁵²	你 ni²¹³	你 ni²¹³	你 ni²¹³
	复数	你老儿(家)ni²⁴ lar⁵²(tɕiɑ²¹) 你们 ni⁵² mə⁰	你老儿(家)ni²⁴ lɔr²⁴(tɕi⁰) 你们 ni²¹ mə⁰	你老儿(家)ni²⁴ lɔr²⁴(tɕi⁰) 你们 ni²¹ mə⁰	你老儿家 ni²⁴ lɔr²⁴ tɕiɑ⁰ 你们 ni²¹ mə⁰
	领属	你 ni⁵²	你 ni²¹³	你 ni²¹³	你 ni²¹³

		定边	安边	白泥井	新定边话
第三人称	单数	兀 vu^{44} 苶=nie^{24} 他 $t^h\alpha^{21}$ 那 nei^{44} 那个 nei^{44} $ka\textipa{P}^0$	他 $t^h\alpha^{213}$ 那个 $n\textschwa\textipa{P}^{25}$ $ka\textipa{P}^0$	那个 $n\textschwa\textipa{P}^{24}$ $ka\textipa{P}^0$ 他 $t^h\alpha^{213}$	那个 $n\textschwa\textipa{P}^{24}$ $ka\textipa{P}^0$ 他 $t^h\alpha^{33}$ 偏于否定意义
	复数	兀些 vu^{44} $\textctc ie^0$ 苶=们 nie^{24} $m\textschwa^0$ 他们 $t^h\alpha^{21}$ $m\textschwa^0$ 那些 nei^{44} $\textctc ie^0$	那些 $n\textschwa\textipa{P}^{25}$ $\textctc ie^0$ 他们 $t^h\alpha^{24}$ $m\textschwa^0$	那些 $n\textschwa\textipa{P}^{24}$ $\textctc ie^0$ 他们 $t^h\alpha^{24}$ $m\textschwa^0$	那些 $n\textschwa\textipa{P}^{24}$ $\textctc ie^0$ 他们 $t^h\alpha^{33}$ $m\textschwa^0$（新）
	领属	兀 vu^{44} 苶=nie^{24} 苶=家 nie^{24} $t\textctc ie^0$ 那 nei^{44} 他 $t^h\alpha^{21}$	他 $t^h\alpha^{213}$ 那个 $n\textschwa\textipa{P}^{25}$ $ka\textipa{P}^0$	他 $t^h\alpha^{213}$ 那个 $n\textschwa\textipa{P}^{24}$ $ka\textipa{P}^0$ 那 nei^{52}	那个 $n\textschwa\textipa{P}^{24}$ $ka\textipa{P}^0$ 那 nei^{52}

续表

		定边	安边	白泥井	新定边话
其他	自称	各儿 kuor²⁴ 人 ʐɤŋ²⁴	各儿 kər²¹³ 人 ʐɤɣ̃²¹³	我各儿 vuo²¹ kər⁴⁴ 人家 ʐuŋ²⁴ tɕi⁰	我各儿 vu²¹ kər²⁴ 人家 ʐʅ²⁴ tɕiɑ⁰
	他称	人家 ʐɤŋ²¹ tɕi⁴⁴ 别家 pie²¹ tɕie⁰ 旁人 pɑŋ²⁴ ʐɤŋ⁰ 再的人 tsɛ⁴⁴ ti²¹ ʐɤŋ⁰	人家 ʐɤɣ̃²⁴ tɕi⁰ 旁人 pʰɑɣ̃²⁴ ʐɤɣ̃⁰ 再的人 tsɛ⁵² tɑʔ⁰ ʐɤɣ̃²¹³	人家 ʐuŋ²⁴ tɕi⁰ 旁人 pʰɑŋ²⁴ ʐuŋ⁰ 外人 vɛ⁵² ʐuŋ⁰ 再的人 tsɛ⁵² tɑʔ⁰ ʐuŋ⁰	人家 ʐʅ²⁴ tɕiaʔ⁰ 旁人 pʰɑŋ²⁴ ʐʅ⁰ 再的人 tsɛ⁵² tɑʔ⁰ ʐʅ²⁴
	领属	各儿家 kuor²⁴ tɕiɑ⁰ 再的 tsɛ⁴⁴ ti⁰	各儿家 kər²⁴ tɕiɑ⁰ 各儿自家 kər²⁴ tsʅ⁵² tɕiɑ⁰ 再的 tsɛ⁵² tɑʔ⁰	各儿家 kər²⁴ tɕiɑ⁰ 再的 tsɛ⁵² tɑʔ⁰	各儿家 kər²⁴ tɕiɑ⁰ 再的 tsɛ⁵² tɑʔ⁰

表 9-2

		定边	安边	白泥井	新定边话
人物	近指	这 tsʅ⁴⁴	这 tʂɤʔ⁵	这 tʂɤʔ²⁴	这 tʂɤʔ²⁴/tʂei⁵²
	远指	那 nei⁴⁴ 兀 vu⁴⁴	那 nɤʔ⁵/nei⁵²	那 nɤʔ²⁴/nei⁵²	那 nɤʔ²⁴/nei⁵²

续表

		定边	安边	白泥井	新定边话
处所	近指	这搭儿 tsʅ⁴⁴ tɤr⁰ 这儿 tʂɚr⁴⁴ 这里 tsʅ⁴⁴ ni⁰	这搭儿 tʂaʔ²⁵ tɤr²¹³ 这儿 tʂɚr⁵²	这搭儿 tʂaʔ²⁴ tɤr⁴⁴ 这儿 tʂɚr⁵²	这搭儿 tʂaʔ²⁴ tɤr²⁴ 这儿 tʂɚr⁵²
	远指	那搭儿 nei⁴⁴ tɤr⁰ 那搭搭 nei⁴⁴ ta²¹ ta⁰ 那儿 nɚr⁵² 那里 nei⁴⁴ ni⁰ 兀搭儿 vu⁴⁴ tɤr⁰	那儿 nɚr⁵² 那搭儿 nɤʔ²⁵ tɤr²¹³	那儿 nɚr⁵² 那搭儿 nɤʔ²⁴ tɤr⁴⁴ 那搭儿起 nɤʔ²⁴ tɤr²⁴ tɕʰi⁰	那儿 nɚr⁵² 那搭儿 nɤʔ²⁴ tɤr²⁴
时间	近指	这阵儿/向儿 tsʅ⁴⁴ tʂɚr⁰/ɕiɑr⁰	这阵儿/向儿 tɕei⁵² tʂɚ̃r⁰/ɕiɑ̃r⁵²	这阵儿/向儿 tɕei⁵² tʂɚ̃r⁰/ɕiɑ̃r⁵²	这阵儿/向儿 tɕei⁵² tʂɚ̃r⁰/ɕiɑ̃r⁵²
	远指	那阵儿/向儿 nei⁴⁴ tʂɑ̃r⁰/ɕiɑ̃r⁰ 那 nei⁴⁴ 兀阵儿/向儿 vu⁴⁴ tʂɑ̃r⁴⁴/ɕiɑ̃r⁴⁴	那阵儿/向儿 nei⁵² tʂɚ̃r⁰/ɕiɑ̃r⁰	那阵儿/向儿 nei⁵² tʂɚ̃r⁰/ɕiɑ̃r⁵²	那阵儿/向儿 nei⁵² tʂɚ̃r⁰/ɕiɑ̃r⁵²

续表

		定边	安边	白泥井	新定边话
性状	近指	这么 tsʅ^{44} mə^0	这么 tʂəʔ^5 mə^0	这么 tʂəʔ^4 mə^0	这么 tʂəʔ^4 mə^0
	远指	那么 nei^{44} mə^0 那号儿 vu^{44} xər^0	那么 nəʔ^5 mə^0	那么 nəʔ^4 mə^0	那么 nəʔ^4 mə^0

表9-3

		定边	安边	白泥井	新定边话
人	单数	谁 ʂuei^{24} 谁个儿 ʂuei^{21} kuor^{44}	谁 ʂuei^{213}	谁 ʂuei^{213}	谁 ʂuei^{24}
	复数	谁 ʂuei^{24} 谁个儿 ʂuei^{21} kuor^{44}	谁 ʂuei^{213}	谁们 ʂuei^{24} mə^0	谁 ʂuei^{24}
	领属	谁 ʂuei^{24}	谁 ʂuei^{213}	谁 ʂuei^{213}	谁 ʂuei^{24}
事物		啥 sa^{24} 什么 səʔ^4 mɑ^0	啥 sa^{52} 什么 seʔ^5 mɑ^0	甚 ʂuŋ^{52} 什么 ʂəʔ^4 mɑ^0	啥 sa^{52} 什么 ʂəʔ^4 mɑ^0

续表

	定边	安边	白泥井	新定边话
指别	哪 nɑ^{24}	哪 nɑ^{213}	哪 nɑ^{213}	哪 nɑ^{213}
处所	哪 nɑ^{24} 哪里 nɑ^{21} ni^{44} 哪搭儿 nɑ^{21} tər^{44}	哪 nɑ^{213} 哪搭儿 nɑ^{21} tər^{213}	哪 nɑ^{213} 哪里 nɑ^{21} li^{213} 哪搭 nɑ^{21} tər^{44}	哪 nɑ^{213} 哪搭儿 nɑ^{21} tər^{52}
时间	多会儿 tuo^{21} xuer^{44} 啥时间 sɑ^{24} sʅ^{24} tɕiɛn^{0}	多会儿 tuɤ^{44} xuer^{0} 什么时间 ʂɤ^{25} mɑ^{0} sʅ^{24} tɕiɛ^{0}	多会儿 tuo^{44} xuer^{44} 什么时间 ʂɤ^{24} mɑ^{0} sʅ^{24} tɕiɛ^{0}	多会儿 tuɤ^{24} xuer^{52} 啥时间 sɑ^{21} sʅ^{24} tɕiɛ^{0}
性状	咋 tsɑ^{52} 咋个儿 tsɑ^{24} kər^{52}	咋 tsɑ^{213} 咋个儿 tsɑ^{24} kər^{213}	咋 tsɑ^{213} 咋价 tsɑ^{24} tɕi^{0} 咋了 tsɑ^{24} lɛ^{0}	咋样 tsɑ^{21} iɑ̃^{52} 咋个儿 tsɑ^{21} kər^{52}
原因	为啥 vei^{44} sɑ^{24}	为啥 vei^{52} sɑ^{52}	为甚 vei^{52} ʂuŋ^{52} 为什嘛 vei^{52} ʂɤ^{24} mɑ^{0}	为啥 vei^{52} sɑ^{52}
数量	多大 tuo^{21} tɑ^{44} 多少 tuo^{24} ʂɤ^{0} 几 tɕi^{52}	多大 tuɤ^{44} tɑ^{52} 多少 tuɤ^{44} ʂɤ^{0} 几 tɕi^{213}	多大 tuo^{21} tɑ^{52} 多少 tuo^{24} ʂɔ^{0} 几 tɕi^{213}	多大 tuɤ^{24} tɑ^{52} 多少 tuɤ^{24} ʂɔ^{0} 几 tɕi^{213}

四 特殊代词例解

4.1 咱

4.1.1 "咱"的读音

"咱"是"自家"的合音(吕叔湘、江蓝生1985：79—101)。合音时前字取声，后字取韵、调。"咱"，白泥井话读送气阳平$ts^hɑ^{24}$，定边话读不送气阴平$tsɑ^{21}$，安边话、定边普通话都读不送气阳平$tsɑ^{24}$。

"咱"在大部分北方方言里读不送气声母ts。白泥井话读送气声母，与此不同，与陕北的绥德、米脂、榆林、横山、神木等方言相同，也与山西的离石、万荣、运城、永济等相同。反映合音前作为古全浊声母字的"自"在部分晋语、汾河片方言中不论平仄多读送气声母的特点。唐五代西北方音，全浊声母都读送气清音(李如龙、辛世彪1999)。受普通话的影响，北方大多数方言都发生了古全浊仄声字今读由送气变不送气的演变。所以，定边、安边、新县城话读不送气声母，应当是普通话影响的结果。

在定边话中，"咱"单字调读阴平调，与周边方言读阳平调不同。我们认为，这是连调调值固化到单字调造成的。"咱们"的连调值为21+0，显然是从早期的词调21+44演变而来。21+44词调，功能相当于普通话的轻声词的调子。"咱"作前字，由24变读21调，后字"们"变读44调，进而遵循新的轻声规律弱化为0。因为"咱们"一词出现的频率极高，连读变调21固化到"咱"上，导致其单字调发生变化。

4.1.2 "咱"的用法

"咱"单复数同形，凡是可以用"咱们"的地方都可以用"咱"。例如：

(1) 咱 / 咱们两个今儿进城走。

(2) 咱 / 咱们弟兄子甬儿说见外话。

(3) 迟哩就麻烦咧,咱 / 咱们快些儿走!

同别人商量自己去做某事或请求对方去做某事时,经常用"我给咱、你给咱"和"我咱、你咱"。后两个是前两个的省略形式(邢向东2002:558)。"咱"是第一人称代词包括式,"给"是表受益的介词,"给咱"就是把自己要做的事,说成使双方都受益的事情,从而表达商量的语气。不论带不带"给",用法都相同,都表示商量、请求。例如:

(4) 我咱和面,你咱炒菜我给咱和面,你给咱炒菜。

(5) 你给咱先做饭着,我给咱喂羊去。

4.2 别家

"旁人"和"别人"意义完全相同。"别家"与"旁人、别人"不同:"旁人"不确指某个人,"别家"可以解释为"就那个人",指说话双方心里都明白确指某个人,只是因为不便或不愿言明而已。因此"别家",是一种有定指义的旁指代词。例如:

(6) 这话不是我各儿我自己说的,别家那个×××说的。

(7) 这话不是我各儿我自己说的,旁人别的人说的。

4.3 各儿

"各儿"定边话说 $kuor^{24}$;安边话、新县城话、白泥井话声韵母相同、声调不同,分别说 $kər^{213}$、$kər^{24}$、$kər^{44}$。

"各儿"是自指代词,指称说话者自身和前面提到的人,可以作主语、宾语、定语,还可以充当主语的同位语。"各儿"作人称代词主语同位语的用法在陕北晋语里非常普遍,例如绥德、佳县、神木、府谷、横山、吴堡等方言,安边话、白泥井话、新县城话也是如此。和绥德等方言相同的是,定边话可以说"我各儿、你各儿、他各儿",不同的是,定边话不说"咱各儿、谁各儿"。例如:

> (8)各儿说各儿的理自己说自己的理,谁晓得谁对。

(8)各儿说各儿的理自己说自己的理,谁晓得谁对。

(9)兀他官不大还牛地,直把各儿当了回事还真把自己当回事儿。

(10)你各儿你自己的衣裳各儿洗。

(11)我各儿我自己去西安也,你甭儿管。

(12)他各儿他自己来呢,不用车接。

　　"各儿"有时置于主语之后,表达一种较和缓的劝告、请求、商量语气。这时它已经不是代词,而语法化为近语气副词,与普通话"还是"的意义相当。"各儿"表示"还是"义时,通常只说"我各儿、你各儿"。比起有的晋语方言(例如神木话),它的语法化程度并不很高。这种用法与充当主语同位语的用法形式上相同,可以依据上下文判断句子的语气,从而加以区别。

(13)吃夯胀咧,剩下的饭我各儿明儿再吃吃撑了,剩下的饭我还是明天再吃吧。

(14)借你的钱这个月还不上,我各儿还是下个月再还吧。

(15)今儿黑了,你各儿明儿再走今天天黑了,你还是明天再走吧。

(16)你各儿给咱后晌炖羊肉吃你还是给咱下午炖羊肉吃,行不?

4.4　这、那

定边话的"这"原有两种读音:tsʅ⁴⁴、tʂɑ⁵²,一般情况下读tsʅ⁴⁴;只在递给别人东西的时候说:"这tʂɑ⁵²,拿上。"受陕北晋语影响,读tsʅ⁴⁴时也可以读tʂəʔ⁴或tsei⁴⁴。"这儿"读tʂər⁵²,应当是tʂəʔ⁴的儿化音。儿化词的声调既同关中方言相同,也跟周边的晋语相同。

　　"那"一般读nei⁴⁴,有时也读nᴇ⁴⁴,当为nei⁴⁴发音松弛的结果。受陕北晋语的影响，也读nə$ʔ^{24}$。"那儿"读nər^{52}，是nə$ʔ^{24}$或nei^{44}的儿化音，声调同样与关中方言、周边晋语相同。

那nei^{44}、那个nei^{44}kə$ʔ^0$、那些nei^{44}ɕie^0，可表第三人称，是从晋语中借入的用法。例如：

(17)那他不爱打麻将。

(18)那个他说话不算数，甭儿信别相信。

(19)那些后天到安边串来也他们后天来安边游玩。

定边话中的第三人称既有体现中原官话关中片、秦陇片特点的"兀、茶'人家'的合音词"，又有反映陕北晋语特点的"那"，反映出在晋语影响下的定边话，存在两种代词系统叠置的情况。

另外，表处所的指示代词中，"这搭儿搭儿、那搭儿搭儿"和白泥井的"这搭儿起、那搭儿起"都具有亲昵的感情色彩，都只是成人和幼儿说话时的用词。

4.5　茶⁼

"茶⁼"表第三人称，也可以说"茶⁼家"，只用于指人，复数形式是"茶⁼们"。主要分布在县城及周边。"茶⁼"是"人家"的合音，"茶⁼家"则是在合音词上再叠加上"家"，说明当地人已经不再将"茶⁼"理解为"人家"的合音。属于语法化中常见的语义磨损后的"叠加"手段。"茶⁼、茶⁼家"可以作主语、宾语、定语。例如：

(20)茶⁼(家)今儿走银川呢。

(21)茶⁼(家)说一下就走，咋个儿半天咧还家呢怎么半天了还在家里呢？

(22)你嘴秃嘴笨的，还能说过茶⁼(家)呢？

(23)催叫茶⁼(家)快些儿催催，叫他快点儿！

(24)那是茶⁼(家)的衣裳。

(25)老张来了没？说好茶⁼(家)来呢么！

(26)茶⁼们几个人正拉话着呢他们几个正聊天呢。

4.6　兀

　　榆林大多数方言都是指示代词二分，只有近指代词"这"、远指代词"那"两类。安边、白泥井、新县城话与之相同。定边话有三个指示代词："这、那、兀"。在很多指示代词三分的山西方言(阳曲、太原、阳城、石楼、临县、柳林等)里，"兀"是远指，"那"是中指。而在陕西关中有"这、那、兀"的方言(如户县、合阳)中，则大多是"兀、那"表远指，其中"那"比"兀"所指距说话人更远。定边话表面上保持了指示代词的三分系统，实际上属于二分系统：近指"这"，远指"兀"和"那"；"兀"和"那"再分为两个下位层次：在表处所的远指时，"兀搭儿"所指的距离比"那搭儿"近一些。这一点和大部分关中方言相同，即"兀搭"比"那搭"所指的距离较近，尽管这种距离有时只是心理上的。也许正是因为"兀"和"那"都是远指代词，所以人们已经模糊了二者的区别："兀"和"那"在指人、指时间、指性状时都没有分别，即"兀人＝那人，兀阵儿＝那阵儿，兀号人＝那号人那种人"。二者只有在表示处所的远指时意义有一点模糊的区别。

　　"兀"可以指物，也可以指人。即它可以兼做远指代词和第三人称代词，读音不变。后者的复数形式是"兀些"。"兀"作第三人称代词，分布在贺圈镇及周边乡镇，城区不说"兀"。

　　"兀"可以充当主语、宾语。例如：

(27)兀他不是个好人，不敢跟兀跑。(人称代词)

(28)兀是个啥事情，把你愁肠_愁的？　(远指代词)

　　"兀"还可以充当定语，这时宜分析为远指代词。例如：

(29)兀人是谁个儿那人是谁？

(30) 兀人的包包撂在路上了 那人的包儿拉在路上了。

(31) 兀话 那话 是谁说的？

"兀"也常和"谁"组成"兀谁"的格式，在疑问句中充当主语、定语，带有强调的意味。这种用法在关中方言中比较普遍，可能由来已久，因为在元代白话中，已经见到"兀谁"连用的例子。如果用功能语法的观点来分析，则"兀"可以分析为话题主语，其后的"谁+VP"充当述题性的谓语，整个句子是话题主语句。按照这种分析法，此处的"兀"也属于远指代词的用法。例如：

(32) 兀谁做下的？

(33) 兀谁的车子在兀搭儿呢？

4.7 "人家"和"人"

"人家"，通常指代说话者以外的人，有时也可以指代说话者自己，带有撒娇的意味，使用者一般是女性和儿童。例如：

(34) 人家说了，没彩礼不给女子 没彩礼不嫁女儿。(说话者以外的人)

(35) 人家就是想吃甜瓜了么！（女子撒娇的话）

"人"也可以指代说话者自己，使用者没有性别限制。例如：

(36) 村长说话不算数，把人哄下了 把我骗了。

(37) 人说上一满 根本不听。

第十章　体貌系统和时制范畴

　　定边话有较为完整的体貌系统。邢向东师(2006:81)在《陕北晋语语法比较研究》中指出："体貌范畴是一个完整的系统，这个系统是有层级的。首先可以分为'体'、'貌'两大类，'体'反映动作、事件在一定时间进程中的状态，着重在对事件构成方式的客观观察；'貌'在对事件的构成方式进行观察的同时，还包含着事件主体或说话人的主观意愿或情绪。"我们参照此观点，把定边话动词的体貌系统分为完成体、经历体、起始体、实现体、持续体、动量减小貌、随意貌等。

　　在定边方言中，体貌不仅涉及动词谓语，而且涉及形容词谓语、名词谓语。同时，从句中位置看，有的体标记也不是紧跟在动词后面，而是在宾语之后。所以，该方言的体貌问题，实际上涉及整个事件的表达，涉及整个句子(主要是谓语)，而不仅仅是与动词有关的语法手段。同时，定边方言(周边方言均如此)还常常用补语(通常叫"动相补语")表达某种体貌意义。因此，下文分节时分别称为"句子的体"和"句子的貌"，而不单称"动词的体""动词的貌"。

　　值得指出的是，定边方言的时体标记，大都来自趋向动词，这一点也是晋语、西北方言的共同特点。

一　句子的体

1.1　完整体

1.1.1　完成体

完成体表示动作、行为已经发生或结束。定边话表达完成体的手段主要是助词"了、哩、下",也有"得"。

1.1.1.1　哩 li⁰、了 lə⁰

完成体助词"哩"和"了"的语法意义一致,但读音不同。在发音人吕文政的口语中,"哩、了"甚至可以自由换用。"哩、了"相当于北京话的"了₁",是动态性很强的完成体标记,放在动词和形容词之后、动宾之间、动补之间、祈使句尾,用来叙述一个已经成为现实的完整事件。

"哩、了"表示动作完成。例如:

(1)我吃哩/了一碗饭。

(2)老韩家一个月吃哩/了一头猪。

(3)房间里点哩/了个灯。(比较"房间里点着个灯",表持续)

(4)我想哩/了下,定哩不去 我想了一下,决定了不去。

(5)那他说哩/了半天还没说清楚。

(6)我们等哩/了一天,才买上票。

"哩、了"可以用于连动句前一动词或复句前分句的末尾,表示"……的时候",提供背景信息。例如:

(7)到西安哩/了,再打电话。

(8)等挣够钱哩/了,赶紧买房子。

(9)扳玉麦棒子哩/了叫我。

"哩、了"用于形容词谓语句,表示状态的变化。例如:

(10) 天热哩/了几天又冷咧。

(11) 前几年生意不行,今年才好哩/了些儿咧。

(12) 老张的门市红漾兴旺哩/了好几年。

"哩、了"还可以用于祈使句末尾。例如:

(13) 把对子对联贴哩/了!

(14) 甭儿把这些东西丢哩/了。

(15) 先把肉切哩/了,等一下炒菜。

完成体助词,在周边各地方言中读音有差异。"哩 li^0"见于绥德、佳县,"了 $lə^0$"见于安边。安边话的"了$_1$、了$_2$"读音相同。从与周边方言的异同来分析,定边方言中"哩、了"的自由换用,反映出该方言中叠置着两种来源不同的语法成分,反映出作为中原官话的定边方言受到了周边晋语的影响。

1.1.1.2　下 $xɑ^{44}/xɯ^0$

"下"表完成体的用法普遍见于陕北晋语。与"哩、了"相比,"下"更强调事件的结果已经出现。通常放在动宾之间、形容词谓语之后。在动词谓语句中,如果动词的动态义强,则"下、哩"可以互相替换,如例(16)(17);如果动态义弱,强调结果义,则只能用"下",如例(18)—(21),说明"下"的语法化程度有限,还有强调结果、状态的作用。例如:

(16) 我做下/哩一桌子菜,都不回来吃咧,咋办呢?

(17) 看病借下/哩一万块钱。

(18) 小艳寻下人家了。

(19) 我大我爸比我妈大下十岁。

(20) 说的说的倒笑下咧说着说着就笑起来了。

(21) 茶⁼叫妈呀给说得哭下咧_{他被妈妈说哭了}。

有时，"下"的作用相当于"着"，似乎是表示持续，其实这是表完成体的进一步引申，即某一动作完成后所形成的状态的持续。例如：

(22) 我就坐下不动_{坐着不动}，看你能把我咋个儿呢。

(23) 坐下_{坐着}吃比站下_{站着}吃好。

1.1.1.3　得 təʔ⁰

"得"表示动作已经完成、结果已经实现，用于动宾之间。这种用法也普遍见于陕北晋语其他方言。"得"还保留着一定的"获得"义，只能算一个准完成体标记，它的使用范围、频率都比"了、下"等小，主要用于表受益的动词之后。例如：

(24) 我从银行贷得十万块钱。

(25) 二女子买得菜水_{蔬菜}咧。

1.1.2　经历体

经历体助词"过 kuo⁴⁴"放在动词后、动词与宾语之间，表示曾经发生过某件事。"过"不能用于形容词谓语句。表过去时的助词"来"同样可以表示事件曾经发生，因此二者有时可以替换，但大多数时候不能替换，二者也不同现，说明经历体与过去时属于两个不同的语法范畴。下面的例句中，"过"与"来"都不能互换：

(26) 我到过北京。

(27) 我买过兀家_{那家}的酿皮，好吃得很。

(28) 你大_{父亲}说过明年不养羊咧，你忘咧？

(29) 我哥给村上当过会计。

(30) 我买荞面去来咧/了。

（31）我上街去来咧／了。

1.2　非完整体

非完整体是从事件进程内部观察得到的，反映的是事件处于进行过程中某一阶段的某种状态。

1.2.1　起始体

起始体表示动作、事件、状态的开始。起始体主要由助词"开儿k^hEr^0、起tc^hie^{52}"表达。"开儿"语法化程度高，使用频率高；"起"的语法化程度略低，本身的语义保留得比较明显，使用频率较低。"开儿"和"起"的使用还有一点区别，"起"可用于动词形容词后，"开儿"通常不用于形容词后，例如：

（32）刚喝哩几盅酒茶＂他就唱开儿咧／了。

（33）弟兄两个给吵开儿咧／了。

（34）说的说的倒笑开儿咧／了。

（35）请的人还没来主家就吃开儿饭咧／了。

（36）天热起咧／了。

（37）猴孙子夜儿后半夜烧起咧／了 最小的孙子昨天后半夜开始发烧了。

（38）定边刮起黄风来没完没了。

1.2.2　实现体

实现体的意义是指动作、事件和状态成为现实的存在。其表达手段是"上san^{44}"。"上"有时可以和"开儿"互换，但替换后意义不完全相同，实现体强调事件成为现实存在，起始体强调动作、行为的开始。如上举例（32）（35），也可以用"上"，用"上"时重点不在表达"开始唱""开始吃"的语法意义，而重在表达"唱、吃饭"的行为已经达成，变成了现实，并且还在持续。例如：

(39) 念书娃娃_{学生}给唱上歌咧。

(40) 我做上饭咧，甭走咧。

(41) 你给上那个_他一百块钱就行咧。

(42) 你说上几句就行咧，甭□ saŋ²¹ 唠叨。

(43) 还是小呢，吃上一回亏就晓得_{知道}咧。

(44) 荼﹦_他干上活哩，头也不抬。

上面几个例句中的"上"都不能换成"开儿"，即使是例(39)，由于"给"的存在，也不能换用"开儿"。例(41)"给"是非持续动词，例(42)"说上几句"、(43)"吃上一回亏"有动量补语，(44)"干上活"是"头也不抬"的背景信息，这些句子(小句)都不表示动作的开始或行为的持续，只表示某种行为的达成，所以不能用表起始的"开儿"替换。

1.2.3 持续体

持续体表示动作、行为、状态以及动作结果的持续，也可表示事件的进行。

定边话表持续体的标记主要是"着"，读 tʂuo⁰，现在受晋语影响也读 tʂəʔ⁰。与普通话不同的是，如果动词带宾语，"着"在宾语之后，而不是在动、宾之间。在连动句中，"着"位于最后一个动词之后。有时，持续体也可用"的 ti⁰"，或用完成体标记"下 xɑ⁴⁴"兼表(见本章1.1.1.2)。例如：

(45) 你坐着，甭儿起来！

(46) 我吃饭着呢。

(47) 荼﹦一整天都陪我拉话着呢_{他一整天都在陪着我说话}。

(48) 骑的驴儿寻驴儿。

(49) 想的说，甭儿抢的(/着)说_{想着说，不要抢着说}。

(50) 老李就爱圪蹴蹲下吃饭。

(51) 坐下肯定比站下舒服坐着肯定比站着舒服。

"的 ti⁰" 和 "着" 的来源应当相同，但在定边话中分工有所不同。比如，"V 的 V 的" 可以表动作、事件的进行，"着" 则不能这么用。例如：

(52) 啥电影，我看的看的就睡着咧。

(53) 两个人说的说的就嚷开咧两个人说着说着就吵起来了。

(54) 一进超市买的买的就买多咧。

在存现句中，体标记也只能用 "的 ti⁰"，不用 "着"。例如：

(55) 炕上铺的新地毯。

(56) 桥上站的一群人。

(57) 肩畔肩膀上担的一筐子梨。

定边话还有一点与普通话大不相同，表达否定事件持续、进行的句子，可以将 "着" 置于句末，构成 "不+VP+着" 格式，普通话似乎没有相应的表达方式。

(58) 小强这阵儿不出车着。

(59) 地里不种玉麦玉米着。

(60) 家里不放钱着。

有些句子表动作行为状态持续的意义，也可以不使用持续体助词，用持续性动词或是存在句表示，如：

(61) 路边边起路边停辆蹦蹦车三轮车。

(62) 桌子上放一摞书。

二 动词的貌

貌是从事件进行过程中动作的方式和动作者的态度、情绪方面观察事件的(李如龙1996：2—3)。定边话有动量减小貌和随意貌范畴。

2.1 动量减小貌

动量减小貌表示动作行为的幅度较小或用力较小，或延续时间较短，或反复次数较少等，有时动作带有尝试意味。定边话用"V给下儿、V(一)阵儿、V给阵儿、VV儿"表示动量减小。例如：

> (63)今儿天好，把盖体被子晒给下儿。
> (64)你问给下儿碎女子回来不你问一下小女儿她回来吗？
> (65)饭烫呢，晾一阵儿吃。
> (66)晌午仰躺给阵儿就缓过来了。

定边话也可用"VV儿"表示动量减小。"VV儿"应当是在普通话的"VV"式影响下出现的，不过根据方言的语法规则作了改造，内部结构是"V+V儿"，即"V"儿化后表自指，指称动作本身，充当前一个"V"的准宾语，实质上是一种动宾结构。例如：

> (67)咱缓缓儿休息一会儿再做。
> (68)腾腾儿等一等吃饭。
> (69)我到街上买哩/了张报看看儿。

2.2 随意貌

随意貌表示动作行为的不经意、随便。定边话常用"打、捎"跟在动词后面表随意貌，其后常带着表动量减小的补语"给下儿、给顿"。所以随意貌与动量减小貌关系密切。前文第八章曾经描写过动词后缀"打、掐"，这里所说的"打、掐"并不是后缀，而是与动词组合更自由的随意貌标记。例如：

(70) 吃打给顿随便吃点儿，不饿就行了。

(71) 这种小说么，看打给下儿随便看看算了。

(72) 果子里头没坏，削掐给下儿随便削削就能吃。

(73) 把柴砍掐给顿随便砍几下，捆起来就行咧。

三　时制范畴

时制(Tense)是指话语所述事件发生的相对时间，是跟整个句子相关的语法范畴。时制可以根据事件发生的时间与参照时间点之间的相对关系，分为过去时、现在时、将来时三个子范畴。定边话在陈述一个事件时，时制是必不可少的语义成分，表达这种功能的主要手段是助词。

3.1　过去时(past tense)

过去时表示句子所叙述或询问的事件发生在某一参照时间以前，表达"曾然"的语法意义。在定边话中，过去时用助词"来 lɛ²⁴"表达。"来"也是关中方言和晋语方言普遍使用的过去时标记(兰宾汉 2011：242—247，邢向东 2006：114)。

"来"作过去时助词，参照时间点可以是说话的时间，也可以是句中提到的说话前的某一时刻。句中可以出现具体的时间词，也可以不出现。"来"可以用于动态性强的动词句，也可用于动态性很弱的助动词句、形容词句、"是"字句、名词谓语句。"来"一般不单独出现，后面须再加上句末语气词"咧 lie⁰"或"了 lə⁰"。有些带过去时标记的句子，往往具有同现在相比的意味，这说明"来"并不是经历体标记，它的语法意义就是"过去……"。例如：

(74) 我榆林去来咧/了 我去榆林了。(事情发生在说话时以前)

(75) 夜天 昨天 给娃娃过百晬儿来咧/了。

(76) 明年八月大儿还没上大学来哩。(事情发生在"明年八月"以前)

(77) 庄子里有口井来咧/了 村子里过去有口井。(现在没有了)

(78) 盐厂原先可大来咧/了。(现在小了)

(79) 那他原来是老师来咧/了。(现在不当老师了)

(80) 豆腐一块钱一斤来咧/了 豆腐曾经卖一斤一块钱。

(81) 谁说咧/了 什么人曾经说过，好死不如歹活。

否定句用"没+VP+来咧/了"格式。例如：

(82) 我还没出门来咧/了 我还没出发呢。

(83) 明儿清明烧纸，献的还没准备来咧/了 明天清明上坟，祭品还没准备呢。

(84) 我还没去来咧/了 我还没去呢。

(85) 还没买票来咧/了 我还没买票呢。

"来"也可以用于特指疑问句中，句中主要成分可以省略。例如：

(86) 谁来咧/了 是谁做的？

(87) 什么时候来咧/了 什么时候发生的？

(88) 多少来咧/了 原来是多少来着？

(89) 你的手咋来咧/了 你的手怎么弄的？

3.2　现在时(present tense)

"现在时"是指事件的发生时间与参照点是同时的(邢向东2006:133)。定边话没有专职的现在时助词，由句末语气词"咧、了、呢"兼任。现在时可分为表已然态和正然态两小类，已然由

"咧、了"表示，正然由"呢"表示。它们在陈述句和疑问句中表现在时的作用比较明显，其中在动词谓语句中最明显。

3.2.1　咧 lie⁰、了 lə⁰/liɔ⁰

"咧、了"表现在时的已然态，兼表陈述语气，义为"事情发生了变化，或出现了新情况"，可用于动词谓语句、形容词谓语句、名词谓语句等，其中在动词后往往带着结果补语。在动词谓语句中，与普通话"了₂"的一部分语法意义相当。如果翻译成普通话，可以加上"已经"。"咧"表已然和陈述语气，是中原官话的特点，西安话也是用"咧"。定边话中"咧"与"了"语法功能相同，可以互换，如下文(90)—(95)。

"了"有时也读 liɔ⁰，只用于肯定句，表已然的同时增加了惋惜、感慨等意味，比"咧、了 lə⁰"感情强烈。如果只是陈述事实或表示申诉，不须表达其他附加意义，就不说"了 liɔ⁰"。例如：

(90) 可把糊糊事糊涂事做下咧 / 了。

(91) 盖房子一万块早花完咧 / 了。

(92) 你来迟咧 / 了 lə⁰/liɔ⁰，我们人够咧 / 了。

(93) 我外甥上个月结婚咧 / 了。

(94) 眼看就数伏天咧 / 了。(名词谓语句。有感慨时间过得太快的意思)

(95) 玉麦熟咧 / 了，扒上几个黑里晚上吃。

下面两个例子中，句中的"过"不是经历体标记，而是相当于表完成的"了"。

(96) 我体检过咧 / 了。(否定：我还没体检呢。)

(97) 我吃过饭咧 / 了 lə⁰。(否定：我还没吃饭呢。| 我饭还没吃呢。)

"了"也可以出现在疑问句中,这时仅表已然态,不表疑问语气。如:"夜儿黑了昨天晚上啥地方地震了?"这句话中,表达疑问的是疑问代词"啥",而不是"了"。

3.2.2 呢 ni^0

"呢"是陈述语气词,兼表正然态,陈述动作正在进行,事件正在发展,状态正在持续。"呢"大致相当于普通话的"呢"。"呢"可以单独使用,也可以与持续体助词"着"连用。"呢、着呢"两者语法意义相近,均用于句末,表示在参照时间那一刻动作正在进行或状态正在持续。"呢"加"着"以后持续的意义加重,只能用于动词谓语句,"呢"侧重在时间和申说的语气上。"呢"表正然态常见于中原官话,晋语多用"哩、嘞"等。例如:

(98) a. 你唱什么着呢? b. 没唱,我放录音着呢。
(99) 门锁着呢,进不去。
(100) 大儿还没工作着呢大儿子还没有工作呢。
(101) 老王不在家里,在单位呢。
(102) 天快黑咧,你还歇呢?
(103) 而个现在还可早呢,腾腾儿等一会儿再去。
(104) 九月天还冷呢。

3.3 将来时(future tense)

定边话表将来时用助词"也 ia^0"。中原官话和晋语普遍用"也"。"也"字的读音,一般是作句末助词时保留中古音韵母,如西安话读 ia^0;作句中副词时元音高化,读 ie^0 类音。定边话同样如此,将来时助词读 ia^0,副词读 ie^0。对于方言中表将来时的句子,普通话要准确对译颇不容易,可以用助动词"要",或者只用句末的"了",但都与原句不完全相当。

(105) 我接娃娃去也我要去接孩子了。

(106) 我们吃炖羊肉也_{我们要吃炖羊肉}。

(107) 我们明儿看电影去也_{我们明天去看电影}。

(108) 小燕明年就上大学也_{小燕明年就要上大学}。

(109) 你说走也_{你说要走}，咋还不走呢？

(110) 老人的病慢慢好也_{老人的病会慢慢好起来}。

(111) 娃娃长大些，慢慢就解话也_{慢慢就懂事了}。

以上的句子都是纯叙述性的，"也"只表时制。而下列助动词作状语的句子中，句子的功能主要是对事情发生的可能性给以肯定性判断，句末必须有"也"。"也"的作用已由单纯表将来扩展到兼表可能或情理。

(112) 天太热，肉放坏也_{肉会放坏的}。

(113) 寻上毛病，病好也_{病能好}。

(114) 今儿的当下雨也_{今天肯定要下雨}。

第十一章　语气与语气词

定边话的语气表达方式具有中原官话的特点，与陕北晋语存在差异。我们把语气类型分为陈述、疑问、感叹、祈使、提顿五类。本章描写五类语气的特殊表达方式。

一　陈述语气

定边话的陈述语气的表达方式有两种。一种是用降调表示，不借助语气词，例如"我地里去"。一种是使用语气词来表示，主要陈述语气词有"咧、了、呢、着呢、呢么"。

1.1　咧 lie⁰、了 lə⁰/liə⁰（见第十章3.2.1）

1.2　呢 ni⁰、着呢 tʂuo⁰ ni⁰、呢么 ni⁰ mə⁰

"呢"是正然态助词，兼表陈述语气与疑问语气。"呢"表陈述语气，用在句末，谓语可以是动词性的，也可以是形容词性的。当谓语是形容词性时，"呢"表示略带夸张的肯定语气。以下的例子中，普通话基本上不用"呢"，可见定边话的"呢"比普通话的"呢"使用频率和范围要大得多：

(1)a. 你到哪儿去？　b. 我去城里呢。
(2)再忙也得好儿好儿学呢。

(3) 我忘了，一点儿也不记得呢。

(4) 我就坐下不动，看你能把我咋个儿怎么样呢。

(5) 茶＝他说一下就走，咋个儿半天咧还家呢？

(6) 这小伙子可劲儿大呢可有劲着呢。

(7) a. 今儿坐席，饭好不好？ b. 好呢。

(8) 我喝哩茶还渴呢。

(9) 这本儿书好看呢。

(10) 你看而个儿的光景凭那会儿强得多呢你看现在的日子比过去强多了。

(11) 茶＝对人可好呢。

"着呢" 则侧重于表正然态，同时兼表陈述语气，只用于肯定句。例如：

(12) 茶＝们正说话着呢。

(13) (电话) 挂也，干活着呢我挂电话了，正干活儿呢。

"呢" 也可以和 "么" 连用，组成呢么 ni⁰ mə⁰，常用于肯定句句末，表示确认事实，隐含 "本来是这样、为何不是这样或为何不相信" 的意味，表达的是一种有预设的肯定语气。例如：

(14) 老张来了没？说好茶＝来呢么。(隐含：怎么还没来？)

(15) 我早就给你说过肯定办呢么。(隐含：你怎么不相信？)

(16) 记得呢么，咋能记不得呢记得，怎么能不记得！

二 疑问语气

2.1 疑问语气词

定边话表示疑问语气的词主要有：呢、啥、吧。

2.1.1　呢 ni⁰

"呢"，既是陈述语气词，也是疑问语气词。"呢"可以用在除了反复问以外的疑问句句末，表示疑问语气、反问句语气。例如：

(17) 去哪呢？

(18) 你走呢？

(19) 你不是难活呢？

(20) 你吃饸饹呢吃面条儿呢？

(21) 你蹲在那儿干啥呢？

(22) 你咋不回家呢？

(23) 你一阵儿这么个一阵儿那么个，让人咋个儿信你呢 让我怎么相信你呢？

(24) 我到底听谁的呢？

2.1.2　吵 sɑ⁰

"吵"用于反问句末尾，表示强烈的反诘语气。一般不用"呢"，当地人觉得用"呢"比较啰嗦。

(25) 不会你不问吵 你不会为什么不问？ ＝不会你为啥不问？

(26) 明知道有雨呢，晾的衣裳你(为啥)不拿回来吵？

(27) 眼红嫉妒人做生意挣钱咧，你不做吵？

句末的"吵"有可能来自疑问代词"啥 sɑ²⁴"。"啥"是中原官话中常用的表事物的疑问代词，是"什么"的合音词，同"为"构成介词短语"为啥"，询问原因，可以做谓语，也可以作状语。反问句句末的"吵"，可能是"啥"后移至句末，同时删除介词"为"，成为表示反诘语气的"准语气词"。如："不会你为啥不问？＝不会你不问吵？"陕北晋语中与此平行的是"咋"，同样由疑问代词演变为表反问的"准语气词"。如："不会你不问咋？"

顺便指出,定边话中,语气副词后移至句末表语气的例子还有"还",表示带有否定意义和负面情绪的感叹、确认语气:

(28)这种人还这号人嘛!

(29)就买半斤肉还不过就买半斤肉嘛,给人讲的啥价钱。

(30)人家是打油井的还人家是打油井的嘛,又不缺钱。

2.1.3　吧 pa^0

"吧"一般用于疑问句末,所表语气比较轻微,表示对已然事件的推测、征询语气,带有揣测、估计的意味。常与表示推测语气的副词"敢 $kɛ^{21}$"搭配使用。偶尔也用于祈使句末,使得语气变得舒缓。这些都与普通话一致。例如:

(31)你敢是定边人吧?

(32)这个话敢是你说的吧?

(33)而个现在房价高的,咱敢怕买不起吧?

2.2　疑问句的类型

疑问句用来提出某种问题。根据句子的结构特征,一般将疑问句分为特指问、是非问、揣测问、选择问、反复问五类。

2.2.1　特指问

特指问用疑问代词表示疑问点。句末可以不用疑问语气词"呢",加上"呢"疑问语气加重。定边话常用的疑问代词有:问人用"谁、谁个儿";问物用"啥";询问处所用"哪、哪搭儿";询问时间用"多会儿、啥时间"。以上的疑问点都是体词性的,问的都是实体性的东西,例如:

(34)外面是谁个儿?

(35)谁没交作业(呢)?

(36)你们之间到底为啥闹僵咧?

(37) 你手里拿的啥东西?

(38) 身上哪搭儿疼呢?

(39) 哪搭儿卖炒勺_{炒锅}着呢?

(40) 兀些多会儿走也_{他们什么时候走呢}?

谓词性、副词性的疑问点,由"咋"系的疑问代词构成,在句中充当谓语、补语和状语。其中询问状态用"咋个儿、咋向儿";询问方法用"咋价、咋个儿";询问原因用"咋、咋价、咋咧"。例如:

(41) 你大_{你爸}咋个儿跟你说的?

(42) 你这向儿生意咋向儿_{你这段时间生意怎么样}?

(43) 他要不来咋价/咋个儿也_{他要是不来怎么办}?

(44) 你咋/咋价/咋咧没打招呼就走咧?

(45) 娃娃咋/咋价/咋咧一个劲儿哭呢?

和普通话一样,定边话也有特指问的简略式,即不用疑问代词的"名词+呢?"格式。例如:"车呢?——工地上呢。""我妈呢?——做饭着呢。"

2.2.2 是非问

是非问是需要作出肯定或否定回答的问句。定边话的是非问主要有两种形式。

2.2.2.1 语调问句

不带疑问语气词,在陈述句上加上升语调构成。例如:

(46) 你难活_病咧?——a. 是呢,难活了两天咧。b. 不难活。

(47) 你还没吃饭?——a. 吃咧。b. 没。

有时,句子末尾带有语气词"呢",但它在此处并不表示疑

问,句子仍然依靠语调表达是非问。例如:

(48)你冷呢?——a.冷呢。b.不冷。

(49)你走呢?——a.走呢。b.不走。

(50)你地里去呢?——是呢。

2.2.2.2 "是不"问句

将"是不"用于句子主语前或主语后,构成是非问。"是不"相当于西安话专表是非问的"得是"。这是陕北晋语是非问常见的表达方式。邢向东师(2002:650)认为,"是不"从来源上讲,当为"是不是"的省略。不过从提问对象和答语看,"是不+VP"已经构成典型的是非问格式。"是不"正是对是非问缺乏专职语气词的一种补偿。例如:

(51)是不你想开饭店呢?——是呢。

(52)是不你夜天也没去开会(去)?——是呢。

(53)你是不病咧?——是呢。

(54)你是不有事呢?——没事。

(55)这是不你们老师?——是呢。(如果是选择问,则必须说"是不是你们老师?")

2.2.3　揣测问

定边话的揣测问与反问句的形式一样,常用谓语前加"不是"构成。不同的是揣测问语气稍轻,语调上扬;反问句语气重,语调下抑。说话者心中已经有了自己的判断,只是不很确定,通过提问要求对方直接加以肯定。例如:

(56)老张儿的_{老张的儿子}不是考上大学咧?

(57)你不是有病呢?

(58)你不是三十咧?

(59) 老张不是明儿来呢?

2.2.4　选择问

选择问句是提出两种或多种选择项,让对方从中选择来回答的问句。定边话选择疑问句的常用格式有以下三类。

第一类,选择项并列,中间没有连接词。这类选择问的选择项本身均带有时体标记,可以表示句子中事件的时间关系,同时也起到舒缓语气的作用。如:

(60) 他来也你去也他来呢还是你去呢?

(61) 门窗开着呢关着呢?

(62) 你写信来咧打电话来咧你写信了还是打电话了?

第二类,选择项并列,中间没有连接词,选择项后嵌入"呢"字。这类选择问的常用格式是"VP1呢(,)VP2呢",后一个"呢"可以省略。如:

(63) 你吃米饭呢吃馍馍(呢)?

(64) 你走北京呢走西安(呢)?

(65) 先吃呢,先写作业(呢)?

(66) 你去呢他去(呢)?

(67) 你吃呢睡呢?

第三类,选择项并列,中间嵌入"是"字。这类选择问的完整格式是"是A还是B",可以省略作"是A是B"或"A(还)是B"。当选择项较短,A、B是单音节或双音节动词时,往往只说"A是B";当选择项是三个以上音节时,以上三种形式都可以。例如:

(68) 你走是不走? (*你是走是不走?)

(69)(是)坐火车去也是坐汽车去也坐火车去呢还是坐汽车去呢?

(70)这家里是听我的,(还)是听你的?

(71)你锄地来咧(还)是浇水来咧你锄地了还是浇水了?

2.2.5 反复问

反复问其实是选择问句的一种特殊类型,是让听者在X和非X里选择一项作为回答。定边话反复问句常见的形式有以下三种。

2.2.5.1 VP不/没/没有

该式是将否定副词"不"或"没、没有"置于句末构成反复问句。

"不"出现的句子一般是询问现在、将来或惯常的动作、行为,从时制上看多属于现在时和将来时。如果是现在时,一般不出现表时制的词语,直接用"VP不";如果是将来时,可以在"不"的前面加上将来时助词"也","也"可以省略;也可以在"不"前加"咧",增加强调和不耐烦的意味。例如:

(72)你黑里晚上吃饭不?

(73)你还会说其他地方的话不?

(74)你能来不?

(75)你走也不你走吗?

(76)一张纸写下也不一张纸能写得下吗?

(77)你吃烟也不你(这会儿)抽烟吗?

(78)你走咧不你还走不走?

"没、没有"出现的句子是询问过去发生的事情或现在是否已经完成的动作、行为,所以可在"没、没有"前加过去时助词"来",或连用"来了"。例如:

(79)菜买回来了没/没有?

(80) 你夜天请来/来了没 _{你昨天有没有请客?}

(81) 你问老师来/来了没 _{你有没有问老师?}

(82) 八月十五做炉馍馍来了没/没有?

"VP不/没"的反复问格式,甚至深入到句子的分句层面,有时可表示无条件的条件关系:

(83) 小梅结婚不跟你没相干 _{小梅结不结婚和你无关。}

(84) 不管你去不,横顺 _{反正}我要去,我非去不行。

(85) 我就看看儿你写完没。

2.2.5.2　V(宾)不V、V(宾)没V

"V(宾)不V"用于现在时的正然态和将来时,"V(宾)没V"用于已然态和过去时。当谓语是动宾短语时,反复问形式是动词的肯定、否定形式相连,宾语在第一个动词之后。有时会使用拷贝结构,重复相关的动词。还可将受事名词置于句首,构成"N+V不V、N+V没V"的问句。例如:

(86) 你黑里 _{晚上}吃饭不吃?　=你黑里饭 _{晚饭}吃不吃?

(87) 你这阵儿接娃不(接)?

(88) 你平时吃烟不(吃)?

(89) 你买桌子没买?　=你桌子买没买?

(90) 茶＝他看书没看?

(91) 你看书看了没?　(拷贝结构)

(92) 茶＝了儿 _{最后}来没来?

(93) 你到底行不行?

根据朱德熙(1991)的论述,"VO-neg-V"(看书不看,吃烟不吃)格式属于动词带宾语时北方方言的反复问类型。定边话也是如此,不过其"VO-neg-V"通常为单音节宾语,非单音节宾语一般会提到句首,变为受事主语或小主语,这也是陕北晋语和西北官话的共同特点。

2.2.5.3　V〈补〉V不〈补〉、V〈补〉没V〈补〉

动词带可能补语的反复问句,最常使用"V〈补〉V不〈补〉、V〈补〉没V〈补〉"格式,第二个动词项可以不出现,构成"V〈补〉不、V〈补〉没"格式。动词项都出现时带有强调意味。"V〈补〉V不〈补〉"用于现在时的正然态和将来时,有时只是询问事情的可能性。"V〈补〉没V〈补〉"用于已然态。"没"在两个动词短语之间,"不"在动词与补语之间,动词宾语通常提前变为受事主语或小主语。例如:

(94)这袋子山药_{洋芋}八十斤,你背动背不动?

　　这袋子山药_{洋芋}八十斤,你背动不?

(95)赶八点作业做完做不完?

　　赶八点作业做完不?

(96)你吃完没吃完?

　　你吃完没?

(97)你衣裳洗完没洗完?

　　你衣裳洗完没?

(98)你房子盖起没盖起?

　　你房子盖起没?

三　祈使语气

定边方言的祈使句也颇有特色,表示商量、请求的语气,常用语气词"么、嗲、来、走、咱"。

祈使句如果是单音节动词，可以在动词或动补短语之后，句末使用语气词"哩 li^0、了 $lə^0$"，起到完句的作用。这时句末不能用"咧"。例如：

(99) 来把票买了。

(100) 你把这碗饭赶紧吃哩／了，饭都冷咧。

(101) 把这桩事了哩／了。

(102) 快去把书给荼"还哩／了。

3.1　么 $mə^0$

"么"用于祈使句的末尾，表示请求、商量的语气。"么"可用可不用，加上后使语气变得更加委婉、舒缓，略带央求的意味。例如：

(103) 咱们一搭儿去么。

(104) 你敢不能这么个说么，不能这么个伤人脸么。

(105) 你敢来串来么 你串门来吧。

(106) 你敢把钱给我还了么！

例(104)—(105)，"么"与语气词"敢"共现，表示的是祈使语气。"么、呢么"还可与语气词"敢、还敢／敢还"共现，表示揣测语气，如"过几天着，荼"还敢来么么 过几天再说，他反正还来呢？""你敢明儿才走呢么？""么"还可以和"吧"组合，表纵予的虚拟语气，如："你吧么有啥办法呢？"

3.2　嗲 SE^{21}

定边话的"嗲"功能较多，可以充当祈使语气词、专职的虚拟语气词以及句中语气词，与榆林、横山、绥德、清涧、延安等方言相同。榆林等方言的"嗲、敢"读如咸山摄韵母，晋语志延片、定边话"嗲"和语气副词"敢"都读如蟹摄开口一二等字，语音上形成平行对应关系。

"嗲"常用于主语为第二人称代词的祈使句句末,带有催促的语气。如果加上语气副词"敢"则表示商量、请求的语气。例如:

(107) 你快吃嗲!

(108) 你赶紧走嗲!

(109) 你敢把娃娃带上嗲!

(110) 你敢一放假就回来嗲!

3.3　来 lɛ²⁴、走 tsəu⁵²

"来、走"用于祈使句末,表示提议、商量、请求的语气。只用于肯定句,不用于否定句。"来、走"作祈使语气词,分别是由趋向动词和位移动词虚化而来。"来"虚化的程度略高,"走"仍然带有明显的表位移的语义,如"咱一搭耍来","耍"可以是在说话者所在的地方,也可以是别的地方;如"咱一搭耍走",一定是离开说话者所在的场所去别的地方"耍"。

部分晋语(如横山、绥德、榆林、神木等)表商量、请求时可以说"VP 去来",如"咱喝酒去来"。西北方言不说"去来",而多说"走",如"咱喝酒走"。定边话和中原官话一样,能说"VP走",不能说"VP去来"。例如:

(111) 咱们耍麻将来咱们打麻将吧。

(112) 咱们喝酒来咱们喝酒吧。

(113) 咱一搭儿耍走咱们一起玩儿去吧。(* 咱们一搭耍去来。)

(114) 咱两个今儿进城走咱们俩今天去城里去吧。

(115) 咱挖山药走咱们挖土豆去吧。

"来"表商请语气的用法从汉译佛典时代即已出现,到元白话中到达高峰。明代逐渐萎缩,清代绝迹(郭维茹 2007: 287—

311；邢向东2015：387—396）。定边话"来"表商量、请求的用法无疑是继承自元代白话，反映晋语的语法特点。"走"表商请语气的用法遍及中原官话汾河片、关中片、秦陇片等，应当比较晚出，反映中原官话的语法特点。从"来"与"走"的并存，我们可以观察到，处于晋语和中原官话的过渡地带的定边方言，明显地受到两大方言的影响。

3.4　咱 tsɑ²¹

定边话在同别人商量自己去做某事或请求对方去做某事时，经常将"我咱、你咱"和"我给咱、你给咱"置于谓语动词前面，表示"让我来做"的情态意义。此处的"给"是受益介词，"我咱、你咱"是"我给咱、你给咱"的省略形式（邢向东2002：558）。其中"我咱、我给咱"前面还可以带表使令义的"拿"，构成"拿+我（给）咱+VP"的表商请的格式。由于"我咱、你咱"是双音节，使用频率很高，已经语法化为表示商量、请求义的固定形式。例如：

（116）拿我咱试给下让我来试试。

（117）我咱和面，你咱做菜我给咱和面，你给咱做菜。

（118）你给咱先做饭着，我给咱喂羊去。

（119）你咱写，我咱贴你来写，我来贴。

需要指出的是，"给咱"还可以放在兼语句中，组成"叫O+给咱+VP"结构，与对方商量让第三者去做某事：

（120）家里没面咧，叫你二姐给咱买去。

（121）你窥着，叫娃娃给咱出去看看儿那个来没你待着，让孩子出去看看他来没来。

四 感叹语气

陕北晋语常用"来、还"表示感叹语气，如："而个儿现在胖得来！""穷得来连肉也吃不起。""人还谁不害个病生个病？"定边话表示感叹语气，不用"来"，只有"还"。

"还"读 xɛn²⁴，用在分句末或句末，表示对已经如此的某人、某事表示不满、埋怨、责备等方面的感叹，也用来表示无奈的感叹。用于句中表示提顿，作话题标记。这两种用法都难以用普通话准确对译。例如：

(122) 衣裳也不换还连衣服都不换(爱好爱整洁啥呢)！

(123) 左也迟了还反正也是迟了(别忙)！

(124) 出门了还反正出了门了，讲究啥呢？

(125) 人家有钱呢还反正人家有钱，把这个千二八百不当回事！

(126) 受苦人还反正是受苦人，讲究啥呢。

(127) 左也是个儿左了还事情反正就这样了，怕啥呢。

"还"可以跟语气副词"敢"连用，"还敢"＝"敢还"，陈述未来必然发生的事情。在陕北晋语志延片以外的方言中，语气副词"敢"与"勇敢"的"敢"读音相同，如绥德都读 kæ²¹³。定边和志延片吴起县相连，"敢"的语音表现平行：两种语义的"敢"读音不同。定边话"勇敢"的"敢"读 kɛn⁵²，语气副词"敢"读 kɛ²¹。

(128) 不够了再买么，你还敢／敢还来也么你肯定还来街上呢。

(129) 修路的事完了再商量，我还敢／敢还来也么我肯定还来呢。

(130) 亮亮你甭儿操心，那还敢／敢还猴呢么你别操心亮亮，他还小呢。

五　句中语气词

　　定边话的句中语气词，有的用于复句前一分句末表示一定的语气和逻辑关系，有的在话题后表示提顿，充当话题标记。

　　5.1　嗮 se^{21}

　　定边话一般通过句子(或分句、成分)末尾的语气词来表达虚拟语气。位于句中的"嗮"就是专职的虚拟语气词，主要表达对已然事态的遗憾，是对同已然事实相悖的主观愿望的表达，属于"愿望类虚拟语气"(邢向东2006：155)。具体而言，就是由于主体的行为或某种外部原因，出现了不符合主观愿望的事实，说话人用遗憾的口气另外设想一种情况，以表达自己的追悔和遗憾。

　　"嗮"常用于假设复句中的条件分句，说话人用追述或惋惜的口气提出与事实相悖的情况。例如：

　　(131)你那阵儿好好儿念书嗮，早就把大学考上咧你那会儿好好儿念书的话，早就考上大学了。(实际情况：你那会儿没好好儿念书)

　　(132)钱够嗮，咱盖两层儿要是钱够的话，咱就能盖两层楼房。(实际情况：钱不够)

　　(133)早晓得嗮我就不去咧早知道这样的话我就不去了。

　　(134)我要学医嗮，这个病我敢能看呢我要是学医的话，这个病我该能治呢。(实际情况：我没有学医)

　　也常见后半部分的结果省略不说，以"嗮"结尾，是说话者用设想另一种情况来表达自己遗憾的心情。由于意犹未尽，语气反而比不省略结果时更加强烈，往往带有惋惜不已的口气。"嗮"的作用也更加突出。例如：

　　(135)你早来上半个钟头嗮你早来半小时就好了！

(136) 我要学医嗲_{我要是学医就好了}!

"嗲"也可出现在表未然事件的句子末尾,表达愿望。例如:

(137) 明儿要能定夺下嗲_{明天要能确定了就好了}。

(138) 年底能把账要来嗲_{年底能把账要来该多好}!

(139) 这场雨多下上几天嗲_{这场雨多下几天就好了}!

"嗲"还可以表示提顿语气。可以放在名词性、动词性成分之后表提顿,同时表达时间、条件、让步假设等句中的"虚拟语气",实际上是充当话题标记。例如:

(140) 半后晌嗲人才来咧_{到下午的时候人才来了}。

(141) 到地里嗲才想起东西忘家咧。

(142) 揭开锅盖一看嗲,啥也没有的。

(143) 我妈嗲好说_{我妈呢倒好说,就怕我大爸不同意}。

(144) 你看你,不给嗲不好意思,给了嗲又后悔咧_{你看你,不给(人家)呢不好意思,给了呢又后悔了}。

(145) 会上我嗲没说话,那嗲也不说话_{会上我呢没说话,他呢也不说话}。

5.2　起 tɕʰi⁰

"起"可以充当虚拟语气词,表假设的条件,不带特殊感情意味。"起"所在的分句假设将然、未然的情状,与表遗憾的虚拟语气词"嗲"分布互补。"起"出现在动词或动词短语后,兼表假设语气和提顿语气。例如(146)(147)。"起"表假设语气,若拉长音节,则表示犹豫的虚拟语气,详见本章5.4。

(146) 你要再走银川起_{你要再开车去银川的话,把我拉上}!

(147) 那说话起_{他说话的时候声音明显比其他人大}。

如果假设分句的动词前带有助动词"想、要、愿意"等，结果分句的动词或其补语是"去、来"，往往就不用"起"，表达方式特别简洁。极可能是"去、起"同音相斥导致。例如：

(148) 你想睡睡去。(*你想睡起睡去。)

(149) 你愿意买买去。(*你愿意买起买去。)

(150) 你想来，我寻你来。(*你想来起，我寻你来。)

"起"既是起始体助词，也是虚拟语气词。二者在句中的位置有时相同有时不同。相同的是都可以出现在不带宾语的动词或动词短语之后；不同的是动词带宾语时，起始体助词的"起"放在动宾之间，如"后晌下起雨咧"，而虚拟语气词的"起"在宾语后，如(146)和(147)。

5.3　哩 li^0

"哩"表示对未来将要完成的情况的假设，兼表提顿。"哩"本来是完成体助词，常用于表已然情状的句子。定边话中完成体助词有两个："哩"和"了"，但是表假设将然的完成时只用"哩"。这提示我们，"了"应该是后来借入方言的。有时，表完成的"哩"与表虚拟的"哩"处于同样的位置，但当地人在具体的语境中可以清楚地区分二者。例如：

(151)a. 吃哩吃完了，你过我家来。(完成体助词)

　　　b. 吃哩要是吃完了，你肯定又说我太能吃。(虚拟语气词)

(152)a. 买哩要的儿则敢高兴咧买了玩具这下高兴了。(完成体助词)

　　　b. 买书能哩如果买书就可以，买要儿的不行。(虚拟语气词)

(153) 人俭哩，谁也欺负呢人要是窝囊的话，谁都要欺负。(虚拟语气)

需要指出的是,下面的句子不能用"哩":

(154)换给你/换到你跟起,早就不做咧要是换做你的话早就不干了。

该句前面的分句不能说成"换哩你、换你哩、换哩你哩",表明与晋语相比,定边话语气词的使用频率不是很高。

当表示特别强烈的假设意义时,可以在假设分句的句首加上表强调的前置词"赶",义为"等到……的时候/地步"。说话人往往认为这种假设成为现实的可能性极小,甚至绝无可能,或情理上不该如此,大致上相当于普通话的"假如+连……也"。例如:

(155)赶我发财哩,夜过巴州咧要是等我发了财的话,夜过巴州了("夜过巴州"是方言成语,意思等同于猴年马月,言下之意是假设之事不可能实现)。(虚拟很难出现的条件)

(156)赶你请客哩等你请客的话,狗头上长出角咧。(虚拟很难出现的条件)

"哩"还能用在反诘问句中,表示"假如……的话怎么办"的反诘语气。从时间看,既可对未来的情况进行假设,也可对过去的事情做出虚拟。这时"哩"可以省略,有"哩"时语气委婉柔和,去掉"哩"后语气豪爽直接。也可以省略表结果的"咋个儿",只出现假设条件,这时"哩"位于句末,不能省略,承担表反诘语气的功能。

(157)(你结婚我肯定来。)你要不来哩? =你要不来(哩)咋个儿你要不来怎么办?

(158)(我说下算数。)你说下不算哩? =你说下不算(哩)咋个儿你要说话不算数怎么办?

(159)（你肯定买不起车。）我要买起哩？＝我要买起(哩)
咋个儿我要能买得起怎么办？（我就能买得起！）

(160)（看你也不敢往过跳。）我要敢哩？＝我要敢(哩)咋
个儿我要敢的话怎么办？（我就敢跳！）

"起"和"哩"都可表对将来情况的假设，但前者用于未然，
后者用于已然。因此，在有些未然、已然两可的句子里，二者可
以替换，实际意义还是有细微的差别，只是普通话似乎无法准
确地对译出来。例如：

(161)听话起/哩就你也走，不听话起/哩就把你放到家窝
着去听话的话就你也一起去，不听话的话就把你放在家里待着。

5.4　起 $tɕ^hi^0$、吧 $pɑ^0$

"起"和"吧"可以表犹豫的虚拟语气，说话的时候音节会
明显地拖长。犹豫是说话者感到左右为难时表达出来的一种口
气，设想几种可能的情况并表明自己的疑惑不定，而不着眼于
条件与结果的关系。"起"和"吧"不能在同一个句子中混用。
陕北晋语绥德等方言用"吧"表示犹豫类虚拟语气，定边话的
"吧"应是陕北晋语的层次。"起"的层次较早，"吧"的层次较新。
例如：

(162)买起/吧，贵得很；不买起/吧，要用呢。

(163)说你起/吧，你大咧；不说你起/吧，实在不像话。

(164)请起/吧请上呢，人太多；不请起/吧，又怕把人惹下
得罪呢。

当"去"单独充当谓语时，不能说"去起"，而改说"去哩"。
原因很可能是"去、起"同音，"去起"与"去去"不易分辨，会
影响交际。例如:去哩/吧，要出钱呢。不去哩/吧，把人得罪咧。

5.5　吧么 pɑ²¹ mə⁰

"吧么"是表纵予的虚拟语气。所在的让步复句前一分句的纵予意义非常强烈，又可分为让步类纵予和无条件纵予两个小类。前者用"再……吧么"格式，后者用"疑问代词……吧么"格式，例如：

(165) 你就是再能行吧么，能出了李大的够呢你就是再怎么有本事，还不得被李大压着？

(166) 你再能行吧么，还能上天呢你就是再怎么有本事还能上天？

(167) 你再咋忙吧么你就是再忙吧，连家也不回？

(168) 十一人多得，去哪吧么不一样国庆节人太多，去哪儿不都一样。

(169) 给你多少吧么有个够即使给你很多你也不满足。

不论是表示让步还是无条件的纵予意义，"吧么"都可在主语之后表虚拟，构成反问句，如：

(170) 你吧么有啥办法呢即使是你，又有什么办法？

(171) 我吧么还不是因为没钱我吧，还不是因为没钱？

(172) 谁吧么没个三长两短谁吧，还能不出错？

(173) 那吧么还不是要求人呢他吧，还不得去求人吗？

第十二章　语法例句

《汉语方言语法调查例句》(248个)

本章248句调查例句，来自《中国语言资源保护工程·濒危汉语方言调查》的调查提纲，由张振兴先生编制而成。这些例句可以更鲜明地反映定边方言的一些重要特点。

《汉语方言语法调查例句》原稿说明如下：

本节语法例句共248句，总称为《汉语方言语法调查例句》，可以作为《中国语言资源调查手册·汉语方言》50个语法例句的补充和扩展。这些例句根据以下几个来源综合：(1)中国社会科学院语言研究所方言组《方言调查词汇表》第叁拾壹部分"语法"，参看《方言》1981：201—203；(2)丁声树《方言调查词汇手册》第18部分，参看《方言》1989：91—97；(3)中国社会科学院语言研究所"汉语方言重点调查"(1988—1992)课题组编印的"语法调查例句"(油印本)；(4)中国社会科学院A类重大研究课题"中国濒危语言方言调查研究与新编《中国语言地图集》"(2002—2007)编印的"词汇语法调查条目"(油印本)；(5)根据通行语法著作适当选取的其他一些语法例句。

001. 这句话用定边话怎么说？

tsʅ⁴⁴ tɕy⁰ xuɑ⁴⁴ yɤŋ⁴⁴ tiɤŋ⁴⁴ piɛn⁰ xuɑ⁴⁴ tsɑ²⁴ ʂuo²¹ ni⁰?
这　句　话　用　定　边　话　咋　说　呢？

002. 你还会说别的地方的话吗？

ni⁵² xɛn²¹ xuei⁴⁴ ʂuo²¹ tɕʰi²⁴ tʰɑ⁰ ti⁴⁴ faŋ⁰ ti²¹ xuɑ⁴⁴ pu⁰?
你　还　会　说　其　他　地方　的　话　不？

ni⁵² xɛn²¹ xuei⁴⁴ pəʔ⁴ xuei⁴⁴ ʂuo²¹ tɕʰi²⁴ tʰɑ⁰ ti⁴⁴ faŋ⁰ ti²¹ xuɑ⁴⁴?
你　还　会　不　会　说　其　他　地方　的　话？

003. 不会了，我从小就没出过门，只会说定边话。

pu²¹ xuei⁴⁴, vuo⁵² tsʰɤŋ²⁴ ɕio⁵² tɕiəu⁴⁴ muo²⁴ tʂʰu²¹ kuo⁴⁴ mɤŋ²⁴,
不　会　，我　从　小　就　没　出　过　门，

tɕiəu⁴⁴ xuei⁴⁴ ʂuo²¹ tiɤŋ⁴⁴ piɛn⁰ xuɑ⁴⁴.
就　会　说　定　边　话。

004. 会，还会说普通话，不过说得不怎么好。

xuei⁴⁴ ni⁰, xɛn²¹ xuei⁴⁴ ʂuo²¹ pʰu⁵² tʰuɤŋ⁰ xuɑ⁴⁴, tɕiəu⁴⁴ sʅ⁰ ʂuo²¹ti⁰
会　呢，还　会　说　普　通　话，就　是　说　得

pəʔ⁴ tsɑ²⁴ xɔ⁵².
不　咋　好。

005. 会说普通话吗？

xuei⁴⁴ ʂuo²¹ pʰu⁵² tʰuɤŋ⁰ xuɑ⁴⁴ pu²¹?
会　说　普　通　话　不？

xuei⁴⁴ pəʔ⁴ xuei⁴⁴ ʂuo²¹ pʰu⁵² tʰuɤŋ⁰ xuɑ⁴⁴?
会　不　会　说　普　通　话？

006. 不会说，没有学过。

pəʔ⁴ xuei⁴⁴, muo²⁴ ɕyo²¹ kuo⁴⁴.
不　会，没　学　过。

007. 会说一点儿，不标准就是了。

xuei⁴⁴ ʂuo²¹ i²¹ tiɐr⁰, tɕiəu⁴⁴ sʅ⁰ pəʔ⁴ tʰE⁴⁴ pio²¹ tʂuɤŋ⁵².
会　说　一　点儿，就　是　不　太　标　准。

008. 在什么地方学的普通话?

tsɛ⁴⁴ sa²⁴ ti⁴⁴ faŋ⁰ ɕyo²⁴ tiº pʰu⁵² tʰuɤŋ²¹ xua⁴⁴?

在　啥　地　方　学　的　普　通　话?

009. 上小学中学都学普通话。

ɕiɔ⁵² ɕyoº tʂuɤŋ²¹ ɕyoº təu²⁴ ɕyo²⁴ tiº pʰu⁵² tʰuɤŋº xua⁴⁴.

小　学　中　学　都　学　的　普　通　话。

010. 谁呀? 我是老王。

ʂuei²⁴? vuo⁵² səʔ²⁴ lɔ⁵² vaŋ²⁴.

谁?　我　是　老　王。

011. 您贵姓? 我姓王, 您呢?

ni⁵² kuei⁴⁴ ɕiɤŋ⁴⁴? vuo⁵² ɕiɤŋ⁴⁴ vaŋ²⁴, ni⁵² naº?

你　贵　姓?　我　姓　王,　你　哪?

012. 我也姓王, 咱俩都姓王。

vuo⁵² ie²¹ ɕiɤŋ⁴⁴ vaŋ²⁴, tsa²⁴ liaŋ²⁴ kəʔº təu²¹ ɕiɤŋ⁴⁴ vaŋ²⁴.

我　也　姓　王,　咱　两　个　都　姓　王。

013. 巧了, 他也姓王, 本来是一家嘛。

tɕʰiɔ⁵² liɔº, nie²⁴ ie²¹ ɕiɤŋ⁴⁴ vaŋ²⁴, yɛn²⁴ lɛ²⁴ sʅ²¹ iəʔ²⁴ tɕia²¹ tsʅº.

巧　了,　茶⁼ 也　姓　王,　原　来　是　一　家　子。

014. 老张来了吗? 说好他也来的!

lɔ⁵² tʂaŋ²¹ lɛ²⁴ liɔº muo²¹? ʂuo²¹ xɔ⁵² nie²⁴ ie⁵² lɛ²⁴ niº məº!

老　张　来　了　没?　说　好　茶⁼ 也　来　呢　么!

015. 他没来, 还没到吧。

nie²⁴ muo²¹ lɛ²⁴, xɛn²⁴ muo²¹ tɔ⁴⁴ ləº paº.

茶⁼ 没　来,　还　没　到　了　吧。

016. 他上哪儿了? 还在家里呢。

nie²⁴ na²⁴ tɕʰi⁴⁴ lieº? xɛn²¹ tsɛ⁴⁴ tɕia²¹ xuoº niº.

茶⁼ 哪　去　咧?　还　在　家　伙⁼ 呢。

017. 在家做什么? 在家吃饭呢。

tsᴇ⁴⁴ tɕia²¹ xuo⁰ kɛn⁴⁴ sa²⁴ tʂəʔ⁰ ni⁰ ? tʂʰəʔ²⁴ fɛn⁴⁴ tʂəʔ⁰ ni⁰ .
在　家　伙 ̄干　啥　着　呢? 吃　饭　着　呢。

018. 都几点了, 怎么还没吃完?
təu²⁴ tɕi²⁴ tien⁰ lə⁰, tsa²⁴ xɛn²⁴ muo²¹ tʂʰə²⁴ vɛn²⁴ ?
都　几　点　了, 咋　还　没　吃　完 ?

019. 还没有呢, 再有一会儿就吃完了。
xɛn²⁴ muo²⁴ ni⁰, tsᴇ⁴⁴ i²¹ tʂãr⁴⁴ tɕiəu⁴⁴ tʂʰə²⁴ vɛn²⁴ lie⁰.
还　没　呢, 再　一　阵儿　就　吃　完　咧。

020. 他在哪儿吃的饭?
nie²⁴ tsᴇ⁴⁴ na²¹ tɐr²⁴ tʂʰɿ²¹ ti⁰ fɛn⁴⁴ ?
茶 ̄在　哪　搭儿吃　的　饭?

021. 他是在我家吃的饭。
nie²⁴ tsᴇ⁴⁴ vuo⁵² mə⁰ tɕia²¹ tʂʰɿ²¹ ti⁰ fɛn⁴⁴.
茶 ̄在　我　们　家　吃　的　饭。

022. 真的吗? 真的, 他是在我家吃的饭。
tʂɤŋ²¹ ti⁰ ? tʂɤŋ²¹ ti⁰, nie²¹ tɕiəu⁴⁴ sɿ⁰ tsᴇ⁴⁴ vuo⁵² mə⁰ tɕia²¹
真　的? 真　的, 茶 ̄就　是　在　我　们　家
tʂʰɿ²¹ ti⁰ fɛn⁴⁴.
吃　的　饭。

023. 先喝一杯茶再说吧!
ɕien²¹ xuo²¹ ʂaŋ⁴⁴ iəʔ²⁴ tʂuɤŋ⁰ tsʰa²⁴ tsᴇ⁴⁴ ʂuo²¹ !
先　喝　上　一　盅　茶　再　说!

024. 说好了就走的, 怎么半天了还不走?
ʂuo²¹ xɔ⁵² li⁰ tɕiəu⁴⁴ tsəu⁵² ni⁰, tsa²¹ pen⁴⁴ tʰien²¹ lə⁰ xɛn²⁴ pəʔ²⁴
说　好　哩就　走　呢, 咋　半　天　了　还　不
tsəu⁵² !
走!

025. 他磨磨蹭蹭的, 做什么呢?

nie²⁴ muo²¹ tsʰɤŋ⁰ ti⁰, kɛn⁴⁴ sa²⁴ ni⁰ ?

茶⁻ 磨　蹭　地, 干　啥　呢?

026. 他正在那儿跟一个朋友说话呢。

　　nie²⁴ tsɛ⁴⁴ nər⁵² kɤŋ²¹ i²¹ kəʔ⁰ zɤŋ²⁴ la⁴⁴ xua⁴⁴ ni⁰.

　　茶⁻ 在　那儿 跟　一 个　人　拉　话　呢。

027. 还没说完啊？催他快点儿!

　　xɛn²⁴ muo²¹ ʂuo²¹ vɛn²⁴ ? tsʰuei²¹ tɕio⁴⁴ nie²⁴ kʰuE⁴⁴ ɕiər⁰ !

　　还　没　说　完? 催　叫　茶⁻ 快　些儿!

028. 好, 好, 他就来了。

　　xɔ⁵² lie⁰, xɔ⁵² lie⁰, nie²⁴ tɕiəu⁴⁴ lE²¹ lie⁰/lə⁰.

　　好　咧, 好　咧, 茶⁻ 就　来　咧/了。

029. 你上哪儿去？我上街去。

　　ni⁵² na²⁴ tɕʰi⁴⁴ ni⁰ ? vuo⁵² ʂaŋ⁴⁴ kE²¹ tɕʰi⁰ ni⁰.

　　你　哪　去　呢? 我　上　街　去　呢。

030. 你多会儿去？我马上就去。

　　ni⁵² tuo²¹ xuər⁴⁴ tɕʰi⁴⁴ ni⁰ ? vuo⁵² i²¹ xɐr⁴⁴ tɕiəu⁴⁴ tɕʰi⁴⁴.

　　你　多　会儿 去　呢? 我　一下儿 就　去。

031. 做什么去呀？家里来客人了, 买点儿菜去。

　　kɛn⁴⁴ sa²⁴ tɕʰi⁴⁴ ni⁰ ? tɕia²¹ xuo⁰ lE²⁴ zɤŋ²⁴ lie⁰, mE⁵² tiɐr⁰

　　干　啥　去　呢? 家　伙⁻ 来　人　咧, 买　点儿

　　tsʰE⁴⁴ tɕʰi⁴⁴.

　　菜　去。

032. 你先去吧, 我们一会儿再去。

　　ni⁵² tʰəu²⁴ ni⁰ tɕʰi⁴⁴, vuo⁵² mə⁰ i²¹ tʂʰãr⁴⁴ tsE⁴⁴ tɕʰi⁴⁴.

　　你　头　里去, 我　们　一　阵儿 再　去。

033. 好好儿走, 别跑! 小心摔跤了。

　　xɔr⁵² xɔr⁰ tsəu⁵², pãr²⁴ pʰɔ⁵² ! ɕio⁵² ɕiɤŋ⁰ tie²⁴ tɔ⁵² lə⁰.

　　好儿好儿走, 甭儿跑! 小　心　跌　倒　了。

034. 小心点儿, 不然的话捧下去爬都爬不起来。

ɕio⁵² ɕiʁŋ²¹ tiɚ⁰, io⁴⁴pu⁰/pə̃r²⁴ tʰaŋ⁴⁴ xɑ⁴⁴ tɕʰi⁰ pʰɑ²⁴ təu²¹ pʰɑ²⁴

小 心 点儿, 要 不/甭儿 掉 下 去 爬 都 爬

pəʔ²⁴ tɕʰie⁵² lɛ⁰.

不 起 来。

035. 不早了, 快去吧!

pəʔ²⁴ tsɔ⁵² lie⁰, kʰuɛ⁴⁴ tɕʰi⁴⁴ !

不 早 咧, 快 去!

036. 这会儿还早呢, 过一会儿再去吧。

tʂŋ⁴⁴ tʂʰãr⁴⁴ xen²⁴ tsɔ⁵² ni⁰, ʂʁŋ²¹ kei⁴⁴ i²¹ tʂãr⁴⁴ tsɛ⁴⁴ tɕʰi⁴⁴.

这 阵儿 还 早 呢, 宬 给 一 阵儿 再 去。

037. 吃了饭再去好不好?

tʂʰ̩ʅ²¹ lə⁰ fen⁴⁴ tsɛ⁴⁴ tɕʰi⁴⁴, ɕiʁŋ²⁴ pəʔ²⁴ (ɕiʁŋ²⁴)?

吃 了 饭 再 去, 行 不(行)?

038. 不行, 那可就来不及了。

pəʔ²⁴ ɕiʁŋ²⁴, nəʔ²⁴ kər⁵² tɕiəu⁴⁴ kɛn⁵² pəʔ²⁴ ʂʅə⁰ lie⁰.

不 行, 那 个儿 就 赶 不 上 咧。

039. 不管你去不去,反正我是要去的。

kuɛn⁵² ni²¹ tɕʰi⁴⁴ pəʔ²⁴ tɕʰi⁴⁴, (fen²¹ tʂʁŋ⁴⁴) vuo⁵² sŋ⁰ tɕʰi⁴⁴ ni⁰.

管 你 去 不 去, (反 正) 我 是 去 呢。

040. 你爱去不去。你爱去就去, 不爱去就不去。

ni⁵² nɛ⁴⁴ tɕʰi⁴⁴ pəʔ²⁴ tɕʰi⁴⁴. ni⁵² nɛ⁴⁴ tɕʰi⁴⁴ tɕiəu⁴⁴ tɕʰi⁴⁴, pəʔ²⁴

你 爱 去 不 去。 你 爱 去 就 去, 不

nɛ⁴⁴ tɕʰi⁴⁴ pə̃r²¹ tɕʰi⁴⁴.

爱 去 甭儿 去。

041. 那我非去不可!

nɛ⁴⁴ vuo⁵² fei²¹ tɕʰi⁴⁴ pəʔ²⁴ ɕiʁŋ²⁴ !

那 我 非 去 不 行!

042. 那个东西不在那儿，也不在这儿。

nei⁴⁴ kəʔ⁰ tuɤŋ²⁴ ɕi⁰ pəʔ⁴ tsE⁴⁴ nər⁵², ie⁵² pəʔ⁴ tsE⁴⁴ tʂər⁵².

那　个　东　西　不　在　那儿，也　不　在　这儿。

043. 那到底在哪儿？

nei⁴⁴ tɔ⁴⁴ ti⁰ tsE⁴⁴ nɑ²⁴ ni⁰ ?

那　到　底　在　哪　呢？

044. 我也说不清楚，你问他去！

vuo⁵² ie⁰ ʂuo²¹ pəʔ⁴ tɕʰiɤŋ²¹, ni²¹ vɤŋ⁴⁴ nie²⁴ tɕʰi⁰ !

我　也　说　不　清，　你　问　茶⁼去！

045. 怎么办呢？不是那么办，要这么办才对。

tsɑ²¹ pen⁴⁴ ni⁰ ? pəʔ⁴ sʅ⁴⁴ nəʔ²⁴ mə⁰ kəʔ⁰ pen⁴⁴, tʂəʔ⁴ mə⁰ kəʔ⁰

咋　办　呢？不　是　那　么　个　办，　这　么　个

pen⁴⁴ tsʰE²¹ tuei⁴⁴ ni⁰.

办　才　对　呢。

046. 要多少才够呢？

iɔ⁴⁴ tuo²⁴ sʅə⁰ tsʰE²¹ kəu⁴⁴ ni⁰ ?

要　多　少　才　够　呢？

047. 太多了，要不了那么多，只要这么多就够了。

tʰE⁴⁴ tuo²⁴ lə⁰, iɔ⁴⁴ pəʔ⁴ liɔ⁰ nei⁴⁴ mə⁰ tuo²¹, tsʅ⁴⁴ tiɤ⁰ tɕiəu⁴⁴ kəu⁴⁴

太　多　了，要　不　了　那　么　多，　这　点儿就　　够

lə⁰.

了。

048. 不管怎么忙，也得好好儿学习。

tsE⁴⁴ mɑŋ²⁴ ie⁵² tei²¹ xɔ⁵² xɔr⁰ ɕyo²⁴ ni⁰.

再　忙　也　得　好　好儿学　呢。

pəʔ⁴ kuen⁵² tsɑ²⁴ mɑŋ²⁴, ie⁵² tei²¹ xɔ⁵² xɔr⁰ ɕyo²⁴ ni⁰.

不　管　咋　忙，　也　得　好　好儿学　呢。

049. 你闻闻这朵花香不香？

ni⁵² vɤŋ²⁴ i²¹ xa⁴⁴ tʂə̩ʔ²⁴ tuo⁰ xua²¹ ɕiaŋ²¹ pu⁰ (ɕiaŋ²¹)？

你 闻 一 下 这 朵 花 香 不 (香)？

ni⁵² vɤŋ²⁴ kə̩ʔ⁴⁴ xa⁰ tʂə̩ʔ²⁴ tuo⁰ xua²¹ ɕiaŋ²¹ pu⁰ (ɕiaŋ²¹)？

你 闻 给 下 这 朵 花 香 不 (香)？

050. 好香呀, 是不是？

ɕiaŋ²¹ ti²¹ xɤŋ⁵², sⱥ⁴⁴ pu⁰？

香 得 很, 是 不？

kʰə̩ʔ²⁴ ɕiaŋ²¹ ni⁰, sⱥ⁴⁴ pu⁰？

可 香 呢, 是 不？

051. 你是抽烟呢, 还是喝茶？

ni⁵² (sⱥ⁰) tʂʰⱥ²¹ iɛn⁰ ni⁰, xɛn²¹ sⱥ⁰ xuo²¹ tsʰa²⁴ ni⁰？

你 (是) 吃 烟 呢, 还 是 喝 茶 呢？

052. 烟也好, 茶也好, 我都不爱。

iɛn²¹ li⁰ tsʰa²⁴ li⁰, vuo⁵² təu²¹ pə̩ʔ²⁴ nɛ⁴⁴.

烟 哩 茶 哩, 我 都 不 爱。

053. 医生叫你多睡一睡, 抽烟喝茶都不行。

tɛ⁴⁴ fu⁰ tɕiɔ⁴⁴ ni²¹ tuo²¹ ʂuei⁴⁴ ʂuər⁰, tʂʰⱥ²¹ iɛn⁰ xuo²¹ tsʰa²⁴ təu²⁴

大 夫 叫 你 多 睡 睡儿, 吃 烟 喝 茶 都

pə̩ʔ²⁴ nɤŋ²⁴.

不 能。

054. 咱们一边走一边说。

tsa²¹ mə⁰ ɕyɛn⁴⁴ tsəu⁵² ɕyɛn⁴⁴ ʂuo²¹.

咱 们 旋 走 旋 说。

055. 这个东西好是好, 就是太贵了。

tʂə̩ʔ²⁴ kə̩ʔ⁰ tuɤŋ²⁴ ɕi⁰ xɔ⁵² sⱥ⁰ xɔ⁵², tɕiəu⁴⁴ sə̩ʔ²⁴ tʰɛ⁴⁴ kuei⁴⁴ lie⁰.

这 个 东 西 好 是 好, 就 是 太 贵 咧。

056. 这个东西虽说贵了点儿, 不过挺结实的。

tʂəʔ²⁴ kəʔ⁰ tuɤŋ²⁴ ɕi⁰ suei²¹ ʂuo²¹ kuei⁴⁴ li⁰ i²¹ tiɐr⁰, pəʔ²⁴ kuo⁴⁴ nɛ⁴⁴

这　个　东　　西　虽　说　贵　哩一点儿,不　过　耐

sɻ̩⁰ ti⁰ xɤŋ⁵².

实　得　很。

057. 他今年多大了?

nie²⁴ tɕiɤŋ²¹ nien²⁴ tuo²¹ ta⁴⁴ lie⁰ /lə⁰ ?

茶゠　今　　年　　多　大　咧/了?

058. 也就是三十来岁吧。

ie⁵² tɕiəu⁰ sen²¹ ʂəʔ²⁴ lɛ²¹ suei⁴⁴.

也　就　　三　十　来　岁。

059. 看上去不过三十多岁的样子。

kʰen⁴⁴ ʂaŋ⁴⁴ tɕʰi⁴⁴ ɕiaŋ⁴⁴ kəʔ⁰ sen²¹ ʂəʔ²⁴ lɛ²¹ suei⁴⁴ ti⁰ iaŋ⁴⁴ tsəʔ⁰.

看　　上　去　像　个三　十　来　岁　的样　子。

060. 这个东西有多重呢?

tʂəʔ²⁴ kəʔ⁰ tuɤŋ²⁴ ɕi⁰ iəu⁵² tuo²¹ tʂuɤŋ⁴⁴ ?

这　个　东　　西　有　多　重?

tʂəʔ²⁴ kəʔ⁰ tuɤŋ²⁴ ɕi⁰ kəu⁴⁴ tɕi⁵² tɕiɤŋ²¹ tʂuɤŋ⁴⁴ ?

这　个　东　　西　够　几　斤　　重? (东西较轻)

061. 怕有五十多斤吧。

ku⁵² mər⁰ iəu⁵² vu⁵² ʂəʔ⁰ tɕiɤŋ²¹.

估　摸儿有　五　十　斤。

062. 我五点半就起来了,你怎么七点了还不起来?

vuo⁵² vu²⁴ tien⁰ pen⁴⁴ tə²¹ tɕʰi⁵² lɛ²⁴ lie⁰, ni⁵² tɕʰi²¹ tien⁰ li⁰ tsɑ²⁴

我　五　点　半　倒　起　来　咧, 你　七　点　哩咋

xen²⁴ muo²¹ tɕʰi⁵² lɛ⁰ ?

还　没　　起　来?

063. 三四个人盖一床被。一床被盖三四个人。

sɛn²¹ sɻ̩⁴⁴ kəʔ⁰ zɤŋ²⁴ kɛ⁴⁴ iəʔ⁴ tʂʰuaŋ⁰ kɛ⁴⁴ ti⁰.

三　四　个　人　盖　一　床　　盖　的。

iə↗²⁴ tʂʰuaŋ⁰ kᴇ⁴⁴ ti⁰ kᴇ⁴⁴ sɛn²¹ sʅ⁴⁴ kə↗⁰ zɣŋ²⁴.

一　床　　盖　的盖　三　四　个　人。

064. 一个大饼夹一根油条。一根油条外加一个大饼。

iə↗²⁴ tʂaŋ⁰ lɔ⁴⁴ piɤŋ⁵² tɕia²¹ iə↗²⁴ kɤŋ⁰ iəu²⁴ tʰiɔ²⁴.

一　张　烙　饼　夹　一　根　油　条。

iə↗²⁴ tʂaŋ⁰ lɔ⁴⁴ piɤŋ⁵² tsᴇ⁴⁴ tɕia²¹ iə↗²⁴ kɤŋ⁰ iəu²⁴ tʰiɔ²⁴.

一　张　烙　饼　再　加　一　根　油　条。

065. 两个人坐一张凳子。一张凳子坐了两个人。

liaŋ⁵² kə↗⁰ zɣŋ²⁴ tsuo⁴⁴ iə↗²⁴ kə↗⁰ pɛn⁵² tɤŋ⁴⁴.

两　个　人　坐　一　个　板　凳。

iə↗²⁴ kə↗⁰ pɛn⁵² tɤŋ⁴⁴ tsuo⁴⁴ li⁰ liaŋ⁵² kə↗⁰ zɣŋ²⁴.

一　个　板　凳　坐　哩　两　个　人。

066. 一辆车装三千斤麦子。三千斤麦子刚好够装一辆车。

iə↗²⁴ tʂʰə²¹ tʂuan²¹ sɛn²¹ tɕiɛn⁰ tɕiɤŋ²¹ mei²¹ tsʅ⁰.

一　车　装　三　千　斤　麦　子。

sɛn²¹ tɕiɛn⁰ tɕiɤŋ²¹ mei²¹ tsʅ⁰ tɕiaŋ²⁴ xɔr⁰ kəu⁴⁴ tʂuan²¹ i²¹ tʂʰə²¹.

三　千　斤　麦　子刚　好儿够　装　一　车。

067. 十个人吃一锅饭。一锅饭够吃十个人。

ʂʅ²¹ kə↗⁰ zɣŋ²⁴ tʂʰʅ²¹ iə↗²⁴ kuo²¹ fɛn⁴⁴. iə↗²⁴ kuo⁰ fɛn⁴⁴ kəu⁴⁴ ʂʅ²¹ kə↗⁰

十　个　人　吃　一　锅　饭。一　锅　饭　够　十　个

zɣŋ²⁴ tʂʰʅ²¹.

人　吃。

068. 十个人吃不了这锅饭。这锅饭吃不了十个人。

ʂʅ²¹ kə↗⁰ zɣŋ²⁴ tʂʰʅ²¹ pə↗²⁴ liɔ⁰ tsei⁴⁴ kuo²¹ fɛn⁴⁴.

十　个　人　吃　不　了　这　锅　饭。

tsei⁴⁴ kuo⁰ fɛn⁴⁴ pə↗²⁴ kəu⁴⁴ ʂʅ²¹ kə↗⁰ zɣŋ²⁴ tʂʰʅ²¹.

这　锅　饭　不　够　十　个　人　吃。

069. 这个屋子住不下十个人。

tsʅ⁴⁴ kəʔ⁰ faŋ²¹ tsʅ⁴⁴ ʂɤŋ²⁴ pəʔ²⁴ xa⁰ ʂʅ²¹ kəʔ⁰ zɤŋ²⁴.

这 个 房 子 窝 不 下 十 个 人。

070. 小屋堆东西，大屋住人。

ɕiɔ⁵² faŋ²¹ tsʅ⁴⁴ faŋ⁴⁴ tuɤŋ²⁴ ɕi⁰, ta⁴⁴ faŋ²¹ tsʅ⁴⁴ ʂɤŋ²⁴ zɤŋ²⁴.

小 房 子 放 东 西，大 房 子 窝 人。

071. 他们几个人正说着话呢。

nie²⁴ mə⁰ tɕi⁵² kəʔ⁰ zɤŋ²⁴ tʂɤŋ⁴⁴ la⁴⁴ xua⁴⁴ tʂəʔ²⁴ ni⁰.

茶⁼ 们 几 个 人 正 拉 话 着 呢。

072. 桌上放着一碗水，小心别碰倒了。

tʂuo²¹ tsʅ⁰ ʂə⁰ faŋ⁴⁴(li⁰) iəʔ²⁴ ven⁰ ʂuei⁵², ɕiɔ⁵² ɕiɤŋ²¹ pɤ̃r²⁴ pʰɤŋ⁴⁴

桌 子 上 放 （哩）一 碗 水，小 心 甭儿 碰

iaŋ⁴⁴ lie⁰.

漾 咧。

073. 门口站着一帮人，在说着什么。

mɤŋ²⁴ kʰər⁵² tsɛn⁴⁴ li⁰ iəʔ²⁴ xuo⁰ zɤŋ²⁴, tʂɤŋ⁴⁴ ʂuo²¹ ʂa²⁴ tʂuo²¹ ni⁰.

门 口儿 站 哩一 伙 人，正 说 啥 着 呢。

074. 坐着吃好，还是站着吃好？

tsuo⁴⁴ xə⁰ tʂʰʅ²¹ xɔ⁵², xɛn²¹ ʂʅ⁰ tsɛn⁴⁴ xə⁰ tʂʰʅ²¹ xɔ⁵²？

坐 下 吃 好，还 是 站 下 吃 好？

tsuo⁴⁴ tʂəʔ²⁴ tʂʰʅ²¹ xɔ⁵²，xɛn²¹ ʂʅ⁰ tsɛn⁴⁴ tʂəʔ⁰ tʂʰʅ²¹ xɔ⁵²？

坐 着 吃 好，还 是 站 着 吃 好？

075. 想着说，不要抢着说。

ɕiaŋ⁵² ti⁰ ʂuo²¹, pɤ̃r²⁴ tɕʰiaŋ⁵² ti⁰ /tʂəʔ⁰ ʂuo²¹.

想 的 说，甭儿抢 的/着 说。

076. 说着说着就笑起来了。

ʂuo²¹ ti⁰ ʂuo²¹ ti⁰ tɔ⁴⁴ ɕiɔ⁴⁴ kʰər⁰ /xə⁰ /tʰuo²¹ luɤŋ⁰ lie⁰.

说 的 说 的 倒 笑 开儿/下/ 脱 笼 咧。

077. 别怕！你大着胆子说吧。

pə̃r²¹ pʰa⁴⁴ ! ni⁵² ta⁴⁴ tɛn⁵² ʂuo²¹.

甭儿怕！ 你 大 胆 说。

078. 这个东西重着呢，足有一百来斤。

tʂəʔ²⁴ kəʔ⁰ tuɣŋ²⁴ ɕiɔ tʂuɣŋ⁴⁴ tʂəʔ²⁴ niˀ, tɕy²¹ tɕyər²⁴ iəu⁵² i²⁴ pei⁰ lɛ²⁴

这 个 东 西 重 着 呢, 足 足儿 有 一 百 来

tɕiɣŋ²¹.

斤。

079. 他对人可好着呢。

nie²⁴ tuei⁴⁴ zɣŋ²⁴ kʰuo²⁴ xɔ⁵² niˀ.

茶⁼ 对 人 可 好 呢。

080. 这小伙子可有劲着呢。

tʂəʔ²⁴ ɕiɔ²⁴ xuo⁵² tʂʅˀ kʰuo⁵² tɕiə̃r⁴⁴ ta⁴⁴ niˀ.

这 小 伙 子 可 劲儿 大 呢。

081. 别跑，你给我站着！

pə̃r²⁴ pʰɔ⁵², ni⁵² kəʔ²⁴ vuo⁵² tsɛn⁴⁴ xəˀ！

甭儿跑， 你 给 我 站 下！

082. 下雨了，路上小心着！

xa⁴⁴ y⁵² lieˀ, ləu⁴⁴ ʂʅəˀ ɕiɔ⁵² ɕiɣŋ²¹ ɕiərˀ！

下 雨 咧, 路 上 小 心 些儿！

083. 点着火了。着凉了。

xuo⁵² tien⁵² tʂuo²⁴ lieˀ. tʂuo²¹ liaŋ²⁴ lieˀ.

火 点 着 咧。着 凉 咧。

084. 甭着急，慢慢儿来。

pə̃r²⁴ tɕi²⁴, mɛn⁴⁴ mɐr⁴⁴ lɛ²⁴.

甭儿急， 慢 慢儿 来。

085. 我正在这儿找着你，还没找着。

vuo⁵² tsE⁴⁴ tsʅ⁴⁴ tɐr⁰ tʂɤŋ⁴⁴ ɕiɤŋ²⁴ ni⁵² ni⁰, xɛn²⁴ muo²¹ ɕiɤŋ²¹ tɕien⁴⁴.

我　在　这　搭儿正寻　　你　呢,还　没　　寻　见。

086. 她呀, 可厉害着呢!

nE⁴⁴ pʰuo²⁴ i⁰ kʰuo⁵² tsɤɤ⁴⁴ tʂəʔ⁰ ni⁰ !

那　婆　姨可　憎　着　呢!

087. 这本书好看着呢。

tʂəʔ⁴ pãr⁰ ʂu²¹ xɔ⁵² kʰɛn⁰ ni⁰.

这　本儿书　好　看　　呢。("呢"音节拉长表示感慨)

088. 饭好了, 快来吃吧。

fɛn⁴⁴ xɔ⁵² lie⁰, kʰuE⁴⁴ kuo⁴⁴ lE⁰ tʂʰʅ²¹.

饭　好　咧,快　过　来　吃。

089. 锅里还有饭没有? 你去看一看。

kuo²¹ li⁵² tʰəu⁰ (xɛn²⁴) iəu⁵² fɛn⁴⁴ muo⁰ ? ni⁵² tɕʰi⁴⁴ kʰɛn⁴⁴ kʰɐr⁰.

锅　里头　还　有　饭　没? 你　去　看　　看儿。

kuo²¹ li⁵² tʰəu⁰ iəu⁵² fɛn⁴⁴ muo⁰ lie⁰ ? ni⁵² tɕʰi⁴⁴ kʰɛn⁴⁴ iəʔ⁴ xɑ⁰.

锅　里头　有　饭　没　咧? 你　去　看　一　下。

090. 我去看了, 没有饭了。

vuo⁵² kʰɛn⁴⁴ lə⁰, muo²¹ fɛn⁴⁴ lie⁰.

我　看　了,没　饭　咧。

091. 就剩一点儿了, 吃了得了。

tɕiəu⁴⁴ ʂɤŋ⁴⁴ iəʔ⁴ tiɐr⁰ li⁰, tʂʰʅ²¹ vɛn²⁴ suɛn⁴⁴ li⁰.

就　剩　一　点儿哩,吃　完　算　哩。

tɕiəu⁴⁴ ʂɤŋ⁴⁴ iəʔ⁴ tiɐr⁰ li⁰, tʂʰʅ²¹ li⁰ suɛn⁴⁴ lə⁰.

就　剩　一　点儿哩,吃　哩算　了。

092. 吃了饭要慢慢儿的走, 别跑, 小心肚子疼。

tʂʰʅ²¹ li⁰ fɛn⁴⁴ iɔ⁴⁴ mɛn⁴⁴ ɕiɐr⁰ tsəu⁵², pãr²⁴ pʰɔ⁵², ɕiɔ⁵² ɕiɤŋ⁰

吃　哩饭　要　慢　些儿走,　甭儿跑,　小　心

tʰu⁴⁴ tsʅ⁰ tʰɤŋ²⁴.

肚　子　疼。

093. 他吃了饭了，你吃了饭没有呢？

nie²⁴ tʂʰʅ²¹ (li⁰) fen⁴⁴ lie⁰, ni⁵² tʂʰʅ²¹ li⁰ /lə⁰ muo²¹ ？

茶 ˉ 吃　（哩）饭　咧，你　吃　哩/了 没？

094. 我喝了茶还是渴。

vuo⁵² xuo²¹ li⁰ tsʰa²⁴ xɛn²¹ kʰaŋ⁴⁴ ni⁰.

我　喝　哩茶　还　渴　呢。

095. 我吃了晚饭，出去溜达了一会儿，回来就睡下了，还做了个梦。

vuo⁵² tʂʰʅ²¹ lə⁰ xəʔ²⁴ lə⁰ fen⁴⁴, tʂʰu²¹ tɕʰi⁴⁴ tʂʰuɛn⁴⁴ lə⁰ iəʔ²⁴ tʂãr⁴⁴,

我　吃　了黑　了饭，出　去　串　了一　阵儿，

xuei²¹ lɛ⁴⁴ tɕiəu⁴⁴ ʂuei⁴⁴ xə⁰ lə⁰, xɛn²¹ mɤŋ⁴⁴ lə⁰ kəʔ⁰ mɤŋ⁴⁴.

回　来就　睡　下了，还　梦　了个　梦。

096. 吃了这碗饭再说。

tʂʰʅ²¹ li⁰ /lə⁰ tsʅ⁴⁴ vɛn⁵² fen⁴⁴ tsɛ⁴⁴ ʂuo²¹.

吃　哩/了这　碗　饭　再　说。

097. 我昨天照了像了。

vuo⁵² ie⁴⁴ tʰiɛn⁰ tʂɔ⁴⁴ li⁰ /lə⁰ kəʔ²⁴ ɕiaŋ⁴⁴.

我　夜天　照　哩/了个　像。

098. 有了人，什么事都好办。

iəu⁵² zɤŋ²⁴ li⁰ /lə⁰ /lie⁰, sa²¹ sʅ⁴⁴ təu²¹ xɔ⁵² pen⁰.

有　人　哩/了/咧，啥　事　都　好　办。

099. 不要把茶杯打碎了。

põr²⁴ pa²¹ tsʰa²⁴ tʂuɤŋ²¹ tsʅ⁰ ta⁵² lɛn⁴⁴ lə⁰.

甭儿把　茶　盅　子打　烂　了。

100. 你快把这碗饭吃了，饭都凉了。

ni⁵² pa²¹ tsʅ⁴⁴ vɛn⁰ fen⁴⁴ kɛn²⁴ tɕiɤŋ⁵² tʂʰʅ²¹ li⁰ /lə⁰, fen⁴⁴ təu²¹

你　把　这　碗　饭　赶　紧　吃　哩/了，饭　都

lɤŋ⁵² lə⁰ /lie⁰.

冷　了 / 咧。

101. 下雨了。雨不下了，天晴开了。

　　xɑ⁴⁴ y⁵² lie⁰ . y⁵² pə〔〕²⁴ xɑ⁴⁴ lie⁰, tʰien²¹ tɕʰiɤŋ²¹ lie⁰.

　　下　雨 咧。雨 不　下　咧，天　　晴　　咧。

102. 打了一下。去了一趟。

　　ta²⁴ li⁰/lə⁰ iə〔〕²⁴ xɑ⁴⁴. tɕʰi⁴⁴ li⁰/lə⁰ iə〔〕²⁴ tʰaŋ⁴⁴.

　　打　哩 / 了 一　下。去　哩 / 了 一　趟。

103. 晚了就不好了，咱们快点儿走吧！

　　tsʰʅ²¹ li⁰ tɕiəu⁴⁴ ma²⁴ fən⁰ lie⁰/liɔ⁰, tsa²¹ mə⁰ kʰuɛ⁴⁴ ɕiər⁰ tsəu⁵² !

　　迟　哩就　麻　烦　咧 / 了，咱 们　快　　些儿走！

104. 给你三天时间做得了做不了？

　　kə〔〕²⁴ ni⁵² sen²¹ tʰien⁰ ʅ²⁴ tɕien⁰ tsu⁴⁴ tʂɤŋ²⁴ tsu⁴⁴ pə〔〕²⁴ tʂʰɤŋ⁰ ?

　　给 你 三　天　时 间　做 成　做 不 成？

105. 你做得了，我做不了。

　　ni⁵² tsu²¹ liɔ⁵² ni⁰, vuo⁵² tsu²¹ pə〔〕²⁴ liɔ⁰.

　　你　做　了　呢，我　做　不　了。

106. 你骗不了我。

　　ni⁵² xuɤŋ⁵² pə〔〕²⁴ liɔ⁰ vuo⁵².

　　你　哄　　不　了　我。

107. 了了这桩事情再说。

　　liɔ⁵² li⁰ /lə⁰ tʂə〔〕²⁴　tʂuaŋ²¹ ʅ⁴⁴ tsɛ⁴⁴ ʂuo²¹.

　　了　哩 / 了这　桩　　事 再　说。

　　pɑ²¹ tʂə〔〕²⁴　tʂuaŋ²¹ ʅ⁴⁴ liɔ⁵² li⁰ /lə⁰ tsɛ⁴⁴ ʂuo²¹.

　　把 这 桩　　事 了 哩 / 了再　说。

108. 这间房没住过人。

　　tsei⁵²　tɕien²¹ faŋ²¹ tsʅ⁴⁴ muo²⁴ ʂɤŋ²⁴ kuo⁴⁴ zɤŋ²⁴.

　　这　　间　房　子 没　窋　过　人。

109. 这牛拉过车, 没骑过人。

tʂəʔ²⁴ kəʔ⁰ niəu²⁴ la²¹ kuo⁴⁴ tʂʰʵə²¹, zʵŋ²⁴ muo²⁴ tɕʰi²¹ kuo⁴⁴.

这　个　牛　　拉过　车,　人　没　骑　过。

110. 这小马还没骑过人, 你小心点儿。

tʂəʔ²⁴ ma⁵² tɕy²¹ tsəʔ⁰ zʵŋ²⁴ xɛn²¹ muo²⁴ tɕʰi²⁴ kuo⁰, ni²¹ ɕiɔ⁵² ɕiʵŋ⁰

这　马　驹　子　人　还　没　骑　过,　你　小　心

tiɐr⁰.

点儿。

111. 以前我坐过船, 可没骑过马。

i⁵² tɕʰiɛn²⁴ vuo⁵² tsuo⁴⁴ kuo⁰ tʂʰuɛn²⁴, kʰuo⁵² sʵ⁰ kʵŋ⁴⁴ ku⁵² muo²⁴

以　前　　我　坐　过　船,　可　是　亘　古　没

tɕʰi²¹ kuo⁴⁴ ma⁵².

骑　过　马。

112. 丢在街上了。搁在桌上了。

liɔ⁴⁴ tɔ⁰ kɛ²¹ sʵə⁴⁴ lie⁰ /lə⁰. faŋ⁴⁴ tɔ⁰ tsuo²¹ tsʵ⁰ sʵə⁴⁴ lie⁰ /lə⁰.

摞　到　街　上　咧/ 了。放　到　桌　子　上　咧/ 了。

113. 掉到地上了, 怎么都没找着。

tʰaŋ⁴⁴ (tɔ⁰) ti⁴⁴ sʵə⁰ lə⁰, tsa²⁴ kər⁵² təu²¹ muo²⁴ tsɔ⁵² tɕiɛn⁴⁴.

踢　(到)地　上　了,　咋　个　儿　都　没　找　见。

114. 今晚别走了, 就在我家住下吧!

tɕiə̃r²¹ xu²¹ li⁰ pə̃r²⁴ tsəu²¹ lə⁰, tɕiəu⁴⁴ tsʰɛ⁴⁴ vuo⁵² mə⁰ tɕia²¹ sʵŋ²¹.

今儿黑　里甭儿走　了,　就　在　我　们　家　窊。

115. 这些果子吃得吃不得?

tʂəʔ²⁴ ɕie⁰ kuo⁵² tsʵ⁰ tʂʰəʔ²⁴ tʂʰʵŋ²⁴ tʂʰəʔ²⁴ pəʔ²⁴ tʂʰʵŋ⁰ ?

这　些　果　子　吃　成　吃　不　成?

tʂəʔ²⁴ ɕie⁰ kuo⁵² tsʵ⁰ nʵŋ²⁴ tʂʰʵ²¹ pəʔ²⁴ nʵŋ²⁴ tʂʰʵ²¹ ?

这　些　果　子　能　吃　不　能　吃?

116. 这是熟的, 吃得。那是生的, 吃不得。

tsʅ⁴⁴ sʅ⁰ ʂu²¹ ti⁰, nɤŋ²⁴ tʂʰʅ²¹ ni⁰. nei⁴⁴ sʅ⁰ sɤŋ²¹ ti⁰, pəʔ⁴ nɤŋ²⁴ tʂʰʅ²¹.
这　是　熟　的，能　　吃　　呢。那　是　生　的，不　能　　吃。

tʂəʔ⁴ sʅ⁰ ʂu²¹ ti⁰, nɤŋ²⁴ tʂʰʅ²¹ ni⁰. nei⁴⁴ sʅ⁰ sɤŋ²¹ ti⁰, tʂʰʅ²¹ pəʔ⁴
这　是　熟　的，能　　吃　　呢。那　是　生　的，吃　不

tʂʰɤŋ⁰.
成。

117. 你们来得了来不了？

ni⁵² mə⁰ lE²⁴ liɔ⁵² lE²¹ pəʔ⁴ liɔ⁵²？

你　们　来　了　来　不　了？

118. 我没事，来得了，他太忙，来不了。

vuo⁵² muo²¹ sʅ⁴⁴, lE²⁴ liɔ⁵² ni⁰, nie²⁴ maŋ²⁴ ti⁰ xɤŋ⁵², lE²¹ pəʔ⁴ liɔ⁵².

我　没　　事，来　了　呢，茶⁼忙　　得很，　来　不　了。

119. 这个东西很重，拿得动拿不动？

tʂəʔ⁴ kuo⁰ tuɤŋ²¹ ɕi⁰ tʂuɤŋ⁴⁴ ti⁰ xɤŋ⁵², na²¹ tuɤŋ⁴⁴ na²¹ pəʔ⁴ tuɤŋ⁴⁴？

这　个　东　西　重　　得很，　拿　动　　拿　不　动？

120. 我拿得动，他拿不动。

vuo⁵² na²⁴ tuɤŋ⁴⁴ ni⁰, nie²⁴ na²¹ pəʔ⁴ tuɤŋ⁴⁴.

我　拿　动　　呢，茶⁼拿　不　动。

121. 真不轻，重得连我都拿不动了。

tʂɤŋ²¹ ti⁰ pəʔ⁴ tɕʰiɤŋ²¹, tʂuɤŋ⁴⁴ ti⁰ lien²⁴ vuo⁵² təu²¹ na²¹ pəʔ⁴ tuɤŋ⁴⁴

真　的不轻，　重　　得连　我　都　拿　不　动

lie⁰.

咧。

122. 他手巧，画得很好看。

nie²⁴ ʂəu²⁴ tɕʰiɔ⁵², xua⁴⁴ ti⁰ xɔ⁵² kʰɛn⁴⁴ ti⁰ xɤŋ⁵².

茶⁼手　巧，　画　得　好　看　　得很。

123. 他忙得很，忙得连吃过饭没有都忘了。

nie²⁴ maŋ²⁴ ti⁰ xɤŋ⁵², maŋ²¹ ti⁰ liɛn²⁴ tʂʰʅ²¹ fɛn⁴⁴ muo²⁴ tʂʰʅ²¹ fɛn⁴⁴

茶⁼ 忙　得　很,　忙　得　连　吃　饭　没　吃　饭

təu²¹ vaŋ⁴⁴ lie⁰ /lə⁰.

都　忘　咧 /了。

nie²⁴ maŋ²⁴ ti⁰ xɤŋ⁵², maŋ²¹ ti⁰ liɛn²¹ fɛn⁴⁴ tʂʰʅ²¹ muo⁰ tʂʰʅ²¹ təu²¹

茶⁼ 忙　得　很,　忙　得　连　饭　吃　没　吃　都

vaŋ⁴⁴ lie⁰ /lə⁰.

忘　咧 /了。

124. 你看他急得,急得脸都红了。

ni²¹ kʰɛn⁴⁴ nie²⁴ tɕi²¹ ti⁰ liɛn⁵² təu²¹ xuɤŋ²¹ lie⁰ /lə⁰.

你　看　茶⁼ 急　得　脸　都　红　咧 /了。

125. 你说得很好,你还会说些什么呢?

ni⁵² ʂuo²¹ ti⁰ xɔ⁵² ti⁰ xɤŋ⁵², ni⁵² xɛn²¹ xuei⁴⁴ ʂuo²¹ ɕie⁰ sa²⁴ ni⁰ ?

你　说　得　好　得　很,　你　还　会　说　些　啥　呢?

126. 说得到,做得了,真棒!

ʂuo²¹ (ti⁰) tɔ⁴⁴, tsu²¹ (ti⁰) tɔ⁴⁴, nɤŋ²⁴ ɕiɤŋ²⁴ ni⁰ !

说　(得)到,　做　(得)到,　能　行　呢!

127. 这个事情说得说不得呀?

tʂə ʔ²⁴ kə ʔ⁰ sʅ⁴⁴ nɤŋ²⁴ ʂuo²¹ pə ʔ²⁴ nɤŋ²⁴ ʂuo²¹ ?

这　个　事　能　说　不　能　说?

128. 他说得快不快? 听清楚了吗?

nie²⁴ ʂuo²¹ ti⁰ kʰuɛ⁴⁴ pə ʔ²⁴ kʰuɛ⁴⁴ ? tʰiɤŋ²¹ tɕʰiɤŋ²¹ tʂʰu⁰ lə⁰ muo²¹ ?

茶⁼ 说　得　快　不　快?　听　清　楚　了　没?

129. 他说得快不快? 只有五分钟时间了。

nie²⁴ ʂuo²¹ ti⁰ kʰuɛ⁴⁴ pə ʔ²⁴ kʰuɛ⁴⁴ ? tsʅ²⁴ iəu⁰ vu⁵² fɤŋ⁰ tʂuɤŋ²¹ sʅ²⁴

茶⁼ 说　得　快　不　快?　只　有　五　分　钟　时

tɕiɛn⁰ lə⁰.

间　了。

130. 这是他的书。

tʂəʔ²⁴ sʐ⁰ nie²⁴ ti⁰ ʂu²¹.

这　是　茶⁼　的　书。

131. 那本书是他哥哥的。

nei⁴⁴ pãr⁰ ʂu²¹ sʐ⁰ nie²⁴ kʰuo²⁴ kʰuo⁰ ti⁰.

那　本儿书　是　茶⁼　哥　　哥　　的。

132. 桌子上的书是谁的? 是老王的。

tʂuo²¹ tsʐ⁰ ʂaŋ⁴⁴ ti⁰ ʂu²¹ sʐ⁴⁴ ʂuei²¹ ti⁰? sʐ⁴⁴ lɔ⁵² vaŋ²⁴ ti⁰.

桌　子上　的书　是　谁　的? 是老　王　的。

133. 屋子里坐着很多人,看书的看书,看报的看报,写字的写字。

faŋ²¹ tsʐ⁴⁴ li⁵² tʰəu⁰ tsuo⁴⁴ iə²⁴ xuo⁵² zʐɤŋ²⁴, kʰɛn⁴⁴ ʂu²¹ ti⁰ kʰɛn⁴⁴

房　子里头　坐　一伙⁼　人　,　看　书　的看

ʂu²¹, kʰɛn⁴⁴ pɔ⁴⁴ ti⁰ kʰɛn⁴⁴ pɔ⁴⁴, ɕie⁵² tsʰʐ⁴⁴ ti⁰ ɕie⁵² tsʰʐ⁴⁴.

书,看　报　的看　报,写　字　的写　字。

134. 要说他的好话,不要说他的坏话。

iɔ⁴⁴ ʂuo²¹ nie²⁴ xɔ⁵² xuɑ⁰, pə̃r²⁴ ʂuo²¹ nie²⁴ xuᴇ⁴⁴ xuɑ⁰.

要　说　茶⁼　好　话,　甭儿说　茶⁼　坏　话。

135. 上次是谁请的客? 是我请的。

ʂaŋ⁴⁴ xuei²⁴ sʐ²¹ ʂuei²⁴ tɕʰiɤŋ⁵² ti⁰ zɤŋ²⁴? (sʐ⁴⁴) vuo²¹ tɕʰiɤŋ⁵² ti⁰.

上　回　是　谁　请　　的人? (是) 我　请　的。

136. 你是哪年来的?

ni⁵² sʐ²¹ nɑ²¹ i²¹ niɛn²⁴ lᴇ²¹ tiəʔ⁰?

你　是　哪　一年　　来　的?

137. 我是前年到的北京。

vuo⁵² sʐ²¹ tɕʰiɛn²⁴ niɛn⁰ tɔ⁴⁴ ti⁰ pei²¹ tɕiɤŋ⁰.

我　是　前　　年　到　的北　京。

138. 你说的是谁?

ni⁵² ʂuo²¹ ti⁰ sʅ²¹ ʂuei²⁴ ?

你　说　　的是　谁?

ni⁵² ʂuo²¹ ʂuei²⁴ ni⁰ ?

你　说　谁　　呢?

139. 我反正不是说的你。

vuo⁵² fɛn²¹ tʂɤŋ⁴⁴ ʂuo²¹ ti⁰ pəʔ⁴ sʅ⁴⁴ ni⁵².

我　反　正　说　的不　是　你。

140. 他那天是见的老张，不是见的老王。

nie²⁴ nei⁴⁴ tʰiɛn⁰ tɕiɛn⁴⁴ ti⁰ sʅ²¹ lɔ⁵² tʂaŋ²¹, tɕiɛn⁴⁴ ti⁰ pəʔ⁴ sʅ⁴⁴ lɔ⁵²

茶⁼那　天　见　　的是　老张，　见　　的不　是　老

vaŋ²⁴.

王。

141. 只要他肯来，我就没的说了。

tsʅ²¹ iɔ⁴⁴ nie²⁴ kʰɤŋ⁵² lᴇ²⁴, vuo⁵² tɕiəu⁴⁴ muo²¹ sa²⁴ ʂuo²¹ ti⁰ lie⁰.

只　要茶⁼肯　来，我　就　　没　啥说　的咧。

142. 以前是有的做，没的吃。

i⁵² tɕʰiɛn²⁴ sʅ²¹ iəu⁵² tsu⁴⁴ ti⁰, muo²⁴ tʂʰʅ²¹ ti⁰.

以前　　是有　做　的，没　吃　的。

143. 现在是有的做，也有的吃。

ər²¹ kər⁴⁴ sʅ²¹ iəu⁵² tsu²¹ ti⁰, ie²⁴ iəu⁵² tʂʰʅ²¹ ti⁰.

而　个儿是　有　　做　的，也　有　吃　　的。

144. 上街买个蒜啊葱的，也方便。

tɔ⁴⁴ kᴇ²¹ ʂʅə⁰ mᴇ⁵² kəʔ⁰ tsʰuɤŋ²¹ suɛn⁴⁴ sa²⁴ ti⁰, ie⁵² faŋ²¹ piɛn⁰.

到　街上　买　个　葱　蒜　啥的，也　方　便。

145. 柴米油盐什么的，都有的是。

tsʰᴇ²⁴ mi⁵² iəu²⁴ iɛn²⁴ sa²⁴ ti⁰, təu²¹ iəu⁵².

柴　米　油　盐　啥　的，都　有。

146. 写字算账什么的，他都能行。

ɕie⁵² tsʅ⁴⁴ suɛn⁴⁴ tʂaŋ⁴⁴ sa²⁴ ti⁰, nie²⁴ təu²¹ nɤŋ²⁴ ɕiɤŋ²⁴.
写 字 算 账 啥 的，茶˭ 都 能 行。

147. 把那个东西递给我。

pa²¹ nei⁴⁴ kəʔ⁰ tuɤŋ²¹ ɕi⁰ kəʔ⁴ vuo⁵² na²¹ kuo⁴⁴ lɛ²⁴/ ti⁴⁴ lɛ²⁴.
把 那 个 东 西给 我 拿 过 来 / 得 来。

148. 是他把那个杯子打碎了。

sʅ⁴⁴ nie²⁴ pa²¹ nei⁴⁴ kəʔ⁰ tʂuɤŋ²¹ tsʅ⁰ ta⁵² lɛn⁴⁴ ti⁰.
是 茶˭ 把 那 个 盅 子打 烂 的。

149. 把人家脑袋都打出血了，你还笑！

pa²¹ zɤŋ²¹ tɕi⁴⁴ nɔ²⁴ təu²¹ ta⁵² tʂʰu⁰ ɕie²¹ lie⁰ /lə⁰, ni⁵² xɛn²¹ ɕiɔ⁴⁴ ni⁰ !
把 人 家脑 都 打出 血 咧/了，你 还 笑 呢！

150. 快去把书还给他。

kʰuɛ⁴⁴ tɕʰi⁴⁴ pa²¹ ʂu²¹ kəʔ⁴ nie²⁴ xuɛn²¹ lə⁰.
快 去 把 书 给 茶˭ 还 了。

151. 我真后悔当时没把他留住。

vuo⁵² xəu⁴⁴ xuei⁰ ti⁰ nei⁴⁴ sʅ²⁴ xəu⁰ muo²⁴ pa²¹ nie²⁴ liəu²¹ xə⁴⁴.
我 后 悔 地那 时 候 没 把 茶˭ 留 下。

152. 你怎么能不把人当人呢？

ni⁵² tsa²⁴ kər⁵² nɤŋ²⁴ pa²¹ zɤŋ²⁴ pəʔ⁴ taŋ⁴⁴ zɤŋ²⁴ ni⁰ ?
你 咋 个儿能 把 人 不 当 人 呢？

153. 有的地方管太阳叫日头。

iəu⁵² tiəʔ⁰ ti⁴⁴ tʂãr⁰ pa²¹ tʰɛ⁴⁴ iaŋ⁰ tɕiɔ⁴⁴ pʰu²⁴ sɛn⁰.
有 的 地掌儿 把 太 阳 叫 菩 萨。

154. 什么？她管你叫爸爸！

sa²⁴ ? nie²¹ tɕiɔ⁴⁴ ni⁵² tɕiɔ⁴⁴ ta²⁴ ta⁰ !
啥？ 茶˭ 叫 你 叫 大 大！

155. 你拿什么都当真的，我看没必要。

ni^{52} pa^{21} sa^{24} təu^{21} taŋ^{44} tʂʰɤŋ^{24} tʂɤŋ^{21} ti^{0},　vuo^{52} kʰɛn^{44} yɤŋ^{44} pəʔ^{24}
你　把　啥　都　当　成　　真　的,我　看　用　不

tʂuo^{24}.
着。

156. 真拿他没办法，烦死我了。

tʂɤŋ^{21} sʅ^{0} na^{24} nie^{24} muo^{21} pɛn^{44} fa^{0},　ma^{24} fɛn^{0} sʅ^{0} zɤŋ^{24} lie^{0}.
真　是拿　茶ⁿ没　办　法,麻　烦　死人　　咧。

157. 看你现在拿什么还人家。

kʰɛn^{44} ni^{52} ər^{21} kər^{44} na^{24} sa^{24} kəʔ^{24} zɤŋ^{21} tɕi^{44} xuɛn^{21} ni^{0}.
看　你　而　个儿拿　啥　给　人　家　还　　呢。

158. 他被妈妈说哭了。

nie^{21} tɕiɔ^{44} ma^{24} i^{0}　kəʔ^{24} ʂuo^{21} kʰu^{21} lie^{0} /lə^{0}.
茶ⁿ　叫　妈　呀给　说　哭　咧/了。

nie^{24} tɕiɔ^{44} ma^{24} i^{0} kəʔ^{24} ʂuo^{21} ti^{0} kʰu^{21} xa^{44} lie^{0}.
茶ⁿ　叫　妈　呀给　说　得哭　下　咧。

159. 所有的书信都被火烧了，一点儿剩的都没有。

ɕiɤŋ^{44} tɕʰyɛn^{24} təu^{21} tɕiɔ^{21} xuo^{52} ʂɔ^{21} lie^{0},　iəʔ^{24} tiɐr^{0} təu^{21} muo^{21}
信　全　都　教　火　烧　咧,一点儿　都　没

ʂɤŋ^{44} xə^{0}.
剩　下。

160. 被他缠了一下午，什么都没做成。

tɕiɔ^{44} nie^{24} tʂʰɛn^{21} muo^{44} li^{0} iəʔ^{24} xəu^{44} ʂʅə^{0},　sa^{24} təu^{21} muo^{21} kɛn^{44}
叫　茶ⁿ　缠　磨　哩一　后　晌,啥　都　没　干

tʂʰɤŋ^{24}.
成。

161. 让人给打懵了，一下子没明白过来。

tɕiɔ^{44} /zaŋ^{44} zɤŋ^{24} ta^{52} mɤŋ^{21} lie^{0},　iəʔ^{24} xa^{44} tsʅ^{0} muo^{24} fɛn^{21} tʂuɛn^{44}.
叫/让　人　打　懵　咧,一　下　子　没　翻　转。

162. 给雨淋了个浑身湿透。

tɕiɔ⁴⁴ y⁵² xɑ⁴⁴ ti⁰ xuɤŋ²⁴ ʂɤŋ²¹ ʂʅ²¹ tʰəu⁴⁴ liɔ⁰.

叫　雨　下　得　浑　　身　湿　透　了。

163. 给我一本书。给他三本书。

kə̃ʔ⁴ vuo⁵² iə̃ʔ⁴ pɑ̃r⁰ ʂu²¹. kə̃ʔ⁴　nə̃ʔ⁴ sɛn²¹ pɤ̃r⁰ ʂu²¹.

给　我　　一　本儿书。给　茶゠三　　本儿书。

164. 这里没有书，书在那里。

tʂə̃ʔ⁴ tɤr⁰ muo²⁴ ʂu²¹, ʂu²¹ tsɛ⁴⁴ nei⁴⁴ tɤr⁰ ni⁰.

这　搭儿没　　书，书　在　那　搭儿呢。

tʂər⁵² muo²⁴ ʂu²¹, ʂu²¹ tsɛ⁴⁴ nər⁴⁴ ni⁰.

这儿没　　书，书　在　那儿呢。

165. 教他快来找我。

tɕiɔ⁴⁴ nie²⁴ kʰuɛ⁴⁴ ɕiər⁰ tʂɔ²⁴ vuo⁵² lɛ²⁴.

叫　茶゠快　　些儿找　我　来。

166. 赶快把他请来。

kɛn²⁴ tɕiɤŋ⁰ pa²¹ nie²⁴ tɕʰiɤŋ⁵² ti⁰ lɛ²⁴.

赶　紧　把　茶゠请　　得来。

167. 我写了条子请病假。

vuo⁵² ɕie⁵² lə⁰ kə̃ʔ⁴ tɕʰiɤŋ⁵² tɕia⁴⁴ tʰiər²⁴ tɕʰiɤŋ⁵² piɤŋ⁴⁴ tɕia⁴⁴ ia⁰.

我　写　了　个　请　　假　条儿请　　病　　假　也。

168. 我上街买了份报纸看。

vuo⁵² tɔ⁴⁴ kɛ²¹ ʂʅə⁰ mɛ⁵² li⁰ /lə⁰ tʂaŋ²¹ pɔ⁴⁴ kʰɛn⁴⁴ kʰɤr⁰.

我　到　街　上　买　哩/了张　报　看　看儿。

169. 我笑着躲开了他。

vuo²¹ ɕiɔ⁴⁴ ti⁰ pa²¹ nie²⁴ pʰi⁵² kuo⁴⁴ lə⁰.

我　笑　得把　茶゠避　过　了。

170. 我抬起头笑了一下。

vuo^{21} t^{h}E^{24} tɕ^{h}ie^{52} t^{h}əu^{24} ɕiɔ^{44} lə^0 i^{21} xɑ^{44}.

我　抬　起　头　笑　了　一　下。

171. 我就是坐着不动, 看你能把我怎么着。

vuo^{52} tɕiəu^{44} tsuo^{44} xə^0 pəʔ^4 tuɤŋ^{44}, k^{h}ɛn^{44} ni^{52} mɤŋ^{24} pa^{21} vuo^{52} tsɑ^{24}

我　就　坐　下　不　动，看　你　能　把　我　咋

kər^{52} ni^0.

个儿　呢。

172. 她照顾病人很细心。

nie^{24} tʂɔ^{21} xu^0 piɤŋ^{44} zɤŋ^0 ɕi^{44} ɕiɤŋ^{21} təʔ^4 xɤŋ^{52}.

茶⁼　招　呼　病　人　细心　得　很。

173. 他接过苹果就咬了一口。

nie^{24} tɕie^{21} kuo^{44} kuo^{52} tsʅ^0 niɔ^{52} lə^0 iəʔ^4 tsuei^{52}.

茶⁼　接　过　果　子　咬　了　一　嘴。

174. 他的一番话使在场的所有人都流了眼泪。

nie^{24} ʂuo^{21} ti^{21} tɕi^{52} tɕy^{44} xuɑ^{44} zɑŋ^{44} tsE^{44} tʂ^{h}ar^{52} ti^0 zɤŋ^{24} təu^{21}

茶⁼　说　的　几　句　话　让　在　场儿　的　人　都

t^{h}ɑŋ^{52} xə^0 niɛn^{52} luei^0 lə^0.

淌　下　眼　泪　了。

175. 我们请他唱了一首歌。

vuo^{52} mə^0 tɕ^{h}iɤŋ^{52} nie^{24} tʂ^{h}ɑŋ^{44} lə^0 kəʔ^4 kuɤr^{21}.

我　们　请　茶⁼　唱　了　个　歌儿。

176. 我有几个亲戚在外地做工。

vuo^{24} iəu^{52} tɕi^{24} kəʔ^0 tɕ^{h}iɤŋ^{21} tɕ^{h}iɤŋ^0 tsE^{44} vE^{44} t^{h}əu^0 lɛn^{52} kuɤŋ^{21}

我　有　几　个　亲　亲　在　外　头　揽　工

tʂəʔ^4 ni^0.

着　呢。

177. 他整天都陪着我说话。

nie²⁴ iə⁷⁴ tʂɤŋ⁵² tʰiɛn²¹ təu²¹ pʰei²⁴ vuo⁵² lɑ⁴⁴ xuɑ⁴⁴ tʂəʔ²⁴ ni⁰.

茶゠一 整 天 都 陪 我 拉 话 着 呢。

178. 我骂他是个大笨蛋，他居然不恼火。

vuo⁵² mɑ⁴⁴ nie²⁴ səʔ⁰ tsʰʅ²⁴ suɤŋ²⁴, nie²⁴ xɛn²¹ pəʔ²⁴ xɛ⁴⁴ tɕʰi⁴⁴.

我 骂 茶゠是 痴 伀， 茶゠还 不 害 气。

179. 他把钱一扔，二话不说，转身就走。

nie²⁴ pa²¹ tɕʰiɛn²⁴ iə⁷⁴ pʰie⁵², sa²¹ xuɑ⁴⁴ pəʔ²⁴ ʂuo²¹, niəu⁵² tʰəu²⁴

茶゠把 钱 一 撇， 啥 话 不 说， 扭 头

tɕiəu⁴⁴ tsəu⁵² lie⁰ /lə⁰.

就 走 咧／了。

180. 我该不该来呢？

vuo⁵² kɛ²¹ lɛ²⁴ pəʔ²⁴ kɛ²¹ lɛ²⁴ ?

我 该 来 不 该 来？

181. 你来也行，不来也行。

ni⁵² lɛ²¹ ie²¹ ɕiɤŋ²⁴, pəʔ²⁴ lɛ²⁴ ie²¹ pa⁴⁴.

你 来 也 行， 不 来 也 罢。

ni⁵² lɛ²⁴ ie²¹ nɤŋ²⁴ ni⁰, pəʔ²⁴ lɛ²⁴ ie²¹ nɤŋ²⁴ ni⁰.

你 来 也 能 呢，不 来 也 能 呢。

182. 要我说，你就不应该来。

tɕiɔ²⁴ vuo⁵² ʂuo²¹, ni⁵² tɕiəu⁴⁴ pəʔ²⁴ kɛ²¹ lɛ²⁴.

教 我 说， 你 就 不 该 来。

183. 你能不能来？

ni⁵² nɤŋ²⁴ lɛ²⁴ pəʔ⁰ ?

你 能 来 不？

ni⁵² nɤŋ²¹ pəʔ²⁴ nɤŋ⁰ lɛ²⁴ ?

你 能 不 能 来？

184. 看看吧，现在说不准。

tʰɤŋ^{52} tʰə̃r^{0} kʰɛn^{44}, ər^{21} kər^{44} xɛn^{24} ʂuo^{21} pəʔ^{4} tiɤŋ^{44}.
腾⁼ 腾⁼儿看，而个儿还说不定。

185. 能来就来，不能来就不来。
nɤŋ^{24} lᴇ^{24} tɕiəu^{44} lᴇ^{24}, pəʔ^{4} nɤŋ^{24} lᴇ^{24} tɕiəu^{44} pə̃r^{24} lᴇ^{24}.
能来就来，不能来就甭儿来。

186. 你打算不打算去？
ni^{52} tɑ^{52} suɛn^{44} tɕʰi^{44} pəʔ^{4}？
你打算去不？
ni^{52} tɑ^{52} pəʔ^{4} tɑ^{52} suɛn^{44} tɕʰi^{44}？
你打不打算去？

187. 去呀！谁说我不打算去？
tɕʰi^{44} iɑ^{0} /ni^{0}！ʂuei^{24} ʂuo^{21} vuo^{52} pəʔ^{4} tɕʰi^{44}？
去也/呢！谁说我不去？

188. 他一个人敢去吗？
nie^{24} iəʔ^{4} kəʔ^{0} ʐɤŋ^{24} kɛn^{52} tɕʰi^{44} ni^{0}？
茶⁼一个人敢去呢？
nie^{24} iəʔ^{4} kəʔ^{0} ʐɤŋ^{24} kɛn^{52} tɕʰi^{44} pu^{0}？
茶⁼一个人敢去不？

189. 敢！那有什么不敢的？
kɛn^{52} ni^{0}！nᴇ^{44} iəu^{52} sɑ^{24} pəʔ^{4} kɛn^{52} ti^{0}？
敢呢！那有啥不敢的？

190. 他到底愿不愿意说？
nie^{24} tɔ^{44} ti^{0} yɛn^{44} (i^{44}) pəʔ^{4} yɛn^{44} i^{0} ʂuo^{21}？
茶⁼到底愿（意）不愿意说？

191. 谁知道他愿意不愿意说？
ʂuei^{24} tʂʅ^{21} tɔ^{44} nie^{24} yɛn^{44} pəʔ^{4} yɛn^{44} i^{44} ʂuo^{21}？
谁知道茶⁼愿不愿意说？

192. 愿意说得说，不愿意说也得说。

yɛn⁴⁴ i⁴⁴ ʂuo²¹ iɔ⁴⁴ ʂuo²¹ ni⁰, pəʔ⁴ yɛn⁴⁴ i⁴⁴ ʂuo²¹ ie⁵² iɔ⁴⁴ ʂuo²¹ ni⁰.

愿　意　说　要　说　呢, 不　愿　意　说　也　要　说　呢。

193. 反正我得让他说, 不说不行。

fɛn²¹ tʂʁŋ⁴⁴ vuo⁵² iɔ⁴⁴ tɕiɔ⁴⁴ nie²⁴ ʂuo²¹, pəʔ⁴ ʂuo²¹ pəʔ⁴ ɕiɤŋ²⁴.

反　正　我　要　叫　茶⁼说, 不　说　不　行。

194. 还有没有饭吃?

tsɛ⁴⁴ iəu⁵² tʂʰʅ²¹ ti⁰ fɛn⁴⁴ muo²¹ ?

再　有　吃　的　饭　没?

195. 有, 刚吃呢。

iəu⁵² ni⁰, tɕiaŋ²¹ tʂʰʅ²¹ ʂʅə⁰.

有　呢, 刚　吃　上。

196. 没有了, 谁叫你不早来!

muo²¹ iəu⁴⁴ lie⁰/lə⁰, ʂuei²¹ tɕiɔ⁴⁴ ni⁵² pəʔ⁴ tsɔ⁵² ɕiər⁰ lɛ²⁴ !

没　有　咧/了, 谁　叫　你　不　早　些儿来!

197. 你去过北京吗? 我没去过。

ni⁵² tɕʰi⁴⁴ kuo⁰ pei²¹ tɕiɤŋ⁰ muo⁰ ? vuo⁵² muo²¹ tɕʰi⁴⁴/kʰəʔ⁴ kuo⁰.

你　去　过　北　京　没? 我　没　去　　过。

198. 我十几年前去过, 可没怎么玩, 都没印象了。

vuo⁵² ʂʅ²⁴ tɕi⁵² nien²⁴ tɕʰien²⁴ tɕʰi⁴⁴ kuo⁰, pəʔ⁴ kuo⁴⁴ muo²⁴ tsa²⁴ kər⁵²

我　十　几　年　前　去　过, 不　过　没　咋　个儿

tʂʰuen⁴⁴, muo²¹ sa²⁴ iɤŋ⁴⁴ ɕiaŋ⁰ lie⁰.

串, 　　没　啥　印　象　咧。

199. 这件事他知道不知道?

tʂəʔ²⁴ kəʔ⁰ ʂʅ⁴⁴ nie²⁴ ɕiɔ⁵² tei²⁴ pəʔ⁴ (ɕiɔ⁵² tei²⁴) ?

这　个　事　茶⁼晓　得　不　(晓　得)?

200. 这件事他肯定知道。

tʂəʔ²⁴ kə⁰ ʂʅ⁴⁴ nie²⁴ pɔ²⁴ tʂuɤŋ⁵² ɕiɔ⁵² tei²⁴ ni⁰.

这　个　事茶⁼保　准　晓　得　呢。

201. 据我了解，他好像不知道。

i²⁴ vuo⁵² tṣʅ²¹ tɔ⁴⁴ ti⁰ kʰɛn⁴⁴, nie²⁴ xɔ⁵² ɕiaŋ⁴⁴ pəʔ⁴ ɕiɔ⁵² tei²⁴.

依我　知道的看，　茶⁼好像　不　晓得。

202. 这些字你认得不认得？

tṣəʔ⁴ ɕie⁰ tsʅ⁴⁴ ni⁵² zɤŋ⁴⁴ tei⁰ pəʔ⁴ ?

这　些　字　你　认　得　不？

tsʅ⁴⁴ ɕie²¹ tsʅ⁴⁴ ni⁵² zɤŋ⁴⁴ tei²⁴ pəʔ⁴ zɤŋ⁴⁴ tei²⁴ ?

这　些　字　你　认　得　不　认　得？

203. 我一个大字也不认得。

vuo⁵² iəʔ⁴ kəʔ⁰ tsʅ⁴⁴ ie⁵² zɤŋ⁴⁴ pəʔ⁴ tei²⁴.

我　一　个　字　也　认　不　得。

204. 只有这个字我不认得，其他字都认得。

tɕiəu⁴⁴ tṣəʔ⁴ kəʔ⁰ tsʅ⁴⁴ vuo⁵² zɤŋ⁴⁴ pəʔ⁴ tei⁰, tsɛ⁴⁴ ti⁰ tsʅ⁴⁴ təu²¹

就　这　个　字　我　认　不　得，再　的　字　都

zɤŋ⁴⁴ tei⁰.

认　得。

205. 你还记得不记得我了？

ni⁵² xɛn²¹ tɕi⁴⁴ pu⁰ tɕi⁴⁴ tei⁰ vuo⁵² lie⁰/lə⁰ ?

你　还　记　不　记　得　我　咧/了？

ni⁵² xɛn²¹ tɕi⁴⁴ tei²⁴ vuo⁵² pu⁰ ?

你　还　记　得　我　不？

206. 记得，怎么能不记得！

tɕi⁴⁴ tei⁰ ni⁰ mə⁰, tsa²⁴ nɤŋ²⁴ tɕi⁴⁴ pəʔ⁴ tei²⁴ ni⁰ !

记　得　呢么，　咋　能　记　不　得　呢!

207. 我忘了，一点都不记得了。

vuo⁵² vaŋ⁴⁴ liɔ⁰, iəʔ⁴ tiɐr⁰ ie²¹ pəʔ⁴ tɕi⁴⁴ tei⁰.

我　忘　了，一　点儿　也　不　记　得。

208. 你在前边走，我在后边走。

ni⁵² tʰəu²⁴ ni⁰ tsəu⁵², vuo⁵² xəu⁴⁴ tʰəu⁰ tsəu⁵².

你　头　里　走，　我　后　头　走。

209. 我告诉他了，你不用再说了。

vuo⁵² kəʔ²⁴ nie²⁴ ʂuo²¹ lie⁰/lə⁰, ni⁵² pə̃r²⁴ ʂuo²¹ lə⁰.

我　给 茶゠ 说　咧/了，你 甯儿 说　了。

210. 这个大，那个小，你看哪个好？

tsɿ⁴⁴ kəʔ⁰ ta⁴⁴, nei⁴⁴ kəʔ⁰ ɕiɔ⁵², ni⁵² kʰɛn⁴⁴ na²⁴ kəʔ⁰ xɔ⁵² ɕiər⁰ ？

这　个 大，那 个 小，你 看　哪 个　好 些儿？

211. 这个比那个好。

tsɿ⁴⁴ kəʔ⁰ pʰiˠŋ²¹ /pi⁵² /kɛn⁵² nei⁴⁴ kəʔ⁰ xɔ⁵².

这　个 凭　/比/ 赶 那 个 好。

212. 那个没有这个好，差多了。

nɛ⁴⁴ kəʔ⁰ muo²¹ (iəu⁴⁴) tʂəʔ²⁴ kəʔ⁰ xɔ⁵², tsʰuo⁴⁴ ti⁰ tuo²¹ ni⁰.

那 个 没 （有）这 个 好，错　得 多 呢。

213. 要我说这两个都好。

tɕiɔ²⁴ vuo⁵² ʂuo²¹ tʂəʔ²⁴ liaŋ²⁴ kəʔ⁰ təu²¹ xɔ⁵² tʂəʔ²⁴ ni⁰.

教 我 说 这 两 个 都 好 着 呢。

214. 其实这个比那个好多了。

ʂɿ²¹ tɕi⁴⁴ ʂaŋ⁰ tʂəʔ²⁴ kəʔ⁰ pʰiˠŋ²⁴ /pi⁵² /kɛn⁵² nei⁴⁴ kəʔ⁰ xɔ⁵² ti⁰ tuo²¹

实际 上 这 个 凭　/比/ 赶 那 个 好 得 多

ni⁰.

呢。

215. 今天的天气没有昨天好。

tɕiə̃r²¹ tʰien²¹ muo²¹ iər⁴⁴ xɔ⁵².

今儿 天　没　夜儿 好。

tɕiə̃r²¹ muo²¹ iər⁴⁴ tʰien²¹ xɔ⁵².

今儿 没　夜儿 天　好。

216. 昨天的天气比今天好多了。

iər⁴⁴ tiəʔ⁴ tʰiɛn²¹ pʰixŋ²⁴ /pi⁵² /kɛn⁵² tɕiə̃r²¹ xɔ⁵² ti⁰ tuo²¹.
夜儿的　天　凭　　/比 / 赶　今儿 好　得 多。

217. 明天的天气肯定比今天好。

miə̃r²⁴ pɔ²⁴ tʂuxŋ⁵² pʰixŋ²⁴ /pi⁵² /kɛn⁵² tɕiə̃r²¹ tʰiɛn²¹ xɔ⁵².
明儿 保 准　凭　　/比 / 赶　今儿 天　好。

miə̃r²⁴ ti⁰ tʰiɛn²¹ tɕʰi⁴⁴ pɔ²⁴ tʂuxŋ⁵² pʰixŋ²⁴ /pi⁵² /kɛn⁵² tɕiə̃r²¹ xɔ⁵².
明儿 的 天　气 保 准　凭　　/比 / 赶　今儿 好。

218. 那个房子没有这个房子好。

nei⁴⁴ kəʔ⁰ faŋ²¹ tʂɿ⁴⁴ muo²¹ (iəu⁴⁴) tʂəʔ⁴ kəʔ⁰ faŋ²¹ tʂɿ⁴⁴ xɔ⁵².
那　个 房　子 没 （有）　这 个 房　子 好。

219. 这些房子不如那些房子好。

tʂəʔ⁴ tʰuo²¹ tʰuo⁰ faŋ²¹ tʂɿ⁴⁴ pəʔ⁴ zʮ²⁴ / tʰixŋ⁵² pəʔ⁴ ʂaŋ⁴⁴/ pi⁵² pəʔ⁴ ʂaŋ⁴⁴
这 坨　坨 房　子 不 如 / 顶 不 上 / 比 不 上

nɛ⁴⁴ tʰuo²¹ tʰuo⁰ faŋ²¹ tʂɿ⁴⁴.
那 坨　坨 房　子。

220. 这个有那个大没有?

tʂɿ⁴⁴ kəʔ⁰ iəu⁵² nei⁴⁴ kəʔ⁰ ta⁴⁴ muo⁰ ?
这　个 有　那 个 大 没?

221. 这个跟那个一般大。

tʂɿ⁴⁴ kəʔ⁰ kxŋ²¹ nei⁴⁴ kəʔ⁰ iəʔ⁴ iaŋ⁴⁴ (iã̃r⁰) ta⁴⁴ ɕiɔ⁵².
这　个 跟　那 个 一 样 （样儿)大 小。

222. 这个比那个小了一点点儿,不怎么看得出来。

tʂɿ⁴⁴ kəʔ⁰ pʰixŋ²⁴ /pi⁵² /kɛn⁵² nei⁴⁴ kəʔ⁰ ɕiɔ⁵² lə⁰ iəʔ⁴ tiɛn²¹
这　个 凭　　/比 / 赶　那 个 小 了 一 点

tiɐr⁰, kʰɛn⁴⁴ pəʔ⁴ tʂʰuəʔ⁴ lɛ²⁴ ɕiɐr⁰.
点儿,看　　不 出 来 些儿。

223. 这个大,那个小,两个不一般大。

tsʅ⁴⁴ kəʔ⁰ ta⁴⁴, nei⁴⁴ kəʔ⁰ ɕiɔ⁵², liaŋ²⁴ kəʔ⁰ pəʔ⁴ i²¹ iaŋ⁴⁴ ta⁴⁴.
这　个　大，那　个　小，两　个　不　一　样　大。

224. 这个跟那个大小一样，分不出来。

tsʅ⁴⁴ kəʔ⁰ xuo²¹ nei⁴⁴ kəʔ⁰ ta⁴⁴ ɕiɔ⁵² iəʔ⁴ iaŋ⁴⁴, fɤŋ²¹ pəʔ⁴ tʂʰuəʔ⁴
这　个　和　那　个　大　小　一　样，分　不　出

lε²⁴ ɕiər⁰.
来　些儿。

225. 这个人比那个人高。

tʂəʔ⁴　kəʔ⁰ zɤŋ²⁴ pʰiɤŋ²⁴ /pi⁵² /kεn⁵² nei⁴⁴ kəʔ⁰ zɤŋ²⁴ kɔ²¹.
这　个　人　凭　/比　/赶　那　个　人　高。

226. 是高一点儿，可是没有那个人胖。

kɔ²¹ səʔ⁴ kɔ²¹ tiər⁰,　pəʔ²¹ kuo⁴⁴ muo²¹(iəu⁴⁴) nei⁴⁴ kəʔ⁰ zɤŋ²¹ pʰaŋ⁴⁴.
高　是　高　点儿，不　过　没　(有) 那　个　人　胖。

227. 他们一般高，我看不出谁高谁矮。

nie²⁴ mə⁰ liaŋ²⁴ kəʔ⁰ i²¹ iaŋ⁴⁴ kɔ²¹, vuo⁵² kʰεn⁴⁴ pəʔ⁴ tʂʰu²¹ lε⁰
茶＝们　两　个　一　样　高，我　看　不　出　来

ʂuei²⁴ kɔ²¹ ʂuei²⁴ ti²¹.
谁　高　谁　低。

228. 胖的好还是瘦的好？

pʰaŋ⁴⁴ ti⁰ xɔ⁵² (xεn²¹ sʅ⁴⁴) səu⁴⁴ ti⁰ xɔ⁵² ？
胖　的　好　(还　是) 瘦　的　好？

229. 瘦的比胖的好。

səu⁴⁴ ti⁰ pʰiɤŋ²¹ /pi⁵² /kεn⁵² pʰaŋ⁴⁴ ti⁰ xɔ⁵².
瘦　的　凭　/比　/赶　胖　的　好。

230. 瘦的胖的都不好，不瘦不胖最好。

səu⁴⁴ ti⁰ pʰaŋ⁴⁴ ti⁰ təu²¹ pəʔ⁴ xɔ⁵², pu²¹ pʰaŋ⁴⁴ pu²¹ səu⁴⁴ tsuei⁴⁴
瘦　的胖　的都　不　好，不　胖　不　瘦　最

xɔ⁵² .

好。

231. 这个东西没有那个东西好用。

tsɿ⁴⁴ kəʔ⁰ tuɤŋ²¹ ɕi⁰ muo²¹ /pəʔ⁴ zu²⁴ nei⁴⁴ kəʔ⁰ tuɤŋ²¹ ɕi⁰ xɔ²⁴ sɿ⁵²

这 个 东 西没 /不 如 那 个 东 西好 使

xuɛn⁰.

唤。

232. 这两种颜色一样吗？

tʂəʔ⁴ liaŋ²⁴ tʂuɤŋ⁰ iɛn²⁴ sei⁰ i²¹ iaŋ⁴⁴ pəʔ⁴ (i²¹ iaŋ⁴⁴)？

这 两 种 颜 色一样 不 (一样)？

233. 不一样，一种色淡，一种色浓。

pəʔ⁴ i²¹ iaŋ⁴⁴, i²¹ tʂuɤŋ⁰ sei²¹ tɛn⁵², i²¹ tʂuɤŋ⁰ sei²¹ ʂɤŋ²¹.

不 一样， 一 种 色 淡， 一 种 色 深。

234. 这种颜色比那种颜色淡多了，你都看不出来？

tʂəʔ⁴ tʂuɤŋ⁵² iɛn²⁴ sei⁰ pʰiɤŋ²⁴ /pi⁵² /kɛn⁵² nei⁴⁴ tʂuɤŋ⁰ iɛn²⁴ sei⁰ tɛn⁴⁴

这 种 颜 色凭 /比 / 赶那 种 颜 色淡

ti⁰ tuo²¹ ni⁰, ni⁵² xɛn²¹ kʰɛn⁴⁴ pəʔ⁴ tʂʰuəʔ⁴ lᴇ²⁴？

得多 呢， 你 还 看 不 出 来？

235. 你看看现在，现在的日子比过去强多了。

ni⁵² kʰɛn⁴⁴ ər²¹ kər⁴⁴, ər²¹ kər⁴⁴ ti⁰ kuaŋ²¹ tɕiɤŋ⁰ pʰiɤŋ²⁴ /pi⁵² / kɛn⁵²

你 看 而 个儿， 而个儿 的 光 景 凭 /比 / 赶

nei⁴⁴ xuər⁰ tɕʰiaŋ²¹ ti⁰ tuo²¹ ni⁰.

那 会儿强 得多 呢。

236. 以后的日子比现在更好。

i⁵² xəu⁴⁴ ti⁰ kuaŋ²¹ tɕiɤŋ⁰ pʰiɤŋ²⁴ /pi⁵² /kɛn⁵² ər²¹ kər⁴⁴ xɛn²¹ iɔ⁴⁴

以 后 的光 景 凭 /比 /赶 而 个儿还 要

xɔ⁵².

好。

237. 好好干吧，这日子一天比一天好。

　　xɔ⁵² xɔr⁰ kɛn⁴⁴(pa⁰), tʂəʔ²⁴ kuaŋ²¹ tɕiɤŋ⁰ iəʔ²⁴ tʰien⁰ pʰiɤŋ²⁴ /pi⁵²
　　好　好儿干　（吧），这　光　景　一　天　凭　　/比 /
　　/kɛn⁵² iəʔ²⁴ tʰien⁰ xɔ⁵².
　　赶　一　天　好。

238. 这些年的生活一年比一年好，越来越好。

　　tʂəʔ²⁴ nie²⁴ tʰər²⁴ sɤŋ²¹ xuo⁴⁴ iəʔ²⁴ nien²⁴ pʰiɤŋ²⁴ /pi⁵² /kɛn⁵² iəʔ²⁴
　　这　年　头儿 生　活　一　年　凭　　/比 /赶　一
　　nien²⁴ xɔ⁵², yo²⁴ lɛ²⁴ yo²⁴ xɔ⁵² lie⁰/lə⁰.
　　年　好，越　来　越　好　咧/了。

239. 咱兄弟俩比一比谁跑得快。

　　tsɑ²¹ ti⁴⁴ ɕyɤŋ²¹ liaŋ²⁴ kəʔ⁰ pi⁵² i²¹ piər⁵²/pi⁵² i²¹ xɤr⁰/ pi⁵² kəʔ⁴ xɤr⁰
　　咱　弟 兄　两　个 比 一比儿/比一下儿/比 给 下儿
　　kʰɛn⁴⁴ ʂuei²⁴ pʰɔ⁵² ti⁰ kʰuɛ⁴⁴.
　　看　谁　跑　得　快。

240. 我比不上你，你跑得比我快。

　　vuo⁵² pi⁵² pəʔ²⁴ kuo⁴⁴ ni⁵², ni⁵² pʰɔ⁵² ti⁰ pʰiɤŋ²⁴ /pi⁵² /kɛn⁵² vuo⁵²
　　我　比　不　过　你，你　跑　得　凭　　/比 /赶　我
　　xuɛn²¹.
　　欢。

241. 他跑得比我还快，一个比一个跑得快。

　　nie²⁴ pʰiɤŋ²⁴ /pi⁵² /kɛn⁵² vuo²¹ pʰɔ⁵² ti⁰ xɛn²¹ kʰuɛ⁴⁴, i²¹ kəʔ⁰
　　茶⁼ 凭　　/比 /赶　我　跑　得 还　快，一 个
　　pʰiɤŋ²⁴ /pi⁵² /kɛn⁵² i²¹ kəʔ⁰ pʰɔ⁵² ti⁰ kʰuɛ⁴⁴.
　　凭　　/比 /赶　一　个　跑　得　快。

242. 他比我吃得多，干得也多。

　　nie²⁴ pʰiɤŋ²⁴ /pi⁵² /kɛn⁵² vuo⁵² tʂʰʅ²¹ ti⁰ tuo²¹, kɛn⁴⁴ ti⁰ ie⁵² tuo²¹.
　　茶⁼ 凭　　/比 /赶　我　吃　得 多，干　得 也 多。

243. 他干起活来，比谁都快。

nie^{24} kɛn^{44} ʂɿə^{0} xuo^{24} li^{0}, p^{h}iɤŋ^{24} /pi^{52} /kɛn^{52} ʂuei^{24} təu^{21} xuɛn^{21}.

茶⁼ 干 上 活 哩，凭 /比 /赶 谁 都 欢。

244. 说了一遍，又说一遍，不知说了多少遍。

ʂuo^{21} li^{0} iəʔ^{4} ts^{h}ɛn^{44}, iəu^{44} ʂuo^{21} li^{0} iəʔ^{4} ts^{h}ɛn^{44}, pəʔ^{4} ɕiɔ^{52} ʂuo^{21}

说 哩一 䪜， 又 说 哩一 䪜， 不 晓 说

li^{0} tuo^{24} ʂɿə^{0} ts^{h}ɛn^{44}.

哩 多 少 䪜。

245. 我嘴笨，可是怎么也说不过他。

vuo^{52} tsuei^{52} tʂuo^{21}, tsɑ^{24} ie^{21} ʂuo^{21} pəʔ^{4} kuo^{44} nie^{24}.

我 嘴 拙， 咋 也 说 不 过 茶⁼。

246. 他走得越来越快，我都跟不上了。

nie^{24} yo^{24} tsəu^{52} yo^{24} xuɛn^{21}, vuo^{21} təu^{21} niɛn^{52} pəʔ^{4} ʂɑŋ^{44} lie^{0}/lə^{0}.

茶⁼ 越 走 越 欢， 我 都 撵 不 上 咧/了。

247. 越走越快，越说越快。

yo^{24} tsəu^{52} yo^{24} xuɛn^{21}, yo^{24} ʂuo^{21} yo^{21} k^{h}uᴇ^{44}.

越 走 越 欢， 越 说 越 快。

248. 慢慢说，一句一句地说。

mɛn^{44} mɐr^{0} /mɛn^{44} ɕiər^{0} ʂuo^{21}, i^{21} tɕy^{44} i^{21} tɕy^{44} ʂuo^{21}.

慢 慢儿/慢 些儿说， 一句 一句 说。

扫码收听

第十三章　话语材料

一　谚语

扫码收听

1. ti⁴⁴ sʅ²¹ kua²¹ tɕiɤŋ²⁴ pen⁵², zɤŋ²⁴ tɕʰiɤŋ²⁴ ti⁴⁴ pəʔ⁴ lɛn⁵².
   地　是　刮　金　板，　人　勤　　地　不　懒。

2. zɤŋ²¹ vu⁴⁴ ti⁴⁴ iəʔ⁴ sʅ²⁴, ti⁴⁴ vu⁴⁴ zɤŋ²⁴ iəʔ⁴ nien²⁴.
   人　误　地　一　时，地　误　人　一　年。

3. zɤŋ²⁴ tɕʰiɤŋ²⁴ ti⁴⁴ iəu⁵² nɤŋ²¹, pien⁴⁴ ti⁴⁴ tʂʰuəʔ⁴ xuaŋ²⁴ tɕiɤŋ²¹.
   人　勤　地　有　恩，遍　地　出　黄　金。

4. iəʔ⁴ kʰuaŋ⁰ piɤŋ²¹ ɕyo⁰ iəʔ⁴ kʰuaŋ⁰ liaŋ²⁴, piɤŋ²¹ ɕyo⁰ kuei²¹
   一　筐　冰　雪一　筐　粮，冰　雪　归
   tʰiɛn⁰ liaŋ²⁴ mɛn⁵² tsʰaŋ²¹.
   田　粮　满　仓。

5. tʂʰuɤŋ²¹ y⁵² zu²⁴ iəu²⁴ ɕia⁵² zu²⁴ tɕiɤŋ²¹, kuɛn²⁴ xɔ⁵² tɕʰiəu²⁴
   春　雨　如油　夏　如　金，管　好　秋
   ʂuei⁵² i²⁴ tuɤŋ⁰ tʂʰuɤŋ²¹.
   水　一　冬　春。

6. ʂu⁴⁴ mu⁰ lien²⁴ tʂʰɤŋ⁰ iəʔ⁴ ta⁴⁴ pʰien⁵², pəʔ⁴ pʰa⁴⁴ y⁵² lɔ⁴⁴ xuo⁴⁴
   树　木　连　成　一　大　片，　不　怕　雨　涝　和
   tʰien²¹ xɛn⁴⁴.
   天　旱。

7. tʰəu²⁴ fu⁰ tɕʰiɔ²¹ mei⁴⁴ xəʔ⁴ iəu²⁴ kuaŋ²¹, ər⁴⁴ fu⁰ tɕʰiɔ²¹ mei⁴⁴
　　头　伏　荞　麦　黑　油　光，　二　伏　荞　麦

tʂɤŋ⁴⁴ ken⁵² ʂaŋ⁰, sɛn²¹ fu⁰ tɕʰiɔ²¹ mei⁴⁴ pʰɤŋ⁴⁴ taŋ²⁴ taŋ⁰.
正　赶　上，三　伏　荞　麦　碰　当　当。

8. tʰəu²⁴ fu⁰ luo²¹ puo⁴⁴ ər⁴⁴ fu²⁴ kɛ⁴⁴, sɛn²¹ fu²⁴ tʂuɤŋ⁴⁴ təʔ⁰ xɔ⁵²
　　头　伏　萝　卜　二　伏　芥，　三　伏　种　的　好

pei²¹ tsʰɛ⁴⁴.
白　菜。

9. tʰəu²¹ piɛn⁴⁴ tʂʰu²⁴ tɕʰiɛn⁵² ər⁴⁴ piɛn⁴⁴ tʂʰu²⁴ ʂɤŋ²¹, sɛn²¹ piɛn⁰
　　头　遍　锄　浅　二　遍　锄　深，　三　遍

pa²⁴ tʰu⁵² yɤŋ²¹ tɔ⁴⁴ kɤŋ²¹.
把　土　拥　到　根。

10. kɛn²¹ tʂʰu²¹ mi²¹ tsɿ⁴⁴ ʂʅ²¹ tʂʰu²¹ təu⁴⁴, mɤŋ²⁴ mɤŋ⁰ ɕi⁴⁴ y⁵² tʂʰu²¹
　　干　锄　糜　子　湿　锄　豆，　濛　濛　细　雨　锄

vɛn²¹ təu⁴⁴. ku²¹ tsɿ⁴⁴ tʂʰu²¹ ti⁰ laŋ²⁴ laŋ⁰ tɔ⁵², tɕʰiɔ²¹ mei⁴⁴ tʂʰu²¹
豌　豆。谷　子　锄　得　浪　浪　倒，荞　麦　锄

təʔ⁰ kəu⁵² tʂua²¹ tʂua⁰.
得　狗　爪　爪。

11. iɛn⁴⁴ tsɿ⁰ ti²¹ fei²¹ ʂʅə²¹ kuo⁴⁴ tɔ⁴⁴, ʂuei⁵² kaŋ⁰ tʂʰu²¹ xɛn⁴⁴
　　燕　子　低　飞　蛇　过　道，水　缸　出　汗

lɛ⁴⁴ xa²¹ ma⁰ tɕiɔ⁴⁴, ma²⁴ iər⁰ pɛn²¹ tɕia⁰ sɛn²¹ tɛ⁴⁴ mɔ⁴⁴,
癞　蛤　蟆　叫，　蚂　蚁　儿　搬　家　山　戴　帽，

pi²⁴ iəu⁵² ta⁴⁴ y⁵² tɔ⁴⁴.
必　有　大　雨　到。

12. iəʔ⁴ zʅ⁰ nɛn²⁴ fɤŋ²¹ sɛn²¹ zʅ⁰ pɔ⁴⁴, sɛn²¹ zʅ⁰ nɛn²⁴ fɤŋ²¹ kəu⁵²
　　一　日　南　风　三　日　曝，三　日　南　风　狗

tsuɛn²¹ tsɔ⁴⁴.
钻　灶。

13. ʐʅ^{21} tʂʰuəʔ^{24} ʐʅ^{21} luo^{21} iɛn^{21} tsʅ^{0} xuɤŋ^{24}, pəʔ^{24} sʅ^{44} xa^{44} y^{52} tɕiəu^{44}
　日　出　日　落　胭　脂　红，　不　是　下　雨　就
sɤŋ^{21} fɤŋ^{0}.
　生　风。

14. tsɔ^{24} tɕʰi^{52} xuɤŋ^{24} ɕia^{24} vɛn^{52} luo^{21} y^{52}, vɛn^{24} tɕʰi^{0} xuɤŋ^{24} ɕia^{24} sE^{44}
　早　起　红　霞　晚　落　雨，晚　起　红　霞　晒
sʅ^{52} y^{24}.
　死　鱼。

15. tʰiɛn^{21} ʂaŋ^{0} tsa^{44} luei^{24} pəʔ^{24} tuɛn^{44}, iəu^{24} y^{52} kʰɤŋ^{52} tE^{44} piɤŋ^{21}
　天　上　炸　雷　不　断，　有　雨　肯　带　冰
tɛn^{44}.
　蛋。

16. xɛn^{24} tʂʰɔ^{0} kuo^{44} xəu^{44} tʰiɛn^{21} tʂuɛn^{52} tɕʰiɤŋ^{24}, iəʔ^{24} tʂɔ^{21} ɕi^{21}
　寒　潮　过　后　天　转　晴，　一　朝　西
fɤŋ^{0} iəu^{52} ʂuaŋ^{21} tuɤŋ^{44}.
　风　有　霜　冻。

17. tɕiɤŋ^{52} tʂɤŋ^{24} tɕʰyɤŋ^{24} ʂu^{44} tʂʰɤŋ^{24} liɤŋ^{24}, sa^{21} tʰu^{52} vuo^{21} li^{0}
　井　成　群　树　成　林，　沙　土　窝　里
pəʔ^{24} tɕʰi^{21} tʂʰɤŋ^{24}.
　不　起　尘。

18. fɤŋ^{21} niɛn^{0} iɔ^{44} taŋ^{21} tɕʰiɛn^{44} niɛn^{24} kuo^{44}, y^{44} tɔ^{0} tɕʰiɛn^{44} niɛn^{24}
　丰　年　要　当　欠　年　过，　遇　到　欠　年
pəʔ^{24} nE^{24} nuo^{44}.
　不　挨　饿。

19. sɛn^{21} niɛn^{24} pəʔ^{24} tʂʰʅ^{21} iɛn^{0}, tsɛn^{52} kəʔ^{0} lɔ^{52} niəu^{24} tɕʰiɛn^{0}。
　三　年　不　吃　烟，攒　个　老　牛　钱。

20. tɕiɤŋ^{21} kʰuaŋ^{21} iɤŋ^{24} kʰuaŋ^{21}, pəʔ^{24} zu^{24} fɤŋ^{44} kʰuaŋ^{21}.
　金　筐　银　筐，　不　如　粪　筐。

扫码收听

二　儿歌九首

2.1 《哄娃娃歌儿》

ɔ⁵²! ɔ⁵²!

噢！噢！

vɑ²⁴ vɑ⁰ kuɛ²¹, liɤŋ⁵² ʂʅə⁰ kɛ²¹,

娃　娃　乖，　领　　上　街，

xɯ²¹ tʰɔ⁰ tsər⁵² mɛn⁵² xuɛ²⁴ tʂʰuɛ²¹.

核　桃　枣儿　满　　怀　揣。

2.2 《调教站立歌儿》

nɤŋ²⁴ nɤŋ⁰ nɤŋ²⁴ nɤŋ⁰ tsɛn⁴⁴ tsɛn⁰, ɕiaŋ⁴⁴ kəʔ⁴ tɕiaŋ²¹ ʂuei⁵² kuɛn⁴⁴

能　能　能　能　站　站，　像　个　浆　水　罐

kuɛn⁰, nɤŋ²⁴ nɤŋ⁰ nɤŋ²⁴ nɤŋ⁰ tsɛn⁴⁴ tsɛn⁰, tɕiɔ²⁴ ni²¹ vei⁴⁴ ie⁰ vei⁴⁴

罐，　能　能　能　能　站　站，　教　你　外　爷　外

nɛ⁰ kuo⁴⁴ lɛ⁰ kʰɛn⁴⁴ kʰɛn⁰!

奶　过　来　看　　看！

2.3 《打花花手》

tɑ⁵² xuɑ²¹ xuɑ⁰ ʂəu⁵², mɛ⁴⁴ lien²⁴ tɕiəu⁵²,

打　花　花　手，　卖　莲　韭，

lien²⁴ tɕiəu⁵² kɔ²¹, ʂɛn⁵² ʂʅə²⁴ iɔ²¹,

莲　韭　高，　闪　折　腰，

iɔ²¹ li⁰ pie²⁴ iəʔ⁴ kə⁰ xuaŋ²⁴ lien²⁴ tɔ⁰,

腰　里别　一　个　黄　　镰　刀，

kʰɛn⁵² xuaŋ²⁴ tsʰɔ⁵², vei⁴⁴ xuaŋ²⁴ mɑ⁵²,

砍　黄　草，　喂　黄　马，

xuaŋ²⁴ mɑ⁵² vei⁴⁴ təʔ⁰ pʰaŋ⁴⁴ pʰaŋ⁴⁴ ti⁰,

黄　马　喂　得　胖　胖　的，

lɔ⁵² niaŋ²⁴ tɕʰi²⁴ ʂaŋ⁴⁴ kɔ⁴⁴ tʂuaŋ⁴⁴ tɕʰi⁰,

老　娘　骑　上　告　状　　去，

iəʔ⁴ kɔ⁴⁴ kɔ⁴⁴ tɔ⁰ xɯ²¹ kʰɤŋ²¹ li⁰,

一　告　告　到　黑　坑　里，

mər²⁴ tʂʰuei²¹ tɤŋ²¹ li⁰,

猫儿 吹　　灯　哩，

xər²⁴ zɤŋ⁴⁴ tʂɤŋ²¹ li⁰！

猴儿 紉　　针　哩！

2.4 《药土土》

（找一点干净的土按在伤口上，祷告着说）

yo²¹ tʰu⁵² tʰu⁰, tʰu⁵² yo²¹ yo⁰, pəʔ⁴ kuo⁴⁴ sen²¹ tʰien⁰ pu⁵² xuo²¹ xuo⁰.

药　土　土，土　药　药，不　过　三　天　补　豁　豁。

2.5 《娃娃勤和懒》

va²⁴ va⁰ tɕʰiɤŋ²⁴ ie⁰, nᴇ⁴⁴ sɿ⁵² zɤŋ²⁴ ie⁰！

娃　娃　勤　　也，爱　死　人　也！

va²⁴ va⁰ len⁵² ie⁰, laŋ²⁴ tiɔ²¹ muo²¹ zɤŋ²⁴ nien⁵² ie⁰！

娃　娃　懒也，狼　叼　没　人　�也！

2.6 《搅搅团》

tɕiɔ²⁴ tɕiɔ⁵² tʰuen⁰, tɕiɔ²⁴ tɕiɔ⁵² tʰuen⁰,

搅　搅　团，　搅　搅　团，

tɕiɔ⁵² xa⁰ tɕiɔ⁵² tʰuen⁰ vei⁴⁴ lɔ⁵² xen⁰,

搅　下　搅　团　喂　老　汉，

vei⁴⁴ xa⁰ lɔ⁵² xen⁰ pəʔ⁴ ʂɔ⁵² tɕʰien²⁴,

喂　下　老　汉　不　少　钱，

pəʔ⁴ tʂʰɿ²¹ ken⁵² mien⁴⁴ tʂɿ²¹ tɕiɔ⁵² tʰuen⁰.

不　吃　擀　面　吃　搅　团。

tʰɑ²¹ lɑ²¹ lɑ⁰ suɛn⁴⁴, tɕiɔ²⁴ tɕiɔ⁵² tʰuɛn⁰,
踏 辣 辣 蒜， 搅 搅 团，
tʂʰʅ²¹ lə⁰ tɕiɔ⁵² tʰuɛn⁰ zʅ²¹ kɔ²¹ kɛn⁰.
吃 了 搅 团 日 高 杆。

2.7 《骂人歌儿(一)》
tɑ⁵² ŋuo²¹ ʂəu⁵², piɛn⁴⁴ xuɑ²¹ kəu⁵²,
打 我 手， 变 花 狗，
xuɑ²¹ kəu⁰ niɔ⁴⁴ niɔ⁴⁴ ni⁵² xuɔ²¹ tɕiəu⁵².
花 狗 尿 尿 你 喝 酒。

2.8 《骂人歌儿(二)》
təʔ⁴ lãr⁰ təʔ⁴ lãr⁰ iɔ²⁴ liɤŋ²⁴ liɤŋ⁰,
得 唥儿 得 唥儿 摇 铃 铃，
ʂuei²¹ ɕiɔ⁴⁴ ʂuei²⁴ kəu²¹ tsʅ⁴⁴ tɕiɑ²¹ kəʔ⁴ sʅ⁵² tiɤŋ²¹ tiɤŋ⁰.
谁 笑 谁 沟 子 夹 个 屎 丁 丁。

2.9 《问张果老》
nᴇ²⁴ pɛn⁴⁴ tʰəu²¹ tɕʰi⁰ tuɤŋ²¹ kəʔ⁴ ʂuei²⁴？
崖 畔 头 起 蹲 个 谁?
kʰuᴇ⁴⁴ ʂuo²¹ ŋuo⁵² tsɑ²⁴ zɤŋ⁴⁴ pəʔ⁴ tei⁰.
快 说 我 咋 认 不 得。
zɤŋ⁴⁴ pəʔ⁴ tei⁰, nɑ⁴⁴ tɕiəu⁴⁴ xɔ⁵²!
认 不 得， 那 就 好!
ŋuo²¹ miɤŋ²¹ tsʅ⁴⁴ tɕiɔ⁴⁴ kəʔ⁰ tʂaŋ²¹ kuo²⁴ lɔ⁵².
我 名 字 叫 个 张 果 老。
nəʔ⁴ ni⁵² vei⁴⁴ sɑ²⁴ pəʔ⁴ xɑ⁴⁴ lᴇ⁰？
那 你 为 啥 不 下 来?
ŋuo⁵² pʰɑ⁴⁴ ni²¹ mə⁰ kəu⁵² vɑ²¹ tsʅ⁴⁴ niɔ⁵².
我 怕 你 们 狗 娃 子 咬。

ŋuo⁵² lɛ²⁴ kei²¹ ni⁵² taŋ⁴⁴!

我　来　给　你　挡!

ni⁵² taŋ⁴⁴ nei⁴⁴ tɕiəu⁴⁴ xɔ⁵²!

你　挡　那　就　　好!

kəʔ²⁴ lɔ⁰　vuo²¹ tsʅ⁰ tɕia²¹ təʔ⁰ sa²⁴ ?

胳　老⁼　窝　子夹　的　啥?

tɕia²¹ təʔ⁰ lɛn⁴⁴ pʰi²⁴ nɔ⁵².

夹　的　烂　皮　袄。

ni⁵² tsa²⁴ pəʔ²⁴ tʂʰuɛn²¹ ?

你　咋　不　穿?

ŋuo⁵² ɕien²⁴ sei²¹ tsʅ⁰ niɔ⁵²!

我　嫌　虱　子　咬。

ni⁵² tsa²⁴ pəʔ²⁴ tʂuo²¹ ?

你　咋　不　捉?

ŋuo⁵² nien⁵² tɕiɤŋ⁰ kʰɛn⁴⁴ pəʔ²⁴ tʂuo²⁴.

我　眼　睛　看　不　着。

ŋuo⁵² lɛ²⁴ kei²¹ ni⁵² tʂuo²¹!

我　来　给　你　捉!

ni⁵² tʂuo²¹ nei⁴⁴ tɕiəu⁴⁴ xɔ⁵²!

你　捉　那　就　　好!

（儿歌由马占仓提供）

三　短文

扫码收听

3.1　北风跟太阳

有一回,北风跟太阳在那儿争论谁的本事大。争来争去就是分不出高低来。这时候路上来了个走道儿的,他身上穿着件厚大衣。他们俩就说好了，谁能先叫这个走道儿的脱下他的厚大衣，就算谁的本事大。北风就使劲地刮起来了，不过他越是刮得厉害，那个走道儿的把大衣裹得越紧。后来北风没法儿了，只好就算了。过了一会儿，太阳出来了。他火辣辣的一晒，那个走道儿的马上就把那件厚大衣脱下来了。这下儿北风只好承认，他们俩当中还是太阳的本事大。

$$pei^{21} f\gamma\eta^0 xuo^{44} p^hu^{24} sen^0$$

北　风　和　菩　萨

$iəu^{52} iə\Omega^4 xuei^{24}$, $pei^{21} f\gamma\eta^0 xuo^{44} p^hu^{24} sen^0 tsE^{44} nə\Omega^4 t\gamma r^0 \underset{\sim}{z}a\eta^{52}$

有　一　回　，　北　风　和　菩　萨　在　那　搭儿　嚷

$t\varphi ia\eta^0 \underset{\cdot}{s}uei^{24} n\gamma\eta^{24} \varphi i\gamma\eta^0$. $\underset{\sim}{z}a\eta^{52} lE^{24} \underset{\sim}{z}a\eta^{52} t\varphi^hi^{44} t\varphi iəu^{44} s\underset{\cdot}{\imath}^0 f\gamma\eta^{21}pə\Omega^4$

讲　谁　能　行。嚷　来　嚷　去　就　是　分　不

$ts^huə\Omega^0 \underset{\cdot}{s}uei^{24} ts\gamma\eta^{21}$.$ts\underset{\cdot}{\imath}^{44} ten^{21} xuər^0$, $lE^{24} li^0 kə\Omega^0 tsəu^{52} ləu^{44} tə\Omega^0$, nie^{24}

出　谁　争。这　旦　乎儿　来　哩个　走　路　的，茶゠

$\underset{\cdot}{s}\gamma\eta^{21} \underset{\cdot}{s}a\eta^0 ts^huen^{44} lə^0 t\varphi ier^{44} xəu^{44} ta^{44} ts^ha\eta^{52}$. $pei^{21} f\gamma\eta^0 xuo^{44}$

身　上　穿　了件儿　厚　大　氅。北　风　和

$p^hu^{24} sen^0 t\varphi iəu^{44} \underset{\cdot}{s}uo^{21} x\mathfrak{c}^{52}$, $\underset{\cdot}{s}uei^{24} n\gamma\eta^{24} \varphi ien^{21} t\varphi i\mathfrak{c}^{44} ts\underset{\cdot}{\imath}^{44} kə\Omega^0 tsəu^{52}$

菩　萨　就　说　好，谁　能　先　叫　这　个　走

$ləu^{44} tə\Omega^0 t^huo^{21} lə^0 nie^{24} tə\Omega^0 ta^{44} ts^ha\eta^{52}$, $t\varphi iəu^{44} suen^{44} \underset{\cdot}{s}uei^{24} n\gamma\eta^{24}$

路　的　脱　了茶゠的　大　氅，　就　算　谁　能

$\varphi i\gamma\eta^0$. $pei^{21} f\gamma\eta^0 t\varphi iəu^{44} y\gamma\eta^{44} t\varphi i\gamma\eta^{44} kua^{21} k^hE^{21} lie^0$, $t\varphi ie^{21} kuo^0 yo^{24}$

行。北　风　就　用　劲　刮　开　咧，结果　越

$kua^{21} tə\Omega^0 li^{44} xE^0$, $nei^{44} kə\Omega^0 tsəu^{52} ləu^{44} ti^0 pa^{21} ta^{44} ts^ha\eta^{52} kuo^{52} tə\Omega^0$

刮　得　厉害，那　个　走　路　的　把　大　氅　裹　得

$yo^{24} t\varphi i\gamma\eta^{52}$. $tsuei^{44} xəu^{44}$, $pei^{21} f\gamma\eta^0 k^hen^{44} t\varphi ien^{44} muo^{24} fer^0 lie^0$, $ts\underset{\cdot}{\imath}^{52}$

越　紧。最　后，北　风　看　见　没　法儿咧，只

$x\mathfrak{c}^0 suen^{44} lie^0$. $t^h\gamma\eta^{44} li^0 iə\Omega^2 ts\underset{\sim}{a}r^0$, $p^hu^{24} sen^0 ts^huə\Omega^4 lE^{24} lie^0$. $p^hu^{24} sen^0$

好　算　咧。腾　哩一　阵儿，菩　萨　出　来　咧。菩　萨

xuo⁵² kaŋ²¹ kaŋ⁰ tɕie⁰ iə?²⁴ sᴇ⁴⁴, nei⁴⁴ kə?⁰ tsəu⁵² ləu⁴⁴ tə?⁰ ʂua²⁴ ma⁰
火　杠　杠　家　一　晒，那　个　走　路　的　歘　马
tɕiəu⁴⁴ pa²¹ ta⁴⁴ tʂʰaŋ⁵² tʰuo⁰ xa⁴⁴ lᴇ²⁴ lie⁰. tʂei⁴⁴ xɐr⁰ pei²¹ fɤŋ⁰ pə?²⁴
就　把　大　氅　脱　下　来　咧。这　下儿　北　风　不
tei⁰ pə?²⁴ tʂʰɤŋ²¹ zɤŋ⁴⁴, tʰa²¹ mɤŋ⁰ liaŋ⁵² kə?⁰ tʂuɤŋ²¹ tɕien⁰ xɛn²¹ sʅ⁴⁴
得　不　承　认，他　们　两　个　中　间　还　是
tʰᴇ⁴⁴ iaŋ⁰ nɤŋ²⁴ ɕiɤŋ⁰.
太　阳　能　行。

3.2　花马池的传说

xua²¹ ma⁵² tsʰʅ²⁴ ti⁰ tʂʰuɛn²⁴ ʂuo⁰
花　　马　　池　　的　传　　说

tɔ⁴⁴ kuo⁰ xua²¹ ma⁵² tsʰʅ²⁴ ti⁰ zɤŋ²⁴ təu²⁴ ɕiɔ⁵² tei⁰, xua²¹ ma⁵²
到　过　花　马　池　的　人　都　晓　得，花　马
tʂʰʅ²⁴ ti⁰ ien²⁴ sʅ²¹ ien²⁴ kɤŋ²¹ sɤŋ²¹ ti⁰, iɔ⁴⁴ sʅ⁰ va²¹ li⁰ ien²⁴ kɤŋ²¹, tsʰʅ²⁴
池　的　盐　是　盐　根　生　的，要　是　挖　哩　盐　根，池
ʂuei⁵² tɕiəu⁴⁴ pə?²⁴ tʂaŋ⁵² ien²⁴ lie⁰, suo²⁴ i⁵² pə?²⁴ kuɛn⁵² na²¹ tʂʰɔ²⁴ na²¹ tᴇ⁴⁴
水　就　不　长　盐　咧，所　以　不　管　哪　朝　哪　代
təu²⁴ pə?²⁴ zaŋ⁴⁴ va²¹ ien²⁴ kɤŋ²¹. ien²⁴ kɤŋ²¹ kʰen⁴⁴ tɕʰi⁵² lᴇ⁰ sʅ⁴⁴ faŋ²¹
都　不　让　挖　盐　根。盐　根　看　起　来　四　方
sʅ⁴⁴ tʂɤŋ⁴⁴, tuo²¹ ʂu⁴⁴ tɕiəu⁴⁴ ɕiaŋ⁴⁴ tsə?²⁴ tʰəu⁴⁴ tɐr⁰ ta⁴⁴ ɕiɔ⁰, liɤŋ²¹ suei⁴⁴
四　正，多　数　就　像　指　头　蛋儿　大　小，零　碎
iəu⁵² tʂʰuei²⁴ tʰəu⁰ ta⁴⁴ ti⁰. ien²⁴ kɤŋ²¹ kʰuo²¹ liaŋ⁴⁴ li⁰, tʂuɤŋ²¹ tɕien⁰ xɛn²⁴
有　槌　头　大　的。盐　根　可　亮　哩，中　间　还
iəu⁵² kə?⁰ ɕiɔ⁵² tʰu²⁴ nier⁵², mᴇ⁰ tsᴇ⁴⁴ len⁴⁴ ɕi²¹ ni²⁴ li⁵². ien²⁴ kɤŋ²¹
有　个　小　土　眼儿，埋　在　烂　稀　泥　里。盐　根
nɤŋ²⁴ tʂaŋ⁵² ien²⁴, xɛn²⁴ nɤŋ²⁴ tʂʅ⁴⁴ piɤŋ⁴⁴ li⁰, ɕiaŋ⁴⁴ ɕiɤŋ²¹ kʰəu⁵² tsʅ⁰
能　长　盐，还　能　治　病　哩，像　心　口　子

tʰɤŋ²⁴、xuo²⁴ niɛn⁰、niɛn⁵² tʰɤŋ²⁴ xɛn²⁴ iəu⁵² sɤŋ²¹ kʰəu⁵²
疼、 火 眼、 眼 疼 还 有 牲 口

təʔ⁰ niɛn⁵² ʐʐə²¹ tu²⁴ təu²⁴ nɤŋ²¹ tʂʅ⁴⁴. iɤŋ²¹ vei⁴⁴ tsəʔ²⁴ kəʔ⁰, xua²¹ ma⁵²
的 眼 热 毒 都 能 治。 因 为 这 个， 花 马

tsʰʅ²⁴ tʂəʔ²⁴ tɐr⁰ təʔ⁰ ʐɤŋ²⁴ təu²¹ tɕiɔ⁴⁴ tʰa²¹ "iɛn²⁴ pɔ⁵² pɔ⁰ ".
池 这 搭 儿的 人 都 叫 它 "盐 宝 宝"。

ʂuo²¹ tɕʰie⁵² tsəʔ⁴⁴ kəʔ⁰ "iɛn²⁴ pɔ⁵² pɔ⁰ ", xɛn²⁴ iəu⁵² kəʔ⁴ tʂʰuɛn²⁴ ʂuo⁰.
说 起 这 个 "盐 宝 宝"， 还 有 个 传 说。

lɔ²⁴ tsɔ⁵² i⁵² tɕʰiɛn²⁴, xua²¹ ma⁵² tsʰʅ²⁴ tʂəu²¹ vei²⁴ xɛn²⁴ muo²¹
老 早 以 前， 花 马 池 周 围 还 没

ʂɤŋ²¹ xɔ⁰ ʐɤŋ²⁴ tɕiɔ⁰. nnE⁴⁴ tɛn²¹ xuər⁰, nəʔ²⁴ tɐr⁰ səʔ²⁴ kəʔ⁰ xE⁵² tsʅ⁰,
窊 下 人 家。 那 旦 乎儿， 那 搭 儿是 个 海 子，

iəu⁵² pei²⁴ ʂəʔ²⁴ li⁰ faŋ⁵² yɛn⁰, xE⁵² tsʅ⁰ taŋ²¹ tʂuɤŋ⁰ iəu⁵² tɕʰi²¹ kəʔ⁴ ʂuei²⁴
有 百 十 里 方 圆， 海 子 当 中 有 七 个 水

niɛn⁵², mei²⁴ kəʔ⁰ ʂuei²⁴ niɛn⁰ iəu⁵² kəʔ⁴ puo⁴⁴ tsʰu²¹ ɕi⁴⁴, i²¹ niɛn²⁴ sʅ⁴⁴
眼， 每 个 水 眼 有 胳 膊 粗 细， 一 年 四

tɕi⁴⁴ ku²¹ tu⁰ ku²¹ tu⁰ vaŋ⁵² vE⁴⁴ mɔ⁴⁴ ʂuei⁵². ʂuei⁵² sʅ⁰ tʰiɛn²¹ ti⁴⁴, pəʔ²⁴
季 咕 嘟 咕 嘟 往 外 冒 水。 水 是 甜 的，不

tsʰɛn⁵² iɛn²⁴, xɛn⁵² tsʅ⁰ piɛn²¹ tʂaŋ⁵² kʰuo⁵² tuo²¹ tsʰɔ⁵². nE⁴⁴ sʅ²⁴ xər⁴⁴ iəu⁵²
产 盐，海 子 边 长 可 多 草。 那 时候儿 有

kəʔ⁰ tɕiɔ⁴⁴ xua²¹ liaŋ²⁴ tiⁿ ɕiɔ²⁴ xuo⁵² tsʅ⁰, suei²¹ ʐɤn²¹ tɕʰɤŋ²⁴ tɛn⁴⁴ sʅ⁰
个 叫 花 良 的 小 伙 子，虽 然 穷 但 是

ɕiɤŋ²¹ xɔ⁰, tʂʰaŋ²¹ tsE⁴⁴ tʂəʔ²⁴ tɐr⁰ taŋ⁴⁴ kər²⁴ təʔ⁰ iaŋ²⁴ xuo⁴⁴ iəʔ⁴ pʰiⁿ ta⁴⁴
心 好，常 在 这 搭 儿挡 各 儿的 羊 和 一 匹 大

pei²⁴ mɔ⁴⁴. iəu⁵² iəʔ⁴ tʰiɛn⁰, xua²¹ liaŋ²⁴ pa²¹ iaŋ²⁴ kɛn⁵² tsE⁴⁴ sa²¹ kəʔ⁴ liaŋ⁴⁴
白 马。有 一 天， 花 良 把 羊 赶 在 沙 圪 梁

ʂəʔ⁰, kuor²⁴ tɐ⁴⁴ xE⁵² tsʅ⁰ piɛn²¹ piɛn²¹ tɕʰi⁴⁴ ɕi²⁴ liɛn⁵². ta²⁴ mɤŋ⁵² tsʅ⁰ kʰɛn⁴⁴
上， 各 儿到 海 子 边 边 去 洗 脸。 打 猛 子 看

tɕien⁰ kə₀⁰ ny⁵² ti⁰, kʰuo⁵² tɕyʁŋ⁴⁴ ni⁰, ʂʁŋ²¹ tuɐr⁰ ie⁵² miɔ²⁴ tʰiɔ⁰, tɕiəu⁴⁴
见 个 女 的, 可 俊 呢, 身 段儿 也 苗 条, 就

sʅ⁰ tsʰəu²⁴ mi²⁴ kʰu²⁴ lien⁰, iəʔ²⁴ lien⁰ nien⁵² luei⁴⁴ pɑ²¹ pɑ⁰. i²¹ vʁŋ⁴⁴, ny⁵² tsʅ⁰
是 愁 眉 苦 脸, 一 脸 眼 泪 疤 疤。一 问, 女 子

tɕiɔ⁴⁴ vɑŋ²⁴ pɔ⁵² pɔ⁰, tʂu⁴⁴ tsE⁴⁴ vɑŋ²⁴ tɕie⁰ tʂuɑŋ²¹, liəu⁴⁴ suei⁴⁴ sʅ⁵² li⁰ niɑŋ²⁴,
叫 王 宝 宝, 住 在 王 家 庄, 六 岁 死 哩 娘,

tʰɑ²¹ tɑ²⁴ kʰɔ⁴⁴ len⁵² kuʁŋ²¹ pɑ²¹ tʰɑ²¹ lɑ²¹ tʂʰlə⁰ tɑ⁴⁴, tɕʰien²⁴ tuɐr⁰
她 大 靠 揽 工 把 她 拉 扯 大, 前 段儿

tʰɑ²¹ tɑ²⁴ tsE⁴⁴ tsʰE²⁴ tʂu⁰ tɕiɑ²¹ nɔ²¹ sʅ⁵² lie⁰. vɑŋ²⁴ pɔ⁵² pɔ⁰ muo²¹ pen⁴⁴
她 大 在 财 主 家 熬 死 咧。王 宝 宝 没 办

fɑ⁰, xuo²¹ tsʰE²⁴ tʂu⁰ tɕie⁴⁴ li⁰ tien⁰ iʁŋ²¹ tsʅ⁴⁴, pɑ²¹ tʰɑ²¹ tɑ²⁴ mE²⁴ lie⁰. tɕie²¹
法, 和 财 主 借 哩 点 银 子, 把 她 大 埋 咧。结

kuo⁵² tsʰE²⁴ tʂu⁰ iɔ⁴⁴ vɑŋ²⁴ pɔ⁵² pɔ⁰ tɑŋ²¹ ər⁴⁴ pʰuo²¹ tsʅ⁰, vɑŋ²⁴ pɔ⁵² pɔ⁰
果 财 主 要 王 宝 宝 当 二 婆 子, 王 宝 宝

pəʔ²⁴ tɕʰiʁŋ²¹ yen⁴⁴, lien²¹ ie⁴⁴ tʰəu²¹ pʰɔ⁵² tʂʰuəʔ²⁴ lE⁰, pʰɔ²⁴ lə⁰ iɑŋ⁵² tʰien²¹
不 情 愿, 连 夜 偷 跑 出 来, 跑 了 两 天

liɑŋ⁵² ie⁴⁴ tsʰE²⁴ pʰɔ⁵² tɔ⁰ tʂəʔ²⁴ kəʔ⁰ xE⁵² tsʅ⁰ pien²¹. xuɑŋ²⁴ lien²⁴ y⁴⁴ kʰu⁵²
两 夜 才 跑 到 这 个 海 子 边。黄 连 遇 苦

kua²¹, tɕʰyʁŋ²¹ xen²⁴ nE⁴⁴ tiʔ⁰ ʂəu⁴⁴ kʰu⁵² vɑ²⁴. liɑŋ²⁴ kəʔ⁰ zʁŋ²⁴ tɕiəu⁴⁴ təu²¹
瓜, 穷 汉 爱 的 受 苦 娃。两 个 人 就 都

kʰen⁴⁴ ʂɑŋ⁴⁴ lie⁰, tɕiəu⁴⁴ tsu²¹ lə⁰ fu²¹ tɕi⁰. liɑŋ²⁴ kəʔ⁰ tɕʰiʁŋ²⁴ tʰəu²⁴ i⁴⁴
看 上 咧, 就 做 了 夫 妻。两 个 情 投 意

xuo²⁴, tɕie²¹ xuʁŋ⁰ xəu⁴⁴ kuo⁴⁴ təʔ⁰ kʰuo²¹ xɔ⁵² ni⁰.
合, 结 婚 后 过 得 可 好 呢。

　　muo²⁴ ɕiɑŋ⁵² tɔ⁰, muo²¹ kuo⁴⁴ tɕi⁵² tʰien²¹ xɔ⁵² zl̩²¹ tsʅ⁰, tsʰE²⁴ tʂu⁰
　　没 想 到, 没 过 几 天 好 日 子, 财 主

tɕiəu⁴⁴ tE⁴⁴ zʁŋ²⁴ pɑ²¹ vɑŋ²⁴ pɔ⁵² pɔ⁰ tʂua²¹ tsəu⁵² lie⁰, xɛn²⁴ pɑ⁴⁴ tʂɛn⁴⁴ lə⁰
就 带 人 把 王 宝 宝 抓 走 咧, 还 霸 占 了

xɛ⁵² tʂʅ⁰. xuɑ²¹ liaŋ²⁴ muo²¹ pɛn⁴⁴ fa⁰ tɕiəu⁴⁴ tʂʰuəʔ⁰ pɔ⁵² pɔ⁰, tʂʅ²¹ nɤŋ²⁴
海　子。花　良　没　办　法　救　出　宝　宝，只　能

lɑ²¹ tʂuo⁰ ta⁴⁴ pei²⁴ ma⁵², li²⁴ kʰɛ⁵² xɛ⁵² tʂʅ⁰, tɔ⁴⁴ tɕʰi²¹ ta⁰ tʂʰu²¹ mu²⁴ sɤŋ²¹.
拉　着　大　白　马，离　开　海　子，到　其　他　处　谋　生。

　　tsʰɛ²⁴ tʂu⁰ pa⁴⁴ tʂɛn⁴⁴ li⁰ xɛ⁵² tʂʅ⁰, pa²¹ kər²⁴ ti⁰ sɤŋ²¹ kʰəu⁵² t²⁴
　　财　主　霸　占　哩海　子，把　各　儿　的　牲　口　都

kɛn⁵² tɔ⁰ xɛ⁵² tʂʅ⁰ tʂəʔ²⁴ tɚ⁰. pəʔ²⁴ tʂʰaŋ²⁴ sʅ²⁴ tɕien⁰, xɛ⁵² tʂʅ⁰ təʔ⁰ ʂuei⁵²
赶　到海　子这　搭　儿。不　长　时　间，海　子　的　水

piɛn⁴⁴ xuɤŋ²¹ lie⁰, ʂuei²⁴ niɛn⁵² ie²¹ pəʔ²⁴ mɔ⁴⁴ ʂuei⁵² lie⁰. yɛn²⁴ lɛ⁰ kɤŋ²¹
变　浑　咧，水　眼　也不　冒　水　咧。原　来跟

kəʔ²⁴ tɕiɤŋ⁴⁴ tʂʅ⁰ iəʔ²⁴ iaŋ⁴⁴ təʔ⁰ xɛ⁵² tʂʅ⁰ pien⁴⁴ tʂʰɤŋ²⁴ kɛn²¹ tʰɛn⁰ lie⁰. tsʰɛ²⁴
个　镜　子一样　的海　子变　成　干　滩　咧。财

kʰɛn⁴⁴ tʂu⁰ tɕien⁴⁴ kər²⁴ ti⁰ sɤŋ²¹ kʰəu⁵² kʰaŋ⁴⁴ təʔ⁰ pəʔ²⁴ ɕiɤŋ²⁴, xuei²¹
主　看　见　各　儿　的　牲　口　渴　得不　行，灰

liəu²¹ liəu⁰ təʔ⁰ li²⁴ kʰɛ⁰ lie⁰.
溜　溜　地　离　开　咧。

　　xuɑ²¹ liaŋ²⁴ tʰiɤŋ²¹ tʂʰuo⁰ tsʰɛ²⁴ tʂu⁰ tsəu⁵² lie⁰, kɛn²⁴ tɕiɤŋ⁵²
　　花　良　听　说　财　主　走　咧，赶　紧

xuei²⁴ xɛ⁵² tʂʅ⁰, ta⁵² tʰiɤŋ⁰ li⁰ sɛn²¹ tɕʰi²¹ ər⁴⁴ ʂəʔ²⁴ i²¹ tʰiɛn²¹, tsʰɛ²⁴ tʂʅ²¹
回　海　子，打　听　哩三　七　二　十　一　天，才　知

tɔ⁴⁴ vaŋ²⁴ pɔ⁵² pɔ⁰ tsɛ⁴⁴ tsʰɛ²⁴ tʂu⁰ tɕʰiaŋ⁵² tsəu⁰ ti⁰ nei⁴⁴ tʰiɛn⁰ xɯ²¹
道　王　宝　宝在　财　主　抢　走　的那　天　黑

ti⁴⁴ tɕiəu⁴⁴ ɕiɤŋ²⁴ vu²⁴ tʂʰaŋ⁰ lie⁰. xuɑ²¹ liaŋ²⁴ i²¹ tʰiɤŋ⁰, niɛn⁵² vuo²¹ i²¹
地就　寻　无　常　咧。花　良　一　听，眼　窝一

xɯ²¹, iəʔ²⁴ tʰəu⁰ tsʰuɤŋ²⁴ ma⁵² ʂʅʔ⁰ tsɛ²¹ xa⁴⁴ lɛ²⁴. ta⁴⁴ pei²⁴ ma⁵²
黑，一　头　从　马　上　栽　下　来。大　白　马

pa²¹ xuɑ²¹ liaŋ²⁴ tʰuo²¹ xuei²⁴ xɛ⁵² tʂʅ⁰ piɛn²¹. xuɑ²¹ liaŋ²⁴ kʰɛ²¹ sʅ⁰ pəʔ²⁴
把　花　良　驮　回　海　子边。花　良　开　始　不

tṣʰʅ²¹ pəʔ⁴ xuo²¹, tsɛn⁴⁴ tsE⁰ xE⁵² tsʅ⁰ tʰen²¹ ʂʅə⁰, ko²¹ ʂʅŋ⁰ tɕio⁴⁴ lə⁰ tɕiəu²⁴
吃　不　喝，　站　在　海　子　滩　上，高　声　叫　了　九

tɕiəu⁵² pa²¹ʂəʔ⁰ iəʔ⁴ tʰien²¹ "pɔ⁵² pɔ⁰", nien⁵² luei⁰ ie²¹ liəu²⁴ ken²¹ lie⁰.
九　八　十　一　天　"宝　宝"，眼　泪　也　流　干　咧。

ta⁴⁴ pei²⁴ mɑ⁰ ie⁰ pəʔ⁴ tṣʰʅ²¹ pəʔ⁴ xuo²¹, kɤŋ²¹ tṣuo⁰ xua²¹ liaŋ²⁴ tɕiɔ⁴⁴.
大　白　马　也　不　吃　不　喝，　跟　着　花　良　叫。

xəu⁴⁴ lE⁰, zɤŋ²⁴ mə⁰ fa²¹ ɕien⁴⁴ xua²¹ liaŋ²⁴ xuo²¹ ta⁴⁴ pei²⁴
后　来，人　们　发　现　花　良　和　大　白

mɑ⁰ tsen⁴⁴ tsE⁰ xE⁵² tsʅ⁰ tʰen²¹ ʂʅə⁰ sʅ²⁴ lie⁰, pien⁴⁴ tṣʰɤŋ²⁴ lə⁰ ʂəʔ⁴ zɤŋ⁰、
马　站　在　海　子　滩　上　死　咧，变　成　了　石　人、

ʂəʔ⁴ mɑ⁵², xuɤŋ²⁴ ʂɤŋ²¹ tʰəu⁰ liaŋ⁴⁴, pei²⁴ xua⁰ xua⁰ ti⁰. iəu⁴⁴ pəʔ⁴
石　马，浑　身　透　亮，白　花　花　的。又　不

ɕiɔ⁵² tei⁰ kuo⁴⁴ lə⁰ tuo²⁴ tṣʰaŋ⁰ sʅ²⁴ tɕien⁰, iəʔ⁴ ʂɤŋ²¹ tɕy⁴⁴ ɕiaŋ⁵², sʅ²⁴
晓　得　过　了　多　长　时　间，　一　声　巨　响，　石

zɤŋ²⁴、sʅ²⁴ mɑ⁵² tsa⁴⁴ tṣʰɤŋ²⁴ lə⁰ ʂu⁵² pəʔ⁴ tɕʰiɤŋ²¹ təʔ⁰ faŋ²¹ faŋ⁰
人、石　马　炸　成　了　数　不　清　的　方　方

tṣɤŋ⁴⁴ tṣɤŋ⁰ təʔ⁰ ɕiɔ²⁴ kʰuɐr⁵², luo²¹ tsE⁴⁴ xE⁵² tsʅ⁰ ten²¹ ʂʅə⁰. tɕiəu⁴⁴
正　正　的　小　块　儿，落　在　海　子　滩　上。就

tsE⁰ tʰuɤŋ²⁴ sʅ²⁴, tɕʰi²¹ kəʔ⁰ ʂuei²⁴ nien⁵² iəu⁴⁴ kʰE²¹ sʅ⁰ vaŋ²¹ vE⁴⁴
在　同　时，七　个　水　眼　又　开　始　往　外

mɔ⁴⁴ ʂuei⁵² lie⁰, pəʔ⁴ kuo⁴⁴ ʂuei⁵² pien⁴⁴ tṣʰɤŋ²⁴ lə⁰ xen²¹ ti⁰, zɤŋ²¹
冒　水　咧，不　过　水　变　成　了　咸　的，人

xuo⁴⁴ sɤŋ²¹ kʰəu⁵² təu⁰ pəʔ⁴ nɤŋ²⁴ tṣʰʅ²¹. tʰien²¹ tṣʰaŋ²⁴ ẓʅ²¹ tɕiəu⁵²,
和　牲　口　都　不　能　吃。天　长　日　久，

yen²⁴ lE⁰ tɕi⁵² ʂəʔ⁴ li⁰ ti⁰ ta⁴⁴ xE⁵² tsʅ⁰ pien⁴⁴ tṣʰɤŋ²⁴ liəu⁴⁴ tɕʰi²¹ kəʔ⁰
原　来　几　十　里　的　大　海　子　变　成　六　七　个

ɕiɔ²⁴ xE⁵² tsʅ⁰ lie⁰, tʰE⁴⁴ iaŋ⁰ i²¹ sE⁴⁴, xE⁵² tsʅ⁰ ʂuei⁵² mien⁴⁴ ʂʅə⁰ tɕiəu⁴⁴ tɕie²⁴
小　海　子　咧，太　阳　一　晒，海　子　水　面　上　就　结

tsʰɤŋ⁰ iəʔ⁴ tsʰɤŋ⁰ pei²⁴ xua²¹ xua⁰ tiº iɛn²⁴ kuo⁵² kuo⁰. zɣŋ²⁴ mə⁰ təu²⁴
成　一　层　白　花　花　的　盐　颗　颗。人　们　都
ʂuo²¹, ʂuei²⁴ nien⁵² liº liəu²⁴ tʂʰuəʔ⁴ lɛ²⁴ tiº səʔ⁴ xua²¹ liaŋ²⁴ təʔ⁰ nien⁵²
说，　水　眼　里流　出　来的是　花　良　的眼
luei⁴⁴, iɛn²⁴ kɤŋ²¹ sʅ²¹ xua²¹ liaŋ²⁴ xuo²¹ ta⁴⁴ pei²⁴ maº piɛn⁴⁴ təʔ⁰, tɕiəu⁴⁴
泪，盐　根　是花　良　和　大白　马变的，就
pa²¹ ta⁴⁴ xɛ⁵² tsʅº kɛ⁵² miɤŋ²⁴ tɕiɔ⁴⁴ xua²¹ ma⁵² tsʰʅ²⁴, pa²¹ iɛn²⁴ kɤŋ²¹
把大海子改名　叫花　马　池，把盐　根
tɕiɔ⁴⁴ “iɛn²⁴ pɔ⁵² pɔ⁰”. ʂuo²¹ ie⁵² tɕʰi²¹ kuɛ⁴⁴, tsʅ²¹ iəu⁵² xua²¹ ma⁵² tsʰʅ²⁴
叫　“盐　宝　宝”。说　也奇　怪，只有花　马　池
iəu⁵² iɛn²⁴ kɤŋ²¹, tʂəu²¹ vei²⁴ tɕi²⁴ kəʔ⁰ xɛ⁵² tsʅº tsʰɛn⁵² sʅº tsʰɛn⁵² iɛn²⁴
有盐　根，周　围几个海子产　是产　　盐
lieº, məʔ⁴ iɛn²⁴ kɤŋ²¹. xəu⁴⁴ lɛº, zɣŋ²⁴ mə⁰ tɕiəu⁴⁴ tsɛ⁴⁴ xua²¹ ma⁵² tsʰʅ²⁴
咧，没盐　根。后　来，人　们　就　在花　马　池
nɛn²¹ pɛn⁴⁴ kɛ⁴⁴ ləº tsuo⁴⁴ miɔ⁴⁴, su⁴⁴ ləº xua²¹ liaŋ²⁴ təʔ⁰ ɕiaŋ⁴⁴, kuo⁴⁴
南　畔　盖了座　庙，塑了花　良　的　像，过
tɕieºʂaŋ⁴⁴ ʂaŋº ɕiaŋ²¹, ɕi²¹ vaŋ⁴⁴ xua²¹ liaŋ²⁴ pɔ⁵² iəuº iɛn²⁴ ieº
节上　上　香，希望　花　良　保　佑　盐　业
fɤŋ²¹ ʂəuº.
丰　收。

四　定边说书和皮影道情戏

扫码收听

　　定边用方言说唱的文艺形式主要有说书和皮影戏，这两种表演形式群众都喜闻乐见。

　　定边说书，经常在县内的庙会、广场、酒店以及红白事上表演。政府也比较重视，2016年政府组织说书艺人下乡表演，专门宣传政策"两学一做""精准扶贫"等。专业说书艺人有二十

多人,来自不同的乡镇,口音不同,仅少数人能用定边老话说书。下文收录的《刮大风》是传统段子,而《串定边》是说书人陈生光自编的新段子。

相比说书,定边皮影道情戏的形势不容乐观。皮影戏在定边县全境、甘肃环县、宁夏盐池等地比较受欢迎,常在庙会或红白事上表演。表演者主要是西南山区人,定边话口音。现在参与皮影戏表演的不足10人,仅冯进文一人会唱,后学无人,面临传承的窘境。定边皮影戏现存70多本剧本,代表作有《白狗传》《阴阳碗》《乾坤镜》等。

4.1　说书:《刮大风》

弹起三弦定起音,上台我说一段《刮大风》。

春天刮风暖融融,夏天刮风热烘烘,

秋天刮风凉嗖嗖,冬天刮风冷森森。

咱三边过去还没有绿化,满年四季风沙大。

有一天司风娘娘把脾气发,铺天盖地把黑风刮。

儿马风、叫驴风,圪里圪崂山鸡风,

哧里忽嗵母猪风,哗哗哗的犍牛风。

刮得大山没了顶,刮得小山平又平,

大树连根拔起身,小树一刮影无踪。

刮得碾盘翻烧饼,刮得碾轱辘耍流星。

拦羊娃娃正在吼道情,一风刮到当羊群。

坐娘家婆姨拉回行,嗖……

刮来了一风刮到半空中,就地落在个窨水洞。

屁股底下压了一股地黄蜂,就地这婆姨的屁股底下叮得叮。

有个老汉在当院中,嘴里倒把个烟锅儿噙。

迎面刮来个扫帚风,把个老汉胡子刮得净光净。

有个老婆爱看风,门圪崂倒把个眼睛盯。

呜……刮来了一股儿日怪风,把个老婆儿刮得倒栽葱。

门牙碰下一大堆,下巴子底下淌血水。

刮得锅盖窑顶转起,当脚地旋起个尿盆盆,

盆打盆,瓮打瓮,盆盆罐罐都打尽。

怕得老婆儿着了惊,案板挡来擀杖顶,

一屁股倒把个门压定。

半天老婆忽哧忽哧慢慢地把气出,

妈呎呎,我们孙子手里再不敢看这号风。

而个儿咱定边三边的个人,又种草来还又造林。

把黄土沙尘都挡定,再不会刮这号儿老黄风。

4.2　说书:《串定边》

手弹上三弦腿打板,开言说一说夸定边。

定边有一个钟鼓楼,万古千秋美名留。

集镇以前是敞滩,如今面貌不一般。

公布井的蓆芨盐场堡的盐,堆子梁的菜水紧相连。

砖井的黄芥没比头,白湾子净看一些儿好牲口。

纪畔出了些洋芋蛋,油房庄的个油井像喷泉。

樊学沟深洼又大,冯地坑出了一个鬼说话。

武峁子的个柠条一房檐高,学庄土产地椒椒。

王盘山毛驴满山走,张崾先的烙饼还真爽口。

罗卜源盛产的胡麻油,石油队先富红柳沟。

姬塬的个燕麦到处产,想吃鸡肉摊馍馍到郝滩。

白泥井的个辣子种子广,安边的个小瓜得味道香。

新安边的个女子长得也倒好,白马崾先待客还离不了个糕。

杨井的个荞麦堆成山,黄湾安哩些儿风转转。

堡子湾的黄豆就是也都好,定边镇领导社区里跑。

定边的山,定边的水,定边的特产就是美。

这是我们定边县的二十五个好乡镇, 说到这里就算光。

(说书表演者: 陈生光)

4.3　皮影子戏:《照程珠》节选

(刘知县断错案, 悔恨万般, 唱道:)

背地里把二老声声埋怨, 你不该送孩儿孔圣门前。为做官我在了纪梅小县, 众百姓都称我是个清官。冯府里杀二命, 凶手不见, 叫下官倒做了人命牵连。郑方荣胆儿大告上金殿, 我和你结的是哪里的仇怨。你要告就告在南北二院, 谁料想只告到皇王殿前, 满斗金满斗银无处打点, 皇王爷爱百姓不爱银钱。有姐妹和兄弟不能相见, 有亲戚和朋友不能团圆。叫一声众百姓都来观看, 看我们做官人难也不难。再叫百姓听我、听我言。

(表演者: 冯进文)

参考文献

白涤洲 1943《关中声调实验录》,《史语所集刊》4本4分

白涤洲 1954《关中方音调查报告》, 北京: 中国科学院出版

戴庆厦、罗自群 2006 语言接触研究必须处理好的几个问题,《语言研究》第4期

丁声树 1989《方言调查词汇手册》,《方言》第2期

丁声树、李 荣 1981《古今字音对照手册》, 北京: 中华书局

《定边县志》编纂委员会 2003《定边县志》, 北京: 方志出版社

高本汉 [瑞典]1940《中国音韵学研究》, 北京: 商务印书馆

高本汉 [瑞典]1954《中上古汉语音韵纲要》, 中译本1987, 济南: 齐鲁书社

高 峰 2010 陕北榆林话音系研究,《榆林学院学报》第3期

高 峰 2011a 陕北定边县城通行语的转用与方言接触,《宁夏大学学报》第1期

高 峰 2011b 陕北定边方言的内部区划及形成原因,《飞天》(9月)

高 峰 2014 陕西定边话的形成, 邢向东主编《西北语言与文化》(论文集), 上海: 华东师范大学出版社

葛剑雄 1997《中国移民史(第1卷)》, 福州: 福建人民出版社

郭维茹 2007 "归去来"新解——谈"归去来"一类的语法,《台大中文学报》第26期

黑维强 2016《绥德方言调查研究》，北京：北京师范大学出版社

兰宾汉 2011《西安方言语法调查研究》，北京：中华书局

李如龙 1996 动词的体·前言，载张双庆主编《动词的体》，香港：
　　香港中文大学中国文化研究所吴多泰中国语文研究中心

李如龙、辛世彪 1999 晋南、关中的"全浊送气"与唐宋西北方音，
　　《中国语文》第 3 期

刘育林 1990《陕西省志·方言志(陕北部分)》，西安：陕西人民
　　出版社

刘育林、安宇柱 1991《陕北方言词典》，西安：陕西人民出版社

刘育林、张子刚 1988 陕北方言本字考，《延安大学学报》第 2 期

卢芸生 1988a 呼和浩特汉语方言本字考，《内蒙古社会科学》第
　　3 期

卢芸生 1988b 呼和浩特汉语方言本字续考，《内蒙古大学学报》
　　第 3 期

吕叔湘著、江蓝生补 1985《近代汉语指代词》，上海：学林出版社

罗常培 1961《唐五代西北方音》1961 年版，北京：科学出版社原
　　版 1933 年

钱曾怡 1987 汉语方言学方法论初探，《中国语文》第 1 期

王福堂 1999《汉语方言语音的演变和层次》，北京：语文出版社

王军虎 1996《西安方言词典》，南京：江苏教育出版社

王军虎 1997《西安话音档》，上海：上海教育出版社

王　力 1985《汉语语音史》，北京：中国社会科学出版社

吴松弟 1997《中国移民史(第 4 卷)》，福州：福建人民出版社

邢向东 2002《神木方言研究》，北京：中华书局

邢向东 2006《陕北晋语语法比较研究》，北京：商务印书馆

邢向东 2007 陕西省的汉语方言，《方言》第 4 期

邢向东 2015 陕北、内蒙古晋语中"来"表商情语气的用法及其
　　源流，《中国语文》第 5 期

邢向东、郭沈青 2005 晋陕宁三省区中原官话的内外差异与分区,《方言》第4期

邢向东、孟万春 2006 陕北甘泉、延长方言入声字读音研究,《中国语文》第5期

邢向东、马梦玲 2019 论西北官话的词调及其与单字调、连读调的关系,《中国语文》第1期

徐通锵 1991《历史语言学》,北京:商务印书馆

薛平拴 2001《陕西历史人口地理》,北京:人民出版社

张 崇 1993《陕西方言古今谈》,西安:陕西人民教育出版社

张建军 2008 河州汉语方言成因探析,《甘肃社会科学》第2期

张盛裕、张成材 1986 陕甘宁四省区汉语方言分区(稿),《方言》第1期

张维佳 2005《演化与竞争:关中方言音韵结构的变迁》,西安:陕西人民出版社

《中国古今地名大词典》编纂委员会 2005《中国古今地名大词典》,上海:上海辞书出版社

中国社会科学院、澳大利亚人文科学院 1987《中国语言地图集》,香港:朗文出版(远东)有限公司

中国社会科学院语言研究所、中国社会科学院民族学与人类学研究所、香港城市大学语言资讯科学研究中心编 2012《中国语言地图集(第2版)》,北京:商务印书馆

周 磊 2007 我国境内语言接触的层次和方式,薛才德主编《语言接触与语言比较》,上海:学林出版社

周振鹤、游汝杰 2006《方言与中国文化(第2版)》,上海:上海人民出版社

朱德熙 1991 "V-neg-VO"与"VO-neg-V"两种反复问句在汉语方言里的分布,《中国语文》第5期

后 记

　　定边方言的调查始于2009年，至今十年间，因为不同的项目数次调查、补调查、摄录，调查材料也随之越来越完整、丰富。

　　2009年9月第一次去定边。虽然9月的定边有些清冷，修建中的县城有些凌乱，但是天空蔚蓝、空气清新，路边的植物还有绿意，故而第一印象很好。特别是有免费住宿和下乡车辆，有定边宣传部负责联系发音人，还有我爱吃的麻辣肝酿皮和剁荞面、荞面饸饹，怎么看都是无忧之行。后续的调查也确实是在非常愉快的氛围中完成的。这一次呆了十多天，先是寻找发音人，最终选择了在县城居住的贺圈镇人齐衍老人，然后确定了音系、调查了《方言调查字表》和《两字组连读变调表》。其间跑遍了各乡镇，领略了不同乡镇的风景和方言，确定了定边方言的内部分片。

　　2010年3月第二次去定边。3月的定边和9月的定边是截然不同的两个风格，寒冷萧索，草木枯黄，沙尘肆虐，漫天尘土。走在路上根本无法逆行，一张嘴就扑进满嘴的沙尘，头发间脸上衣服上都是细细的沙尘粒，简直让人无法忍受。在这样恶劣的天气下调查了近二十天，主要任务是调查词汇和语法，以及安边话和白泥井话的语音和词汇等。

　　2016年，陕西省档案局进行"陕西方言语音建档"工作，各县纷纷启动。定边方言语音建档项目由我承担。2016年10月第三次去定边。时隔七年，定边的沙尘暴得到了较好的治理，县城也基本修建结束，街道熟悉又陌生。因为有档案局的支持，去的第二天就从报名人选里遴选出了合适的县城方言发音人。发音人确定后，就想去看望一下齐衍老人，结果电话空号，又因为城区修建改造，坐车转了两圈，怎么也找不到他家，只能作罢，深以为憾。11月按照《陕西方言语音建档》以及邢向东师主持的《西北地区汉语方言地图集》的规定条目调查了定边话。12月，在榆林摄录完毕。

2018年6月，因为《地图集》项目再次调查了安边话。2019年暑假对定边老话作了补调查。

定边地处榆林的北部，与少数民族接触多，定边人真诚爽直，快人快语，相处无压力。在调查和写作过程中，得到很多人的帮助，在此诚致谢意。首先感谢我的发音人，不厌其烦全力配合。主要发音人齐衍老人是我最满意的发音人之一。他虽然只念过几年书，但是从小爱看书，知识面很广，而且头脑清楚，精力旺盛，理解力强，反应也迅速，表达非常流畅。当时我对农村生活不太熟悉，遇到相关的词汇，齐衍老人会详细解释，这次调查算是扫了这方面的盲。不过印象最深的不是方言，竟然是在他们家吃的饸饹和两米饭。今年城区的发音人是吕文政和李万军。吕叔也是2016年档案局项目的发音人，是当时十几个县区里最帅的发音人，性格直爽，头脑灵活，反应快语速快，调查非常顺利。和李叔则是尚未谋面，只在微信上联系，他对定边民俗了解颇深，为了写《民俗文化词》一节，特意找到了他。从数次微信交流中可知，李叔性格温和，富有耐心，总是知无不言、言无不尽。2009年安边的主要发音人是韩子孝，2018年继续担当发音人。2009年第一次调查安边话，冒打冒撞走进了韩叔家中。当时他家里正好有同村邻居做客，调查的时候有五六个人，你一言我一语，调查速度极快，调查出的词汇丰富准确。这也是我第一次体会到发音人多的好处。另外还要特别感谢宋国祥师傅陪着跑遍了定边的各个乡镇。感谢定边四中的贺维山老师为方言的内部分区提供了具体意见。

回想当初开始定边方言的调查研究时，我还在读博三，当时专业积累不够，调查经验也不足，其中的艰辛难以言表。好在我有自己的笨办法，就是无论调查还是写作，从研究思路到研究方法，均以邢向东师《神木方言研究》为范本，虽然不易却是有章可循，不会盲目迷茫。也正是这次扎扎实实的调查和写作锻炼了我的方言研究的基本功，从而步入了方言研究之路。随着后来的几次调查，又获得了新的语料，例如：语法例句、俗语、故事、说书段子等，也发现了一些新的方言现象以及方言演变的规律。不知不觉，书稿逐渐变厚。感谢邢老师通读全书，给出了详细的修改意见，本书才得以呈现现在的面貌，无比欣慰。本书能够纳入《陕西方言重点调查研究》丛书，倍感荣幸。

在本书即将出版之际，感谢母校陕西师大文学院将本书列入"中国语言文学世界一流学科建设"项目予以资助。感谢榆林市科技局"陕北方言、历史文化符号研究"项目、西安文理学院"沟通与演讲"项目的资助。感谢中华书局的张可老师细心严谨、严格要求，提出了不少内容和形式上的修改意见，提高了本书的质量。

高　峰

2019年12月于西市